Guide du choix d'investissement

Éditions d'Organisation
Groupe Eyrolles
61, bd Saint-Germain
75240 Paris Cedex 05
www.editions-organisation.com
www.editions-eyrolles.com

Nathalie Taverdet-Popiolek

Guide du choix d'investissement

Préface de Michel Poix
Directeur de l'Institut
pour le Management de la Recherche et de l'Innovation

**Éditions
d'Organisation**

À Térence.

Remerciements

Je remercie très chaleureusement Michel Poix qui, par son impulsion initiale, a permis la genèse de cet ouvrage et a apporté durant la rédaction des conseils avisés qui m'ont été d'une grande utilité.

Mes remerciements vont aussi à Danièle Imbault, Jean-Pierre Fayol, Béatrice Meunier-Rocher, Stéphane Popiolek, Alban Richard et Gilles Rotillon pour leurs remarques très pertinentes sur différents chapitres de ce livre.

And Last but not Least, merci aux étudiants de Paris-Dauphine et de l'INSTN qui ont posé les bonnes questions en cours.

Sommaire

Avant-propos

L'objectif de cet ouvrage est de structurer un grand nombre de concepts et d'outils appartenant à l'économie et à la gestion autour d'un canevas qui correspond aux étapes du projet d'investissement. Toutes les étapes, regroupées en trois grandes phases (préparation, sélection et financement) sont analysées finement.

Il s'agit de donner une méthodologie simple guidant le décideur dans ses choix d'investissement en mettant à sa disposition un certain nombre d'outils puisés dans différents champs d'aide à la décision.

Pour utiliser correctement ces outils qui permettent en fait de modéliser la réalité pour faire des choix, il est très important de comprendre dans quelle optique le décideur se situe. Est-ce l'optique du chef d'entreprise cherchant à augmenter la valeur de son capital ? Est-ce celle du bailleur de fonds désireux de récupérer sa mise avec des intérêts conséquents ? Ou encore celle des pouvoirs publics garants de l'intérêt général à long terme ?

L'originalité de la méthodologie proposée vient du fait que l'on montre comment utiliser les outils en fonction de l'optique retenue : du modèle relativement simple pour le gestionnaire ou le financier ayant une vision à court terme au modèle sophistiqué de décision séquentiel, voire multicritère, pour des investissements stratégiques de long terme ou bien pour des investissements publics concernant un grand nombre d'individus.

Le recours à la théorie économique (économie publique, économie de l'environnement, économie du risque et de l'incertain) est indispensable pour comprendre les hypothèses de ces modèles « sophistiqués ». Cependant cet ouvrage est conçu comme un guide méthodologique, très pédagogique avec une définition de toutes les notions introduites, de nombreux schémas et des exemples relevant notamment de l'énergie et de l'innovation.

Le plan de l'ouvrage suit les étapes de la méthodologie de choix d'investissement qui repose sur trois phases principales :

* préparation au choix,
* sélection,
* financement.

Pour des raisons pédagogiques, ces phases sont nettement séparées ce qui n'est pas le cas dans la réalité.

Comme la méthodologie de choix d'investissement puise ses outils dans de nombreuses disciplines, sont rappelées, au fil de l'ouvrage, des notions de base concernant notamment le management de projet, l'analyse systémique, la prospective, l'analyse financière, le calcul économique ou la théorie de la décision.

Les termes comportant un astérisque « * » sont des termes de base définis en bas de page la première fois qu'ils sont employés.

Les notions ou propriétés particulièrement importantes sont mises en évidence grâce à un triangle dans la marge.

PRÉFACE

Depuis toujours, les processus de décision d'investissement ont eu recours aux principes du calcul économique. De tels principes suggèrent que le décideur, avant toute action économique, doit d'abord chiffrer l'ensemble des conséquences financières et plus largement sociales de son acte pour en démontrer l'efficacité. Il résulte de ce postulat une abondante littérature économique et de nombreux ouvrages que l'on désigne sous le corpus théorique de sciences de la décision ou de l'aide à la décision.

En conséquence, élaborer un guide méthodologique pour la décision d'investissement, c'est d'abord sélectionner et hiérarchiser l'ensemble des techniques et des modèles qui sont proposés au décideur lorsqu'il se trouve en présence d'options multiples afin de réaliser un objectif précis dont la rentabilité doit être prouvée. Une telle sélection des critères pertinents ne peut se faire à l'heure actuelle sans la prise en compte d'un certain nombre de facteurs essentiels. En premier lieu, l'environnement institutionnel dans lequel s'opère le choix des investissements. À cet égard, la place du projet dans l'entreprise ou dans l'organisation devient un élément fondamental de la prise de décision : organisation matricielle, projet autonome, projet contraint par des données sociétales... En second lieu, l'émergence d'une économie fondée essentiellement sur l'innovation et plus largement sur le développement des connaissances crée de nouvelles contraintes qui rendent particulièrement hasardeuse l'utilisation de critères de choix simples, même s'ils gardent leur vertu pédagogique. Les processus actuels sont d'ordre séquentiel et aléatoire. À noter, en particulier, que la rationalité attendue de certaines méthodes peut avoir de nombreux effets pervers à long terme. Le secteur du développement durable est un bon exemple à cet égard. En dernier lieu, l'accroissement important du poids des activités financières dans le cadre des organisations publiques ou privées, tant du point de vue national qu'international, a conduit à l'émergence puis à la confirmation de nouvelles logiques en matière de décision économique qu'il est indispensable d'intégrer dans des modèles fondés au départ sur une vision réelle de l'activité.

Ces remarques montrent tout l'intérêt de l'ouvrage réalisé par Nathalie Taverdet-Popiolek qui nous propose une excellente synthèse opérationnelle des courants actuels des sciences de la décision en matière de choix des investissements.

Notons pour terminer que l'ensemble des concepts du calcul économique ont été élaborés à partir d'une confrontation permanente entre théorie et pratique du terrain, entre académiques et praticiens. On doit donc créditer cet ouvrage de laisser une place importante aux exemples concrets et aux études pratiques très récentes.

Michel Poix
Directeur de l'Institut
pour le Management de la Recherche et de l'Innovation

Chapitre introductif

Définitions et caractéristiques d'un investissement

« Des investissements c'est de l'argent.
De ce côté-là, ça ressemble pas mal à des dépenses. »

Ronald Lavallée

Avant d'entrer dans le vif du sujet, plantons le décor en apportant une réponse aux trois questions fondamentales suivantes :

• qu'est-ce qu'un investissement ?

• à quoi sert-il ?

• quelles en sont les caractéristiques ?

On se place dans la logique de l'entreprise qu'elle soit privée ou publique (collectivité locale, État, organisation internationale). Les définitions et caractéristiques sont tout à fait transposables pour le particulier dont les opportunités d'investissement sont multiples : investissements foncier, immobilier ou boursier, souscription à un contrat d'assurance-vie ou constitution d'un plan de retraite par capitalisation.

1

I. Qu'est ce qu'un investissement ?

La réponse varie selon qu'on adopte une vision comptable ou celle moins restrictive du gestionnaire dans l'entreprise ou de l'économiste.

1. Vision comptable

Définition

Pour le comptable, un investissement est un flux de capital qui modifie le niveau des actifs immobilisés dans l'entreprise. Il devient **immobilisation** (*cf.* figure 1).

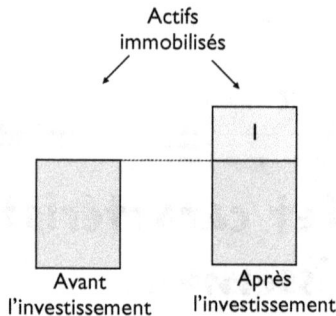

Fig. 1 : Investissement au sens comptable du terme.

> **Pour le comptable, l'investissement se confond avec l'immobilisation.**

De ce point de vue, constitue donc un investissement :

• tout bien, meuble ou immeuble, corporel ou incorporel, acquis ou créé par l'entreprise,

• destiné à rester durablement (plus d'un an) sous la même forme dans l'entreprise.

Cette définition, proposée par le Plan comptable général français (PCG), met l'accent sur la notion de propriété et sur celle de durée de vie.

Propriété

En France, un investissement est un bien créé par l'entreprise ou un bien acquis par transfert de propriété. En général, le **crédit-bail**[1] n'y est pas considéré

---

1. Crédit-bail *(Leasing)* : Un bien sous contrat de crédit-bail est un bien détenu en location-financement.

comme un investissement car un bien loué n'appartient pas à l'entreprise. Ce n'est pas le cas dans les pays faisant référence au plan comptable anglo-saxon (voir plus loin).

Durée de vie

La durée de vie d'un investissement dépasse celle d'un **exercice**[1]. Imposée par le PCG, elle a des répercussions sur la fiscalité de l'entreprise puisque des économies d'impôt sont réalisables pendant cette durée[2]. Notons qu'il existe un degré de flexibilité sur la durée de vie comptable retenue.

Exemples d'investissements comptables classés par catégorie

On distingue les investissements (*cf.* figure 2) :

– *Corporels :*

Infrastructure routière, ferroviaire, maritime,
Terrain,
Bâtiment, construction,
Équipement industriel, installation technique, machine,
Mobilier, matériel de bureau, ordinateur,
Flotte de poids lourds, de bateaux,
Restaurant d'entreprise, centre de vacances, crèche,
Dispensaire, hôpital,
École, centre culturel...

– *Incorporels :*

Frais de développement satisfaisant à certains critères,
Concession,
Brevet, licence, marque déposée, procédé,
Fonds commercial...

– *Financiers :*

Titre financier de participation (**action**[3]),
Titre financier de créance (**obligation**[4]),
Prêt à long terme...

---

1. Exercice *(Accounting Period)* : Période comptable donnée (généralement une année).
2. *Cf.* notion d'amortissement comptable, ch. 3.
3. Action *(Share)* : Titre financier (ou valeur mobilière) représentatif d'un droit de propriété sur une société.
4. Obligation *(Bond)* : Titre financier représentatif d'un droit sur la dette à long terme d'une entreprise. C'est un titre de créance.

3

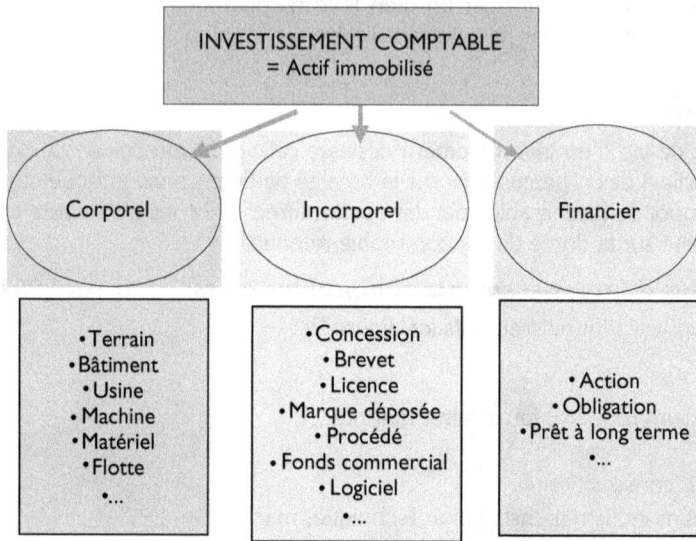

Fig. 2 : Les différents types d'investissement au sens comptable.

> **Remarque**
>
> Dans cet ouvrage, on nommera **investisseur industriel** (ou tout simplement **investisseur**), celui qui fait un investissement corporel ou incorporel et **investisseur financier** celui qui investit dans des **titres financiers**.

2. Vision économique

Pour l'économiste comme pour le gestionnaire en entreprise, un investissement a une définition plus large qui englobe les investissements au sens comptable auquel s'ajoutent le **besoin en fonds de roulement d'exploitaion**, certaines charges d'exploitation et des titres financiers à court terme faisant partie de l'actif circulant (voir figure 3).

Besoin en fonds de roulement d'exploitation[1]

Le besoin en fonds du roulement d'exploitation (BFR) est généré par le supplément d'activité lié à certains investissements industriels ou commerciaux.

---

1. La notion de BRF est reprise au ch. 3.

© Groupe Eyrolles

4

Il est égal à la différence entre :

- les besoins nés du cycle d'exploitation (financement des stocks et de l'**encours clients**[1] principalement),
- les ressources provenant de l'exploitation (**en-cours fournisseurs**[2] d'exploitation essentiellement).

BFR = Stocks + en-cours clients – en-cours fournisseurs.

Il peut s'exprimer en jours ou en pourcentage du chiffre d'affaires (hors taxes).

Certaines charges d'exploitation

Dans l'entreprise, une dépense correspondant à :

- une campagne de publicité,
- un programme de formation du personnel,
- la mise au point d'un produit nouveau ou d'une nouvelle machine,
- un programme de recherche et développement,

est considérée comme un investissement au sens économique du terme.

Pour un particulier, le financement d'une année d'étude universitaire revient aussi à un investissement.

Pourquoi ces charges sont-elles assimilées à des investissements ?

Parce qu'elles correspondent à un sacrifice de ressources que l'on fait aujourd'hui dans l'espoir d'en obtenir, dans le futur, des résultats positifs (ou bénéfices) étalés dans le temps, d'un montant supérieur à la dépense initiale. On met le doigt ici sur le rôle de l'investissement, quel qu'il soit : **sacrifier des ressources aujourd'hui pour en espérer plus demain**. Cette notion, qui est l'essence même de l'investissement, est détaillée dans le paragraphe ci-après.

---

1. En-cours clients *(Outstanding Customer Liabilities)* : Sommes dues par les clients à l'entreprise, c'est-à-dire l'ensemble des factures émises et non encore payées (factures de vente et demandes d'acompte client). Synonyme : créances clients.
2. En-cours fournisseurs *(Outstanding Supplier Liabilities)* : Sommes dues par l'entreprise aux fournisseurs, c'est-à-dire toutes les factures correspondant à des livraisons reçues et non encore payées. Synonymes : crédits ou dettes fournisseurs.

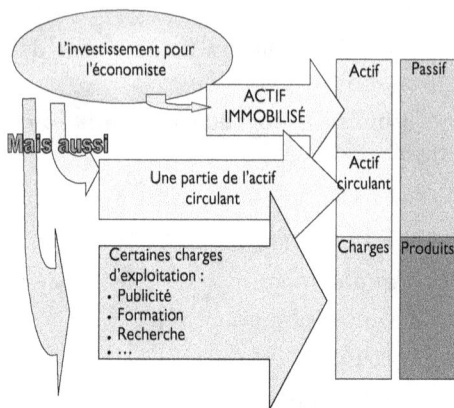

Fig. 3 : L'investissement pour l'économiste ou le gestionnaire[1].

Pour l'économiste, on distingue aussi les investissements corporels, incorporels et financiers, comme le montre la figure ci-dessous.

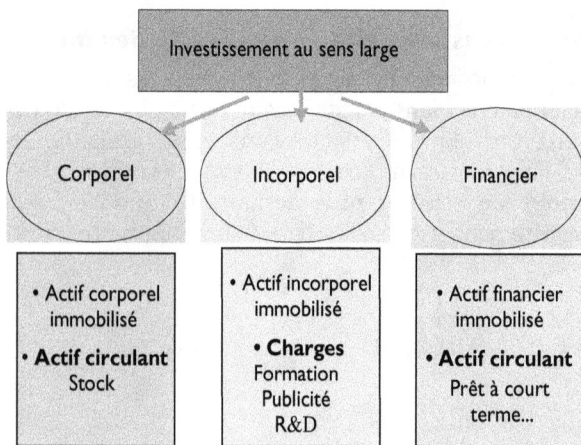

Fig. 4 : Les différents types d'investissement au sens économique.

---

1. D'après J. Margerin et G. Ausset (1987).

3. Frontière variable entre vision comptable et vision économique

Suivant le référentiel comptable en vigueur, français, international ou américain (voir encadré), certaines charges peuvent être considérées, soit comme dépenses d'investissement, soit comme dépenses d'exploitation, au sens comptable du terme.

Par exemple :

- Les frais de développement (satisfaisant à certains critères) sont parfois considérés comme des investissements comptables en France. Ils le sont obligatoirement avec le référentiel international et jamais avec le référentiel américain.

- Les biens détenus en location-financement (*Leasing*) sont comptabilisés chez le preneur (ou locataire) en immobilisations avec les référentiels internationaux et américains. Cela n'est pas le cas général avec la norme française.

Les différents référentiels comptables[1]

Il existe un référentiel comptable différent dans chaque pays pour les entreprises domestiques. En Europe, les groupes cotés établissent leurs comptes consolidés (incluant leurs filiales) dans le référentiel international.

1) le référentiel français (dicté par le Plan comptable général : PCG)
En France, le Comité de la réglementation comptable (sous couvert du Conseil national de la comptabilité) met à jour le PCG, fondement des comptes sociaux français que toute entreprise doit respecter (incidence sur la fiscalité notamment).

2) le référentiel international (*IAS/IFRS*)
L'année 2001 marque l'histoire de la normalisation comptable internationale avec l'entrée en fonction du nouvel *International Accounting Standards Board* (*IASB*), organisme privé constitué de 14 membres indépendants, sous le contrôle d'une fondation (*IASC Foundation*). L'objectif affiché du nouvel *IASB* est d'élaborer des normes comptables de haute qualité donnant une information transparente, comparable pour aider les investisseurs intervenant sur les marchés de capitaux, dans leurs prises de décisions économiques. L'Union européenne a décidé de se faire représenter à l'*IASB* et de rendre obligatoire pour les exercices commençant le 1er janvier 2005, l'application des normes de l'*IASB* pour toute société cotée au sein de l'Union européenne.

---

1. Voir KPMG (2002) et P. Vernimmen (2005).

Les normes comptables élaborées par le *IASB*, avant 2002, s'appellent des *IAS, International Accounting Standards*, les nouvelles normes élaborées depuis 2002 s'appellent désormais *IFRS, International Financial Reporting Standards*.

3) le référentiel américain *(Statements of Financial Accounting Standards : FAS)*

Le pouvoir de normalisation comptable américain appartient à la *Securities and Exchange Commission (SEC)*, qui depuis 1973, le délègue à un normalisateur indépendant du secteur privé, le *Financial Accounting Standards Board (FASB)*. Le *FASB* publie des normes appelées *FAS, Statements of Financial Accounting Standards* qui sont exigées uniquement pour les sociétés faisant appel à l'épargne publique (sociétés enregistrées auprès de la *SEC*).

L'actualité comptable américaine a été marquée en 2001 par la publication de nouvelles normes, notamment sur les immobilisations incorporelles suite à l'éclatement de la bulle Internet et aux affaires type Enron.

L'*IASB* et le *FASB* se sont fixés pour objectif de faire converger les normes comptables qu'ils édictent d'ici 2009.

Il existe plusieurs normes comptables dans le monde et selon la norme que l'on considère, une dépense est considérée ou non comme un investissement au sens comptable.

La figure ci-dessous résume la manière dont les normes comptables sont appliquées en France.

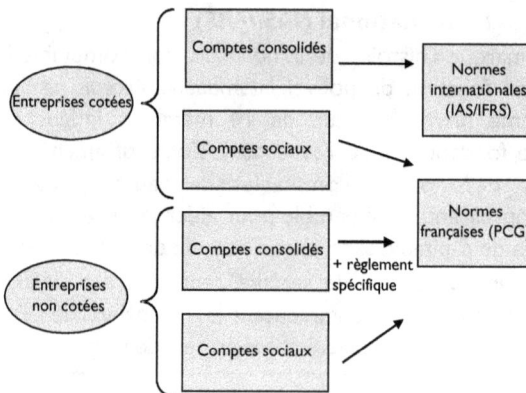

Fig. 5 : Normes comptables appliquées en France.

Toutes les entreprises implantées en France sont soumises au PCG pour les comptes sociaux.

Remarque

Dans la suite de l'ouvrage, nous ferons référence uniquement au Plan comptable général français. Les normes qu'il impose à toutes les sociétés françaises ont un impact direct sur le calcul de l'impôt et par ricochet sur l'évaluation d'un investissement.

Toutefois, la méthodologie de choix d'investissement proposée s'adapte à n'importe quelle autre norme comptable. Avant d'investir, il est primordial de prendre connaissance du contexte comptable et fiscal dans lequel l'investissement sera inséré.

II. À quoi sert un investissement ?

Un investissement est le moyen d'atteindre un objectif que l'on s'est fixé, celui-ci pouvant être accessible ou ambitieux, concerner le futur proche ou le long terme. Toute une palette d'objectifs est donc envisageable entre ces extrêmes et l'on peut procéder à une typologie des investissements en se fondant sur l'objectif visé.

On regarde ensuite les liens qui peuvent exister entre plusieurs investissements.

1. Typologie par rapport à l'objectif visé

Nous distinguons les investissements qui relèvent du décideur privé, de ceux qui relèvent du décideur public.

Décideur privé

Sans prétendre être exhaustif, on peut citer, pour l'entreprise privée, les investissements suivants :

- **de renouvellement** ou **de remplacement** : pour maintenir la capacité de l'entreprise. De tels investissements apparaissent pendant la période d'exploitation de l'investissement principal,

- **de productivité** : pour diminuer le coût de production à production constante. Cet objectif est atteint grâce à la modernisation des équipements ou à l'amélioration des techniques,

9

- **de croissance, de capacité** ou **d'expansion** : pour augmenter le potentiel productif de l'entreprise. Il s'agit de se doter de moyens supplémentaires,

- **de diversification** ou **d'innovation**[1] : pour atteindre de nouveaux marchés grâce à l'étude et au lancement de produits nouveaux,

- **obligatoires** : pour se conformer à la législation en matière d'hygiène, de sécurité ou de préservation de l'environnement (ex : normes antipollution, normes antibruit, directive européenne *ROHS – Risk On Hazardeous Substances*). Ils sont contingents à l'espace et au temps puisque la législation diffère selon les pays et évolue dans le temps,

- **d'image** : pour acquérir de nouveaux clients (publicité, notoriété),

- **sociaux** : pour améliorer le climat social en créant des conditions de travail favorables au personnel (ex : restaurant d'entreprise, crèche et centre de loisir pour les enfants du personnel),

- **stratégiques** : pour assurer le devenir de l'entreprise. Celle-ci, après avoir analysé ses points forts et ses points faibles relativement à ses concurrents[2], fixe un cap et s'interroge sur les moyens (i.e. investissements) à mettre en œuvre pour l'atteindre (cf. figure ci-dessous). De tels investissements de long terme considérés comme stratégiques sont **offensifs** ou **défensifs**. Par exemple, un investissement de croissance peut être considéré comme un investissement à la fois stratégique et offensif par rapport à la concurrence.

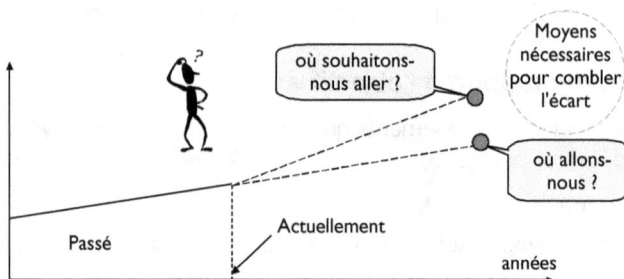

Fig. 6 : Analyse stratégique.[3]

---

1. Innovation *(Innovation)* : Invention qui prend place sur le marché.
2. Analyse synthétisée par un *SWOT (Strengths Weaknesses Opportunities Threats)*.
3. D'après J. Margerin et G. Ausset (1987).

10

Décideur public

Pour une collectivité locale, un état ou une organisation internationale, l'objectif visé par un investissement (immobilisation au sens comptable ou bien action de soutien) peut être, non pas l'accroissement de la rentabilité économique mais l'accroissement du bien-être public. Dans ce cas, c'est la notion de **rentabilité socio-économique** qu'il convient de considérer (voir plus loin les notions de rentabilité).

On distingue deux types d'investissements publics : les investissements publics classiques d'une part et les investissements publics sous tutelle, d'autre part.

Investissements publics classiques

Ce sont les investissements pour lesquels la demande sociale domine : ils obéissent à une logique non marchande. Dans cette catégorie, on classe par exemple les investissements qui relèvent des ministères de la défense nationale, de l'éducation, de la santé ou de la culture (ex : Recherche militaire, Université, Hôpital public, Bibliothèque nationale).

Investissements publics sous tutelle

Les investissements publics sous tutelle sont caractérisés par le fait qu'ils peuvent être indifféremment produits par le secteur privé ou le secteur public. Ce sont des biens indivisibles dont la demande émane d'individus qui payent le service rendu et sont considérés en quelque sorte comme des consommateurs. Néanmoins, une part non négligeable de ces investissements tend à répondre à une demande sociale, demande qui justifie l'intervention de l'État et leur retrait de la sphère des lois du marché.

Comme exemples d'investissements publics sous tutelle, on peut citer certains investissements :

- **de transport** et **de communication** : routes, ponts, réseaux ferrés, canaux,
- **énergétiques** : renforcement du réseau de transport d'électricité dans une zone éloignée, dispositif d'électrification rurale décentralisée,
- **de loisir** ou **de sport** : stades,
- **de lutte contre la pollution** : stations pour l'assainissement des eaux usées, pour le traitement des déchets, murs antibruit,
- **de lutte contre l'effet de serre** : séquestration du gaz carbonique,
- **de préservation de la biodiversité**.

La nature publique des investissements sous tutelle tient principalement aux contraintes imposées par l'État (ou une institution publique quelconque).

2. Liens existants entre plusieurs investissements

Investissements en concurrence

Pour répondre à un objectif fixé, une entreprise envisage de réaliser un investissement. Avant de faire son choix, elle élabore une liste d'investissements dont l'objectif final est le même mais dont les paramètres techniques, la situation géographique, la taille, l'échéancier de réalisation ou encore la durée de vie économique sont différents.

Ces investissements, qui répondent au même objectif stratégique, sont en concurrence car *in fine* le décideur n'en retiendra qu'un seul.

Par exemple, pour mettre au point un nouveau médicament, le laboratoire pharmaceutique hésite entre la mise en place d'un projet de R & D ou l'achat d'un brevet. Il ne choisira qu'une seule de ces deux solutions.

D'une manière générale, des investissements sont concurrents ou dépendants s'ils utilisent une même ressource (ex : enveloppe budgétaire, terrain, matière première, débouché commercial) dont la quantité est limitée.

Investissements complémentaires

Des investissements sont complémentaires si l'on peut les lier entre eux pour créer un nouvel investissement qui tiendra compte de cette complémentarité. On obtient des investissements interdépendants dont l'analyse doit être globale et réalisée dans le cadre d'un **programme**[1].

Par exemple, la municipalité réfléchit en même temps à l'agrandissement de l'école élémentaire et à la création d'un centre de loisirs pour accueillir les enfants en dehors des horaires scolaires.

Investissements indépendants

Deux investissements sont indépendants du point de vue financier si l'échéancier des flux de trésorerie de l'un n'est pas modifié par le fait que le second sera ou non réalisé.

Ex : Une chaîne hôtelière investit dans deux nouveaux hôtels : l'un à Paris, l'autre à Londres.

Ils sont indépendants du point de vue stratégique s'ils ne répondent pas au même objectif stratégique.

Ex : Un constructeur automobile investit dans un projet de R & D pour concevoir la voiture de demain et achète une nouvelle usine de montage en Chine pour commercialiser une gamme de voitures existantes.

---

1. Programme *(Program)* : Portefeuille de projets cohérents gérés de façon coordonnée.

Investissement incompatible

Enfin, un investissement est dit incompatible par rapport à l'objectif stratégique assigné, s'il va à l'encontre de la direction stratégique décidée par l'entreprise.

Ex : Au moment où le groupe de télécommunications se re-concentre sur son cœur de métier, il est envisagé d'acquérir une entreprise de composants électroniques.

III. Quelles sont les caractéristiques d'un investissement ?

Trois notions essentielles caractérisent un investissement :

*   la notion de **durée** qui ressort de l'étalement dans le temps des investissements et des résultats espérés,
*   la notion de **rendement et d'efficacité** eu égard aux objectifs visés par l'investisseur,
*   la notion de **risque** lié au futur.

1. Durée

On distingue trois grandes périodes : la période de préparation à l'investissement (notée N_P), la période d'investissement (notée N_I) et la période d'exploitation[1] (notée N_E), appelée aussi durée de vie économique ou durée de vie utile.

Période de préparation à l'investissement (N_P)

C'est la période où l'on réfléchit à l'opportunité de l'investissement. Elle a un coût important qui, sauf cas particulier, ne rentre pas dans l'estimation du coût de l'investissement. C'est un coût échoué (*sunk cost*).

Période d'investissement (N_I)

C'est la période où l'on met en place l'investissement (construction d'une usine par exemple). Elle correspond à une sortie de fonds.

Période d'exploitation, durée de vie économique ou durée de vie utile (N_E)

Pour l'économiste, un investissement est un sacrifice de ressources aujourd'hui destiné à porter ses fruits pendant une période étalée dans le temps (étalement dans le temps des bénéfices espérés ou des services rendus dans le cas d'un

---

1. On devrait dire production et exploitation.

investissement public). Cette période est la durée de vie économique (N_E) de l'investissement ou période d'exploitation ou encore durée de vie utile.

La durée de vie utile est fondée sur trois notions distinctes (cf. figure 7)[1] :

- **La vie physique de l'investissement** : les services techniques l'apprécient généralement avec une bonne précision. Elle se calcule, par exemple, en nombre d'heures de fonctionnement. En réalité, il s'agit de déterminer la durée optimale d'exploitation, compte tenu des coûts d'entretien et de la valeur de revente de l'équipement considéré.

- **La vie technologique de l'investissement** : dans les industries à évolution technologique rapide où l'innovation est la clé, elle est souvent inférieure à la durée de vie physique. La mise sur le marché de machines ou de logiciels plus performants peut conduire l'entreprise à remplacer le matériel investi avant même qu'il ne soit usé. Si elle ne fait rien, l'entreprise risque de perdre sa compétitivité.

- **La durée de vie du produit** : en cas d'investissement spécifique à un produit et ne pouvant pas être reconverti après la disparition du produit, c'est la durée de vie du produit qui doit être retenue comme durée de vie économique, si elle est plus courte que la durée de vie physique ou technologique.

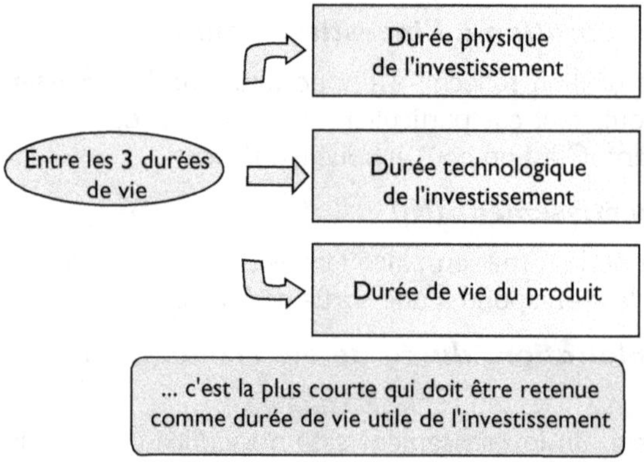

Fig. 7 : Période d'exploitation ou durée de vie économique ou utile de l'investissement.

---

1. D'après J. Margerin et G. Ausset (1987).

Plusieurs cas de figure sont envisageables quant aux durées des périodes d'investissement et d'exploitation

Les exemples de durées N_I et N_E sont donnés à titre indicatif.

- Investissement ponctuel et exploitation étalée : achat d'ordinateurs et utilisation ($N_I \cong 0$ et $N_E = 3$ ans).

- Investissement étalé et exploitation étalée : construction d'une centrale nucléaire et exploitation ($N_I = 5$ ans et $N_E = 60$ ans).

- Investissement et exploitation ponctuels : achat d'une forêt, abattage des arbres et vente du bois ($N_I \cong 0$ et $N_E \cong 0$).

- Investissement étalé et exploitation instantanée : mise au point d'une arme militaire et utilisation ($N_I = 20$ ans et $N_E \cong 0$).

Parallèlement à la durée de vie économique d'un investissement, on considère aussi la durée de vie comptable (notée N_C) et la durée de vie financière (notée N_F).

Durée de vie comptable (N_C)

Comme nous l'avons vu précédemment, la définition comptable d'un investissement met l'accent sur sa durée de vie comptable qui dépasse celle d'un exercice. Qu'il soit lié à l'exploitation (instrument de travail) ou non (amélioration des conditions de sécurité ou d'hygiène par exemple), l'investissement est destiné à être utilisé (sous la même forme) d'une manière durable.

La durée de vie comptable joue sur la fiscalité.

Durée de vie financière (N_F)

On considère aussi la durée de vie financière qui est la période pendant laquelle les emprunts qui ont servi à financer l'investissement sont remboursés aux organismes prêteurs.

Exemple

Prenons l'exemple en entreprise d'une voiture de fonction acquise par emprunt bancaire. Celle-ci a trois durées de vie :

- la durée de vie comptable, dictée par le Plan comptable général, pendant laquelle les dotations aux amortissements comptables sont déduites des bénéfices imposables,

- la durée de vie financière correspondant à la période de remboursement de la dette à la banque,

- la durée de vie économique, durée minimale entre la durée de vie physique et la durée de vie technologique.

Concordance des différentes durées de vie

Dans la pratique, il est commode de faire coïncider N_C et N_E, mais cela n'est pas toujours le cas. En général, N_F est inférieure ou égale à N_E.

2. Rendement, efficacité

Pour une entreprise privée

Pendant la période d'investissement, on effectue des sorties de fonds puis, chaque année durant la période d'exploitation, on espère observer des flux financiers positifs (bénéfices).

Les flux financiers positifs peuvent provenir d'une augmentation des recettes ou d'une diminution des coûts d'exploitation par rapport à la situation de référence où l'on ne fait rien (*statu quo*).

On tient aussi compte de la valeur de liquidation de l'investissement qui peut être positive (ex : revente en fin d'exploitation du terrain, du matériel) ou négative (démantèlement).

Le rendement d'un investissement se mesure en terme de compensation entre les sorties de fonds et les flux financiers positifs espérés. On parle de rendement ou de **rentabilité économique**.

> *Un investissement est rentable si les rentrées de fonds sont supérieures aux sorties de fonds.*

Cette compensation n'est pas toujours respectée notamment lorsqu'il s'agit d'investissement de prestige comme l'achat d'un matériel très performant, surdimensionné par rapport à l'objectif escompté. Cet écueil peut se rencontrer dans des laboratoires de recherche où les décisions sont prises par des ingénieurs, fervents de technologies pointues. À l'inverse, des investissements qualifiés de « spéculatifs » ont comme unique objectif la rentabilité à court terme indépendamment des retombées techniques ou technologiques. Le savoir-faire technologique de l'entreprise s'en trouve parfois diminué et sa survie à long terme compromise.

Pour un décideur public

Dans le cas d'un investissement public, ce n'est pas la rentabilité économique qui est au centre de la décision mais plutôt l'efficacité dans le sens du meilleur service rendu au moindre coût. On parle de **rentabilité socio-économique**[1].

---

1. Rentabilité socio-économique : La rentabilité (ou efficacité) socio-économique d'un investissement est une notion beaucoup plus large que la simple rentabilité économique puisqu'elle tient compte des externalités du projet parfois pendant plusieurs générations. Elle s'évalue soit avec les outils du calcul économique public (analyse coûts-bénéfices), soit avec les méthodes multicritères d'aide à la décision.

3. Notion de risque

Pourquoi un investissement est-il risqué ?

Un investissement est réalisé pour permettre d'atteindre un objectif dans le futur (plus ou moins proche). Il y a une sortie de fonds certaine dans le présent (même si le montant exact n'est pas connu *a priori*) mais il y a un risque pour que l'objectif visé ne soit pas complètement atteint. Les résultats attendus sont des **variables aléatoires** qui dépendent de variables internes et externes au projet. Les variables externes constituent **le contexte** ou **l'environnement du projet.**

Au moment de prendre la décision d'investir, la compensation doit être évaluée en fonction des risques encourus (*cf.* figure ci-dessous).

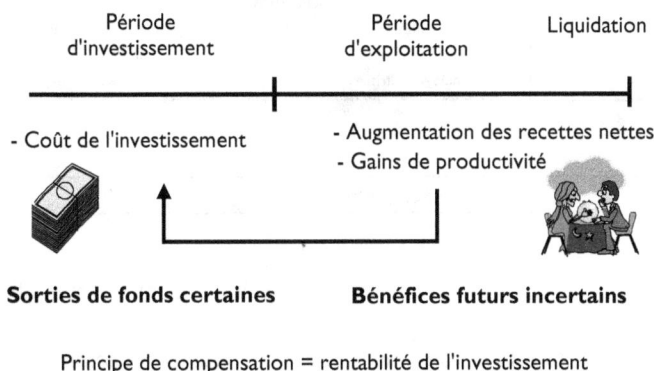

Fig. 8 : Notion de rentabilité (compensation dépenses/recettes).

S'il y a un degré d'incertitude sur le montant des fonds à investir (imprécisions sur les coûts d'investissement), les flux financiers liés à la période d'exploitation (et à la liquidation) sont encore plus aléatoires car plus lointains et influencés par de nombreux paramètres (ou variables) aléatoires.

Quels sont les investissements risqués ?

Parmi les investissements les plus risqués, figurent les investissements lourds, les investissements à profil temporel long et les investissements innovants.

Investissement lourd

Un investissement est d'autant plus risqué qu'il mobilise des fonds importants dans le présent (par rapport à la « richesse » de l'investisseur) car leur récupération sous forme de bénéfices peut s'avérer difficile.

Investissement à profil temporel long : période d'investissement et/ou période d'exploitation longue(s)

Un investissement à profil temporel long est risqué car il table sur des résultats lointains tributaires de l'évolution à long terme du contexte.

Investissement innovant

Un investissement qui incorpore de nouvelles technologies ou qui touche de nouveaux marchés est risqué car il conduit à sortir du cadre habituel (risques internes *et* externes à l'entreprise). Le risque varie selon le degré d'innovation (cf. figure ci-dessous).

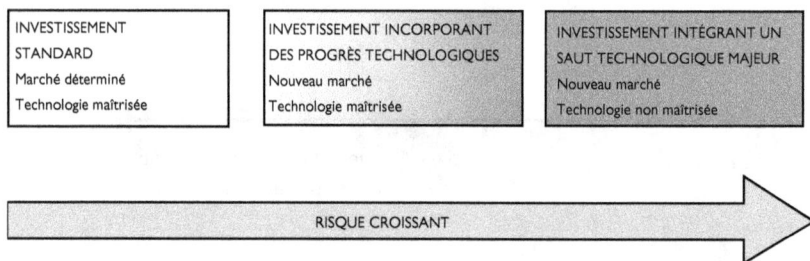

INVESTISSEMENT STANDARD	INVESTISSEMENT INCORPORANT DES PROGRÈS TECHNOLOGIQUES	INVESTISSEMENT INTÉGRANT UN SAUT TECHNOLOGIQUE MAJEUR
Marché déterminé	Nouveau marché	Nouveau marché
Technologie maîtrisée	Technologie maîtrisée	Technologie non maîtrisée

RISQUE CROISSANT

Fig. 9 : Classement des investissements selon le degré d'innovation.

Si l'on reprend la typologie des investissements vue précédemment, on peut classer les investissements par risque croissant suivant la figure ci-dessous.

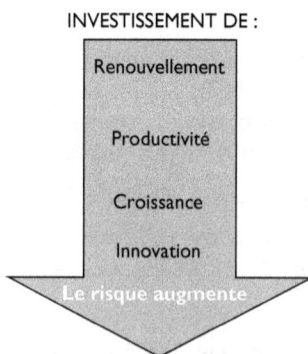

INVESTISSEMENT DE :

Renouvellement

Productivité

Croissance

Innovation

Le risque augmente

Fig. 10 : Classement des investissements selon le degré de risque encouru.

Comment diminuer le risque ?

Les économistes et les gestionnaires se sont penchés sur les concepts de divisibilité, de réversibilité et de flexibilité d'un investissement afin d'en diminuer les risques[1].

Divisibilité d'un investissement

Si l'on a la possibilité de diviser l'investissement en tranches autonomes, le risque diminue. On parle alors d'investissement divisible.

Par exemple, au moment du déploiement du réseau de téléphonie mobile, les opérateurs ont équipé le territoire national région par région en commençant par les régions les plus peuplées. Les sorties de fonds ont alors été étalées sur plusieurs années, ce qui laissait le temps aux premiers investissements régionaux de devenir rentables et de financer les investissements suivants. Si les investissements régionaux n'avaient pas été rentables, le déploiement aurait été stoppé.

Réversibilité d'un investissement

Si, en cas de conjoncture défavorable, on peut envisager, une autre affectation à faible coût du matériel ou bien sa revente sur le marché de l'occasion, le risque est diminué. Dans ce cas, on parle d'investissement réversible.

Une entreprise de fret qui aurait investi dans une flotte de camions pour transporter du textile peut, si la conjoncture du marché du textile devient défavorable, se reconvertir et utiliser ses camions pour transporter du matériel audiovisuel par exemple. L'autre possibilité serait de revendre les camions sur le marché de l'occasion (« broking » ou marché gris) et d'utiliser le produit de la vente pour investir dans un autre projet.

Dans certains cas, la technologie est un facteur de réversibilité qui n'est pas toujours connu a priori. Ainsi, un projet innovant risqué par nature, peut réserver de très bonnes surprises si la technologie qu'il emploie révèle des fonctionnalités inattendues. C'est le cas par exemple, du réseau de fibres optiques que la SNCF a déployé le long de ses rails pour ses propres besoins de signalisation et qui a ensuite été exploité pour les transmissions téléphoniques. Cette nouvelle affectation a procuré à l'entreprise de chemin de fer des recettes inattendues.

Flexibilité d'un investissement

Un investissement flexible est un investissement qui s'adapte très rapidement à la conjoncture sans engendrer de coûts importants. Pour se garantir des risques liés à la conjoncture, il est préférable d'opter pour des investissements flexibles.

---

1. Ces notions sont approfondies au ch. 7.

La flexibilité est un concept général qui englobe les concepts précédents puisqu'un investissement divisible ou réversible est un investissement flexible qui s'adapte à la conjoncture.

Dans le secteur énergétique, une centrale qui produit de l'électricité à partir du gaz est beaucoup plus flexible qu'une centrale nucléaire. Si le prix de l'électricité baisse en dessous de son seuil de rentabilité, la centrale à gaz ne produit plus et attend que le prix de l'électricité remonte. Elle s'adapte facilement aux prix du marché, c'est un mode de production flexible. En revanche, lorsque le prix de l'électricité baisse, la centrale nucléaire est obligée de produire et de vendre à perte car ses **coûts fixes**[1] sont tellement élevés que son coût de production est quasiment le même en régime de fonctionnement ou en arrêt. Cela explique en partie les difficultés qu'a rencontrées la société de production d'électricité nucléaire, *British Energy* lors de la baisse des prix de l'électricité en Grande-Bretagne, en 2002.

Maintenant que nous avons défini l'investissement, énoncé son rôle et ses caractéristiques, nous allons montrer comment l'investisseur prépare sa décision. La préparation à l'investissement est une étape longue et coûteuse qui fait l'objet de la première partie de l'ouvrage.

Bibliographie de référence

KPMG, *États financiers consolidés, comparaison entre les règles françaises, internationales et américaines*, 4ᵉ édition, janvier 2002.

MARGERIN J. et AUSSET G., *Choix des investissements – Présélection, choix, contrôle*, 3ᵉ édition, Éditions SEDIFOR, 1987.

VERNIMMEN P., *Finance d'entreprise*, 6ᵉ édition par QUIRY P. et LE FUR Y., Dalloz, 2005.

Pour en savoir plus

DFCG, *Normes IAS/IFRS – Que faut-il faire ? Comment s'y prendre ?* Collection DFCG, 2ᵉ édition, Éditions d'Organisation, février 2005.

---

1. Coût fixe *(Fixed Cost)* : Coût techniquement lié à la capacité de production et non pas au volume d'activité. Synonymes : Coût de structure, Coût de capacité.

Partie I

Préparation au choix d'investissement

La préparation au choix d'investissement implique d'organiser l'investissement en projet et de collecter toute l'information nécessaire à l'évaluation de sa rentabilité économique ou socio-économique compte tenu des risques encourus.

La synthèse de cette information sous la forme de tableaux de flux financiers prévisionnels constitue le *Business plan* du projet d'investissement.

Cette partie comprend 3 chapitres :

Chapitre 1 • Organisation de l'investissement en projet

Chapitre 2 • Élaboration des grilles d'information et analyse des risques

Chapitre 3 • Mise en ordre de l'information : le *Business plan*

21

Chapitre 1

Organisation de l'investissement en projet

« Se réunir est un début ; rester ensemble est un progrès ;
travailler ensemble est la réussite. »

Henri Ford

Comme nous l'avons vu, l'une des caractéristiques importantes d'un investisse-ment est la notion de durée avec trois grandes périodes : la période de prépara-tion à l'investissement N_P, la période d'investissement N_I et la période d'exploitation N_E appelée aussi durée de vie économique ou utile de l'investisse-ment.

Le **cycle de vie de l'investissement (noté CVI)** est la somme de ces trois périodes.

$$CVI = N_P + N_I + N_E$$

L'objet de ce chapitre est de décrire ce cycle et de montrer comment il peut être organisé en **projet** avec une succession d'étapes clés. La responsabilité du chef de projet est analysée tout au long de ce cycle. Un accent particulier est mis sur

23

la sortie du projet (transfert ou liquidation) qui est un élément important pour l'évaluation *a priori* de l'investissement. Mais au préalable, sont rappelées des notions de base sur le management de projet et sur la place de l'investissement dans l'entreprise (ou la **société projet**[1]).

Plan du chapitre

1 Notions de base sur le management de projet – Place du projet dans l'organisation
2 Cycle de vie et étapes détaillées du projet d'investissement – Outils de gestion disponibles
3 Transfert du projet – Sortie du projet – Rôle du chef de projet

I. Notions de base sur le management de projet – Place du projet dans l'organisation

Dans cet ouvrage, nous assimilons la notion d'investissement à celle de projet et nous parlons de projet d'investissement. Il convient alors de s'entendre sur la définition du projet puis d'en résumer les principales caractéristiques. Le lecteur désireux d'approfondir le sujet pourra se référer à l'abondante littérature sur le sujet dont nous donnons un court échantillon dans la bibliographie en fin de chapitre.

1. Qu'est ce qu'un projet ?[2]

Le mot « projet » vient du latin *projectus* ; lancé en avant. Dans le sens commun, il est associé à une intention (avoir l'intention de partir en Amérique…) et, comme l'écrit Molière, «… *le chemin est long du projet à la chose…* » (*le Tartuffe ou l'Imposteur*, 1664). En gestion, le sens est différent puisque le projet comprend l'intention, c'est-à-dire l'objectif à atteindre mais aussi le chemin pour y parvenir. L'important est la façon dont on atteindra l'objectif dès lors qu'il a été défini. C'est le même sens que le terme anglais *project*, les Anglais employant une autre expression pour désigner l'intention seule : *I plan to go to America*.

---

1. Société projet *(Project Company)* : Dans cet ouvrage, nous faisons souvent référence à la société projet pour désigner une entité juridique et financière créée spécialement pour porter un important projet d'investissement.
2. *Cf.* en particulier, *Dictionnaire de management de projet*, AFITEP (2001) et M. Joly et J-L. Muller (2002).

Un projet est un ensemble d'actions qui consomment des ressources limitées (main-d'œuvre, capital, matières premières) et dont un certain nombre d'agents économiques définis attendent des avantages monétaires ou non. Il correspond à une démarche spécifique (unique), temporaire avec un début et une fin, par opposition aux activités rodées et répétitives. Pour être efficace, cette démarche doit être structurée et méthodique.

Réfléchir à un investissement, le sélectionner, le réaliser puis l'exploiter jusqu'à sa fin de vie est un projet en soi puisque cela correspond à une démarche spécifique qui mobilise des ressources pour répondre à un objectif bien défini. **On parle alors indifféremment d'investissement** ou **de projet d'investissement.**

1.1. Typologie des projets

On distingue souvent le projet « ouvrage » et le projet « produit » (voir figure 1).

Projet « ouvrage »

La finalité d'un projet « ouvrage » est d'obtenir un résultat unique, considéré pour lui-même, non destiné à être reproduit par la suite (ex : ouvrage d'art, bâtiment, usine, navire, déménagement, thèse universitaire). Il est destiné à un client clairement identifié.

On dit aussi **projet d'ingénierie, projet de réalisation** ou **projet « client ».**

Projet « produit »

Dans la catégorie du projet « produit », on trouve :

- le projet consistant à mettre au point un nouveau produit faisant ensuite l'objet d'une production répétitive, destinée à un marché (ex : automobile, électroménager, produit chimique ou pharmaceutique),
- le projet dont l'objectif est de réaliser un prototype unique devant ensuite être reproduit en plusieurs exemplaires (ex : prototype de l'Airbus A320, réalisation d'un film).

On dit aussi **projet de développement** ou **projet « marché ».**

Projet de R & D

À côté des projets « ouvrage » et « produit », on trouve le **« projet de recherche et développement (R & D) »** qui comprend une phase de recherche dont la durée et le résultat sont mal connus *a priori*. En cas de succès, il débouche sur un projet « produit » (ex : R & D pharmaceutique) ou bien, plus rarement, sur un projet « ouvrage » (ex : mise au point d'un instrument d'observation spatiale).

25

L'investissement en R & D est un projet particulier qui ne rentre pas toujours dans les grilles d'analyse que nous proposons. Nous illustrerons par la suite cette notion avec des exemples.

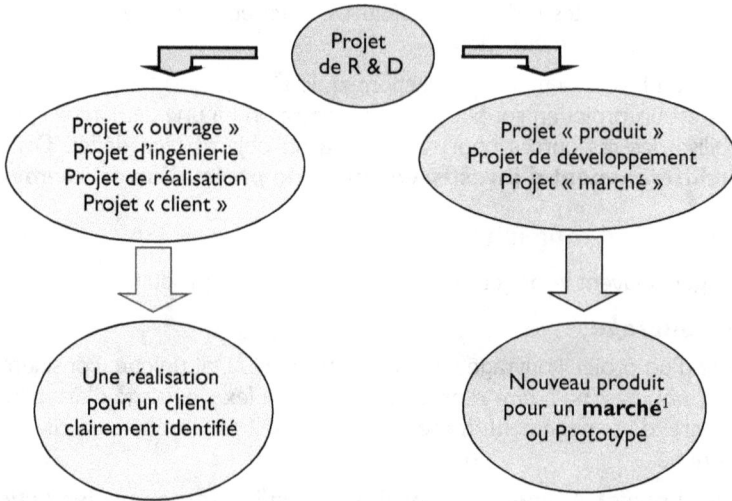

Fig. 1 : Projet « ouvrage »/projet « produit ».

> *Un projet d'investissement conduit soit à un ouvrage unique soit à un produit destiné à être écoulé en grand nombre sur le marché. Il comprend parfois une phase de R & D.*

1.2. Notion de programme

Dans certains cas, pour atteindre un objectif fixé, on ne considère pas un seul projet mais une succession de projets. Par exemple, la mise au point d'un produit innovant peut comprendre un nombre significatif de projets distincts : conception, mise au point du prototype et de la présérie, construction de l'ouvrage de production, extinction de l'ouvrage et/ou du produit. En principe, les étapes correspondant à la production et à l'exploitation du produit ne relèvent pas de la logique projet car elles sont répétitives. Pourtant, on considère d'un seul tenant l'ensemble des opérations qui couvrent le cycle de vie complet d'un produit, depuis l'idée initiale jusqu'à son extinction, en passant par toutes

---

1. Marché *(Market)* : Ici, marché signifie ensemble de clients, de consommateurs.

les étapes de développement, de construction et d'exploitation. Cet ensemble cohérent est nommé **programme** et c'est en ce sens que l'on parle de programmes naval, nucléaire ou spatial (*cf.* figure 2).

Dans le domaine aérospatial par exemple, dès que l'on envisage la conception d'un équipement à envoyer dans l'espace, on se préoccupe déjà de la manière dont il sera désintégré en fin de vie, une vingtaine d'années plus tard.

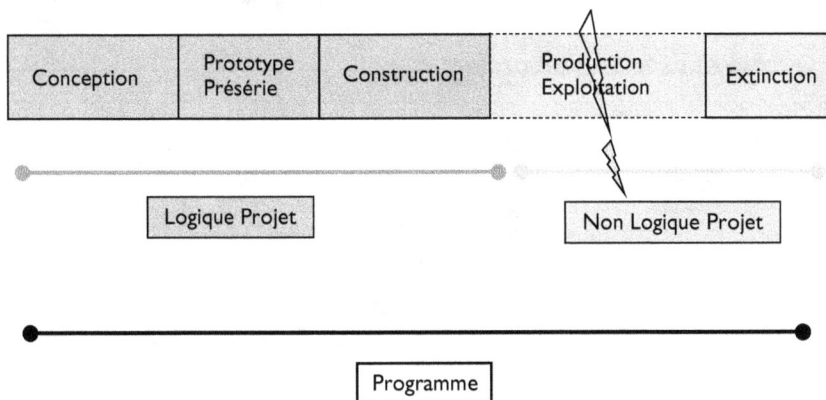

Fig. 2 : La notion de programme.

Un programme est un ensemble de projets distincts cohérents pouvant comprendre des phases non organisées en projet.

Remarque importante

Attention, le terme projet est parfois utilisé comme synonyme de programme. C'est le choix que nous faisons dans cet ouvrage où le terme projet est employé pour désigner l'ensemble du processus qui va de l'idée du projet à son extinction.

Nous considérons bien ici **comme projet, tout le cycle de l'investissement** comprenant la période de préparation, la période de réalisation et la période de production et d'exploitation (répétitive). À proprement parler, il s'agit en fait d'un **programme d'investissement.**

1.3. Durée du projet d'investissement

On estime en général assez bien la durée du cycle de vie d'un investissement. Cependant, pour certain type de projet, comme le projet de R & D, avec des activités de veille et d'exploration, la durée est incertaine.

Pour les investissements en recherche fondamentale, il n'est pas toujours possible de raisonner en projet dans la mesure où la durée n'est pas connue et le résultat attendu non plus (cf. exemple du Commissariat à l'énergie atomique plus loin).

2. Qualité et risques d'un projet

Pour des raisons pédagogiques, nous définissons la notion de qualité d'un projet d'investissement (« ouvrage » ou « produit ») au moment de l'achèvement de la période de construction qui est une date clé (*cf.* figure 3). Cependant, la qualité d'un projet s'évalue tout au long de son cycle de vie. En fait, la démarche qualité est un processus continu avec un bilan à chaque **jalon**[1] du projet.

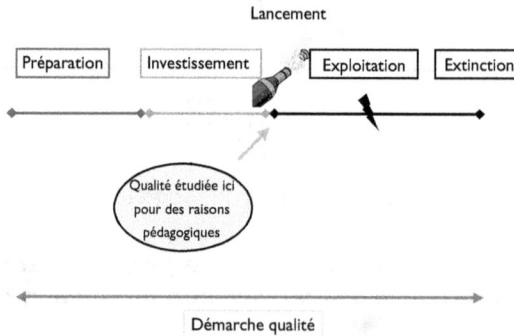

Fig. 3 : Choix du jalon pour exposer la notion de qualité d'un projet.

2.1. Qualité d'un projet

Nous pouvons résumer ce qui vient d'être dit de la manière suivante :

Un projet vise à satisfaire le besoin d'un client (client clairement identifié ou marché), il vise un résultat (ex : ouvrage d'art, nouveau produit mis sur le marché). Pour atteindre ce résultat, il engage des moyens financiers et humains (les ressources) dans un laps de temps limité (le délai).

---

1. Jalon d'un projet *(Project Milestone)* : Date clé où l'on réunit les acteurs du projet pour faire une revue de projet (bilan et réajustements éventuels pour respecter le contrat).

Si le résultat est atteint mais :

- le délai est plus important que prévu initialement, le client est mécontent (ex : pénalités de retard, captation des consommateurs par la concurrence),
- le budget est dépassé, la rentabilité de l'investissement est détériorée (ex : la sortie de fonds initiale sera difficilement ou ne sera pas compensée par les bénéfices futurs).

Ainsi, on mesure la qualité (ou la performance) d'un projet en fonction du résultat atteint mais aussi en fonction du respect des délais et des ressources initialement prévues (*cf.* figure 4).

Remarque

On parle de résultat au singulier pour parler de manière globale. Si l'on veut affiner, on vérifie point par point que les caractéristiques de l'ouvrage (ou du produit) sont acceptables. On étudie alors les résultats, au pluriel et on parle de KPI (*Key Performance Indicators*) à remplir.

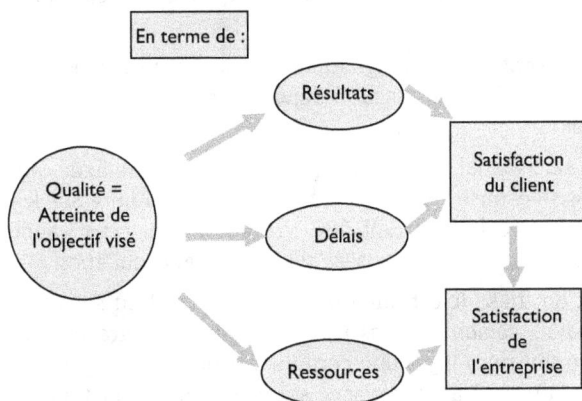

Fig. 4 : Qualité (ou performance) d'un projet.

Assurer la qualité d'un projet d'investissement, c'est respecter le mieux possible l'objectif visé au départ, celui-ci se déclinant en trois points : résultats, délais, ressources.

Remarque

On parle indifféremment d'objectif au singulier (notion globale) ou d'objectifs au pluriel.

2.2. Risques et marges de manœuvre

En pratique, il est très rare, voire impossible, d'atteindre exactement l'objectif visé au départ (l'expérience montre que tout prend toujours plus de temps que prévu et/ou coûte plus cher que prévu !). Comme cela est détaillé au chapitre suivant, des **risques endogènes** et **exogènes** pèsent sur le projet en affectant les résultats, les délais et/ou les ressources. Or, résultats, délais et ressources, sont des éléments interdépendants, si bien que l'on peut gérer un risque qui affecte l'un de ces trois éléments en jouant sur un autre.

Nous illustrons cette interdépendance avec l'exemple d'un projet « ouvrage », comme la construction d'un bâtiment.

Imaginons qu'un fournisseur ait du retard dans la livraison de son équipement (risque exogène). La date de livraison du bâtiment risque de ne pas être respectée, à moins que des ressources supplémentaires soient affectées au projet pour rattraper le retard (ex : mobilisation d'une nouvelle équipe pour travailler en parallèle sur des tâches devant initialement être effectuées en série). Il y a aussi la possibilité de livrer à la date prévue le bâtiment, mais en ayant fait l'impasse sur certains aménagements.

Qu'est-ce qui est préférable ? Augmenter le coût du projet ou bien dégrader le résultat ? La réponse à cette question dépend bien entendu du contexte et de la nature du projet.

Pour un projet aérospatial où il s'agit d'envoyer à une date fixée officiellement un équipement dans l'espace, aucune concession ne sera faite sur les délais et les résultats (la fiabilité technique doit être irréprochable). En revanche, le budget peut être augmenté sans que cela pose d'importants problèmes.

Pour un projet de thèse (c'est aussi un investissement au sens économique), le délai des trois ans « réglementaires » peut difficilement être prolongé, le budget est souvent restreint mais il y a une certaine souplesse quant au résultat attendu. Par exemple le jury peut accepter sans sourciller que le sujet ait été restreint ou bien que certains tests n'aient pas pu être effectués en intégralité. Il n'est pas rare en effet que la thèse débouche ensuite sur un post-doctorat permettant d'ouvrir le champ de l'étude ou de finaliser les expériences.

Ainsi, il existe des **marges de manœuvre** permettant de répartir le plus judicieusement possible les risques sur les résultats, les délais et/ou les ressources. Comme nous l'expliquons ci-après, le pilotage de projet, c'est l'art de jouer sur ces marges, en particulier grâce à un bon management de l'équipe projet. Mais avant de décrire en quoi consiste le pilotage, nous montrons succinctement quels sont les acteurs impliqués dans un projet et quels sont leurs principaux rôles.

3. Quels sont les acteurs impliqués dans un projet ? Quels sont leurs rôles ?

On pourra se référer à la figure 5, ci-après.

3.1. Commanditaire – directeur

Parmi les acteurs impliqués dans un projet, figure celui qui définit avec le client les objectifs à atteindre et qui récoltera les fruits. C'est le commanditaire ou le directeur qui généralement rassemble les ressources financières en mobilisant les bailleurs de fonds. Il joue ainsi le rôle de *sponsor* (ex : directeur ou *sponsor* public comme l'État).

3.2. Chef de projet

Le chef de projet a un rôle central : il se situe entre le directeur et l'équipe projet. Garant de la réussite du projet, c'est lui qui pilote le projet.

Il est lié au directeur par un **contrat** fixant les objectifs à atteindre (en terme de résultats, délais, ressources) et les marges de manœuvre, celles-ci pouvant être renégociées régulièrement en fonction de l'évolution du projet. Il coordonne l'équipe projet avec un pouvoir d'influence plus ou moins marqué selon la place occupée par le projet dans l'entreprise.

3.3. Équipe projet

L'équipe projet est constituée d'hommes et de femmes qui réalisent les activités du projet.

La force du projet étant de fédérer autour d'un même objectif, et dès le début du processus, des personnes qui ont des approches différentes et complémentaires, l'équipe projet est **pluridisciplinaire** (chercheurs, ingénieurs, analystes marketing, commerciaux, notamment).

3.4. Autre terminologie

Pour le projet « ouvrage », la direction de projet est parfois nommée **maître d'ouvrage** et le chef de projet, **maître d'œuvre**. Si les notions de maître d'ouvrage et maître d'œuvre sont sans équivoque pour les projets de génie civil (notamment ceux qui sont régis par loi MOP[1]), elles portent parfois à confusion pour les autres types de projet.

---

1. Loi du 12 juillet 1985 relative à la maîtrise d'ouvrage publique et à ses rapports avec la maîtrise d'œuvre privée.

AU SEIN DE L'ENTREPRISE OU DE LA SOCIÉTÉ PROJET

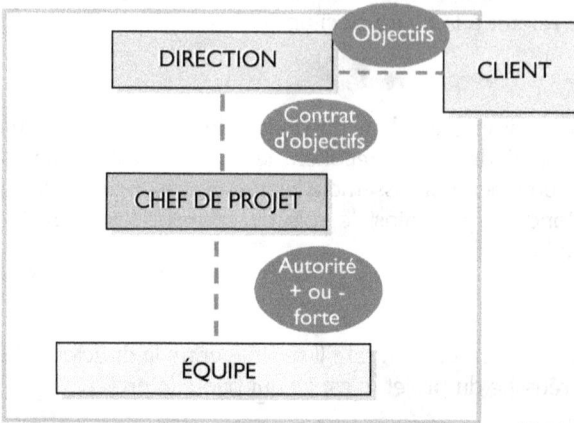

Fig. 5 : Acteurs d'un projet.

> *Le contrat d'objectifs qui lie le directeur et le chef de projet est évolutif et se renégocie régulièrement en fonction de l'évolution du projet.*

Le client est soit dans l'entreprise (ou la société projet), soit à l'extérieur.

3.5. Cas des projets d'investissement « complexes »

La vision que nous présentons est simplifiée car pour certains investissements d'envergure, il y a plusieurs commanditaires. L'organisation de tels projets peut devenir très complexe. C'est le cas par exemple des projets nationaux d'utilité publique dont les retombées sont attendues par plusieurs régions ou bien des projets publics internationaux pour lesquels des pays ont mis leurs ressources en commun.

Le projet *ISOCAM (Infrared Space Observatory Camera)* en est l'illustration. Ce projet, qui a consisté à réaliser (entre 1985 et 1995) une caméra infrarouge devant être embarquée à bord du satellite européen *ISO* était commandité par plusieurs instances européennes.

Dans certains cas, plusieurs chefs de projet se succèdent pour un même projet. Il arrive aussi que la direction du projet change au cours de son cycle de vie (changement de propriétaire, voir plus loin).

4. Management de projet et gestion de projet

On fait une différence entre le management de projet (ou pilotage de projet) qui concerne le chef de projet dans son rôle global et la gestion de projet qui permet de suivre les indicateurs.

4.1. Management de projet

Le management de projet consiste à mettre en œuvre tous les moyens nécessaires pour que la qualité du projet soit respectée. Cela implique d'appliquer de façon rigoureuse une **méthodologie appropriée**.

Piloter un projet implique :

- d'analyser *a priori* les risques : « D'où peut venir le danger ? Suis-je responsable ? »,

- de savoir où sont les marges de manœuvre et comment les utiliser (*cf.* figure 6).

Dans l'analyse de risques, le chef de projet doit distinguer trois catégories de risques :

1. ceux dont les conséquences ne sont pas de sa responsabilité (ex : pour le chef de projet *ISOCAM*, le risque d'explosion de la navette devant envoyer dans l'espace le satellite *ISO*, n'est pas de sa responsabilité mais de celle du chef de projet *ISO*),

2. ceux qui sont peu critiques car très peu probables et/ou peu conséquents,

3. ceux qui sont suffisamment probables et dont les conséquences sont suffisamment graves pour qu'ils soient anticipés.

C'est sur la troisième catégorie de risques que le chef de projet doit se concentrer pour, d'une part les minimiser et d'autre part prévoir une parade au cas où ils se réaliseraient. La renégociation du contrat est envisageable (ex : prévision d'un plan « B »).

Le chef de projet doit faire preuve de rigueur et de créativité pour respecter son contrat.

4.2. Gestion de projet

Pour minimiser les risques, le chef de projet fait appel aux techniques de gestion de projet (soit directement, soit en déléguant à des personnes qualifiées : les gestionnaires de projet). Par exemple, si la contrainte forte est le respect des délais, il utilisera les méthodes de planification des tâches (type Potentiels-Tâches) puis suivra minutieusement le *planning* prévu.

33

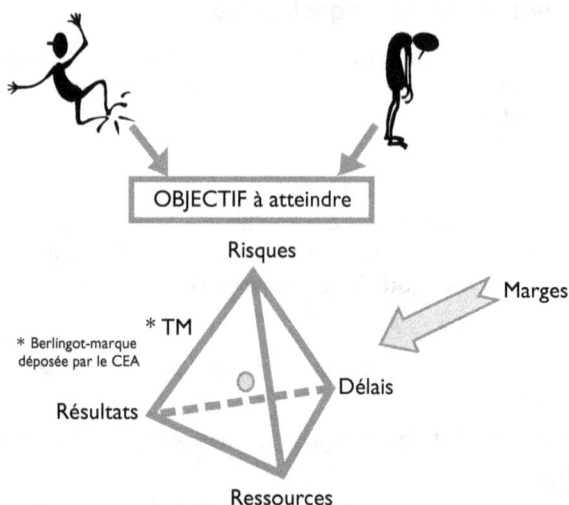

Conduire un projet = piloter la COHÉRENCE

Fig. 6 : Pilotage d'un projet.[1]

> *L'art du pilotage d'un projet est de diminuer le niveau des risques grâce aux marges sur les délais, les ressources et les résultats.*

Notons qu'il existe toute une panoplie de logiciels spécialisés (planification, ajustement, affectation de ressources) pour faciliter la gestion de projet.

Nous avons défini le projet d'investissement de manière « intrinsèque ». Intéressons-nous maintenant à la place qu'il occupe dans une organisation (entreprise ou société projet).

5. Place du projet d'investissement dans l'organisation[2]

Plusieurs cas de figure sont envisageables quant à la relation qui lie le projet d'investissement avec l'organisation qui l'accueille :

- soit le projet est porté et financé par une entreprise (figure 7, types A et C),
- soit il est autonome et assimilé à une société projet qui peut fédérer autour d'elle plusieurs entreprises (figure 7, type B).

---

1. Source, D. Imbault, Session d'études INSTN (depuis 1996).
2. *Cf.* V. Giard et Ch. Midler (1993).

Dans certains cas, pour les entreprises en création, notamment les *start-up*[1], l'entreprise se confond avec le projet à l'origine de sa création, et ce tant que la pérennité de l'entreprise n'est pas assurée (figure 7, type D).

L'entreprise est symbolisée par un rectangle :

et le projet par un ovale :

Type A

L'entreprise dominante est impliquée dans quelques très gros projets vitaux pour sa survie. Elle peut mobiliser d'autres entreprises. Certains acteurs du projet sont salariés de l'entreprise, d'autres appartiennent à une entreprise partenaire ou sous-traitante. L'ingénierie de la conception a un poids très important.

Exemple : Industrie automobile faisant appel à des équipementiers et des ensembliers.

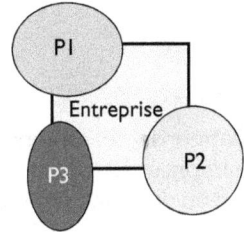

Type B

Le projet est l'identité la plus forte. Il est souvent doté d'une personnalité juridique et financière, la société projet.

Au centre des préoccupations, il est l'occasion de coopération unique entre différentes entreprises qui rendent des comptes à sa direction générale.

Exemples : Secteur du bâtiment et des travaux publics (Stade de France, Tunnel sous la Manche, Viaduc de Millau), TGV, Ariane 5, Satellites de communications, Fermes d'éoliennes, Plate-forme *off-shore*.

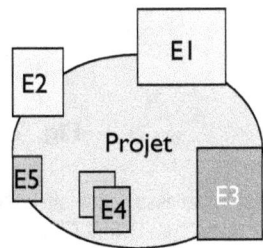

---

1. *Start-up* : Jeune entreprise portant un projet innovant en phase de démarrage.

Type C

L'entreprise gère en interne un nombre élevé de « petits projets » dont aucun ne remet en cause la pérennité de l'entreprise. Ces projets peuvent être relativement indépendants ou bien gérés dans le cadre d'un programme. Les acteurs du projet sont salariés de l'entreprise.

EXEMPLES : INDUSTRIE PHARMACEUTIQUE, CHIMIE FINE, COSMÉTIQUES, MATÉRIAUX, AGROALIMENTAIRE, SOCIÉTÉS DE CONSEIL.

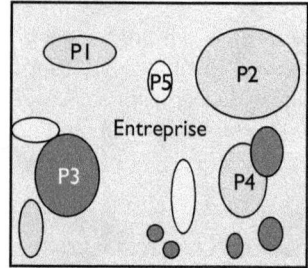

Type D

L'entreprise se confond avec le projet. La mort du projet signifie la mort de l'entreprise. Le projet apparaît comme un élément de structuration de l'entreprise en devenir. Le directeur du projet est fortement identifié au projet.

EXEMPLE : START-UP.

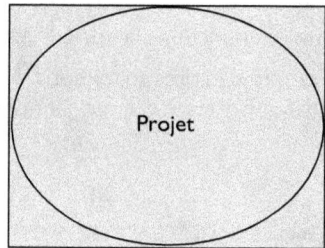

Fig. 7 : Place du projet dans l'entreprise.

Il est intéressant de situer ces quatre types de configuration dans un plan défini par deux axes[1] (cf. figure 8) :

_____

1. *cf.* K. Messeghem, Ch. Schmitt dans G. Garel, V. Giard & Ch. Midler, p. 152 (2004).

- l'axe horizontal concerne la relation des acteurs du projet avec l'entreprise porteuse du projet : de la relation contractuelle (sous-traitance ou co-développement) à la relation salariale (acteurs du projet = salariés de l'entreprise),
- l'axe vertical concerne le nombre de projets gérés en parallèle par l'entreprise.

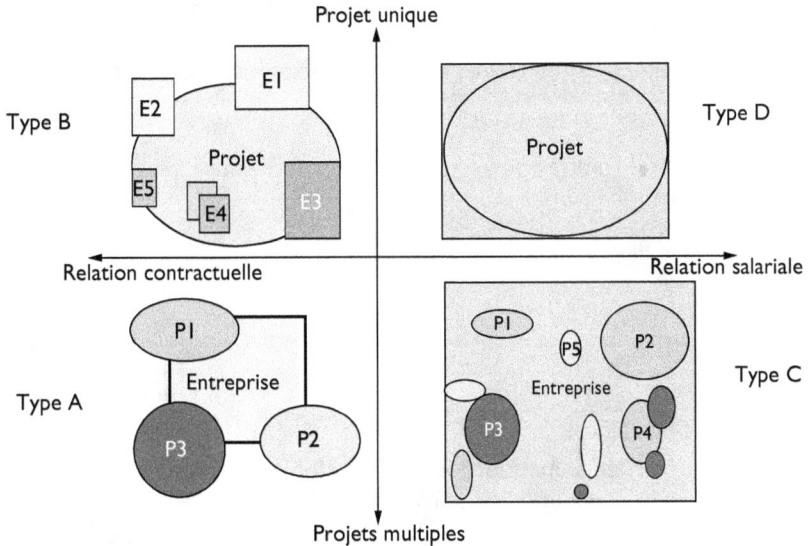

Fig. 8 : Relation du projet avec l'entreprise.

Les projets d'investissement de type B ou D sont insérés dans une organisation *ad hoc*, focalisée sur l'aboutissement du projet. En revanche, lorsqu'ils sont portés par une entreprise (type A ou C), ils ne bénéficient pas toujours d'une organisation *adéquate* et cela peut nuire à leur qualité, surtout lorsqu'il s'agit d'investissements lourds et/ou stratégiques.

37

6. Y a-t-il en entreprise un type d'organisation favorable aux investissements importants ?

Dans l'entreprise, on rencontre différents types d'organisation plus ou moins propice au management par projet et par conséquent à l'investissement (sous-entendu investissement d'envergure). Aux deux extrêmes on peut situer :

- d'une part l'organisation fonctionnelle hiérarchique, dite traditionnelle, dans laquelle les activités sont relativement cloisonnées,
- et d'autre part, l'organisation par projet.

Entre ces deux extrêmes, on trouve les organisations matricielles (*cf.* figure 9).

6.1. Organisation fonctionnelle hiérarchique (ou traditionnelle)

Traditionnellement, l'entreprise est organisée par fonctions :

- Stratégie.
- Études et recherche.
- Achats.
- Production.
- Marketing.
- Finance.
- Ressources humaines.

Chaque activité est liée à une fonction et les performances financières de l'entreprise sont issues de la somme des activités (bénéficiaires et déficitaires).

Cette organisation convient aux entreprises qui ont des activités répétitives (ex : manufactures, sociétés de services financiers).

6.2. Organisation par projet

Avec une organisation par projet, les acteurs sont détachés complètement dans un même lieu pour travailler sur le projet. C'est, en quelque sorte, une entreprise dans l'entreprise. La performance de chaque projet est évaluée avec des indicateurs « projet » qui ne correspondent pas aux indicateurs financiers utilisés dans une entreprise organisée par fonction.

Cette organisation permet d'optimiser la disponibilité et l'affectation des ressources facilitant grandement l'atteinte des objectifs visés. Elle convient parfaitement aux entreprises dont l'activité consiste essentiellement à réaliser des projets (ex : cabinet d'architecture, société d'ingénierie, cabinet de conseil, industrie automobile).

6.3. Organisation matricielle

Avec l'organisation matricielle, les fonctions traditionnelles de l'entreprise sont maintenues mais certaines activités sont regroupées en projet autonome. Dans ce cas, les acteurs ne sont pas affectés totalement sur le projet et continuent à exercer des activités fonctionnelles ou bien participent éventuellement à d'autres projets. Il existe :

- des structures matricielles faibles qui conservent les caractéristiques des structures fonctionnelles, où le chef de projet est davantage un coordinateur ou un *facilitateur* qu'un patron,

- des structures matricielles équilibrées où le chef de projet est officiellement inscrit dans l'organigramme de l'entreprise et a plus de pouvoir.

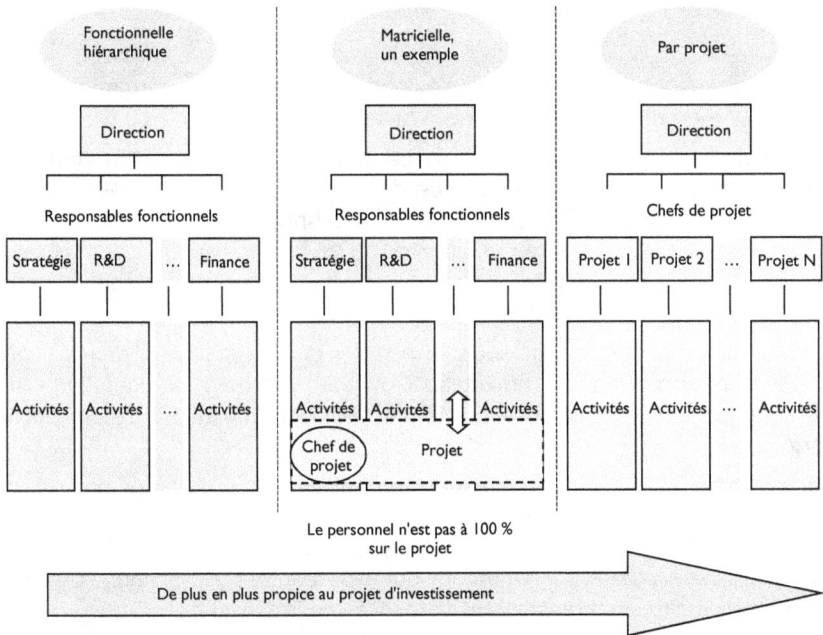

Fig. 9 : Les différents types d'organisation de l'entreprise.

Entre l'organisation fonctionnelle hiérarchique et l'organisation par projet, il existe un large éventail d'organisations dites matricielles plus ou moins axées sur le projet.

Organisation évolutive et organisation mixte

L'organisation peut évoluer avec la vie de l'entreprise. Une *start-up* commence avec une organisation par projet puis, si elle se développe, tend généralement vers une organisation traditionnelle.

De même, au moment du déploiement du réseau de téléphonie mobile, les nouveaux opérateurs étaient organisés autour de leurs projets. Une fois les gros investissements réalisés, ils ont adopté une organisation fonctionnelle pour gérer les activités répétitives d'exploitation commerciale du réseau.

Dans les grandes entreprises, plusieurs types d'organisation peuvent coexister en même temps. C'est ce que nous illustrons avec l'exemple d'un important organisme de recherche français.

6.4. Exemple d'une organisation mixte : le Commissariat à l'énergie atomique (CEA)

Au CEA, l'organisation est mixte ; elle comprend à la fois une organisation par projet et une organisation fonctionnelle hiérarchique (voir figure 10 ci-après).

À l'évidence, comme dans tout organisme de recherche, la fonction « études et recherche » y est prépondérante. Elle est divisée en grandes directions : direction de l'énergie nucléaire (DEN), de la recherche technologique (DRT), des sciences de la matière (DSM), des sciences du vivant (DSV) et des applications militaires (DAM). Au sein des directions, des départements regroupent des chercheurs de disciplines proches.

L'organisation par projet a été adoptée pour les projets de réalisation (ex : construction d'un appareil d'expérimentation, d'un laboratoire, d'un bâtiment) car le « berlingot : résultats, ressources, délais » peut être défini de façon précise *a priori*.

Les projets de recherche sont, eux aussi, organisés en projet afin de permettre à des équipes de chercheurs appartenant à des disciplines différentes de travailler ensemble avec un objectif commun (ex : projet de recherche commandité par l'Europe). Dans ce cas, le « berlingot » qui a un contour plus « flou », est défini avec un degré d'incertitude (marges de manœuvre importantes).

En revanche, les actions thématiques correspondant à la recherche fondamentale ne sont pas organisées en projet car la recherche fondamentale est une activité pérenne dont l'objectif n'est pas clairement identifié dans le temps.

Enfin, les activités répétitives correspondant au support logistique (ex : gestion des ressources humaines, gestion administrative) ne sont pas organisées en projet.

Au final, l'organisation du CEA est mixte, certaines directions ayant adopté une organisation par projet forte (DEN, DAM), d'autres une organisation matricielle (DSM). Les services administratifs et des ressources humaines ont, quant à eux, gardé une organisation fonctionnelle bien qu'ils soient amenés à participer aux projets et à gérer des priorités (ex : gestion des achats associés à un projet).

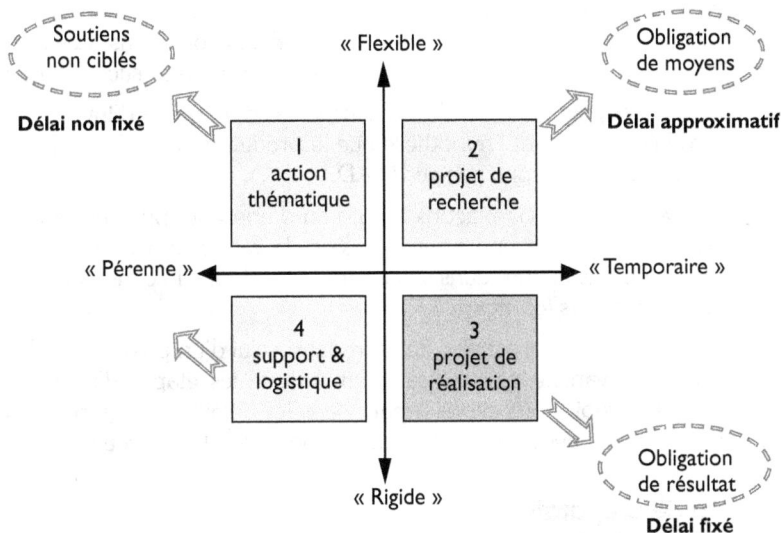

Fig. 10 : Le projet au sein du CEA.[1]

À présent, nous allons décrire toutes les étapes d'un projet d'investissement. Chaque étape est conduite par le chef de projet, sous la responsabilité du directeur. Le chef de projet fait appel à ses compétences, ses connaissances, ses qualités relationnelles pour mener à bien sa tâche difficile. Des outils de gestion (méthodes, logiciels) se sont développés ces dernières années pour l'aider.

II. Cycle de vie et étapes détaillées du projet d'investissement – Outils de gestion disponibles

Comme il a été dit précédemment, le cycle de vie d'un projet d'investissement (CVI) comprend trois périodes principales : la période de préparation (N_P) où

---

1. D'après le référentiel méthodologique des projets au CEA (2005).

l'on prépare la décision d'investir, la période d'investissement (N_I) où l'on met en service l'investissement et la période de production et d'exploitation (N_E). En principe, la durée de ces périodes est prédéterminée. On peut découper chacune de ces périodes en étapes dont le nombre varie suivant l'approche que l'on a du projet (globale ou détaillée).

La description des étapes donne les actions à réaliser notamment par le chef de projet pour que le projet se déroule dans les meilleures conditions. Les outils de gestion disponibles les plus couramment utilisés sont présentés succinctement.

On donne un découpage du cycle de vie dans le cas d'un projet d'investissement de type « produit » en faisant l'hypothèse que le produit est déjà défini. Le projet en question ne comporte donc pas de R & D.

Plus précisément, nous nous plaçons au niveau d'une entreprise qui réfléchit à l'opportunité de construire une nouvelle usine de fabrication pour un produit qu'elle ne possède pas encore dans sa gamme mais dont elle connaît assez finement les caractéristiques (*cf.* figure 11).

À partir de ce découpage, il est aisé de reproduire celui d'un projet de réalisation simple. Il est en revanche plus délicat d'en déduire les étapes d'un projet de R & D. C'est pourquoi, nous citons à part, sans les détailler, les grandes étapes d'un projet de ce type avec un exemple dans l'industrie pharmaceutique.

1. Période de préparation (veille technologique – portefeuille de projets) – (N_P)

Cette phase préliminaire est essentielle car c'est sur elle que repose la décision d'investir (décision prise par le directeur du projet). Elle comprend quatre étapes :

Étape 1 : Identification des opportunités de projets – Analyse du besoin

L'étape 1 correspond à la première réflexion sur l'idée de projet. Elle s'inscrit dans une **analyse stratégique** qui définit quelles sont les bonnes orientations pour l'entreprise compte tenu de son environnement (ex : concurrence, conjoncture économique), de ses atouts et de ses faiblesses.

Pour une orientation stratégique donnée (par exemple lancer un nouveau produit), l'entreprise ébauche un portefeuille d'idées de projet en puisant dans deux sources essentielles :

- les fruits de la R & D (projet R & D antérieur),
- les études de marché et l'analyse des besoins.

> **Remarque**
>
> Si l'entreprise puise ses idées uniquement dans les fruits de la R & D pour lancer un nouveau produit, on dit que c'est la R & D qui « pousse » le projet (optique *technology push*). Si, à l'extrême, elle ne regarde que les besoins du marché, on parle de projet tiré par le marché (optique *technology pull*).

Étape 2 : Réflexion menée sur l'idée de projet – Pré-faisabilité – Sélection préliminaire des projets

La seconde étape permet d'affiner les idées de projet et de les concrétiser afin d'obtenir une liste restreinte de projets concurrents, identifiés sommairement. La liste peut ne contenir qu'un seul projet avec éventuellement des **variantes**[1].

Étape 3 : Faisabilité – Prévision – Analyse des risques : études des marchés potentiels, évaluation des coûts, estimation des sources de financement

La troisième étape étant la plus importante, les chapitres 2 et 3 lui sont consacrés. Pour chaque projet retenu, il s'agit d'élaborer les grilles d'information, d'analyser les risques puis de dresser les tableaux financiers prévisionnels permettant d'évaluer ses performances dans un contexte donné (*Business plan*).

Étape 4 : Évaluation et décision – Procédure de sélection définitive

En partant du *Business plan*, l'étape permet de désigner le meilleur projet compte tenu du (ou des) **critère**[2]**(s)** que l'entreprise s'est fixé(s).

Si l'entreprise base son choix sur la rentabilité économique uniquement, on parle de décision monocritère. Certaines conséquences non économiques sont parfois traduites en unité monétaire (vision économique).

Si l'entreprise intègre explicitement d'autres points de vue comme la préservation de l'environnement ou la création d'emploi, on parle de décision multicritère (vision globale).

---

1. Variante *(Option)* : Modification mineure de certains paramètres d'un projet d'investissement.
2. Critère *(Criterion,* pluriel *Criteria)* : Fonction qui donne la performance (ou conséquence) d'une décision selon un point de vue (ou dimension).

2. Période d'investissement (N$_i$)

L'investissement étant choisi, il convient maintenant de le mettre en place. La mise en place est planifiée puis pilotée. Il s'agit d'un projet de réalisation. Pour être rigoureux, nous devrions dire sous-projet, le projet principal étant le projet d'investissement tout entier.

2.1. Planification : programmer l'action

Étape 5 : Négociation des contrats

On analyse la réalisation pratique et on prévoit les moyens nécessaires. Il s'agit de :

- définir l'organisation de la mise en place,
- choisir l'équipe de réalisation et le chef de projet (s'il est différent de celui qui a supervisé la phase de préparation),
- définir le cahier des charges qui lie le chef de projet à son commanditaire (fiche projet avec le fameux « berlingot ») et contractualiser,
- lancer les appels d'offre vers les fournisseurs (ou autres entreprises extérieures) référencés sur la base d'un cahier des charges fonctionnel,
- choisir les entreprises extérieures comme les fournisseurs ou les entrepreneurs et contractualiser.

Étape 6 : Conception et ingénierie

Cette étape relève de la logistique et de la recherche opérationnelle. Elle conduit à mener les actions suivantes :

- découpage du projet en lots de travaux puis en tâches élémentaires,
- identification des contraintes,
- modélisation de l'enchaînement des tâches,
- évaluation des durées,
- positionnement des jalons,
- planification de réalisation des tâches avec les dates de début de chaque tâche (dates au plus tôt et au plus tard) pour respecter la date de fin (cf. méthodes : PERT[1], Potentiels-Tâches[2], diagramme de Gantt[3] des tâches),

---

1. *Program Evaluation and Review Technique,* méthode mise au point à la fin des années cinquante par la Marine américaine.
2. La méthode des Potentiels-Tâches a été mise au point en France en 1958 par B. Roy.
3. Le diagramme de Gantt, inventé en 1917 par Henry L. Gantt, est un outil permettant de modéliser la planification des tâches nécessaires à la réalisation d'un projet. On peut y associer les dépenses correspondantes.

- détermination du **chemin critique** qui est l'ensemble des tâches de marge nulle, la marge étant la différence entre la date au plus tard et la date au plus tôt,

- détermination des contraintes d'utilisation des ressources et planification à ressources limitées (méthode de nivellement).

Un exemple d'application de la méthode Potentiels-Tâches avec détermination des tâches critiques est donné lors de l'étude du cas éolien au chapitre 7[1].

À noter que de nombreux logiciels de planification existent pour aider le chef de projet dans son travail de conception et de planification.

2.2. Réalisation : Piloter le projet

La réalisation se décompose en deux parties : la mise en place de l'infrastructure (construction) puis de la superstructure (démarrage).

Étape 7 : Mise en place de l'infrastructure – Construction

C'est la construction des grands équipements comme les bâtiments, les bureaux, les laboratoires et l'installation des machines. L'infrastructure nécessite un appel de capitaux importants.

La mise en place, pilotée avec l'aide de logiciels de suivi, comprend notamment les éléments suivants :

- prise en compte des aléas,

- maîtrise des délais et des coûts de réalisation,

- réunions de suivi,

- actions correctives,

- analyse des dysfonctionnements,

- utilisation des marges de manœuvre,

- renégociation éventuelle des objectifs.

Étape 8 : Mise en service de la superstructure – Démarrage

Une fois le bilan d'achèvement de la phase d'investissement réalisé, le projet est mis en service avec une période d'essai.

---

1. Le lecteur intéressé par les méthodes de recherche opérationnelle appliquées à la planification des tâches, pourra se référer notamment à l'ouvrage de Ph. Vallin et D. Vanderpooten (2002) pour de nombreuses études de cas corrigées.

C'est la mise en œuvre des sous-systèmes opérationnels qui comprend :

- les essais sur les machines et les équipements,
- le démarrage de la production,
- le lancement,
- la création des systèmes administratifs, comptables et financiers,
- la création de corps spécialisés,
- la formation du personnel.

La superstructure appelle le besoin en fonds de roulements d'exploitation.

3. Période d'exploitation (durée de vie utile ou économique du projet) – N$_E$

Après la période de démarrage, le projet est parfois transféré à l'exploitant (changement de propriétaire et de chef de projet). L'exploitation qui consiste à produire et à exploiter, c'est-à-dire à commercialiser le produit, atteint alors la pleine capacité (étape 9 sur la figure 11).

Pendant cette période, on procède au suivi et à la maintenance des équipements. Des **investissements de renouvellement** (achat de nouvelles fonctionnalités logicielles, changement de pièces détachées usées, remplacement de matériel obsolète) ont lieu pour maintenir les infrastructures au niveau souhaité. Ces derniers doivent être pris en compte dans l'évaluation du coût de l'investissement principal.

À la fin de la période d'exploitation, l'investissement est cédé avec une **valeur de liquidation** positive ou négative (étape 10 de la figure 11). Il peut aussi être cédé avant la fin de son cycle, on parle alors de **transfert**.

	PÉRIODE DE PRÉPARATION (N_P) $t = N_P$				PÉRIODE D'INVESTISSEMENT (N_I) $t = N_P + N_I$				PÉRIODE D'EXPLOITATION (N_E) $t = N_P + N_I + N_E$	
Date $t = 0$	Étape 1	Étape 2	Étape 3	Étape 4	Étape 5	Étape 6	Étape 7	Étape 8	Étape 9	Étape 10
	Indentification des opportunités de projets	Pré-faisabilité	Faisabilité Prévision Analyse des risques	Procédure de Sélection définitive	Négociation des contrats	Conception et ingénierie	Mise en place Construction	Mise en service	Production Exploitation	Sortie de projet
	Définition de l'objectif stratégique Où veut-on aller eu égard à nos atouts, faiblesses, des besoins du marché ? On puise parfois dans la R & D (Technology push).	Élaboration d'une liste restreinte de projets concurrents, identifiés sommairement	Élaboration des grilles d'information précises et analyse des risques avec vision systémique : études de marchés, évaluation des coûts, scénarios... Cela conduit au Business plan.	Utilisation des critères de rentabilité ou d'efficacité par rapport à l'objectif stratégique visé (décision monocritère ou multicritère)	Définition du « berlingot » : résultats, ressources, délais » pour la mise en place	Utilisation de la recherche opérationnelle (PERT, Potentiels-Tâches, Gantt) Positionnement de jalons pour la mise en place	Mise en place de l'infrastructure Appel de capitaux lourds	Mise en place de la super-structure – BFR Formation Test Lancement	Pleine capacité	Revente ou démantèle-ment
Coûts associés	Coûts d'analyse stratégique	Coûts de recherche d'information (sunk cost)		Coûts de planification			Coûts de mise en place		Coûts inv. renouvellement, Dépenses d'exploitation	Coûts démantèlement
Gains associés									Recettes d'exploitation	Valeur de revente

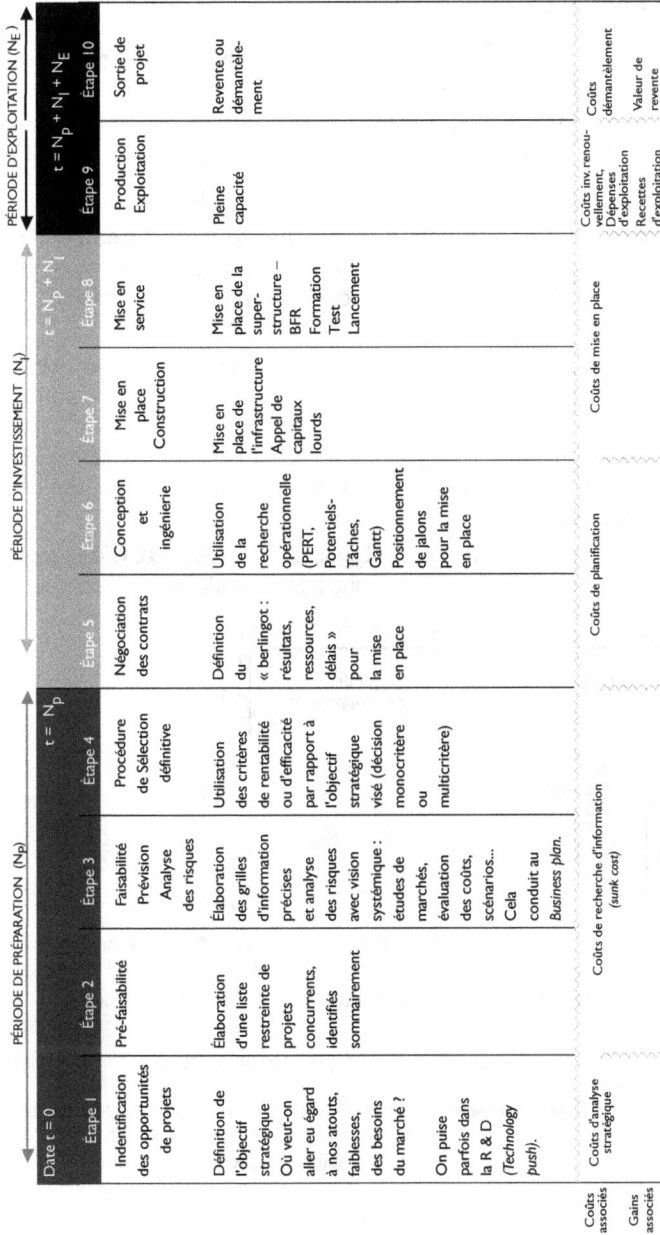

Fig. 11 : Récapitulatif des étapes d'un projet d'investissement type « produit » sans R & D.[1]

1. Inspiré du cours du Master Management de la technologie et de l'innovation, M. Poix (2005).

4. Cas du projet de R & D

Le projet de R & D[1] contient généralement 6 étapes (*cf.* figure ci-dessous).

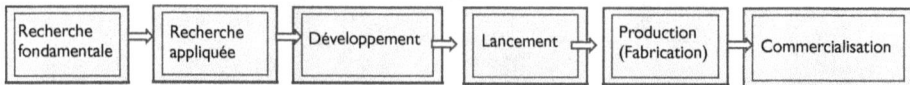

Fig. 12 : Les étapes principales d'un projet de R & D.

En réalité, les étapes ne se suivent pas de façon aussi linéaire car il existe de nombreuses synergies entre elles. Par exemple, la recherche appliquée peut être en partie nourrie par la commercialisation lorsqu'un produit est amélioré de façon incrémentale, en fonction des réactions du marché.

Nous donnons ci-dessous le schéma des étapes d'un projet de R & D dans le secteur pharmaceutique. À la fin de chaque étape, en fonction des ressources financières engagées, des résultats obtenus, de l'évolution du contexte et des risques encourus, on se demande s'il est pertinent de poursuivre le projet ou bien s'il vaut mieux arrêter et mettre les ressources non encore entamées dans un autre projet (*Stop or Go ?*).

Avant le lancement du médicament, une étape obligatoire doit avoir lieu. C'est l'autorisation de mise sur le marché (AMM) donnée par une agence nationale indépendante[2].

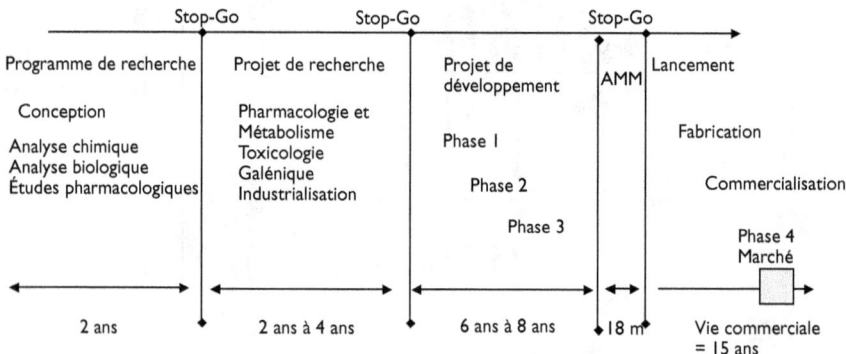

Fig. 13 : Les étapes d'un projet de mise au point d'un médicament.[3]

---

1. Dans le cas de la R & D, il serait plus approprié d'employer le terme programme, chaque étape correspondant à un projet.
2. L'AMM est une procédure administrative qui autorise un laboratoire pharmaceutique à commercialiser une molécule en France, selon des indications préalablement définies. Une AMM est délivrée par l'AFSSAPS (Agence française de sécurité sanitaire des produits de santé). Le produit devient alors un médicament, disponible d'abord à l'hôpital puis dans les pharmacies de ville.
3. D'après V. Giard et Ch. Midler (1993).

III. Transfert du projet – Sortie du projet – Rôle du chef de projet

1. Responsabilité du chef de projet au cours du cycle de vie d'un investissement

Comme nous l'avons vu, il arrive parfois que plusieurs chefs de projet soient successivement affectés à un même projet. Cela peut se produire lorsque le directeur du projet attribue la responsabilité de certaines étapes à des personnes différentes ou bien lorsque le projet change de direction, c'est-à-dire de propriétaire.

Les périodes à la fin desquelles l'on rencontre ce type de transfert coïncident souvent avec les périodes du projet d'investissement. À ces périodes, s'ajoute la durée de vie financière de l'investissement pendant laquelle a lieu le remboursement de la dette contractée pour l'investissement (N_F) (*cf.* tableau ci-dessous).

Tableau 1 – **Responsabilité du chef de projet**

Période durant laquelle le même chef de projet est concerné	Intitulé de la période	Responsabilité du chef de projet
CVI	Cycle de vie économique (préparation + investissement + durée de vie économique)	Intégrale (ex : projet automobile)
N_F	Durée de vie financière fondée sur la période de remboursement de la dette, période après laquelle le projet est transféré (certains cas de *B.O.T : Built Operate Transfer*[1])	Partielle ; tant que la dette n'est pas remboursée
$N_I + N_E$	Période d'investissement et d'exploitation	Partielle ; la période de préparation est confiée à une autre société (ex : cabinet de conseil)
$N_P + N_I$	Période de préparation et d'investissement	Partielle ; une fois réalisé, l'investissement est transféré à l'exploitant

---

1. *Cf.* partie III.

2. Transfert du projet (avant la fin de vie)

Le transfert de propriété est un acte formel par lequel une autre société prend la responsabilité du projet. Il a lieu avant la fin de vie du projet.

Lorsque le projet change de propriétaire au cours de son cycle de vie, il faut évaluer sa valeur de liquidation compte tenu des recettes espérées et des risques encourus. Trois cas peuvent alors se produire : la valeur de liquidation V_L de l'investissement est positive ($V_L > 0$), nulle ($V_L = 0$) (mort technologique du projet), ou négative ($V_L < 0$) (*cf.* figure 14).

Le transfert à la fin de la période d'investissement est un cas à analyser en détail car il y a un pari sur les recettes liées à l'exploitation (transfert des risques).

3. Sortie du projet (en fin de vie)

À la fin de la durée de vie économique du projet, on parle de sortie du projet et il faut aussi évaluer la valeur de liquidation.

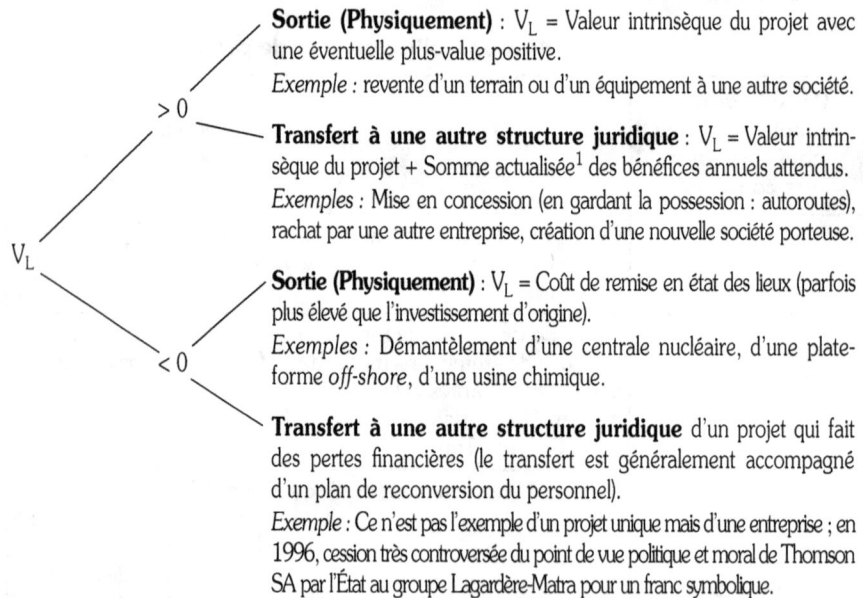

Sortie (Physiquement) : V_L = Valeur intrinsèque du projet avec une éventuelle plus-value positive.

Exemple : revente d'un terrain ou d'un équipement à une autre société.

> 0

Transfert à une autre structure juridique : V_L = Valeur intrinsèque du projet + Somme actualisée[1] des bénéfices annuels attendus.

Exemples : Mise en concession (en gardant la possession : autoroutes), rachat par une autre entreprise, création d'une nouvelle société porteuse.

V_L

Sortie (Physiquement) : V_L = Coût de remise en état des lieux (parfois plus élevé que l'investissement d'origine).

Exemples : Démantèlement d'une centrale nucléaire, d'une plate-forme off-shore, d'une usine chimique.

< 0

Transfert à une autre structure juridique d'un projet qui fait des pertes financières (le transfert est généralement accompagné d'un plan de reconversion du personnel).

Exemple : Ce n'est pas l'exemple d'un projet unique mais d'une entreprise ; en 1996, cession très controversée du point de vue politique et moral de Thomson SA par l'État au groupe Lagardère-Matra pour un franc symbolique.

Fig. 14 : Valeur de liquidation suivant les cas de figure.

---

1. Voir ch.4, partie II pour la définition du bénéfice actualisé.

Conclusion

Respect du contrat

Pour des raisons pédagogiques, nous avons décrit les étapes du projet d'investissement de manière séquentielle. Or, dans la réalité, les étapes de préparation et d'investissement se chevauchent afin de gagner du temps. La maîtrise du temps est en effet un élément essentiel du management de projet car il est souhaitable d'être premier sur le marché. Pour minimiser son *TTM (Time To Market)*, il ne faut pas perdre de temps pendant les périodes de préparation et d'investissement.

Cependant, à vouloir aller trop vite, on risque de perdre en résultats parce que l'on a mal identifié les besoins ou bien négligé certains tests. Un compromis subtil entre le temps et les résultats doit donc être trouvé. Il en est de même pour l'attribution des ressources qui sont nécessaires au bon déroulement du projet : les ressources coûtent cher mais leur limitation peut conduire à une perte de temps ou de résultats.

Pour aider le chef de projet dans cet arbitrage difficile, il existe des contrôles de projet d'investissement avec :

- des procédures de *feedbacks* pour respecter le « berlingot : résultats, ressources, délais »,
- des procédures *post-audit* pour évaluer la qualité du management du projet (ex : amélioration de la gestion, élimination des partenaires incompétents).

La gestion des connaissances et des compétences est aussi un facteur important à prendre en compte. Lorsque l'équipe a acquis de l'expérience en participant à des projets similaires, l'atteinte des objectifs se trouve grandement facilitée. Cela s'appelle l'**effet d'apprentissage**.

Diminution des degrés de liberté

Avancer dans le projet signifie perdre des degrés de liberté quant aux décisions que l'on peut prendre. C'est pourquoi, lorsque le projet semble mal engagé, il est préférable de l'arrêter tout de suite et d'utiliser les fonds restants pour s'orienter vers un autre projet plus prometteur ; question « *Stop or Go ?* » posée dans le cadre des projets de R & D (ex : projet de R & D dans l'industrie pharmaceutique).

Pour les investissements physiques (matériels), lorsque l'on passe de l'une à l'autre des étapes du projet d'investissement, on assiste à une « ***gélification*** » progressive du capital financier en capitaux de production et de distribution (*cf.* figure 15 ci-après).

51

* Investissement = « Gélification » progressive du capital

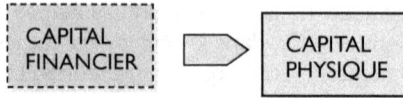

* Désinvestissement = Mobilité financière

Fig. 15 : Gélification du capital pour un investissement matériel.

Bibliographie de référence

AFITEP, *Dictionnaire de management de projet : Français-anglais-espagnol*, 4ᵉ édition, AFNOR, 2001.

CEA, *Le référentiel méthodologique des projets au CEA*, 2005.

GAREL G., GIARD V. et MIDLER Ch., (Ouvrage collectif coordonné par), *Faire de la recherche en management de projet*, FNEGE, Vuibert, 2004.

GIARD V. et MIDLER Ch. (ouvrage collectif sous la direction de), *Pilotages de projet et entreprises, diversités et convergences*, ECOSIP, Gestion, Économica, 1993.

JOLY M. et MULLER J.-L.G., *De la gestion de projet au management par projet, Maîtriser les risques d'une organisation transversale*, AFNOR, 2002.

IMBAULT D., *Séminaire de formation « Pilotage et animation de projet »*, Session d'études de l'Institut national des sciences et techniques nucléaires, CEA, depuis 1996.

POIX M., *Cours du Master Management de la technologie et de l'innovation*, Université Paris-Dauphine, 2005.

Pour en savoir plus

CAZAUBON Ch., GRAMACIA G. et MASSARD G., *Management de projet technique*, Technosup, Les filières technologiques des enseignements supérieurs, 2ᵉ édition, Ellipses, 2004.

CORBEL J-C., *Management de projet, Fondamentaux – Méthodes – Outils,* 2ᵉ édition, Éditions d'Organisation, 2005.

MADERS H-P. et CLET E., *Comment manager un projet,* 2ᵉ édition, Éditions d'Organisation, 2004.

MIDLER Ch., *L'Auto qui n'existait pas : Management des projets et transformation de l'entreprise,* Stratégies et management, Dunod, 2004.

PMI (Project Management Institute), *Management de projet : un référentiel de connaissances,* AFNOR, 2001.

VALLIN Ph. et VANDERPOOTEN D., *Aide à la décision : Une approche par les cas,* 2ᵉ édition, Gestion, Mathématiques, Informatique, Ellipses, 2002.

Chapitre 2

Élaboration des grilles d'information et analyse des risques

« Avant de bâtir la tour, il faut calculer la dépense. »

saint Luc

Ce chapitre et le suivant reprennent en détail l'étape 3 du projet d'investisse-ment qui est une étape essentielle pour la prise de décision. Il s'agit de la collecte puis de la mise en forme de l'information nécessaire à l'évaluation de chaque projet envisagé. Comme un investissement est un pari sur l'avenir, il convient ainsi d'analyser les risques associés.

Nous voulons insister sur la notion d'**analyse systémique** du projet d'investis-sement. Lorsque l'on réfléchit à la faisabilité du projet, on fait la liste de toutes les variables qui vont conditionner sa rentabilité en montrant qu'elles sont liées les unes aux autres. La recherche d'information consiste ensuite à estimer les valeurs de ces variables sur la durée de vie du projet.

55

Plan du chapitre

I. Élaboration des grilles d'informations

1. Objectif

Rappelons qu'à l'issue de l'étude de pré-faisabilité (étape 2), nous disposons d'une liste de projets concurrents identifiés sommairement. Il est alors nécessaire de recueillir sur ces projets, un certain nombre de données annuelles permettant d'évaluer leur rentabilité économique ou socio-économique et de les classer par ordre de préférence.

Les données recueillies forment les grilles d'informations qui, pour **chaque projet identifié** sommairement, permettent de :

1 – Préciser les caractéristiques (temporelles, techniques, économiques, géographiques, organisationnelles).

2 – Établir le **coût global** de l'investissement et sa **valeur de liquidation**.

3 – Constituer les séries prévisionnelles concernant l'échéancier des **recettes** et des **dépenses d'exploitation**.

La validité des critères de choix, dépend en premier lieu de la crédibilité de ces informations qui ont un caractère stratégique et un coût non négligeable. Avant de se lancer dans leur élaboration, il convient d'ailleurs de faire un calcul coût – efficacité de l'information.

Sauf cas particulier (*cf.* projet R & D éolien, ch. 7), le coût de collecte de l'information ne rentre pas dans le calcul du coût d'investissement. Il s'agit de coûts irrécupérables (*sunk costs*).

Nous présentons la méthodologie d'élaboration des grilles d'information dans le cas d'un projet d'investissement « produit » comme celui que l'on a considéré au chapitre précédent. Cette méthodologie est très facilement transposable à d'autres types d'investissement (projet d'investissement R & D ou de réalisation).

56

Notons que pour les investissements publics, les grilles d'informations doivent être plus riches afin de permettre l'estimation des conséquences non économiques de l'investissement.

2. Organisation de l'information

L'information récoltée est organisée autour de cinq pôles[1] :

I – **Analyse du contexte et de l'objectif** : Quel est le contexte du projet ? Quel est l'objectif à atteindre ?

II – **Étude de marché et analyse de la capacité de production** : Quel marché vise-t-on ? Combien produit-on ?

III – **Étude des technologies et du mode de production** : Comment produit-on ? Avec quelles technologies ?

IV – **Étude de la localisation** : Où produit-on ?

V – **Étude de l'organisation** : Quelle organisation choisit-on pour produire ?

Dans la réalité, les hypothèses de montage financier (qui donnent le coût du capital) doivent être analysées à ce niveau mais pour des raisons pédagogiques, nous avons réservé cet aspect en partie III.

2.1. Contexte et objectifs

Cette analyse contient une étude mésoéconomique et une étude macroéconomique.

Étude mésoéconomique

Elle permet de répondre aux questions suivantes :

- Quelle est la personnalité du porteur de projet et de son équipe ?
- Quels objectifs sont poursuivis par le projet ?
- Quels marchés sont visés ?
- Quels sont les bénéficiaires ?
- Quels sont les partenaires ?
- Quels sont les opposants au projet ?

---

1. D'après M. Poix, Cours du Master Management de la technologie et de l'innovation (2005).

Une **cartographie** situant dans un plan les acteurs qui sont très favorables au projet, ceux qui sont hésitants ou sans avis et ceux qui s'y opposent légèrement ou bien farouchement, peut être très utile. Elle permet d'organiser une campagne de « *lobbying* » en mobilisant certaines catégories d'acteurs pour tâcher de mettre le maximum d'acteurs du côté du projet et empêcher les opposants rebelles de nuire.

Étude macroéconomique

Il convient d'étudier :

- le contexte économique du projet (ex : taux de croissance du pays d'accueil, réglementation en vigueur),

- le secteur du projet,

- les complémentarités entre le projet et les autres projets déjà financés,

- les principaux risques.

2.2. Marché et capacité de production

Étude de marché

Il s'agit d'effectuer une projection de la demande. La demande future dépend du contexte du projet et des stratégies de marché élaborées en étape 1, lors de l'élaboration des opportunités de projets.

Les stratégies fixent :

- le segment de marché visé (ex : marché national ou international, de masse ou de luxe),

- une méthode de distribution et de commercialisation (ex : réseau de distribution, service après-vente, formation des commerçants),

- la valorisation du produit : estimation du prix de vente (le « juste prix ») compte tenu du prix de marché, du prix attendu et du prix de revient (coût de production unitaire).

Après une analyse critique des stratégies de marché élaborées, ces paramètres sont affinés.

Programme de production

Pour répondre au marché tel qu'on l'a estimé, il faut élaborer un programme de production avec :

- les quantités à produire (*outputs*),

- la durée de production,

58

- le rythme de production,
- le niveau de stockage des matières premières.

Les contraintes techniques associées aux capacités de production et les contraintes de sécurité doivent être cernées.

> Ce qu'il ressort de ces matrices d'information (voir figure I) :
> 1 Coût d'investissement lié à la distribution.
> 2 Chiffre d'affaires hors taxes (produit des quantités vendues par le prix de vente).
> 3 Coûts de production (partie *output*).
> 4 Durée de vie du produit $\Rightarrow N_E$.

2.3. Technologie et mode de production

Technologie pour la production

L'analyse de la technologie de production est fondée sur les questions suivantes :

- Quelles sont les technologies disponibles à un montant donné ?
- Quelles sont les coûts des différentes technologies alternatives ?
- Quelles sont les performances attendues au niveau de la qualité de la production ?
- Quels sont les moyens d'acquisition de chaque technologie (achat de brevet, mise sous licence, accords bilatéraux, mise en place de sa propre R & D) ?
- Pendant combien de temps pourra-t-on produire ?
- Quelle sera la valeur de liquidation des différentes technologies envisageables ?

Mode de production

On fait le choix du matériel et des *inputs*, c'est-à-dire des matières premières utilisées. Pour se procurer ces *inputs*, on envisage de les réaliser soi-même ou de les acheter. Si on les achète, il faut choisir ses fournisseurs, vérifier notamment les délais de livraison, les coûts de transport et les facilités de paiements consentis.

Cela permet ensuite d'évaluer le budget d'investissement lié à la production (y compris le besoin en fonds de roulement) et les charges d'exploitation, à partir de **standards**[1] d'origine :

---

1. Standard *(Standard)* : Document (texte, dessin ou les deux) comportant l'ensemble des paramè-tres permettant d'étudier un élément de l'investissement déjà utilisé dans d'autres projets.

- professionnelle : *benchmarks,*
- locale : références spécifiques (barème) applicables dans le pays hôte ou dans une zone voisine,
- analogique : coûts moyens supportés par le *sponsor* dans le cadre de projets antérieurs.

Attention, les dépenses d'investissement ne sont pas seulement liées à la phase d'investissement mais aussi aux coûts de renouvellement de la phase opérationnelle.

2.4. Localisation

Où localiser le projet ? Dans quel type de pays, de région, de site, de ville ?

Pour y répondre on se base notamment sur :

- le coût des terrains,
- l'accès aux infrastructures et le coût des transports,
- la disponibilité de la main-d'œuvre,
- la législation fiscale et les règles légales.

On peut considérer aussi :

- les coûts externes (externalités[1]) liés aux retombées de l'infrastructure,
- les coûts externes pour l'environnement (les coûts environnementaux sont d'autant plus élevés que la zone d'implantation envisagée présente une grande diversité au niveau du paysage, de la flore et de la faune),
- les conditions de vie pour les salariés.

2.5. Organisation

Quelle place du projet dans l'entreprise ? Quelle organisation juridique ? Quel degré de sous-traitance ?

Quel type de ressources humaines nécessaires au projet ? Quelles compétences ?

Quel degré de qualification ? Quelle part des salariés permanents par rapport aux intérimaires ? Quelle part du personnel local par rapport au personnel étranger ?

---

1. Voir encadré, ch. 4.

Ce qu'il ressort de ces matrices d'information (voir figure I) :

5 Coût d'investissement technologique.

6 Coût d'investissement en matériel.

7 Coût d'investissement en localisation.

8 Coût d'investissement dans la formation.

9 Coûts d'exploitation (partie *input*).

10 Coûts d'exploitation liés à la localisation.

11 Coûts salariaux directs et indirects (voir ci-après).

12 Durée de vie technologique $\Rightarrow N_E$.

13 Valeur de liquidation V_L.

Une fois toutes ces grilles élaborées, il faut s'assurer de leur compatibilité. Par exemple, la localisation va conditionner les coûts salariaux. C'est le système qu'il faut optimiser comme le montre le schéma ci-dessous :

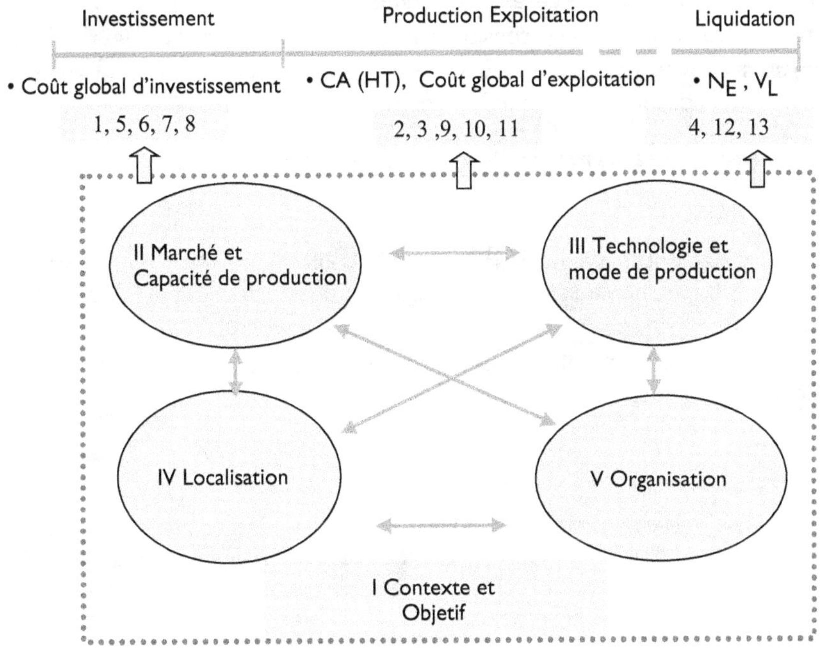

Fig. 1 : Vision systémique des grilles d'information.

3. Où arrêter la « chaîne causale » dans l'évaluation des coûts ?

Tant pour le coût d'investissement que pour le coût d'exploitation, il n'est pas toujours facile de faire une estimation globale tenant compte à la fois des éléments directs et des éléments indirects.

3.1. Coût global d'investissement

Pour estimer le coût global d'un investissement, il convient de chiffrer le coût des équipements directs (ex : bâtiment, matériel) mais aussi celui qui correspond aux investissements indirects devant être réalisés pour permettre la bonne exploitation de l'investissement considéré.

Nous illustrons le concept d'investissement indirect avec deux exemples.

Exemple 1 : Projet d'informatisation d'opérations administratives
- Investissement autonome = achat de machines et de logiciels,
- Investissements indirects = mise en réseau, câblages et formation du personnel.

Exemple 2 : Projet d'usine « clé en main » dans un Pays en développement
- Investissement autonome = construction de l'usine et implantation des machines,
- Investissements indirects = construction d'un accès à l'entreprise et augmentation de la capacité des centrales électriques dans le pays.

Les investissements indirects sont souvent cachés.

3.2. Coût global d'exploitation

En général, les **coûts variables**[1] comme le coût des matières premières sont directement imputables aux coûts de production du projet considéré. Ce sont des coûts directs.

Ce n'est pas le cas de certains coûts fixes (ex : coût des salariés qui participent en partie à l'exploitation, coût d'assurance) ou bien des coûts associés à un projet dépendant (coûts indirects).

3.3. Savoir « arrêter la chaîne causale »

Si l'entreprise privée ne prend en considération que les coûts qu'elle supporte réellement, il est plus difficile, pour un investisseur public de cerner les coûts globaux d'un projet d'investissement (prise en compte de toutes les externalités). Où doit-il s'arrêter dans la chaîne causale des dépenses liées à l'investissement et à son exploitation ?

---

1. Coût variable *(Variable Cost)* : Coût techniquement lié aux quantités de produits vendus ou fabriqués. C'est une consommation de ressources fonction du volume d'activité. Synonyme : Coût d'activité.

II. Typologie et analyse des risques

Avant de se lancer dans un investissement, mieux vaut en évaluer les risques. Comme les grilles d'information sont issues de prévisions, les risques ont trait à la non-réalisation de ces prévisions.

Cela se produit :

- en cas d'erreur dans l'estimation des paramètres du projet (ex : coûts oubliés),
- en cas de non-réalisation des hypothèses faites *a priori* sur l'environnement du projet (ex : conjoncture économique plus maussade que prévue, technologie défaillante, accident),
- ou bien pour des raisons endogènes (ex : mauvais management du projet, technologie non maîtrisée, accident).

On peut analyser les risques en considérant d'une part la période d'investissement et d'autre part la période d'exploitation. Dans le cas où le projet changerait de propriétaire, il existe aussi un risque de transfert. Des risques spécifiques sont attachés aux projets internationaux.

Notons que tous les risques sont interdépendants.

1. Risques liés à la période d'investissement

Pendant la période d'investissement, les risques à considérer sont ceux qui affectent le « berlingot : résultats, ressources, délais ». On les nomme parfois risques industriels.

1.1. Risques de dépassement des coûts

La sous-estimation du coût global de l'investissement peut provenir d'une erreur méthodologique d'évaluation comme l'omission des investissements indirects. Cela peut provenir aussi d'une modification du contexte du projet avec par exemple un renchérissement du matériel, de la main-d'œuvre ou des prestations extérieures.

1.2. Risques de dépassement des délais

La gestion de temps étant, comme nous l'avons vu précédemment, un point très délicat, il y a un risque de dépassement des délais ayant été initialement prévus pour réaliser l'investissement. Les causes peuvent être endogènes, c'est-à-dire attribuées à un mauvais management du projet (ex : mauvaise planification préalable des tâches, mauvais management des équipes), exogènes (ex : causes politiques, techniques) ou accidentelles.

1.3. Risques de non-résultat

Il existe un risque pour que les résultats attendus ne soient pas atteints. Par exemple, des erreurs de conception dans les installations peuvent être à l'origine de dysfonctionnements, des défauts de construction peuvent apparaître dans les équipements ou bien certains tests de mise en service peuvent s'avérer médiocres. Comme précédemment, les causes sont endogènes, exogènes ou accidentelles.

Dans certains cas extrêmes, l'arrêt des travaux est envisagé en raison d'une très mauvaise conjoncture économique du pays dans lequel le projet est implanté (ex : faillite du système bancaire argentin dans les années 2000).

2. Risques liés à la période d'exploitation

Les risques liés à la période d'exploitation sont ceux qui affectent la rentabilité économique (ou socio-économique) attendue du projet. On peut les classer en sept grandes catégories :

- risques technologiques,
- risques de marché (écoulement des *outputs*),
- risques d'accès aux *inputs,*
- risques de management,
- risques économiques et politico-administratifs,
- risques financiers,
- risques climatiques.

Attention, dans l'analyse des risques associés à la période d'exploitation d'un projet, il est primordial de bien distinguer ceux qui affectent le long terme et sont associés à des tendances lourdes d'évolution (risques structurels), de ceux qui concernent le court terme (risques conjoncturels). Cette distinction est à mettre en parallèle avec l'échéance du projet.

2.1. Risques technologiques

Un investissement qui incorpore une technologie innovante est risqué dans la mesure où les performances de cette technologie sont inconnues a priori. Le risque est d'autant plus fort que le saut technologique par rapport à l'existant est important.

Il peut arriver aussi que l'on ait choisi une technologie non adaptée au projet, que l'exploitation ou la maintenance du matériel investi coûte plus cher que prévu ou que la nouvelle organisation mise en place soit inefficace pour accueillir cette technologie.

2.2. Risques de marché (ou risques commerciaux)

Les risques de marché portent sur le volume et les prix. Ils peuvent provenir :

- d'une mauvaise évaluation des besoins (demande plus faible que prévue ou produit innovant non attendu par les consommateurs),
- de la détérioration des conditions de marché (ex : mauvaise conjoncture économique, apparition de produits de substitution, action de la concurrence),
- d'une politique commerciale inadéquate.

2.3. Risques d'accès aux inputs

Ces risques sont liés principalement à une mauvaise appréciation de l'évolution du prix des matières premières voire à des chocs inattendus (ex : choc pétrolier).

2.4. Risques de management

Les risques de management sont les risques inhérents à l'entreprise qui porte le projet. Ce sont principalement des risques de non-adaptation de l'entreprise aux changements, voire aux perturbations, que l'investissement provoque au sein de la firme. On rencontre surtout ce type de risques pour les investissements d'expansion ainsi que pour les investissements innovants.

2.5. Risques économiques et politico-administratifs

Les risques politico-administratifs concernent l'environnement du projet. Ils ont trait aux variables macroéconomiques ayant une influence sur le succès du projet (ex : structure du PIB[1], taux d'inflation, dette extérieure, déficit budgétaire du pays dans lequel le projet est implanté).

Les dirigeants du pays récepteur du projet ont, par leur politique économique, un impact sur ces variables et par ricochet sur le projet. Le risque d'un changement de gouvernement doit donc être étudié.

2.6. Risques financiers

Les risques financiers concernent principalement les risques de change sur les marchés internationaux et les risques de variabilité des **taux d'intérêt**[2].

---

1. Produit intérieur brut.
2. Taux d'intérêt *(Interest Rate)* : Somme due pour disposer pendant 1 an de 100 €.
   On parle de taux d'intérêt réel dans un système de monnaie constante et de taux d'intérêt nominal dans un système de monnaie courante.

Les risques de change ont un impact sur les transactions qui portent sur les flux quantifiés en monnaie étrangère (exportations, importations, frais financiers liés à des crédits réalisés auprès d'organismes étrangers). Ils jouent aussi sur la consolidation ou la conversion des actifs du bilan qui sont libellés en monnaie étrangère (incidence sur la valeur de liquidation V_L notamment).

Comme nous le verrons dans la partie III, les risques financiers ont trait aussi aux contraintes de financement, accentuées dans les pays fortement endettés ou dans lesquels le gouvernement est instable (risque-pays).

2.7. Risques climatiques[1]

À court terme, au même titre que les taux d'intérêt, les **cours**[2] de change, les indices boursiers ou le prix des matières premières, les indices climatiques sont un facteur de risque déterminant durant la phase d'exploitation d'un projet.

Dans de nombreux secteurs tels l'énergie, le tourisme, l'agroalimentaire, le transport ou la construction, la volatilité des indices climatiques contribue même à expliquer une part beaucoup plus importante de la volatilité du résultat que les variations de taux d'intérêt ou de cours de change.

À long terme, il faut considérer le risque de réchauffement climatique de la planète.

3. Risques de transfert

Les risques de transfert ont lieu au moment où le projet change de propriétaire juridique. Rien ne garantit par exemple que le nouveau propriétaire soit accepté par les clients.

4. Risques internationaux[3]

Lorsqu'un projet est localisé à l'étranger ou qu'il dépend de transactions commerciales internationales, il subit des risques spécifiques que l'on appelle aussi les risques-pays. Ils incluent certains risques déjà évoqués :

– Risque-pays économique.

– Risque-pays financier (en particulier, risque de change).

– Risque-pays politique.

---

1. *cf.* D. Marteau, J. Carle, S. Fourneaux, R. Holz et M. Moreno (2004).
2. Cours (Quotation) : Valeur d'une action, d'une obligation ou d'une devise en fonction des offres et des demandes dont elle fait l'objet sur le marché.
3. *cf.* E. Clark, B. Marois et J. Cernès (2001).

5. Garanties juridiques et contractuelles

Pour couvrir les risques, il existe des garanties financières, juridiques et contractuelles (ex : garanties patrimoniales, couverture de change, montages juridiques). Ce type de couverture est mis en place par des associations d'entreprises locales, des sociétés d'assurance comme la Compagnie française d'assurance pour le commerce extérieur (COFACE).

De même, des contrats intergouvernementaux peuvent être signés pour se garantir notamment des risques de non-paiement des dettes dans le cas d'un changement de gouvernement.

III. Analyse systémique et Mapping de variables : une méthodologie de recherche d'information, de modélisation et de construction de scénarios

Dans ce paragraphe, nous donnons une méthodologie *originale* permettant de rechercher puis de modéliser toute l'information nécessaire à l'analyse de la rentabilité d'un projet d'investissement issu de la liste des projets envisagés.

Cette méthodologie va dans le même sens que celle décrite au paragraphe I pour élaborer les grilles d'information et conduit à l'élaboration du *Business plan*. Cependant, elle est plus formalisée, plus précise, et suppose que les caractéristiques du projet d'investissement (durées, technologies, capacité, localisation, organisation) aient déjà été précisées. Elle repose sur trois éléments :

- l'analyse du **système** associé à la rentabilité du projet identifié précisément,
- l'analyse des risques pesant sur le système,
- la construction de **scénarios** d'évolution du système.

1. Analyse du système

1.1. Qu'entend-on par système ?

Le système associé à la rentabilité du projet est l'ensemble des variables (ou paramètres) qui jouent sur cette rentabilité avec leurs liens. Il s'agit des variables qui ont une influence directe ou indirecte, actuelle ou potentielle (dans le futur).

On attire l'attention sur le fait que l'élaboration du système oblige à réfléchir aux dispositifs qui ne sont pas encore en place mais qui ont une chance de l'être dans le futur. Les variables et les liens doivent être valables pendant la durée de vie du projet. Il s'agit d'un **système dynamique**.

Dans le cas d'un projet public, le système comprend les variables qui jouent sur sa rentabilité socio-économique. Ce système « global » est en général plus conséquent qu'un système associé à un investissement privé.

1.2. Délimitation du système

La difficulté réside dans la « délimitation » de cet ensemble de variables : il ne faut pas oublier des variables importantes mais il ne faut pas non plus prendre en compte toutes les variables du secteur socio-économique dans lequel le projet est plongé. Un bon dosage s'impose car « *Tout ce qui est simple est faux, tout ce qui est compliqué est inutilisable* » (Paul Valéry). On délimite alors le système en retenant uniquement les variables les plus influentes : ce sont les variables clés.

La frontière du système est composée des **variables motrices** et non dépendantes, c'est-à-dire des variables qui jouent directement ou indirectement sur la rentabilité du projet sans être elles-mêmes influencées par d'autres variables retenues. Les autres sont les variables dépendantes (*cf.* figure 2).

1.3. Construction du Mapping des variables

Avec la liste des variables clés sélectionnées, on établit le ***Mapping* des variables** associées à la rentabilité du projet. Il s'agit simplement d'une cartographie représentant les variables avec leurs liens actuels et potentiels.

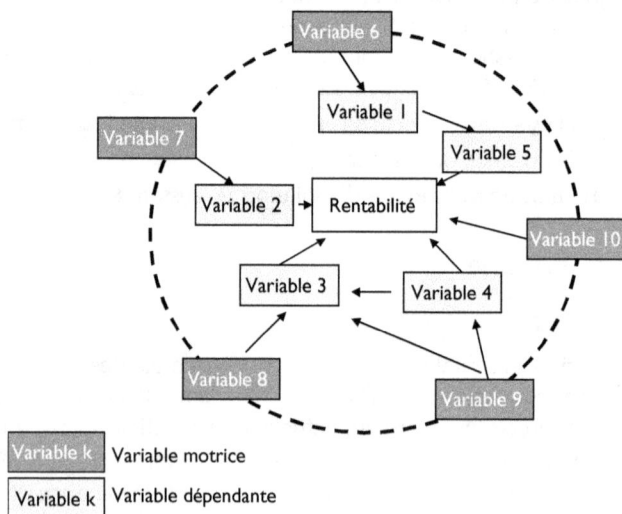

Fig. 2 : Variables motrices et dépendantes sur le *Mapping*.

Les variables motrices, non dépendantes sont situées sur la frontière du système et c'est à partir d'elles que l'on élabore les différents scénarios d'évolution.

Un *Mapping* s'élabore par étape en commençant par le *Mapping* simplifié dans lequel ne figure qu'un nombre réduit de variables puis en ajoutant toutes les variables retenues avec leurs liens. On possède ainsi un outil pédagogique de réflexion et de discussion que l'on peut présenter aux décideurs de l'entreprise, aux actionnaires et aux bailleurs de fonds.

1.4. Typologie des variables

On distingue les variables **endogènes** et les variables **exogènes.**

Les variables endogènes sont modifiables par le décideur (ex : décision induisant une réorganisation de l'entreprise, campagne de publicité dopant les ventes), alors que les variables exogènes sont imposées au décideur (état de la Science, de la Société, de l'économie internationale... et dans certains cas capacité de production, nombre de salariés...).

La distinction variables endogènes/exogènes conduit à séparer, dans l'analyse des risques, ceux qui peuvent être « gérés » par le décideur (risques endogènes) et ceux qui lui sont imposés (risques exogènes) (cf. plus loin probabilités exogènes et endogènes).

2. Analyse des risques et construction des scénarios

Pour « modéliser » le risque, le décideur va se pencher plus particulièrement sur les variables motrices du projet et faire des hypothèses. Ce sont ses hypothèses qui constitueront les scénarios.

Comme les données attachées au projet d'investissement sont des prévisions qui dépendent notamment de son environnement, il est judicieux de faire différentes hypothèses d'évolution concernant le contexte du projet. Pour cela, on utilise la méthode des scénarios empruntée à l'analyse **prospective**[1].

La méthode des scénarios comporte cinq phases :

- l'identification des risques qui pèsent sur les variables motrices (non dépendantes),
- l'analyse du jeu des acteurs,
- l'attribution de valeurs aux variables motrices,
- la construction des scénarios (ou **états du monde**),
- et l'étude de la réaction du système aux états du monde.

---

1. Prospective *(Prospective Studies)* : Prévision par scénarios.

2.1. Identification des risques

On identifie les risques majeurs qui pèsent sur les variables motrices situées sur la frontière du système. En général, ce sont les variables associées au contexte du projet (ex : variables macroéconomiques, politiques).

2.2. Analyse du jeu des acteurs

Pour chaque variable motrice, on identifie les acteurs qui conditionnent ses valeurs puis on analyse leur stratégie : Quels sont leurs objectifs ? Quels sont leurs moyens d'influence ?

2.3. Attribution de valeurs aux variables motrices

En fonction des stratégies envisageables pour les acteurs, on attribue différentes valeurs aux variables motrices (par exemple valeurs haute, moyenne, basse).

2.4. Construction des scénarios (ou états du monde)

On élabore ensuite des scénarios cohérents en traçant un chemin qui passe par une seule valeur de chaque variable motrice, non dépendante. On parle, par abus de langage, de scénarios d'évolution du contexte (ou de l'environnement) du projet (même si une variable située sur la frontière du système peut être interne au projet).

Chacun des scénarios peut éventuellement être probabilisé. Les probabilités sont soit exogènes, soit endogènes selon que le scénario est constitué de variables exogènes ou endogènes.

2.5. Étude de la réaction du système aux états du monde

On en déduit la réaction du système : pour chaque scénario (jeu de valeurs cohérent pour les variables motrices), on donne une valeur à toutes les autres variables du système (sur la durée de vie économique). Cela est possible puisque chaque variable est influencée par une variable motrice. On a donc tous les éléments pour estimer par scénario la rentabilité du projet.

Ces phases sont réalisées avec l'aide d'experts (articles, entretiens, DELPHI[1]) et en utilisant la théorie économique dictant des relations formalisées entre variables.

---

1. Voir encadré.

La méthode DELPHI

« Delphi » vient de Delphes, ville célèbre pour les oracles de la Sibylle et de la Pythie.

La méthode DELPHI est une méthode de prospective basée sur l'opinion d'experts. Elle date du début des années soixante (utilisée dans la *Rand Corporation*).

Sa mise en œuvre pratique comporte trois étapes :
- Constitution d'un groupe d'experts,
- Élaboration d'un questionnaire,
- Déroulement pratique avec envoi du questionnaire par la poste, exploitation, nouvel envoi, exploitation... (itérations successives en respectant l'anonymat).

L'objectif de la méthode est la réduction de l'espace interquartile par rapport à la médiane des données constituées par les réponses au questionnaire. Cela conduit à faire converger les opinions.

IV. Étude de cas simplifiée : rentabilité d'une centrale nucléaire

1. Caractéristiques du projet étudié

À titre d'exemple, nous représentons le *Mapping* associé à la rentabilité d'une unité de production d'électricité à partir de l'énergie nucléaire. L'analyse est simplifiée, son objectif étant uniquement d'illustrer la méthodologie[1].

Caractéristiques technologiques et capacité

L'unité de production est un réacteur nucléaire de petite puissance. Il s'agit d'une technologie nouvelle, non éprouvée, à l'état de prototype.

Localisation

On a trouvé un site où implanter la centrale (contraintes d'acceptabilité du nucléaire levées, autorisations administratives détenues). C'est dans un pays de l'Union européenne où le marché électrique est libéralisé et où les préoccupations

---

1. Pour approfondir, consulter en particulier F. Giger (2001) qui donne une présentation des enjeux d'un choix d'investissement dans la filière nucléaire ou bien l'ouvrage complet de E. Bertel et G. Naudet (2004) sur l'économie de l'énergie nucléaire.

environnementales sont fortes (notamment pour la lutte contre les gaz à effet de serre).

Organisation

L'entreprise qui investit est privée.

2. Mapping des variables importantes

Nous élaborons une cartographie des variables associées à la rentabilité économique de ce projet en commençant par le *Mapping* simplifié.

2.1. Mapping simplifié

Le *Mapping* comporte trois parties : la période d'investissement, la période d'exploitation et la phase de démantèlement (fin de vie) (*cf.* figure 3).

Au centre du *Mapping* figure la variable que l'on étudie particulièrement : **la rentabilité de l'unité de production** en projet. Pour construire le *Mapping* on se demande quelles sont les variables qui jouent directement sur cette rentabilité. En listant ces variables, nous allons dévoiler des éléments qui seront analysés en détail au cours de cet ouvrage.

Nous avons vu précédemment que la rentabilité est liée à la compensation des sorties de fonds par les bénéfices. Ainsi, elle dépend des variables associées aux coûts d'investissement (coût global d'investissement initial et coût d'investissement de renouvellement) et aux dépenses et recettes d'exploitation annuelles pendant toute la durée de vie économique.

Les dépenses sont liées aux coûts fixes et aux coûts variables. Les recettes sont le produit de la quantité de kilowatt-heures (kWh) vendus par le prix de vente. La détermination du prix de vente est assez subtile et il est difficile de faire figurer sur un *Mapping* tous ses déterminants. On fait simplement figurer ici que le prix de vente est lié aux quantités vendues.

Pour estimer la rentabilité de l'unité de production, il faut considérer aussi sa valeur de liquidation, en fin de vie.

Une autre variable figure sur le *Mapping* : le taux d'actualisation. Comme nous le verrons, le taux d'actualisation permet de faire jouer le principe de compensation entre des coûts, des dépenses et des recettes qui n'arrivent pas au même moment le long du cycle de vie du projet d'investissement.

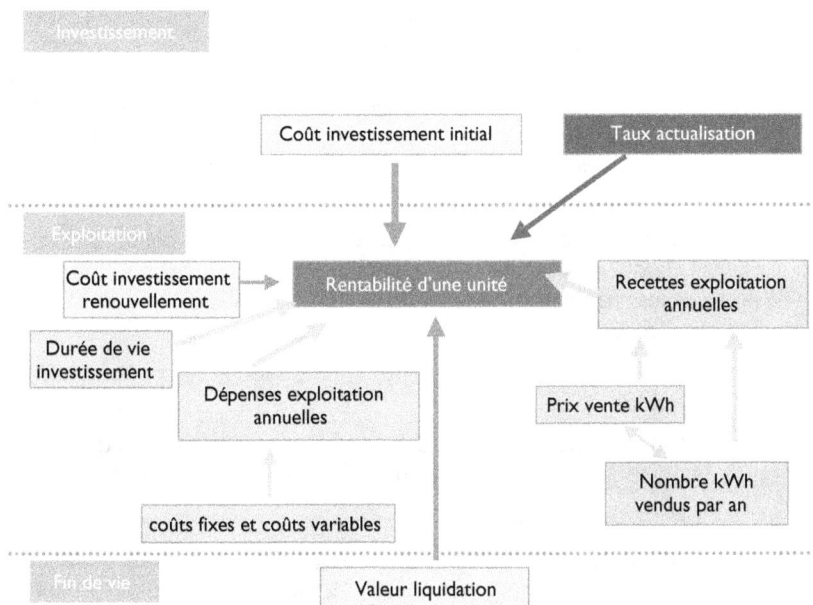

Fig. 3 : *Mapping* simplifié.

2.2. Mapping plus complet

Quels sont les éléments qui influencent les variables du *Mapping* simplifié ?

Le coût d'investissement initial est lié au coût de construction de l'unité (lui-même conditionné par le « berlingot : résultats, ressources, délais ») et au coût des investissements d'accompagnement (raccordement au réseau de transport électrique et renforcement de ce réseau pour faire face à la surcharge induite par la nouvelle centrale). Ces coûts dépendent de l'état actuel du réseau.

Pour arrêter la chaîne causale et fixer une frontière au système étudié, nous avons choisi de ne pas intégrer la variable « état actuel du réseau ». Des hypothèses seront ainsi faites sur la variable frontière « coût de raccordement et de renforcement ».

La variable maîtrise de la technologie va jouer sur le « berlingot » reflétant la qualité du projet. La maîtrise de la technologie dépend du nombre de réacteurs de ce type fabriqués et installés au moment du projet (c'est l'effet de série). La qualité jouera sur la durée de vie de l'investissement et sur la maintenance.

Le financement du projet d'investissement est un élément important qui pèse sur la rentabilité. Si les capitaux employés pour construire l'unité sont chers, la rentabilité sera plus difficile à obtenir. Les taux d'intérêt d'emprunt et la rentabilité exigée par les partenaires qui mettent leurs fonds dans le projet jouent donc sur la rentabilité, *via* le taux d'actualisation. C'est en effet, le coût du financement qui détermine, pour un investissement privé (ce qui est le cas ici), la valeur du taux d'actualisation.

Pendant la période d'exploitation, les dépenses sont liées aux coûts fixes et aux coûts variables, lesquels proviennent du coût de maintenance, du coût opérationnel, du coût des matières premières (à savoir du combustible uranium) et du coût de la main-d'œuvre.

Il faut à nouveau réfléchir aux éléments qui conditionnent ces coûts. Sans être exhaustif, on peut dire que :

- le coût de maintenance est lié à la qualité de l'investissement (i.e. aux résultats obtenus) ainsi qu'aux normes de sécurité en vigueur,
- le coût opérationnel dépend :
  - des pénalités que pourrait infliger le régulateur du réseau (RTE[1]) si le contrat fourniture d'électricité n'est pas respecté à certaines heures de pointe,
  - des taxes environnementales pendant l'exploitation de la centrale (ex : taxes pour rejet d'eau chaude).
- le coût du combustible résulte :
  - des coûts de l'amont du cycle du combustible (extraction, transport, taxes environnementales éventuelles),
  - des coûts de l'aval (transport, stockage, retraitement, taxes éventuelles),
- le coût du personnel est lié au salaire moyen dans la profession et dans la zone d'implantation de l'unité.

L'ensemble des coûts de production détermine le prix de revient qui lui-même va influencer le prix de vente du kWh. Le prix de vente est une variable qui résulte d'un savant calcul. Il dépend entre autres du prix de revient, du prix de marché, de l'objectif de marge du producteur et de la quantité vendue.

Les recettes sont le produit du prix de vente et de la quantité vendue. Avec les nouveaux dispositifs environnementaux pour lutter contre l'effet de serre, il est

---

1. Réseau de transport d'électricité, entité qui régule le réseau de transport d'électricité et qui, dans un marché entièrement libéralisé veille à l'adéquation offre et demande d'électricité.

possible que la production d'électricité d'origine nucléaire bénéficie d'une « prime électricité sans CO_2 ».

La quantité de kWh vendus dépend de la disponibilité de la centrale, c'est-à-dire du nombre d'heures de fonctionnement annuel, la centrale étant parfois arrêtée pour maintenance. La disponibilité est liée aux caractéristiques techniques et économiques de l'unité de production (le lien n'est pas sur la figure pour des raisons de lisibilité).

Elle dépend aussi de la demande d'électricité dans toute la zone desservie par le réseau interconnecté de transport d'électricité, demande liée à l'activité économique reflétée par l'indicateur : taux de croissance.

En fin de vie, la valeur de liquidation est liée au coût de démantèlement ainsi qu'à la possibilité ou non de revendre certains éléments de l'unité de production sur le marché de l'occasion. C'est ce que l'on nomme la fongibilité de l'investissement.

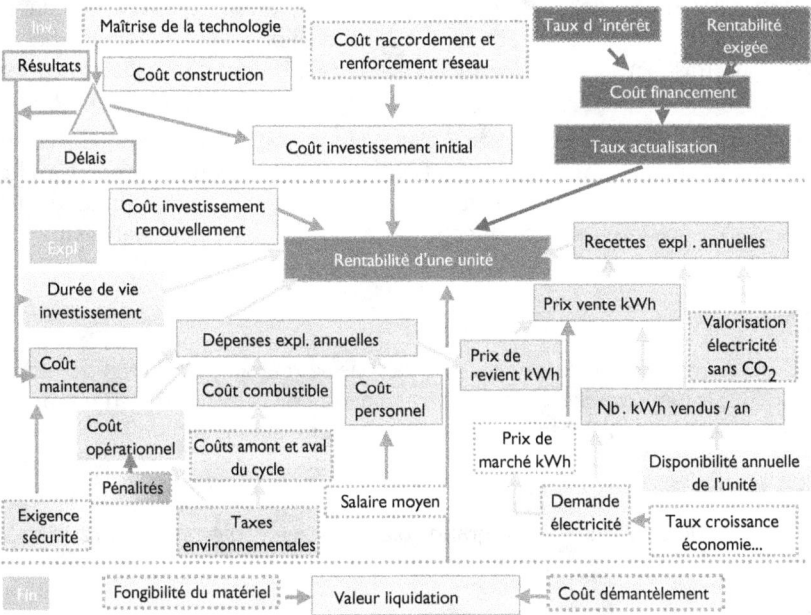

Fig. 4 : *Mapping* plus complet.

Les variables motrices situées à la frontière du système sont encadrées en pointillés.

75

> **Remarque**
>
> La durée de vie de l'investissement est fonction des contraintes physiques issues de la technologie (influencée par les acteurs : Génie Civil, Industriels, Fabricants) mais aussi des contraintes économiques.

3. Risques associés au projet

Comme tout projet industriel, la construction d'un moyen de production électronucléaire supporte des risques industriels, de marché, économiques, politico-administratifs et financiers.

3.1. Risques industriels et technologiques

Les risques industriels jouent au moment de la réalisation sur le « berlingot : résultats, ressources, délais ». Les spécifications de puissance, de rendement et de disponibilité seront-elles atteintes ? L'installation sera-t-elle raccordée au réseau puis mise en service aux dates prévues ? Le budget d'investissement sera-t-il respecté ?

La technologie sera-t-elle maîtrisée ? Ce risque se concrétise le plus souvent par des surcoûts induits par les modifications nécessaires pour corriger les choix initiaux inadéquats et par des difficultés au démarrage. Celles-ci prolongent les délais avant la mise en service effective et dégradent les performances pendant les premiers mois d'exploitation.

3.2. Risques de marché

L'évolution de la demande prévue peut ne pas se réaliser sous l'effet de facteurs conjoncturels défavorables entraînant une baisse de l'activité ou bien un ralentissement de la croissance économique induisant une stagnation de la consommation d'électricité. Une telle évolution se traduit par une baisse des prix de marché.

Plus le délai de construction est grand, plus les risques d'erreur de prévision sur la demande et les prix sont grands.

3.3. Risques économiques, politico-administratifs et financiers

Les risques portent sur les évolutions institutionnelles dont l'impulsion provient de la sphère politique et qui induisent un impact sur la vie des affaires : renforcement des instruments de lutte antipollution (taxes sur les produits polluants, prime pour pollution évitée), renforcement des normes de sécurité ou environnementales, renforcement des instruments de régulation du marché (pénalités en cas de non-fourniture de l'électricité, de non-flexibilité).

Les risques économiques pèsent sur les charges (charges salariales en particulier).

Les risques financiers désignent principalement les risques de taux d'intérêt et de change (par exemple s'il y a des bailleurs de fonds étrangers).

4. Variables motrices et acteurs

Les principales variables sur lesquelles pèsent les risques que l'on a identifiés sont représentées dans la figure ci-dessous avec les acteurs qui les conditionnent.

On a teinté acteurs et variables associés avec un même grisé (grisé qui se retrouve d'ailleurs dans les deux *Mappings* précédents).

Certaines variables ont deux teintes car elles sont influencées par deux acteurs différents. Par exemple, les pénalités sont attribuées par le régulateur RTE selon des règles votées au niveau de l'État et de l'Union européenne.

Les normes de sécurité, dictées par l'État et l'Union européenne, peuvent être influencées par les écologistes.

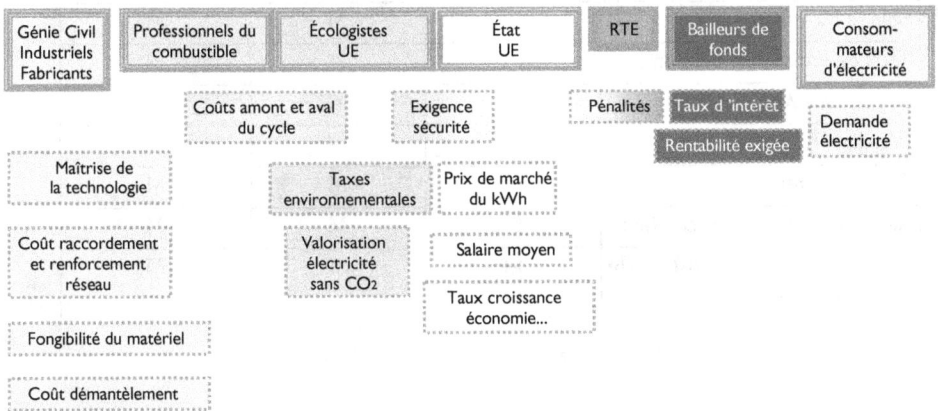

Fig. 5 : Les acteurs et les variables motrices.

5. Construction des scénarios

On donne un exemple simplifié sans donner de valeur quantifiée mais avec des codes, pour montrer le principe :

++ correspond à une valeur haute, M à une valeur moyenne et -- à une valeur basse.

En dernière ligne, on donne le niveau de rentabilité du réacteur, qui se déduit de toutes les hypothèses du scénario correspondant (voir figure 6).

	Scénario 1 (favorable)	Scénario 2 (défavorable)	Scénario 3 (mitigé)
Maîtrise de la technologie	++	--	++
Coût de raccordement	--	++	M
Fongibilité	++	--	++
Coût de démantèlement	--	++	++
Coûts amont et aval du cycle	--	++	++
Taxes environnementales	M	++	++
Valorisation kWh sans CO_2	++	--	M
Exigence sécurité	M	++	++
Prix de marché	++	--	M
Salaire Moyen	++	M	M
Taux de croissance économie	++	--	M
Demande kWh	++	--	M
Pénalités RTE	--	++	++
Taux d'intérêt	M	M	M
Rentabilité exigée des capitaux	M	M	M
Niveau de la rentabilité de l'investissement	++	--	**M**

Fig. 6 : Méthode des scénarios.

Ce sont les tableaux de flux financiers prévisionnels du *Business plan* (chapitre suivant) qui nous donneront précisément par scénario la valeur de la rentabilité de l'unité de production d'électricité.

Des simulations pourront être réalisées pour faire varier la valeur des variables motrices et pour montrer leur incidence sur la rentabilité de l'investissement.

Conclusion

Grilles d'information et analyse des risques : étape clé du processus décisionnel

L'élaboration des grilles d'information sur les projets présélectionnés et l'analyse des risques associés sont des éléments essentiels dans le processus décisionnel conduisant à l'investissement.

Cependant l'élaboration de ces grilles a un coût non négligeable et il convient, avant de se lancer dans la recherche d'information, de faire une analyse coûts-avantages. La recherche d'une information complète et parfaite n'est pas réalisable sur le plan pratique et il faut bien garder à l'esprit que dans un processus décisionnel, des approximations et simplifications de la réalité sont toujours nécessaires. L'interprétation des résultats finaux (ex : classement des investissements) doit toujours être réalisée en fonction des hypothèses simplificatrices que l'on a faites : d'où l'importance des analyses de sensibilité mais aussi des expertises complémentaires réalisées de façon indépendante.

Expertises complémentaires

Pour les projets d'envergure, l'élaboration des grilles d'information est générale-ment complétée par des rapports d'experts indépendants extérieurs à l'entre-prise qui se prononcent sur quatre types de choix :

- techniques et technologiques,
- cibles visées (analyse des marchés),
- rentabilité exigée,
- techniques de financement (cf. partie III),

et mettent des notes pour évaluer le projet suivant les critères en fonction de son coût, de ses risques, de sa flexibilité, de son mode de financement et de sa concurrence.

De plus en plus, les projets vont aussi être notés suivant des critères environne-mentaux et sociaux afin de prendre en compte la dimension **développement durable**[1].

La synthèse de toutes ces études et la mise en forme de l'information récoltée fait l'objet du *Business plan* étudié au chapitre suivant.

Mobilisation de toute l'équipe projet

Pour une meilleure efficacité (au moindre coût) du processus de préparation au choix d'investissement, il est nécessaire d'impliquer toutes les fonctions de

---

1. La notion de développement durable est abordée au chapitre 4.

l'entreprise conformément à la « logique projet » qui implique de mobiliser des compétences transversales et pluridisciplinaires (*cf.* figure 7).

Cela rejoint d'ailleurs les exigences d'une bonne analyse de prospective qui se doit de considérer tous les éléments clés susceptibles d'influencer significativement le futur.

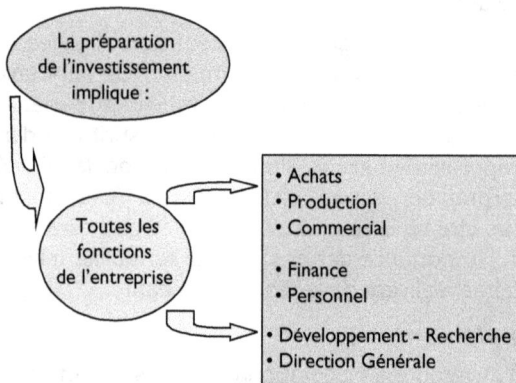

Fig. 7 : Un processus qui implique toutes les fonctions de l'entreprise.

Bibliographie de référence

GIGER F., « Les éléments de décision d'un producteur d'électricité », Communication, Conférence SFEN sur les réacteurs de petite et moyenne puissance, 11 et 12 décembre 2001.

POIX M., *Cours Master Management de la technologie et de l'innovation*, Université Paris-Dauphine, 2005.

Pour en savoir plus

BERTEL E. et NAUDET G., *L'économie de l'énergie nucléaire,* Génie atomique, INSTN, Éditions EDP Sciences, 2004.

GAUDIN T., *La prospective*, Que sais-je ?, Presses universitaires de France, 2005.

GODET M., *Manuel de Prospective stratégique — Tome 1 : Une indiscipline intellectuelle, Tome 2 : L'art et la méthode,* 2ᵉ édition, Dunod, 2004.

GODET M., « La boîte à outils de prospective stratégique », Cahiers du Lipsor, *Lipsor Working Papers,* cahier n° 5, 2004.

CLARK E., MAROIS B. et CERNÈS J., *Le Management des risques internationaux,* Gestion, Économica, 2001.

MARTEAU D., CARLE J., FOURNEAUX S., HOLZ R. et MORENO M., *La gestion du risque climatique,* Gestion, Météo France, Économica, 2004.

RIVELINE C., *Évaluation des coûts : éléments d'une théorie de la gestion,* Presses de l'École des Mines, 2005.

Chapitre 3

Mise en ordre de l'information : le Business plan

« Les gagnants seront ceux qui restructurent la manière dont l'information circule dans leur entreprise. »

William H. Gates (dit Bill Gates)

L'information récoltée sur le projet d'investissement et la méthodologie d'acquisition de cette information sont synthétisées dans un document : le système projet ou *Business plan*.

Ce document, qui va servir à l'évaluation du projet, contient la synthèse de toutes ses caractéristiques ainsi que les tableaux donnant pour les périodes d'investissement et d'exploitation, les **flux financiers annuels prévisionnels**.

Bien qu'ils concernent le futur, les flux considérés dans le *Business plan* sont structurés de la même manière que l'information comptable de l'entreprise.

83

Ainsi dans ce chapitre clé pour l'ouvrage[1], un éclairage indispensable est apporté sur l'information comptable de l'entreprise : amortissements et provisions, comptes annuels, soldes intermédiaires de gestion et capacité d'autofinancement.

On montre ensuite comment on passe de l'information comptable à la trésorerie puis aux tableaux de flux financiers annuels prévisionnels.

Mais au préalable, nous décrivons la structure générale du *Business plan* avec ses variantes en fonction de l'optique considérée par le décideur pour évaluer le projet.

Plan du chapitre

1 Principales caractéristiques du *Business plan* et différentes optiques considérées

2 Amortissements et provisions

3 Comptes annuels

4 Soldes intermédiaires de gestion et Capacité d'autofinancement

5 Du résultat à la trésorerie

6 Tableau de flux nets de trésorerie prévisionnels liés à un investissement précis : visions réelle et intrinsèque

7 Un cas d'école

I. Principales caractéristiques du Business plan et différentes optiques considérées

Le *Business plan* d'un projet d'investissement est généralement structuré en trois parties :

• La carte d'identité du projet,

• Le tableau de flux financiers annuels prévisionnels,

• L'analyse des risques et les scénarios d'évolution.

---

1. Dans cet ouvrage, nous donnons, en simplifiant, les principaux éléments utiles à l'investisseur. Pour approfondir, le lecteur pourra se référer en particulier à l'ouvrage complet et très pédagogique d'E. Cohen (2004), à celui de L. Batsch (2000) ou à celui de B. Meunier-Rocher (2006).

1. Carte d'identité du projet

La carte d'identité du projet synthétise toutes les caractéristiques du projet (voir figure 1) :

- caractéristiques technologiques,
- caractéristiques économiques (y compris durée de vie économique N_E),
- caractéristiques organisationnelles (ex : contrats avec les salariés et avec les partenaires),
- caractéristiques géographiques (ex : contexte fiscal et institutionnel, contraintes environnementales).

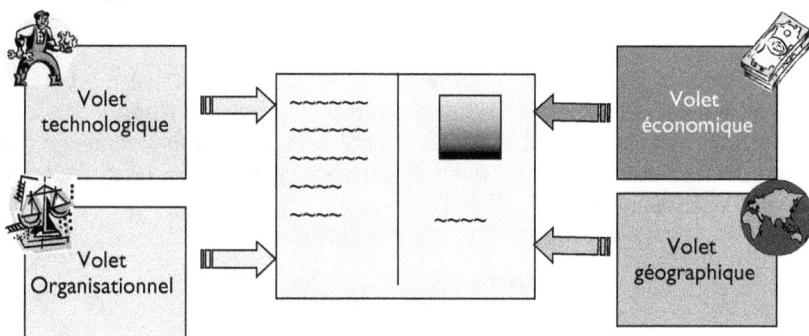

Fig. 1 : Carte d'identité du projet.

Si le projet est porté par l'entreprise (projet type A ou C vus au chapitre 1), les principaux ratios traduisant la santé économique et financière de l'entreprise sont parfois donnés à ce niveau.

S'il s'agit d'un projet unique porté par une société projet (projet type B) ou une *start-up* (projet type D), le *Business plan* inclut la présentation du porteur de projet, de son équipe et éventuellement des principaux partenaires.

2. Tableau de flux financiers prévisionnels en fonction de l'optique privilégiée par le décideur

Les données financières du projet d'investissement sont synthétisées dans un tableau, le tableau de flux financiers annuels prévisionnels, dont la structure dépend de la vision, intrinsèque, réelle ou financière, privilégiée par le (ou les) décideur(s) ayant un avis à donner sur le choix du projet (*cf.* figure 2).

2.1. Vision intrinsèque : le projet est-il rentable grâce à ses propres caractéristiques ?

S'il cherche à mesurer uniquement la rentabilité économique intrinsèque, c'est-à-dire la rentabilité exclusivement inhérente au projet, sans prise en compte du contexte fiscal, le décideur calcule des flux financiers simplifiés.

2.2. Vision réelle

S'il souhaite évaluer la rentabilité économique réelle du projet d'investissement plongé dans son contexte, il calcule des flux prévisionnels qui reflètent le mieux possible la réalité de l'entreprise : prise en compte de la fiscalité, parfois même des dates exactes d'enregistrement des flux financiers.

2.3. Vision financière

Enfin, s'il veut s'assurer que l'entreprise (ou la société projet) est capable de rembourser les capitaux empruntés, de payer les intérêts correspondants et de verser des dividendes aux actionnaires, il s'intéresse aux flux financiers qui reflètent le plan de financement du projet et la trésorerie associée. Nous traitons la vision financière dans la partie III de l'ouvrage.

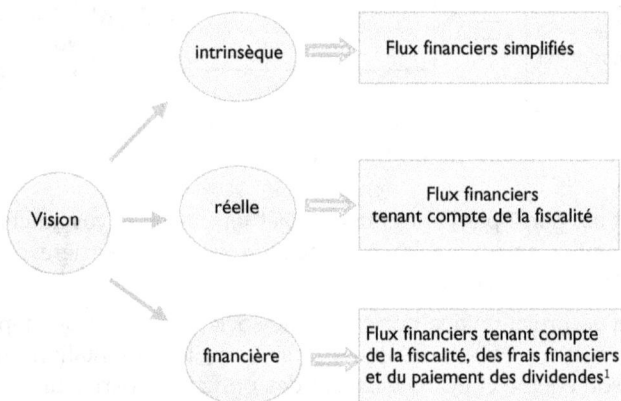

Fig. 2 : Quelle optique est privilégiée par le décideur ?

Le calcul des flux prévisionnels (prise en compte ou non de la fiscalité, des frais financiers, des dividendes) dépend de la vision que l'on souhaite privilégier pour regarder l'investissement et sa rentabilité.

---

1. Dividende *(Dividend)* : Revenu d'une action généralement versé une fois par an.

3. Analyse des risques et scénarios d'évolution

Comme ils concernent un projet d'investissement à venir, les flux considérés dans le *Business plan* sont des flux prévisionnels qui comportent une part de risque. Ainsi, le remplissage du tableau financier est souvent effectué dans le cadre de plusieurs scénarios d'évolution concernant le contexte du projet.

L'analyse des risques et la méthodologie de construction des scénarios figurent dans le *Business plan* et, pour une vision donnée, on compte autant de tableaux financiers que de scénarios.

À défaut d'analyse prospective poussée aboutissant à des scénarios, des études de sensibilité (sous tableur) peuvent être réalisées pour étudier comment varient les flux financiers lorsque des paramètres sont modifiés.

Dans tous les cas, il est important de noter que, puisqu'on travaille avec des données aléatoires, le détail est superflu et il est inutile, voire faux sur le plan méthodologique d'estimer les flux financiers au centime près.

> *Comme les flux calculés sont prévisionnels, ils sont aléatoires et il est indispensable de construire différents scénarios d'évolution sur le contexte du projet ou bien d'effectuer une analyse de sensibilité.*

II. Amortissements et provisions

Avec la vision réelle, les dotations aux amortissements associées à un investissement ont un impact non négligeable sur l'évaluation de sa rentabilité. Les dotations aux provisions jouent aussi un rôle dans cette évaluation mais il est beaucoup moins important. C'est la raison pour laquelle, on les négligera par la suite.

L'objectif de ce paragraphe est de définir les dotations aux amortissements et aux provisions et d'expliquer pourquoi elles ont un impact sur l'évaluation d'un projet.

1. Qu'est-ce qu'un amortissement comptable[1]?

1.1. Rôle et définitions

D'après le Plan comptable général français (PCG), l'amortissement a pour but de constater la dépréciation irréversible, physique (usure et usage) ou morale (désuétude ou obsolescence), des immobilisations avec le temps.

---

1. Voir en particulier, J. Pilverdier-Latreyte (2002) et M. Lozato et P. Nicolle (2003).

Il est défini par une durée de vie comptable, notée N_C et par des dotations annuelles A_C (t). Le montant amortissable d'un actif est sa valeur brute (valeur d'entrée dans le patrimoine), noté I. La somme des dotations pratiquées pendant la durée de vie comptable est égale au montant amortissable, soit :

$$I = \sum_{t=1}^{NC} A_C(t)$$

Notons que certains biens ne sont pas amortissables. Cela concerne principalement : les marques, le fonds commercial (sauf cas particuliers), les terrains et l'ensemble des immobilisations financières.

1.2. Avantage de l'amortissement comptable

Pour l'entreprise, l'amortissement comptable présente un double avantage. Il permet d'une part une réduction d'impôt et d'autre part, la constitution d'une réserve de financement (*cf.* figure 3).

Avantage fiscal

Les dotations annuelles aux amortissements sont admises dans les charges déductibles et le Code général des impôts autorise, dans de nombreux cas, un amortissement fiscalement déductible supérieur à la dépréciation effective du bien. Cela signifie que la durée de vie comptable d'une immobilisation (N_C) est inférieure à sa durée de vie économique (N_E). Cette règle avantage l'entreprise qui a intérêt à pratiquer la dotation maximale autorisée fiscalement de façon à bénéficier le plus tôt possible d'une économie d'impôt.

Avantage financier

L'amortissement est une charge calculée non décaissée. Il joue un rôle important dans l'entreprise parce qu'il constitue un moyen de financement interne.

Le décaissement initial s'effectue au moment de l'achat de l'immobilisation, puis progressivement, la sortie de fonds est récupérée par le biais de l'amortissement pratiqué annuellement pendant la durée de vie comptable de l'immobilisation. L'amortissement permet ainsi à l'entreprise de dégager les sommes nécessaires au financement du renouvellement des équipements.

Néanmoins, dans certains cas l'entreprise a intérêt à ce que la durée de vie comptable soit plus longue :

– l'entreprise n'est pas rentable pendant plusieurs années et donc n'a pas besoin d'économie d'impôt à court terme,

– elle ne connaît pas *a priori* la durée de vie économique de l'investissement,

– elle souhaite améliorer la structure du bilan.

C'est ce qu'il s'est produit avec les opérateurs de téléphonie mobile qui se sont lancés dans les années 1990.

Notons que si N_C dépasse N_E, des ajustements de la durée de vie comptable doivent avoir lieu au moment de la sortie du projet en fin d'exploitation (dépréciations comptables ou « *Write-off* » dans le compte de résultat).

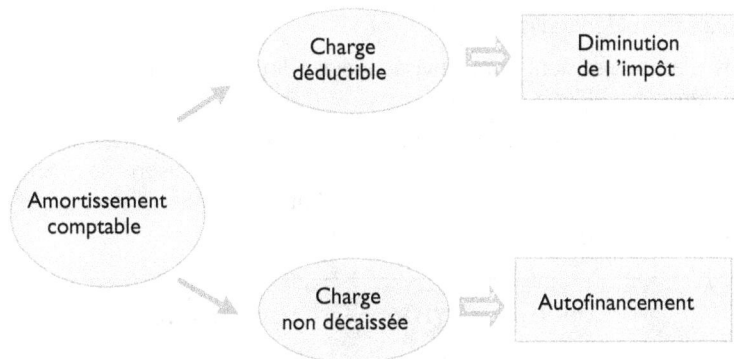

Fig. 3 : Les avantages de l'amortissement comptable.

L'amortissement comptable est une charge fictive (charge sans sortie de trésorerie) qui permet :
– de diminuer, pour chaque exercice, le résultat imposable de l'entreprise,
– d'assurer le renouvellement des équipements (autofinancement).

1.3. Différents systèmes d'amortissement comptable

La durée de vie comptable et la loi d'amortissement, c'est-à-dire la manière dont les dotations A_C (t) vont être réparties sur cette durée, sont deux caractéristiques essentielles pour l'entreprise que le comptable doit définir pour chacune des immobilisations amortissables. Néanmoins, sa marge de manœuvre est relativement faible puisqu'il est contraint par le PCG qui fixe des règles d'amortissement en fonction du secteur et du type de biens considérés.

Durée de vie comptable

La durée de vie comptable est fonction de la durée de vie probable de l'immobilisation. Une entreprise peut néanmoins retenir une durée d'amortissement inférieure si elle est en mesure de justifier des conditions particulières d'utilisation provoquant une dépréciation plus rapide du bien. Par exemple, un matériel industriel normalement amortissable sur 5 ans, sera amorti sur une durée inférieure s'il est utilisé de façon intensive.

Loi d'amortissement (ou mode d'amortissement)

La loi d'amortissement, quant à elle, doit permettre de traduire au mieux le rythme avec lequel l'immobilisation se déprécie. Elle est appliquée de manière constante dans l'entreprise pour tous les actifs de même nature ayant des conditions d'utilisation identiques.

Trois lois d'amortissement sont envisageables : linéaire, dégressive, exceptionnelle (ou dérogatoire) (voir encadré).

Si le système linéaire est le régime du droit commun, les systèmes dégressifs et exceptionnels, plus avantageux pour l'entreprise en raison de l'économie d'impôt plus élevée qu'ils induisent en début d'utilisation, sont réservés à certaines catégories de biens et sont facultatifs.

Lois d'amortissement comptable

Amortissement linéaire : annuités constantes

Il répartit de manière égale les dépréciations sur la durée d'amortissement du bien correspondant à sa durée de vie probable.

Chaque annuité d'amortissement est obtenue en multipliant la valeur d'origine du bien par le taux approprié correspondant à la durée d'amortissement retenue.

Amortissement dégressif : annuités décroissantes

Le système dégressif consiste à pratiquer des annuités décroissantes. Facultatif, il est réservé à certaines catégories de biens[1].

L'annuité dégressive se calcule sur la valeur d'origine pour la première annuité, puis sur la valeur résiduelle à partir du deuxième exercice.

Le taux utilisé est égal au taux linéaire multiplié par un coefficient variant selon la durée normale d'utilisation du bien.

Amortissement exceptionnel (ou dérogatoire)

Pour favoriser le développement de certains investissements, des dispositifs d'amortissement exceptionnel sont mis en place (durée de vie comptable courte, amortissement supérieur à la dépréciation normale du bien).

---

1. Biens d'équipement acquis neufs et dont la durée normale d'utilisation est au moins égale à 3 ans.

Par exemple, un système d'amortissement fiscalement déductible sur douze mois selon le mode linéaire est admis pour les biens suivants :
- les logiciels acquis,
- les matériels destinés à économiser l'énergie et les équipements de production d'énergies renouvelables acquis ou fabriqués avant le 1er janvier 2007,
- les investissements en faveur de l'environnement [1] acquis ou fabriqués avant le 1er janvier 2007.

[1] Les investissements en faveur de l'environnement concernent notamment les immeubles antipollution, les matériels destinés à lutter contre le bruit, les véhicules non polluants (énergie électrique, GPL[1] GNV[2]).

Exemple : Calcul de l'amortissement annuel d'un bien

Considérons un bien d'une valeur de 1 000 € mis en service le 1er janvier 2006 et dont la durée de vie comptable est de 5 ans. L'exercice comptable correspond à l'année civile.

Le taux d'amortissement linéaire est de 1/5 = 20 %.

L'amortissement annuel est de 1000 × 0,2 = 200 € (de 2006 à 2010).

1.4. Particularités géographiques

Suivant le pays où l'on réalise l'investissement, les règles comptables (durée de vie, loi d'amortissement) varient et certaines dépenses sont considérées ou non comme des immobilisations amortissables (standard comptable français, international ou américain). Ces différences ont un impact fort sur la fiscalité. L'évaluation de la rentabilité d'un investissement est donc largement tributaire de la réglementation et des conventions en vigueur dans le pays considéré.

La durée de vie comptable fixée par l'administration (via le PCG) par type d'investissement et par secteur est un instrument de politique industrielle et fiscale dans le pays.

---

1. Gaz de pétrole liquéfié.
2. Gaz naturel véhicules.

2. Provisions[1]

Les provisions permettent, pour leur part, de prendre en compte des anticipations de pertes relatives soit à certains éléments d'actif (provisions pour dépréciation), soit à l'ensemble du patrimoine (provisions pour risques et charges) (*cf.* encadré).

Le caractère prévisionnel des provisions rend les erreurs d'estimation de ces pertes anticipées inévitables. L'application du principe de prudence et la recherche d'un avantage fiscal (les dotations venant en déduction du résultat imposable), conduit le plus souvent les entreprises à surestimer ces dotations.

Provisions pour dépréciation d'actifs, provisions pour risques et charges

Provisions pour dépréciation d'actifs

Alors que l'amortissement constate la dépréciation irréversible des immobilisations avec le temps, les provisions pour dépréciation d'actifs constatent une perte de valeur de caractère exceptionnel (ex : créance client toujours impayée et risquant de ne jamais être encaissée, stock de marchandises invendues risquant de se détériorer et de ne jamais être vendues).

L'enregistrement comptable des dotations aux provisions est identique à celui des dotations aux amortissements.

Provisions pour risques et charges

Les provisions pour risques et charges permettent de couvrir des risques prévisibles à la clôture de l'exercice. Les principales provisions pour risques et charges sont les suivantes :

Provisions pour risques :

- litiges : risques pécuniaires (ex : indemnités, dommages et intérêts, frais de procès),
- garanties données aux clients,
- amendes et pénalités,
- pertes de change.

Provision pour charges :

- grosses réparations.

---

1. *Cf.* en particulier E. Cohen (2004) et J. Pilverdier-Latreyte (2002).

III. Comptes annuels

La comptabilité permet de mettre en ordre année par année les ressources de l'entreprise et leurs utilisations.

Le Plan comptable général indique que les comptes annuels doivent être établis à la clôture de l'exercice, au vu des enregistrements comptables et de l'inventaire.

Apparaissant comme une photographie[1] des exercices présent et passés, ces comptes permettent à l'analyste comptable et financier de mesurer les performances de l'entreprise en faisant des comparaisons dans le temps (évolution des performances) et dans l'espace (comparaison avec des entreprises du même secteur).

Ils ont trois composantes :

- le bilan,
- le compte de résultat,
- l'annexe.

Le PCG définit des modèles de présentation qui varient suivant la forme juridique et la taille de l'entreprise. Une **présentation de base** des comptes annuels est définie pour les entreprises de moyenne et grande dimension. Les entreprises plus petites peuvent adopter une présentation simplifiée. Un système développé (facultatif) peut être envisagé dans certains cas. Nous présentons ici uniquement les comptes dans le système de base.

1. Bilan

1.1. Présentation du bilan[2]

Le bilan propose une représentation de la situation de l'entreprise à une date donnée (voir tableau ci-après et figure 4).

Il récapitule la situation patrimoniale de l'entreprise, l'origine des fonds figurant au passif et leur utilisation à l'actif.

---

1. Pour le bilan, il s'agit bien d'une photographie « figée » alors que pour le compte de résultat, on devrait plutôt oser la comparaison avec un film montrant comment le résultat s'est formé durant l'année écoulée.
2. *Cf.* E. Cohen (2004).

Actif

Le bilan fait apparaître les éléments de l'actif classés principalement dans un ordre de liquidité croissante. Le critère de liquidité tient compte du délai nécessaire pour transformer un élément d'actif en monnaie ; il dissocie donc les actifs immobilisés (immobilisations), liquides à plus d'un an et les actifs circulants transformables en monnaie à moins d'un an.

Passif

Quant aux éléments du passif, ils sont classés dans un ordre d'exigibilité croissante en fonction de la proximité de leurs échéances.

Les **capitaux propres**[1] ont une échéance indéterminée puisqu'ils ne sont assortis d'aucun engagement ferme de remboursement.

En revanche, les **dettes**[2] comportant un engagement ferme de remboursement sont plus exigibles. La présentation comptable ne permet pas de les classer par ordre d'exigibilité mais elle propose un classement selon leur nature financière en distinguant[3] :

- les dettes levées auprès des **marchés financiers** (emprunts obligataires),
- les emprunts contractés auprès des **établissements de crédit**,
- les dettes contractées dans le cadre de l'exploitation à l'égard des fournisseurs (ex : crédit fournisseur) ou d'autres créanciers.

Les provisions pour risques et charges inscrites au passif du bilan correspondent à l'anticipation de pertes qui n'ont encore qu'un caractère probable :

- si les pertes se confirment, les montants provisionnés se transformeront en dettes,
- sinon, les provisions constituées en excès par rapport aux risques effectivement confirmés, seront assimilées à des capitaux propres, sous réserve de l'impôt auquel ils seront soumis.

C'est pourquoi les provisions se situent entre les capitaux propres et les dettes.

---

1. Capitaux propres *(Net Assets)* : Les capitaux propres d'une entreprise sont constitués du capital social et des réserves. Si l'entreprise est une société anonyme, le capital social est divisé en actions.
2. Dettes *(Debts)* : Capitaux que l'entreprise doit aux établissements de crédit, aux obligataires, à ses fournisseurs ou à d'autres créanciers.
3. *Cf.* partie III pour la définition de ces concepts.

Tableau 2 – **La structure d'ensemble du bilan**

Actif	Passif
Actif immobilisé Immobilisations incorporelles Immobilisations corporelles Immobilisations financières **Actif circulant** Stocks et en-cours Créances Valeurs mobilières de placement Disponibilités	**Capitaux propres** Capital Social Réserve **Provisions pour risques et charges** **Dettes** Emprunts obligataires et assimilés Emprunts et dettes auprès des établissements de crédit Dettes fournisseurs Dettes fiscales et sociales Autres dettes
Total de l'actif	**Total du passif**

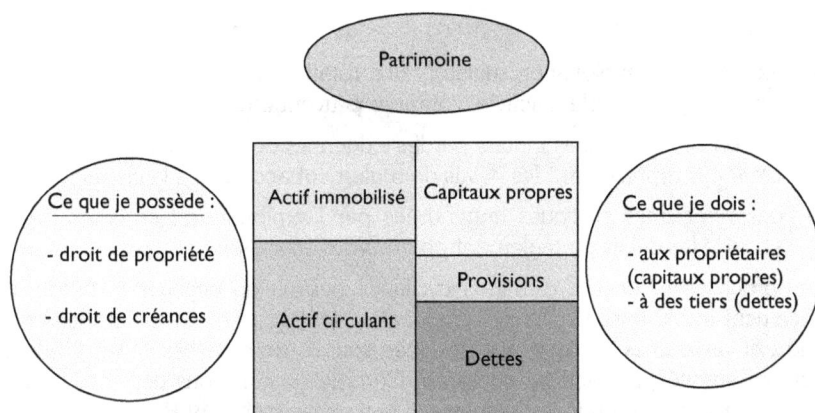

Fig. 4 : Le bilan.

Le bilan fournit une représentation du patrimoine de l'entreprise à une date donnée.

95

1.2. Capitaux permanents

La structure du passif permet également de mettre en évidence la durée des ressources rassemblées par l'entreprise. La somme des capitaux propres, des provisions pour risques et charges, et des dettes à moyen long terme constituent les capitaux permanents et c'est sur eux que l'investisseur a les yeux rivés car tout investissement nécessite un financement à long terme (*cf.* figure 5).

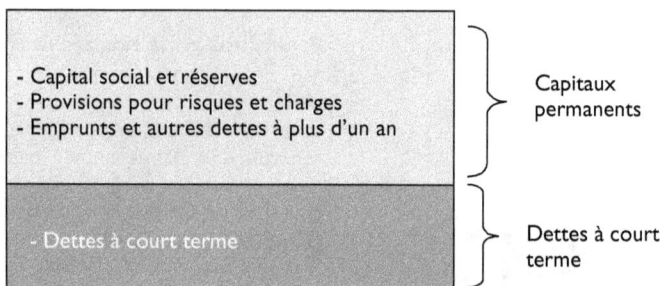

- Capital social et réserves
- Provisions pour risques et charges
- Emprunts et autres dettes à plus d'un an

Capitaux permanents

- Dettes à court terme

Dettes à court terme

Fig. 5 : Mise en évidence des capitaux permanents.

Ce sont les capitaux permanents qui financent les investissements.

1.3. Besoin en fonds de roulement d'exploitation (BFR)[1]

Les en-cours liés à l'exploitation subissent une rotation. Les éléments qui sont mis en mouvement par le cycle d'activité courante peuvent être caractérisés comme :

- des emplois cycliques induits par les exigences de l'exploitation : stocks et créances représentant les délais de règlement accordés à la clientèle,
- des ressources cycliques engendrées par l'exploitation : en-cours représentant les délais de règlement obtenus des fournisseurs.

Le rapprochement de ces éléments cycliques permet de dégager le besoin de financement induit par le cycle de l'exploitation (*cf.* figure 6). La différence entre emplois et ressources cycliques est désignée sous le nom de besoin en fonds de roulement suscité par l'activité courante. Comme nous l'avons déjà mentionné, pour évaluer le coût d'un investissement, il faut considérer le BFR qui lui est éventuellement associé. Celui-ci devra être financé avec des capitaux permanents[2].

---

1. Pour simplifier, dans cet ouvrage, on note le besoin de fonds de roulement d'exploitation BFR et non BFRE.
2. En pratique, ce n'est pas toujours le cas (*cf.* ch. 9).

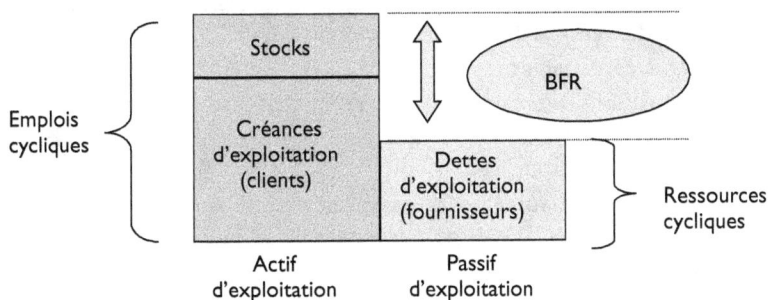

Fig. 6 : Le BFR d'exploitation (vision simplifiée).[1]

BFR = Emplois cycliques - Ressources cycliques

2. Compte de résultat

Le compte de résultat décrit l'adéquation entre les **produits** (sources de création de richesse) et les **charges** (consommations de richesse) suscités par l'activité de l'entreprise au cours d'un exercice (*cf.* encadré et figures 7 et 8). Il permet de dégager les **soldes intermédiaires de gestion.**

Un résultat net positif (ou bénéfice net) traduit un excédent des produits sur les charges, c'est-à-dire une création de richesse. Inversement, un résultat net négatif (ou perte nette) traduit un excès des charges sur les produits et, par conséquent, une destruction nette de richesses.

Produits et charges d'exploitation[2]

Les produits d'exploitation correspondent :
– aux ventes de marchandises,
– à la production vendue, stockée ou immobilisée (cas de travaux faits par l'entreprise pour son propre compte).
Ils incluent également les subventions visant à compenser une insuffisance du prix de vente ou un surcoût relatif à certaines charges.

---

1. D'après Chorus Premium Cegetel (2004).
2. *Cf.* E. Cohen (2004).

Les **charges d'exploitation** incluent notamment :
- Les charges décaissables :
  - consommations intermédiaires correspondant aux biens et services fournis par des tiers,
  - salaires et charges sociales,
  - impôts, taxes et versements assimilés établis sur la base des flux d'activité courants (TVA[1] non récupérable, taxe professionnelle, taxe sur les salaires pour les établissements publics, taxes spécifiques),
- Les charges non décaissables :
  - dotations aux amortissements,
  - dotations aux provisions.

Notons que les charges d'exploitation décaissables sont aussi appelées en empruntant la terminologie anglaise : **OPEX (Operation Expenditures).**

Le résultat de l'exercice (résultat net) apparaît comme un solde global (positif ou négatif) du compte de résultat après impôt. S'il y a bénéfice, le solde créditeur est inscrit dans la colonne des charges pour restaurer l'égalité arithmétique des colonnes débit et crédit. S'il y a perte, le solde débiteur est inscrit dans la colonne des produits.

Comme l'activité de l'entreprise est découpée en trois domaines, la gestion de l'exploitation, la gestion financière et les opérations exceptionnelles, on dégage trois résultats partiels : un résultat d'exploitation, un résultat financier et un résultat exceptionnel.

Le compte de résultat peut être présenté soit en compte soit en liste (*cf.* figures).

Charges	Produits
Charges d'exploitation	Produits d'exploitation
Résultat d'exploitation	
Charges financières	Produits financiers
Résultat financier	

---

1. TVA = Taxe sur la valeur ajoutée.

Charges exceptionnelles	Produits exceptionnels
Résultat exceptionnel	
Résultat net de l'exercice (bénéfice net)	**Résultat net de l'exercice (perte nette)**
Total général	Total général

Fig. 7 : Structure générale du compte de résultat (présentation en compte).

Postes	N	N – 1
Produits d'exploitation – Charges d'exploitation **= Résultat d'exploitation**		
Produits financiers – Charges financières **= Résultat financier**		
Produits exceptionnels – Charges exceptionnelles **= Résultat exceptionnel**		
Total général des produits – Total général des charges – Impôt sur les bénéfices		
= Résultat net de l'exercice		

Fig. 8 : Structure générale du compte de résultat (présentation en liste).

Les caractéristiques du résultat d'exploitation, du résultat exceptionnel et du résultat net sont données au § IV ci-après.

Le résultat financier procède d'une compensation entre les charges (ex : intérêts sur emprunt) et les produits (ex : rendement sur placement) spécifiquement liés aux opérations financières. Il dépend de variables internes à l'entreprise (ex : qualité de la gestion financière et de l'exploitation, stratégie de développement) mais aussi de variables externes liées notamment à l'environnement monétaire.

© Groupe Eyrolles

> *Le compte de résultat recense les produits et les charges induits par l'activité de l'entreprise et mesure les bénéfices et les pertes dégagés au cours d'un exercice.*

3. Annexe

L'annexe comporte toutes les informations d'importance significative destinées à compléter et à commenter celles qui sont données par le bilan et le compte de résultat.

Grâce aux indications qu'elle apporte, l'annexe constitue la source majeure d'informations utilisables par les analystes pour la réalisation des retraitements qui permettent d'adapter les comptes aux besoins du diagnostic financier. En particulier, elle peut contenir le tableau des soldes intermédiaires de gestion.

> *L'annexe est un document riche d'informations additionnelles et en indications méthodologiques qui permettent d'éclairer l'interprétation des comptes.*

IV. Soldes intermédiaires de gestion et Capacité d'autofinancement

Pour analyser la formation du résultat net d'un exercice, on calcule des soldes intermédiaires de gestion (SIG) qui sont des résultats partiels.

1. Soldes intermédiaires de gestion (SIG)

Le Plan comptable général distingue sept SIG :

- Marge commerciale,
- Production de l'exercice,
- Valeur ajoutée,
- Excédent brut d'exploitation,
- Résultat d'exploitation,
- Résultat courant avant impôt,
- Résultat exceptionnel.

Partant des produits d'exploitation, puis en ajoutant successivement certaines catégories de produits et en retranchant certaines catégories de charges, les SIG expliquent la formation progressive du résultat net de l'exercice.

1.1. Marge commerciale et production

Pour les entreprises exerçant une activité commerciale, on mesure le flux global d'activité par la marge commerciale.

Ventes de marchandises
– Coût d'achat des marchandises vendues

= Marge commerciale *(Trading margin)*

Quant aux entreprises exerçant une activité de transformation, leur flux global correspond à la production.

Production vendue
+ Production stockée
+ Production immobilisée (travaux faits par l'entreprise pour son propre compte)

**= Production de l'exercice
*(Production of the year)***

Souvent, on fait référence au **chiffre d'affaires hors taxes (CA HT)**.

Le chiffre d'affaires hors taxes ou montant net du chiffre d'affaires *(Pre-tax turnover (UK), Pre-tax sales (US))* résulte de tout ce qui est vendu par l'entreprise :

CA HT = Ventes de marchandises + Production Vendue

1.2. Valeur ajoutée (VA)

La valeur ajoutée résulte de la confrontation entre :

- le flux global d'activité (production et/ou marge commerciale),
- les consommations intermédiaires (CI), c'est-à-dire les consommations en provenance de tiers.

Elle représente la contribution productive ou la richesse créée par l'entreprise grâce à la mise en œuvre de son potentiel productif (force de travail et capitaux fixes).

Cette richesse créée permettra à l'entreprise :

- d'assurer la rémunération des acteurs concernés par son activité : salariés, État (fisc), créanciers, associés,
- de dégager un fonds pour investir (reconstitution de ses immobilisations) : autofinancement.

Production + Marge commerciale – Consommations intermédiaires
= Valeur ajoutée *(Value added)*

1.3. Excédent brut d'exploitation (EBE)

L'excédent brut d'exploitation correspond au résultat économique brut lié à l'activité opérationnelle de l'entreprise. Il s'obtient :

- en faisant la différence entre les produits d'exploitation encaissables et les charges d'exploitation décaissables[1],

- ou bien à partir de la valeur ajoutée comme cela est montré dans le tableau ci-dessous.

Valeur ajoutée + Subvention d'exploitation – Impôts, taxes et versements assimilés – Charges de personnel
= Excédent brut d'exploitation

L'EBE permet des comparaisons significatives car il n'est affecté ni par la politique d'amortissements et de provisions, ni par les modes de financement ou par l'environnement fiscal de l'entreprise. C'est un solde financier mesurant le financement interne issu de l'exploitation.

Les Anglo-Saxons utilisent ce solde et l'appellent : **EBITDA (*Earnings Before Interest, Taxes, Depreciation and Amortization*)**. Nous trouvons de plus en plus cette terminologie explicite dans les entreprises françaises.

1.4. Résultat d'exploitation (RE)

Comme nous l'avons vu au § III, le résultat d'exploitation est la somme des produits d'exploitation moins les charges d'exploitation. Il mesure les performances réalisées par l'entreprise sur son activité industrielle et commerciale. Il correspond à un résultat opérationnel dégagé avant prise en compte des éléments financiers, des éléments exceptionnels et de l'impôt sur le bénéfice.

---

1. Les dotations aux amortissements et aux provisions ne se décaissent pas. Elles ne font pas partie de ces charges.

Excédent brut d'exploitation
+ Reprises et transferts sur charges d'exploitation
+ Autres produits
− Dotations aux amortissements et provisions
− Autres charges

= Résultat d'exploitation *(Operating result, Operating profit)*

Les Anglo-Saxons appellent ce solde, l'***EBIT (Earnings Before Interest, Taxes)***. Ce ratio est intéressant pour comparer la pertinence de deux projets d'investissements concurrents.

1.5. Résultat courant avant impôts (RCAI)

Le résultat courant avant impôt ajoute au résultat d'exploitation deux éléments : le résultat financier (vu au § III) et les quotes-parts de résultats en commun qui représentent essentiellement les virements de bénéfices ou pertes réalisées par des sociétés en participation.

Résultat d'exploitation
+ Résultat financier
+ − Quote-part de résultat sur opérations faites en commun

**= Résultat courant avant impôt
*(Income before tax)***

1.6. Résultat exceptionnel (REX)

Le résultat exceptionnel (vu au § III) reflète l'incidence sur le résultat net final d'événements exceptionnels favorables ou défavorables sur lesquels l'entreprise ne dispose le plus souvent que d'une possibilité de contrôle limitée.

Produits exceptionnels
− Charges exceptionnelles

= Résultat exceptionnel

1.7. Résultat net de l'exercice (RN)

Le résultat net de l'exercice procède de la confrontation globale entre l'ensemble des charges et l'ensemble des produits, y compris la participation des salariés et l'impôt sur les bénéfices.

Il apparaît comme la sanction globale de l'activité dans tous ses aspects (industriels, commerciaux, financiers) et dans la prise en charge des aléas. Il mesure aussi le flux de ressources créées par l'entreprise (bénéfices) ou détruites (pertes) (*cf.* figure 9).

Résultat courant avant impôt
+ Résultat exceptionnel
– Participation des salariés
– Impôt sur les bénéfices

= Résultat net de l'exercice
(Net income for the year)

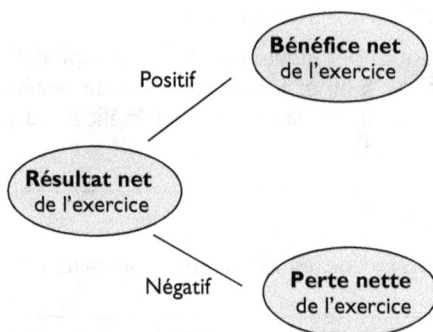

Fig. 9 : Le résultat net s'appelle bénéfice net s'il est positif, perte nette s'il est négatif.

> *Le résultat net de l'exercice apparaît comme une sanction globale de l'activité dans tous ses aspects (industriels, commerciaux, financiers) et dans la prise en charge des risques.*

2. Capacité d'autofinancement (CAF)

Sans être incluse dans le tableau des soldes intermédiaires de gestion, la capacité d'autofinancement *(Self-financing capacity)* est un indicateur intéressant.

Elle se calcule à partir des postes du compte de résultat :

– à partir de l'excédent brut d'exploitation,
– ou bien à partir du résultat net (voir figure 10).

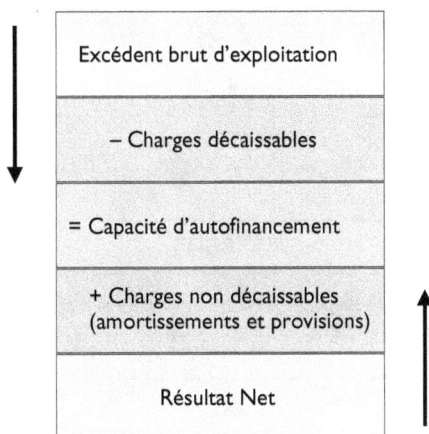

Fig. 10 : Calcul simplifié de la CAF (sur cette figure on ne fait figurer que les postes principaux).

La CAF apparaît comme un indicateur monétaire relatif aux résultats de l'exercice. Elle résulte en effet de la confrontation entre l'ensemble des produits encaissables et l'ensemble des charges décaissables, y compris le flux d'impôt sur les bénéfices et les frais financiers. À la différence de l'EBE, la CAF présente un caractère global.

La CAF représente un montant de ressources additionnelles sécrétées par l'activité globale de la période et qui pourront être affectées au financement de l'entreprise après prélèvement des dividendes.

Autofinancement = CAF − Dividendes

3. Figures résumant le calcul des soldes intermédiaires de gestion

Les figures ci-après récapitulent la formation des principaux soldes intermédiaires de gestion **en simplifiant**, c'est-à-dire en ne retenant que les principaux postes de produits et de charges (ex : la participation des salariés est négligée). Cela permet d'avoir une vision globale pour retenir l'essentiel. Le lecteur peut toujours compléter ces figures en se référant aux définitions précises vues aux paragraphes précédents.

C'est à partir de cette vision simplifiée que l'on dressera les tableaux de flux financiers prévisionnels car, pour des prévisions étalées sur toute la durée de vie d'un projet, il n'est pas utile de rentrer dans un degré de détail très poussé.

CA HT
– Charges d'exploitation décaissables (OPEX)
EBE (EBITDA)
–Dotations aux amortissements et provisions
RE (EBIT)
– Frais financiers
– Impôt sur les bénéfices
RN

Fig. 11 : Formation simplifiée du résultat net de l'exercice.

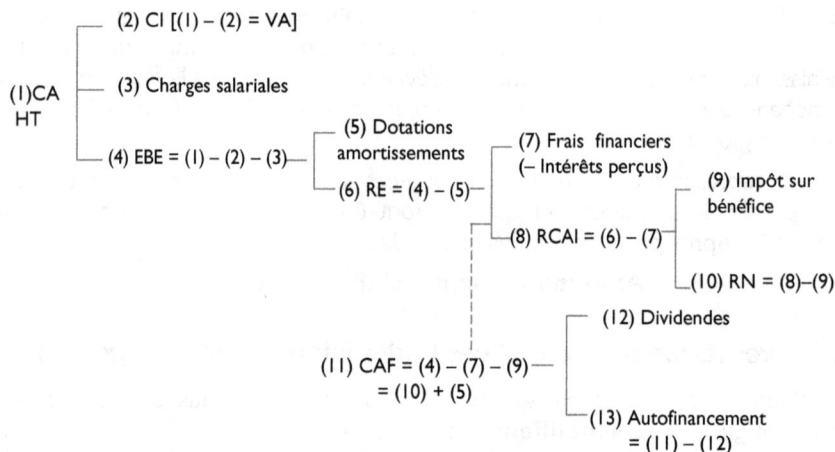

(1)CA HT

- (2) CI [(1) – (2) = VA]
- (3) Charges salariales
- (4) EBE = (1) – (2) – (3)
  - (5) Dotations amortissements
  - (6) RE = (4) – (5)
    - (7) Frais financiers (– Intérêts perçus)
    - (8) RCAI = (6) – (7)
      - (9) Impôt sur bénéfice
      - (10) RN = (8)–(9)

(11) CAF = (4) – (7) – (9)
= (10) + (5)
- (12) Dividendes
- (13) Autofinancement = (11) – (12)

Fig. 12 : Formation simplifiée des principaux SIG et de la CAF.

CI = Consommations intermédiaires
CA HT = Chiffre d'affaires hors taxes
Par souci de simplification, on néglige la participation des salariés.

V. Du résultat à la trésorerie

Dans ce paragraphe, nous montrons comment faire le lien entre la CAF (indicateur global issu d'une vision comptable de l'entreprise) et les flux financiers qui vont servir de base à l'évaluation économique d'un projet avec la vision réelle.

1. Excédent de trésorerie d'exploitation (ETE) et excédent de trésorerie global (ETG)[1]

L'EBE et la CAF ne font que refléter des **surplus monétaires virtuels** respectivement sécrétés par l'exploitation et l'activité globale de l'entreprise. Ces indicateurs sont virtuels car ils ne prennent pas en considération les **décalages** introduits par les délais de stockage et les délais de règlement. Or, pour mieux prendre en compte la réalité de l'entreprise, il faut tenir compte des décalages.

1.1. Prise en compte des décalages au niveau de l'exploitation

Comme nous l'avons vu précédemment, l'EBE est la différence entre les produits et les charges d'exploitation. Or, les produits comme les charges ne tiennent compte ni de l'augmentation des stocks, ni des délais de règlements (clients et fournisseurs). Ainsi, à la place de produits et charges d'exploitation, on introduit la notion de recettes et de dépenses effectives induites par l'exploitation.

Produits d'exploitation susceptibles de donner lieu à encaissement
– Augmentation des stocks de produits finis
– Augmentation des créances commerciales

= Recettes effectives induites par l'exploitation (I)

Charges d'exploitation susceptibles de donner lieu à décaissement
+ Augmentation des stocks de matières
– Augmentation des dettes fournisseurs

= Dépenses effectives induites par l'exploitation (II)

L'indicateur « monétaire » du résultat traduisant les opérations d'exploitation est l'excédent de trésorerie d'exploitation (ETE) défini comme suit :

ETE = (I) – (II) = Recettes – Dépenses effectives induites par l'exploitation

---

1. *Cf.* E. Cohen (2004).

Les décalages correspondent en fait à des variations du BFR d'exploitation au cours d'un exercice (on les note ΔBFR).

Ainsi on peut calculer l'ETE à partir de l'EBE comme suit :

$$\textbf{ETE = EBE - ΔBFR}$$

1.2. Prise en compte des décalages au niveau global

En entreprise, la trésorerie n'est pas associée uniquement aux opérations d'exploitation. Il faut tenir compte aussi des opérations hors exploitation (opérations financières, impôt sur les bénéfices).

Comme nous l'avons vu plus haut, la CAF est un indicateur global. Cependant, elle ne tient pas compte des décalages éventuels qu'il convient de considérer au niveau de l'exploitation et hors exploitation (variations des en-cours de créances et de dettes hors exploitation). Pour refléter ces décalages, on calcule le BFR global qui est la somme du BFR d'exploitation et du BFR hors exploitation.

L'indicateur prenant en compte ces décalages est l'excédent global de trésorerie défini à partir de la CAF comme suit :

$$\textbf{ETG = CAF - ΔBFRGlobal}$$

Par la suite, on parlera plutôt de « variation des décalages » pour faire référence au **ΔBFR global**.

2. Flux nets de trésorerie liés aux investissements

2.1. Question posée

Bilan et compte de résultat reflètent le passé et le présent de l'entreprise. Or, ce qui nous importe dans cet ouvrage est de déterminer si un investissement est intéressant ou pas. Pour cela, il est nécessaire de comparer le bilan et le résultat de l'entreprise avant et après investissement. En d'autres termes, **il convient de raisonner en terme de flux**.

La question que l'on se pose alors est : quels flux est-il est pertinent de considérer pour mesurer la rentabilité économique d'un investissement ?

Avant de répondre à cette question, nous donnons, d'une manière générale, un éclairage sur la notion de flux de trésorerie constatés durant un exercice (une année) où l'entreprise a été amenée à réaliser plusieurs investissements et à désinvestir.

2.2. Flux de trésorerie en entreprise

En entreprise, on a coutume de distinguer :

- les flux de trésorerie liés aux opérations d'investissement (et de désinvestissement),
- les flux de trésorerie provenant de l'exploitation des investissements,
- les flux divers hors exploitation (notamment, paiement de l'impôt supplémentaire induit par les investissements),
- les flux liés au financement des investissements.

Ces différents flux de trésorerie sont représentés dans la figure ci-dessous avec les acteurs concernés.

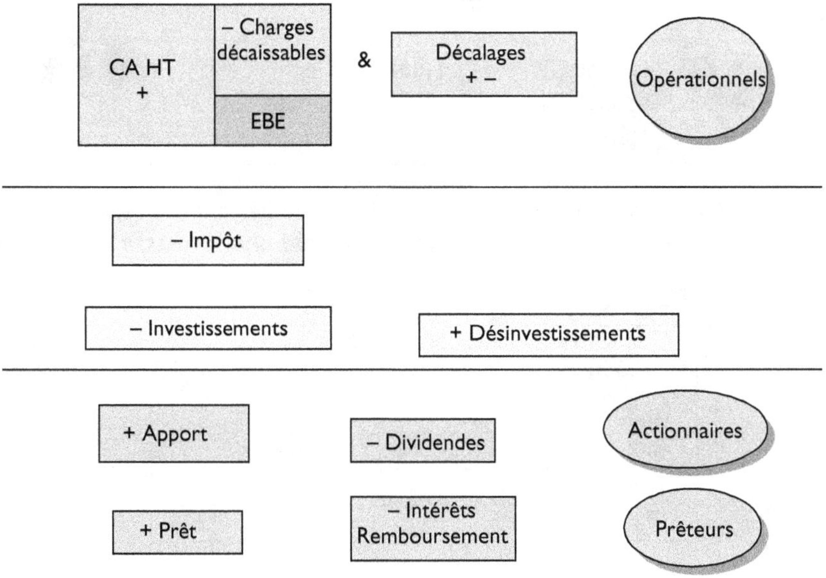

Fig. 13 : Tous les flux de trésorerie (ou mouvements de trésorerie)[1] durant un exercice.

---

1. D'après Chorus Premium Cegetel (2004).

2.3. Flux de trésorerie pour évaluer un projet d'investissement : vision réelle

L'estimation des flux associés à un investissement se fait indépendamment de son mode de financement car celui-ci est pris en compte à travers le taux d'actualisation (*cf.* parties II et III). Ainsi, il convient de ne pas considérer les flux liés au financement de l'investissement : apport, prêt, dividendes, remboursement de la dette et frais financiers dus aux emprunts.

On calcule les flux nets de trésorerie prévisionnels associés à l'exploitation d'un investissement en reprenant les principaux postes du compte de résultat et en supposant que les frais financiers sont nuls (*cf.* tableau). On peut toutefois prendre en compte le crédit d'impôt associé aux frais financiers.

Remarque

Si l'on utilise des critères d'évaluation sans actualisation (ex : taux de rendement comptable, délai de récupération simple), on tient compte des frais financiers (intérêts d'emprunt).

Tableau 3 – **Formation des flux nets de trésorerie liés à un investissement à partir des soldes intermédiaires de gestion durant une année d'exploitation**

CA HT
– Charges d'exploitation décaissables (*OPEX*)
= EBE (EBITDA)
– Frais financiers (nuls)
– Impôt sur les bénéfices calculé à partir de RE (*EBIT*)
– Variation des décalages
FNT (*Cash-flow* net)

Pendant la période d'investissement, les flux reflètent les dépenses d'investissement.

> *Les flux nets de trésorerie sont appelés couramment* **cash-flows** *nets. Il s'agit des flux uniquement liés à l'investissement et à son exploitation.*

Nous allons nous baser sur cette notion très importante de flux nets de trésorerie ou de *cash-flows* nets pour dresser les tableaux du *Business plan* associé à un projet investissement. Ces tableaux permettront ensuite de déterminer si les flux associés à l'investissement sont compensés ou pas par les flux associés à la variation du résultat.

VI. Tableau de flux nets de trésorerie prévisionnels liés à un investissement précis : visions réelle et intrinsèque

1. Raisonnement en différentiel

Pour élaborer le *Business plan* associé à un investissement, on s'intéresse non pas aux flux de trésorerie constatés pendant un exercice passé, mais aux flux nets de trésorerie **prévisionnels** liés à l'investissement en projet.

Ces flux concernent :

- les flux de trésorerie liés aux opérations d'investissement proprement dites ; ils proviennent d'une comparaison des postes du bilan avant et après l'investissement,
- les flux de trésorerie (exploitation et hors exploitation) provenant de la variation du résultat induite par l'investissement,
- les flux financiers associés au financement de l'investissement.

Ces derniers seront étudiés plus particulièrement en partie III.

Il est très important de souligner que les flux de trésorerie liés à l'investissement et à son exploitation sont des éléments différentiels par rapport à la situation de statu quo où l'on ne réalise pas l'investissement.

Nous donnons ci-dessous dans le cas général et **dans le cadre d'un scénario bien identifié**, la structure d'un tableau de flux nets de trésorerie (*cash-flows* nets) liés à un investissement en projet. Nous commençons par la vision réelle puis regardons la vision simplifiée.

2. Tableau de flux de trésorerie prévisionnels liés à l'investissement : vision réelle

En fonction des données récoltées lors de l'étape 3 « élaboration des grilles d'information », on évalue, pour l'investissement considéré, ses durées de vie économique, comptable et financière, son coût, sa valeur de liquidation et l'échéancier des produits et des charges pendant l'exploitation.

111

2.1. Rappel des notations utilisées dans l'ouvrage

N_C, durée de vie comptable dictée par le plan comptable. Elle a un impact direct sur la fiscalité du projet.

N_E, durée de vie économique qui est le minimum entre durée physique, durée technologique et durée de vie du produit.

N_F, durée de vie financière, qui est la durée pendant laquelle les emprunts contractés pour l'investissement sont remboursés.

I_0, montant de l'investissement.

V_L, valeur de liquidation.

2.2. Tableau

Les flux financiers figurent dans un tableau regroupant bilan et compte de résultat prévisionnels.

Année	Bilan		Compte de résultat					Synthèse
			Exploitation				Hors exploitation	
	Montant de l'investisse-ment (y compris BFR et renouvelle-ment Irv_n)	Récupération $(V_L$ et BFR)	Produits	Charges décais-sables	Charges non décaissables (dotations amortissements)	Frais financiers	Impôt (sur le RCAI)	Flux nets de trésorerie
	1	2	3	4	5	6	7	8
0	I_0 BFR							$-I_0$ $-$ BFR
1 2 – n –	Irv_n				A_1			CAF .. CAF $- Irv_n$
N_C					A_C			CAF ..
								CAF ..
N_E		V_L + BFR					Impôt sur V_L	CAF + V_L nette d'impôt + BFR

S'il y a des investissements de renouvellement (Irv_n), ils figurent au bilan de l'année n (ou les années) où ils sont effectués.

Pendant l'exploitation, le solde pertinent est la CAF (aux variations des décalages près).

2.3. Méthodes de calcul colonne par colonne [1]

Colonne 1 : *Montant de l'investissement (y compris BFR et renouvellement Irv_n)*

Pour simplifier, on fait l'hypothèse que **l'investissement est ponctuel et réalisé l'année 0.**

Si la mise en place de l'investissement est étalée sur k années, on mentionne dans les tableaux de flux financiers prévisionnels, les années d'investissement (de – k à 0) et on fait figurer au bilan les coûts annuels d'investissement.

En cas d'investissement de remplacement, il doit être tenu compte de la valeur de reprise de l'ancien matériel (l'impôt sur la valeur de reprise de l'ancien matériel est à reporter colonne 7).

Il est important de ne pas sous-estimer le montant de l'investissement. En particulier, pour les investissements de capacité ou pour les investissements concernant un produit nouveau, il convient d'évaluer le besoin en fonds de roulement (BFR) lié au projet étudié. BFR doit être inscrit l'année 0 car il est utilisé en début d'année 1 pour la production[2].

Le montant de certains investissements indirects, comme les frais de formation du personnel, les frais d'une campagne de publicité, peut être passé en charges (colonne 4).

Il convient de faire figurer les éventuels investissements de renouvellement au bilan, les années où ils sont prévus.

Colonne 2 : *Récupération (V_L et BFR)*

Lorsque l'activité décline, la chute des ventes s'accompagne d'une récupération du besoin en fonds de roulement associé à l'investissement. Il n'y a pas d'impôt sur cette récupération.

La valeur de liquidation de l'investissement (V_L), qui comme nous l'avons vu au chapitre précédent peut être positive ou négative est à inscrire à la fin de la durée de vie économique de l'investissement. S'il y a une plus-value par rapport à la

---

1. *cf.* en particulier J. Margerin & G. Ausset (1987).
2. Notons que certains auteurs l'inscrivent en année 1.

valeur comptable, il faut inscrire l'impôt correspondant en colonne 7. En cas de moins-value, le crédit d'impôt en résultant doit figurer aussi colonne 7.

Colonne 3 : *Produits*

On porte dans la colonne 3 les produits différentiels tels qu'ils ont été prévus. Par exemple, pour un investissement de capacité, on détermine les produits supplémentaires en multipliant les quantités supplémentaires prévues par le prix de vente unitaire.

Il s'agit du chiffre d'affaires différentiel (hors taxes) apporté par le projet selon les prévisions de vente.

Colonne 4 : *Charges décaissables*

La colonne 4 concerne les charges décaissables liées à l'exploitation du projet. Il s'agit des charges différentielles par rapport aux charges qu'il y aurait en situation de *statu quo*.

Parmi les charges différentielles donnant lieu à sortie de trésorerie, il convient de distinguer les charges d'activité (coûts variables) et les charges de structure (coûts fixes).

Les charges d'activité sont souvent modifiées lorsque l'investissement est réalisé.

Par exemple, pour un investissement de capacité, les charges d'activité sont égales à :

Coût d'activité unitaire × quantités supplémentaires.

Pour un investissement de productivité, les charges d'activité sont diminuées (et le différentiel est négatif).

Concernant les charges de structure, il faut considérer uniquement celles qui sont modifiées par le projet d'investissement et inscrire les charges différentielles. Par exemple, si l'investissement implique l'embauche de personnel, il faut tenir compte des charges salariales supplémentaires.

Colonne 5 : *Charges non décaissables (dotations aux amortissements)*

La colonne 5 concerne les dotations aux amortissements (et aux provisions)[1], qui constituent des charges non décaissables estimées ici uniquement pour calculer l'impôt sur les bénéfices.

Les dotations aux amortissements sont à prendre en considération durant la durée de vie comptable de l'investissement (de 1 à N_C).

Ce sont bien entendu des dotations différentielles par rapport à la situation de *statu quo*. Dans la situation de *statu quo*, il se peut en effet que le matériel ne soit pas encore amorti comptablement.

---

1. Les dotations aux provisions sont souvent négligées dans les tableaux de flux prévisionnels.

Colonne 6 : Frais financiers

La colonne 6 correspond aux frais financiers associés au financement de l'investissement. Ce sont les intérêts qu'il faut verser chaque année aux établissements qui ont prêté de l'argent pour financer l'investissement.

Point important : Pour distinguer la politique d'investissement de la politique de financement, on a coutume[1] de construire les tableaux de flux de trésorerie prévisionnels en faisant l'hypothèse que ces frais financiers sont nuls et en élaborant à part un tableau correspondant aux annuités de remboursement de la dette. On peut éventuellement calculer l'effet levier de la dette, c'est-à-dire le crédit d'impôt associé à la déductibilité des charges financières.

Colonne 7 : Impôt sur le résultat courant avant impôt (RCAI)

La colonne 7 prend en compte l'impôt différentiel. C'est en général un impôt additionnel mais cela peut être aussi une économie d'impôt. Dans ce cas, celle-ci est portée en colonne 7 précédée du signe moins.

C'est aussi en colonne 7 que l'on reporte l'impôt (ou le crédit d'impôt) sur les plus-values (respectivement les moins-values) réalisées lors de la reprise de l'ancien matériel en année 0 ou la revente du nouveau en fin de vie.

Colonne 8 : Flux nets de trésorerie

On porte dans la colonne 8, les flux nets de trésorerie annuels calculés comme suit (avec l'hypothèse que les frais financiers sont nuls) :

$$8 = 2 + 3 - (1 + 4 + 7).$$

Pendant l'exploitation de l'investissement, les flux nets de trésorerie (ou *cashflows*) se rapprochent de la CAF (aux variations des décalages près).

2.4. Prise en compte des décalages

Ce tableau met bien en avant l'échéancier des flux qui entrent et qui sortent dans l'entreprise (*cash-in, cash-out*) à condition de faire attention aux variations des décalages introduits par les durées de stockage et les délais de règlement.

Pour l'estimation des flux nets de trésorerie annuels prévisionnels pendant l'exploitation, on néglige parfois ces décalages car on estime qu'ils ont peu d'incidence sur la rentabilité du projet. Cependant, pour avoir une représentation fidèle de la trésorerie de l'entreprise, il faut en tenir compte et considérer, au niveau de l'exploitation, non pas les produits et les charges décaissables mais les **recettes** et les **dépenses** qui intègrent les variations de BFR (ΔBFR)(*cf.* § V).

---

1. Cela n'est pas toujours le cas, notamment lorsque l'on utilise des critères de choix d'investissement ne faisant pas référence au taux d'actualisation (cf. ch 5).

115

De même, hors exploitation, il faudrait ajouter au tableau une colonne intitulée variation des décalages mais ces derniers sont négligés.

2.5. Prise en compte de l'inflation

Sur des périodes aussi longues que celles que l'on considère pour les investissements, il est important de faire des hypothèses sur les variations de prix (ex : prix d'achat des matières premières, prix de vente des produits finis, frais de personnel).

Pour remplir les tableaux de flux financiers prévisionnels, on a deux possibilités :

– Soit on raisonne en monnaie constante, en prenant le plus souvent comme référence l'année 0 où l'on réalise l'investissement. Toutes les données des tableaux financiers sont exprimées en unité monétaire, euro par exemple, de l'année 0. On utilise les prix réels.

– Soit on raisonne en monnaie courante. Les données annuelles sont exprimées dans l'unité monétaire de l'année correspondante.

Dans la plupart des exemples de cet ouvrage, on fait implicitement l'hypothèse que l'inflation est nulle mais les raisonnements et méthodes exposés sont facilement transposables au cas où il y aurait inflation.

2.6. Degré de précision

Comme nous travaillons avec des données prévisionnelles concernant le moyen ou le long terme, il est inutile, voire faux sur le plan méthodologique, de reporter dans les tableaux de flux prévisionnels des valeurs très précises, estimées au centime près. Il faut se contenter de valeurs approchées, arrondies.

3. Vision du financier pour le choix de financement

Nous aborderons dans la partie III, les tableaux du *Business plan* qui traduisent le **plan de financement** de l'investissement. Ces tableaux qui incluent les frais financiers associés à la dette et le paiement des dividendes associés au capital social, permettent de voir, année par année, si la trésorerie dégagée par le projet permet de rembourser la dette et de rémunérer les actionnaires.

L'optique du financier prend en compte les répercussions sur la liquidité du plan de financement.

4. Tableau de flux financiers simplifiés : vision intrinsèque

Ci-dessus, nous avons considéré les tableaux financiers prévisionnels réels, tels qu'ils vont se présenter au décideur dans l'entreprise. Cependant, il est parfois intéressant d'élaborer des tableaux financiers prévisionnels simplifiés qui permettent de faire le bilan économique d'un investissement de façon intrinsèque, indépendamment du contexte fiscal. On étudie l'investissement avec **une vision économique « pure »**.

C'est souvent la vision que l'on adopte pour la première itération lors de l'élaboration du *Business plan*. Si l'investissement est intrinsèquement rentable, on regarde l'impact de la fiscalité sur la rentabilité puis celui du plan de financement sur la liquidité.

Pour les investissements publics, c'est la vision économique pure qui est retenue puisque la fiscalité ne joue pas.

Les flux financiers sont représentés dans le tableau ci-dessous :

Tableau 4 – **Vision économique pure**

| Année | Bilan | | Compte de résultat | | Synthèse |
	Montant de l'investissement (y compris BFR et renouvellement Irv_n)	Récupération (V_L et BFR)	Produits	Charges décaissables	
0	I_0 BFR				$-I_0$ $-$ BFR
1 2 – n –	Irv_n				EBE ... ... $EBE - Irv_n$ EBE ...
N_E		V_L + BFR			$EBE + V_L$ + BFR

S'il y a des investissements de renouvellement, ils figurent au bilan l'année n (ou les années) où ils sont effectués.

> *Pendant l'exploitation, le solde pertinent est l'EBE (aux variations des décalages près).*

VII. Un cas d'école

1. Énoncé

Soit un investissement de 1 500 k€, capable de générer un chiffre d'affaires hors taxes de 1 500 k€ par an, au lieu de 1 000 k€ pendant 9 ans. La valeur de récupération de l'investissement est supposée nulle. En raison d'un gain de productivité, les charges de matières premières (MP) associées au projet sont égales à 300 k€ au lieu de 400 k€ et les charges salariales à 150 K€ au lieu de 200 k€. On suppose que cet investissement induit un accroissement du besoin en fonds de roulement de 150 k€. Les machines sont amortissables de manière linéaire pendant 5 ans. Le taux d'imposition est de 33 1/3 %. La variation des décalages est négligée.

On ne tient pas compte des frais financiers (dette nulle).

2. Tableau des flux nets de trésorerie (en k€) – Vision réelle

Bilan			Compte de résultat						Synthèse
			Exploitation				Hors exploitation		
Année	Montant de l'investisse-ment et BFR	Récupération (V_L et BFR)	Produits (CA HT)	Charges MP	Charges salariales	Dotations aux amor-tissements	RCAI	Impôt	Flux nets de trésorerie
0	I_0 = 1 500 BFR = 150								– 1 650
1			500	– 100	– 50	300	350	117	533
2			500	– 100	– 50	300	350	117	533
3			500	– 100	– 50	300	350	117	533
4			500	– 100	– 50	300	350	117	533
N_C = 5			500	– 100	– 50	300	350	117	533
6			500	– 100	– 50		650	217	433
7			500	– 100	– 50		650	217	433
8			500	– 100	– 50		650	217	433
N_E = 9		V_L = 0 BFR = 150	500	– 100	– 50		650	217	583

Comme l'investissement fait économiser matières premières et main-d'œuvre, les charges liées à l'investissement sont plus faibles que dans la situation de *statu quo*. Ainsi, figure un signe moins dans les colonnes charges de matières premières et charges salariales.

118

La durée comptable est de 5 ans et la loi d'amortissement est linéaire. Les dotations valent donc 1500/5 = 300 K€ pendant la durée de vie comptable.

Le résultat courant avant impôt se calcule comme suit :

Résultat courant avant impôt = Produits – (Charges MP + Charges salariales) – Dotations aux amortissements.

Soit pendant la durée de vie comptable :

$$RCAI = 500 - (- 100 - 50) - 300 = 350 \text{ k€}.$$

Et après :

$$RCAI = 500 - (- 100 - 50) = 650 \text{ k€}.$$

L'impôt vaut $350 \times 1/3 \simeq 117$ k€ pendant la durée de vie comptable et $650 \times 1/3 \simeq 217$ k€ après.

Les flux nets de trésorerie valent :

* $- I_0 - BFR = - 1\ 500 - 150 = - 1\ 650$ k€ au moment de l'investissement, l'année 0.

* $RCAI - Impôt + Dotations = 350 - 117 + 300 = 533$ k€ pendant la durée de vie comptable,

* $RCAI - Impôt = 650 - 217 = 433$ k€ après.

Regardons maintenant le tableau avec l'optique intrinsèque.

3. Tableau des flux nets de trésorerie (en k€) – Vision économique pure

	Bilan		Compte de résultat			Synthèse
			Exploitation			
Année	Montant de l'investisse-ment et BFR	Récupérations (V_L) et BFR	Produits (CA HT)	Charges MP	Charges salariales	Flux nets de trésorerie
0	$I_0 = 1\ 500$ BFR = 150					– 1 650
1			500	– 100	– 50	650
2			500	– 100	– 50	650
3			500	– 100	– 50	650
4			500	– 100	– 50	650
5			500	– 100	– 50	650
6			500	– 100	– 50	650
7			500	– 100	– 50	650
8			500	– 100	– 50	650
$N_E = 9$		$V_L = 0$ BFR = 150	500	– 100	– 50	800

Conclusion

Destiné tout particulièrement aux décideurs (ex : commanditaires, actionnaires), le *Business plan* sert de base pour l'évaluation du projet. Il est aussi très précieux pour convaincre des partenaires (ex : partenaires commerciaux, bailleurs de fonds) et pour, le cas échéant, avoir les autorisations nécessaires (autorités publiques).

Analyse de sensibilité sur les paramètres du projet

Lorsque l'on présélectionne un projet d'investissement, on fixe *a priori* un certain nombre de paramètres endogènes au projet (ex : capacité de production, prix de vente, localisation). Si l'on souhaite tester l'influence de ces paramètres sur les résultats du projet, on les fait varier un à un et l'on étudie leur impact sur le tableau de flux prévisionnels puis sur la rentabilité du projet.

Ce type de simulations peut être effectué aussi pour étudier la robustesse des performances du projet face à la variation éventuelle de certains paramètres dont l'estimation *a priori* comporte une part d'incertitude.

Il est important de souligner que la réalisation du *Business plan* se fait par itérations successives, le *Business plan* définitif ne pouvant être donné qu'après avoir arrêté le plan de financement de l'investissement.

Bibliographie de référence

CHORUS PREMIUM, CEGETEL, Séminaire, *Pilotage économique et création de valeur*, février 2004

COHEN E., *Analyse financière*, 5ᵉ édition, Gestion, Économica, 2004

LOZATO M. et NICOLE P., *Gestion des investissements et de l'information financière*, 2ᵉ édition, Dunod, 2003

MARGERIN J. et AUSSET G., *Choix des investissements – Présélection, choix, contrôle*, 3ᵉ édition, Éditions SEDIFOR, 1987

PILVERDIER-LATREYTE J., *Finance d'entreprise*, 8ᵉ édition, Économica, 2002

Pour en savoir plus

BATSCH L., *Le diagnostic financier*, 3ᵉ édition, Gestion Poche, Économica, 2000

Bellalah M., *Gestion Financière : Diagnostic, évaluation, choix des projets et des investissements*, 2e édition, Connaissance de la gestion, Économica, 2004

Colasse B., *L'analyse financière de l'entreprise*, Collection Repères, La Découverte, 2003

Forget J., *Dynamique de l'amortissement : Renforcer l'autonomie financière de l'entreprise pour dynamiser ses investissements*, Les mémentos finance, Éditions d'Organisation, 2005

Meunier-Rocher B., *Le diagnostic financier*, Éditions d'Organisation, 2006

Vernimmen P., *Finance d'entreprise*, 6e édition par Quiry P. et Le Fur Y., Dalloz, 2005

Conclusion de la partie I

La partie I concerne principalement la collecte et la mise en forme de l'information relative à un ou plusieurs projets d'investissement. Dans la réalité, cette phase de préparation à l'investissement est très longue et coûteuse.

À partir de l'information synthétisée, il est aisé d'évaluer la rentabilité du projet considéré ou bien de classer plusieurs projets présélectionnés par ordre de rentabilité croissante. On applique pour cela des critères de choix reposant sur la rentabilité économique.

Si l'on souhaite sélectionner le ou les meilleurs projets en se fondant, non seulement sur la rentabilité économique, mais aussi sur des critères tels que la qualité du service public rendu ou la préservation de l'environnement, on doit exploiter plus en profondeur les grilles d'information puis utiliser soit la méthode d'analyse coûts-bénéfices relevant du calcul économique public, soit des modèles d'aide à la décision multicritères.

Après cette phase de préparation qui mobilise toute l'équipe, le choix du projet d'investissement revient à un comité de décision (parfois réduit à un seul décideur) (effet « nœud papillon », voir figure 14). Pour lui permettre de faire le bon choix, il faut donner à lui-même ou à ses conseillers chargés de la partie calcul, de bons outils. Cela fait l'objet de la seconde partie de l'ouvrage.

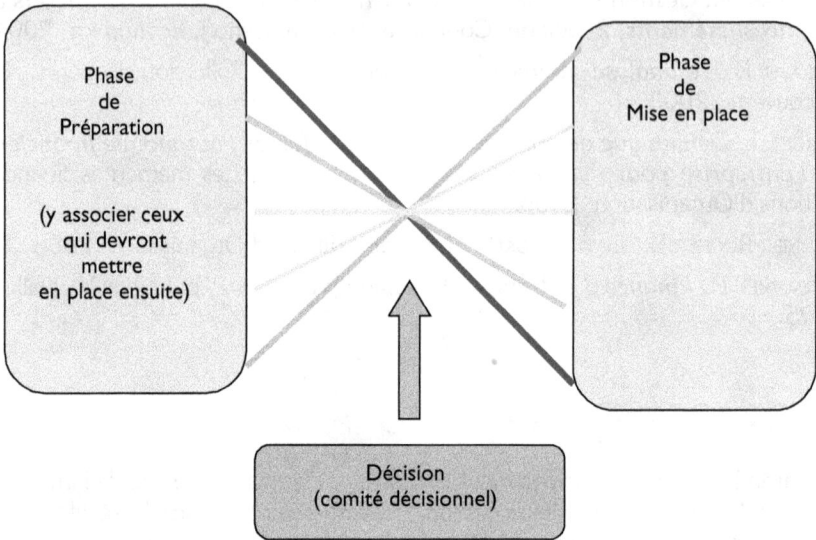

Fig. 14 : Le nœud papillon.[1]

© Groupe Eyrolles

---

1. D'après Chorus Premium Cegetel (2004).

Partie II

Sélection du projet

Quel modèle d'aide à la décision ? Typologie des situations

La partie II de cet ouvrage concerne la sélection définitive de l'investissement. C'est une étape charnière (nommée étape 4, *cf.* ch. 1) située à la fin de la période de préparation de l'investissement. À l'issue de cette étape, en fonction des *indicateurs calculés*, on se lance dans l'investissement ou bien, on fait marche arrière et l'on reconsidère l'étude de pré-faisabilité, parfois même l'identification des opportunités de projets.

L'objet de cette partie est de présenter des **modèles**[1] d'aide à la décision permettant de calculer ces indicateurs. Nous montrons qu'il existe plusieurs types de modèles s'adaptant au contexte du projet, aux objectifs visés et à l'optique considérée par l'investisseur.

---

1. Modèle *(Model)* : Représentation de la réalité simplifiée, schématique. Pour modéliser, on utilise un langage figuré (ex : *Mapping* de variables, diagramme) et/ou quantifié (ex : relations économétriques, formules mathématiques).

125

Mais auparavant, nous introduisons cette seconde partie en donnant une défini-tion générale du modèle d'aide à la décision et en dressant une typologie des situations rencontrées pour les choix d'investissement.

1. Qu'est-ce qu'un modèle d'aide à la décision ? Quels sont les acteurs concernés ?

1.1. Aide à la décision et modèle

Comme l'écrit B. Roy (1985), « l'aide à la décision contribue à construire, à asseoir et à faire partager des convictions. Ce sur quoi et ce par quoi s'élabore la décision doit pouvoir faire l'objet d'une discussion critique ».

Pour cela, l'aide à la décision fait largement appel à des modèles qui sont en quelque sorte « une caricature de la réalité ». Un bon modèle est un modèle adapté à la situation et qui met l'accent sur ce qui est essentiel aux yeux du déci-deur, tout en atténuant ce qui lui semble secondaire.

1.2. Acteurs associés au processus d'aide à la décision

En ce qui concerne le choix d'investissement, le processus d'aide à la décision s'étale pendant toute la période de préparation et les acteurs concernés sont tous ceux qui y participent, en collectant l'information, en constituant le *Business plan*, en mettant au point le modèle adapté et en réalisant les calculs néces-saires à la sélection.

Ces acteurs sont généralement distincts du **décideur** nommé aussi **investisseur**. Internes à l'entreprise ou bien appartenant à un cabinet d'études indépendant, ils jouent un rôle de conseillers et on suppose qu'ils sont neutres et objectifs, c'est-à-dire qu'ils tiennent compte uniquement des préférences du décideur et ne privilé-gient aucun projet par rapport à un autre. Avec des explications et des justifications, ils vont permettre au décideur de se prononcer sur le choix de l'investissement.

Rappelons que le décideur peut être une personne unique ou bien un comité (comité décisionnel).

1.3. Vocabulaire

Action, décision ou projet d'investissement

Le processus de décision commence par l'élaboration d'une liste d'actions (ou décisions) envisageables. Dans notre cas, il s'agit d'une liste de projets d'investis-sement envisageables.

126

Point de vue, dimension ou axe

Les projets appartenant à la liste initiale vont être triés et sélectionnés en faisant référence à un ou plusieurs point(s) de vue qui reflète(nt) l'(les) objectif(s) que le décideur s'est fixé(s). On dit point de vue, dimension ou encore axe.

Par exemple dans son choix, le décideur peut ne considérer que la dimension économique ou bien, il peut aussi prendre en compte les dimensions sociale et environnementale.

Critère

Pour chaque dimension considérée, on définit un critère (ou fonction critère) permettant d'évaluer concrètement chaque action par rapport à elle (ex : le critère de la VAN[1] donne une « note » au projet pour la dimension économique).

En théorie de la décision, le terme critère a la même signification que celle qu'on lui donne couramment ; selon la définition du dictionnaire Robert, le mot critère désigne « ce qui sert de base à un jugement ». Pour choisir une voiture, le décideur (i.e. l'acheteur) considère par exemple le prix d'achat, le coût d'utilisation, la fiabilité, la sécurité, le confort et l'esthétisme. Ce sont les critères qu'il a retenus pour sa décision.

Performance ou conséquence

Pour chaque voiture disponible sur le marché (action envisageable), l'acheteur évalue ses performances suivant les six critères retenus. Les performances d'une action sont aussi appelées conséquences. Elles peuvent être connues de manière certaine (ex : prix catalogue, esthétisme) ou bien aléatoires (ex : fiabilité).

2. Typologie des situations

Un grand nombre de modèles plus ou moins sophistiqués ont été élaborés pour s'adapter aux nombreuses situations de choix d'investissement.

Ces situations ont trait :

- au décideur lui-même (objectifs visés, comportement face au risque),
- au type de projet considéré (ex : projet divisible ou non, projet privé ou public),
- à la nature des performances des projets (certaines ou aléatoires),
- à la connaissance que l'on a des états du monde (ou scénarios) (ex : connus et probabilisables, connus et non probabilisables),
- au profil de l'information disponible (information constante ou bien croissante)…

---

1. Valeur actuelle nette (voir chapitre 5).

2.1. Objectifs du décideur : simples ou multiples ?

Dans son choix d'investissement, le décideur a-t-il comme unique objectif de créer de la valeur ou bien a-t-il aussi le souci de préserver l'emploi et de diminuer les impacts négatifs sur l'environnement ?

Si l'objectif est unique, une seule dimension sera considérée dans le modèle d'aide à la décision. Sinon, plusieurs dimensions seront prises en compte (ex : dimensions économique, sociale et écologique) sauf si les conséquences non économiques peuvent être « monétarisées » (voir ci-dessous).

2.2. Rentabilité économique/rentabilité socio-économique

Si le décideur souhaite considérer *in fine* uniquement la dimension économique pour évaluer les projets, il a néanmoins plusieurs possibilités :

- soit il évalue la rentabilité économique *stricto sensu* en ne tenant compte que des conséquences monétaires des projets (ex : décideur d'une entreprise privée),

- soit il évalue la rentabilité socio-économique (rentabilité globale) en tenant compte de toutes les **externalités**[1] des projets, celles-ci devant être traduites en unité monétaire (ex : décideur d'une administration, d'une collectivité locale).

2.3. Rentabilité réelle/Rentabilité intrinsèque

Une autre distinction peut être faite concernant la rentabilité (*cf.* chapitre 3, partie I) :

- soit le décideur s'intéresse à la rentabilité réelle des projets plongés dans leur contexte légal et fiscal,

- soit il souhaite mesurer leur rentabilité intrinsèque indépendamment du contexte.

Notons que la rentabilité socio-économique qui concerne davantage les projets publics est souvent mesurée de manière intrinsèque. Il est toutefois envisageable de considérer la rentabilité socio-économique réelle d'un projet (notamment si c'est un projet privé) ⇒ il existe des intersections entre ces différents champs (*cf.* figure 1).

---

1. Voir définition de l'externalité, en encadré au chapitre 4.

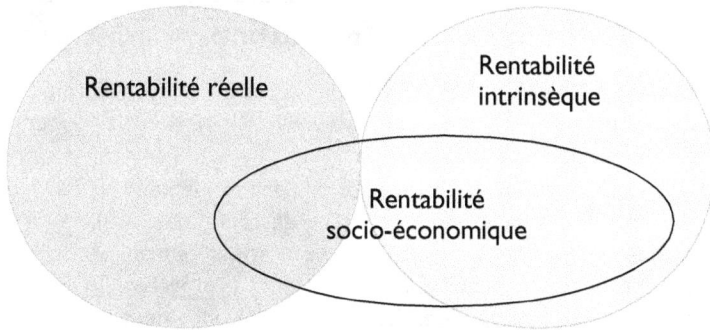

Fig. 1 : Les différents aspects de la dimension économique d'une décision d'investissement.

2.4. Univers certain/Univers aléatoire

Le lecteur peut se référer à la figure synthétique ci-après.

Si l'on considère que les conséquences des actions envisageables sont connues de manière certaine, on parle de décision en univers certain.

Sinon, on distingue trois cas :

1. Les états du monde qui affectent les conséquences du projet sont connus et probabilisables de manière objective ; on parle de décision en univers risqué,

2. Les états du monde sont connus mais non probabilisables objectivement ; cela signifie que l'on ne connaît pas leur probabilité d'occurrence mais on peut l'estimer de manière subjective en demandant par exemple l'avis d'experts.

   Dans ce cas, on parle de décision en univers incertain. On dit qu'il y a « un risque sur le risque ».

3. Enfin, les états du monde sont inconnus et non probabilisables ; on parle de décision dans l'ignorance.

   C'est dans ce cas, que l'on peut être amené à faire appel au **principe de précaution** (*cf.* encadré).

Principe de précaution (precautionary principle)

Le principe de précaution est relatif aux mesures qui peuvent être prises en cas d'incertitude scientifique pour prévenir un risque de dommage à l'environnement ou à la santé.

En France, il est introduit légalement pour l'environnement en 1995. La loi (du 2 février 1995) stipule que « l'absence de certitudes, compte tenu des connaissances scientifiques du moment, ne doit pas retarder l'adoption de mesures effectives et proportionnées visant à prévenir un risque de dommages graves et irréversibles à l'environnement à un coût économiquement acceptable ».

Remarque importante sur l'univers certain

En réalité, il est inexact de prétendre connaître de manière certaine les conséquences d'un projet puisque celles-ci concernent le futur, par nature inconnu. Lorsque l'on parle de décision en univers certain, on étudie les conséquences des projets dans le cadre d'un scénario unique, le plus probable à nos yeux. Avec les hypothèses de ce scénario, les conséquences sont certaines, mais il y a un risque quant à la réalisation d'un tel scénario.

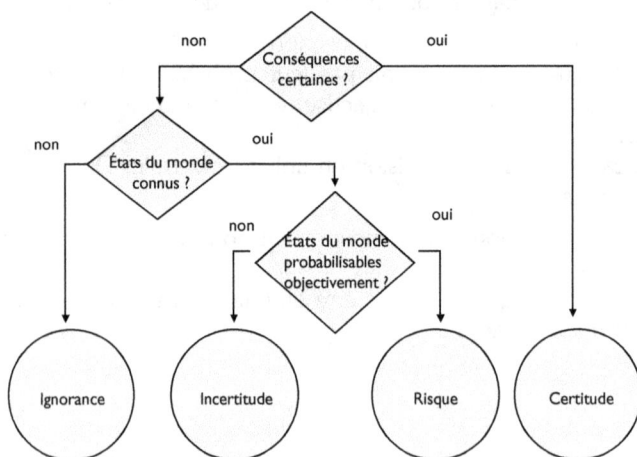

Fig. 2 : Distinction entre les différents univers.

2.5. Neutralité ou aversion du décideur face au risque

Si on fait l'hypothèse que l'univers n'est pas certain, il convient de tenir compte du comportement du décideur face au risque. Celui-ci peut être indifférent face au risque ou bien avoir une aversion plus ou moins marquée. Il se peut aussi qu'il ait un goût pour le risque mais cette situation, qui se rencontre pour les jeux, ne concerne pas le choix d'investissement.

Les définitions des notions d'indifférence, d'aversion et de goût pour le risque sont données au chapitre 6.

2.6. Caractère séquentiel ou pas du projet, de la décision

Les situations de choix d'investissement dépendent aussi de la nature des projets envisagés. Dans certains cas, il n'y a qu'une seule décision (investissement ou rejet du projet) alors que dans d'autres, il faut considérer une séquence de décisions échelonnées dans le temps. Par exemple, les projets divisibles offrent au décideur la possibilité d'investir par tranches autonomes ou bien encore, dans le cas d'un projet non urgent, le décideur a la possibilité de retarder l'investissement.

2.7. Information constante/information croissante

Dans un univers risqué, deux situations sont envisageables :
- l'information sur la réalisation des états du monde est constante,
- l'information est croissante.

3. Plan de la seconde partie

Nous présentons les principaux modèles d'aide à la décision en fonction des situations rencontrées pour le choix d'investissement.

On part des modèles relativement simples considérant uniquement la dimension économique en univers certain, puis on décrit des modèles de plus en plus sophistiqués en intégrant le risque puis la *séquentialité* dans la décision. On termine sur les modèles multidimensionnels tenant compte de plusieurs points de vue dans la décision.

Mais dans un premier temps, nous commençons par définir dans ses grandes lignes le calcul économique et le principe d'actualisation sur lesquels reposent la plupart des modèles de choix d'investissement.

A. Vision économique

Une seule dimension considérée par le décideur : la dimension économique

Chapitre 4 Calcul économique et principe de l'actualisation

Chapitre 5 Critères de décision basés sur la rentabilité économique en univers « certain » (scénario d'évolution unique)

Chapitre 6 Critères de décision basés sur la rentabilité économique en univers risqué puis incertain (différents scénarios d'évolution)

Chapitre 7 Modèles de décision séquentiels : une vision dynamique de l'investissement

Étude de cas Projet d'investissement pour un parc éolien

B. Vision globale

Plusieurs dimensions considérées par le décideur

Chapitre 8 Méthodes multicritères d'aide à la décision

A. Vision économique

Une seule dimension considérée par le décideur, la dimension économique

Chapitre 4

Calcul économique et principe d'actualisation

> *« Nous n'héritons pas de la Terre de nos ancêtres, nous l'empruntons à nos enfants ».*
>
> Antoine de Saint-Exupéry

Le calcul économique est un outil d'aide à la décision pour l'investisseur qu'il soit privé ou public. Dans le cas public cependant, les modèles considérés sont plus complexes car ils doivent prendre en compte le bien-être de la collectivité. Nous insistons donc sur les particularités du calcul économique public.

Par ailleurs, comme le calcul économique repose sur l'actualisation, nous expliquons cette notion dans le cas général d'abord puis dans le cas des choix publics.

Plan du chapitre

1 Calcul économique et particularités du calcul économique public
2 Principe de l'actualisation : un prix au temps
3 Taux d'actualisation pour un investissement public

133

I. Calcul économique et particularités du calcul économique public

1. Qu'entend-on par calcul économique ?

1.1. Outil d'aide à la décision

À partir d'une liste de projets d'investissement présélectionnés accompagnés de leurs grilles d'information, le calcul économique aide le décideur à :

- évaluer les conséquences de chaque projet sur la **dimension économique**,
- comparer les différents projets entre eux pour les classer ou les sélectionner.

1.2. Conventions

Le calcul économique fait appel à des simplifications (ou conventions). Nous en citons les principales :

- le décideur est rationnel (*cf.* encadré),
- les conséquences non économiques (i.e. non pécuniaires) d'un projet peuvent être transcrites en unités monétaires,
- sauf cas extrêmes, tout agent économique éprouve une préférence pour le présent, ce qui conduit à donner un prix au temps (principe d'actualisation).

Le principe de rationalité[1]

D'après le principe de rationalité, les agents économiques sont supposés être caractérisés par des objectifs qu'ils visent à atteindre tout en respectant les contraintes qui limitent les choix possibles.

Ainsi, une entreprise privée choisira ses investissements afin de réaliser les bénéfices les plus élevés possibles, compte tenu de la demande qui s'adresse à elle et des prix auxquels elle peut acquérir les ressources nécessaires (ex : taux de salaire, prix des consommations intermédiaires).

Une entreprise produisant des services publics fixera ses tarifs et définira sa politique d'investissement de manière à respecter certains principes d'intérêt général.

Le principe de rationalité suppose donc que chaque agent économique ait des objectifs bien déterminés que le calcul économique prend comme point de départ.

---

1. *Cf.* en particulier, P. Picard (2002).

1.3. Méthodes quantitatives

Ces hypothèses étant posées, le calcul économique puise ses outils dans différentes disciplines quantitatives :

- méthodes de prévision et outils économétriques (ex : prolongement de tendances, analyse de corrélations) pour l'estimation des flux financiers futurs,
- théorie des probabilités pour la prise en compte du risque,
- calcul financier pour l'estimation du coût des capitaux empruntés,
- méthodes d'évaluation des dommages environnementaux causés par un investissement pour la « monétarisation » de ses conséquences non économiques,
- etc.

1.4. Calcul économique privé et public

On distingue le calcul économique privé et le calcul économique public.

Le calcul économique privé concerne les particuliers (ménages) et les entreprises. Il cherche à appréhender les conséquences d'un projet par rapport à un **décideur unique.**

Le calcul économique public concerne les pouvoirs publics en tant qu'agent économique. Il vise à évaluer les effets d'un projet sur **l'économie dans son ensemble.** Nous abordons ses particularités ci-après.

> *En résumé, le calcul économique relève de l'économie appliquée et c'est sur lui qu'est fondée la méthodologie de choix d'investissement pour la dimension économique.*

2. Particularités du calcul économique public

2.1. Rappels et définitions

Investissements publics (rappels)[1]

Les investissements publics au sens large, concernent aussi bien les immobilisations comptables (ex : infrastructures) que les actions d'amélioration du système de l'éducation, de la santé, des retraites, la protection de l'environnement ou le

---

1. *Cf.* introduction de l'ouvrage.

soutien à la recherche. Ils ont un impact présent et futur (à plus ou moins long terme) sur le bien-être de la collectivité (voir définitions ci-dessous).

Décideurs ou investisseurs publics

Les décideurs concernés par les investissements publics sont les pouvoirs publics, par exemple : l'État, l'Union européenne, une collectivité territoriale (conseils régional, général ou municipal).

Collectivité

On entend par collectivité les personnes qui seront concernées par l'investissement public. La liste est longue, il s'agit en particulier des usagers, des pouvoirs publics, des contribuables, des entreprises concessionnaires, des collectivités territoriales, des riverains, des organismes d'assurance, des institutions financières.

Bien-être de la collectivité (ou intérêt général)

Le bien-être fait intervenir d'autres éléments que les seuls flux financiers. Il est lié notamment à la sécurité, aux avancées sociales, aux progrès scientifique et technologique et à la protection de l'environnement.

Le champ couvert par la protection de l'environnement est très large. Il s'agit notamment de :

- lutter contre les pollutions (eau, air, aliments) et les nuisances (ex : bruit, ondes électromagnétiques),
- lutter contre le « trou » dans la couche d'ozone, l'effet de serre et le changement climatique,
- gérer les déchets,
- préserver les ressources naturelles (énergies, matières premières) et la biodiversité,
- préserver les beaux paysages.

2.2. Grands principes à respecter pour les choix publics

Trois grands principes sont à respecter pour les choix publics :

- l'efficacité socio-économique,
- l'équité et la solidarité intergénérationnelle,
- la primauté de l'intérêt collectif sur l'intérêt individuel.

Pour simplifier dans l'ouvrage, on synthétise ces trois principes dans une même notion de rentabilité socio-économique.

Efficacité socio-économique

Comme nous l'avons déjà précisé dans l'introduction de l'ouvrage, pour les investissements publics, ce n'est pas la rentabilité proprement dite qui est au centre de la décision mais plutôt l'efficacité dans le sens du meilleur service rendu à la collectivité au moindre coût. Il s'agit d'utiliser les ressources financières publiques au mieux de l'intérêt général.

Équité et solidarité intergénérationnelle

La notion d'efficacité doit être complétée par celle d'équité : chacun est sur le même pied d'égalité, y compris les individus qui ne sont pas encore nés. Pour un investissement public à durée de vie longue, cela signifie qu'il faut prendre en compte la solidarité intergénérationnelle.

Primauté de l'intérêt collectif sur l'intérêt individuel

L'intérêt collectif l'emporte sur l'intérêt individuel par-delà tout conflit d'intérêt.

Ces principes sont à mettre en parallèle avec la notion très à la mode de **développement durable** (*cf.* encadré).

Qu'est-ce que le développement durable
(Sustainable development) ?

La notion de développement durable a été introduite par la Commission mondiale sur l'environnement et le développement présidée par le Premier Ministre norvégien de l'époque (1987), Mme Gro Harlem Brundtland. Celle-ci définit le développement durable comme : « *un développement qui répond aux besoins du présent sans compromettre la capacité des générations futures à répondre aux leurs* ».

Depuis, ce concept a connu un énorme succès et on dénombre une multitude de définitions différentes.

En ce qui nous concerne, nous pouvons dire simplement qu'une décision d'investissement respecte le principe de développement durable si elle résulte d'un processus qui intègre conjointement et pour le long terme, les trois objectifs :

– croissance économique,
– protection sociale des individus,
– préservation de l'environnement.

137

2.3. Réponse apportée par le calcul économique public : l'analyse coûts-bénéfices (ACB)

Le calcul économique public aide le décideur public à prendre en compte dans ses choix les grands principes énoncés ci-dessus. Différentes méthodes s'offrent à lui.

Nous ne présentons ici que l'analyse coûts-bénéfices (ou coûts-avantages) qui est la méthode la plus employée[1]. Elle met en balance les **bénéfices globaux** qu'on pense retirer d'un projet public aux **coûts globaux** qu'il faudra supporter pour les obtenir. Si la somme des bénéfices excède la somme des coûts, alors le projet est intéressant pour la collectivité.

L'ACB nécessite l'évaluation, grâce à des méthodes appropriées, des bénéfices et des coûts globaux.

Évaluations des bénéfices et des coûts globaux

La difficulté réside dans l'évaluation des bénéfices et des coûts globaux sur plusieurs générations. Cette évaluation se fait par rapport à une situation de référence qui en général est la situation de *statu quo* où aucun projet n'est réalisé.

Il est nécessaire de considérer toutes les conséquences du projet public pour la collectivité sans oublier ses **externalités positives** et **négatives** (voir encadré).

C'est ici que se situe la différence fondamentale avec le calcul économique privé qui, sauf cas particulier, ne considère que les bénéfices et les coûts strictement financiers.

Qu'est-ce qu'une externalité (externality) ?

L'économiste parle d'externalité pour désigner des situations où les décisions d'un agent économique affectent un autre agent sans que le marché intervienne. Cela se produit quand le marché est défaillant : il n'existe pas de moyens pour les parties concernées, de négocier leurs actions[2].

---

1. Le lecteur pourra se référer à B. Walliser (1990) pour une présentation plus détaillée du rôle du calcul économique dans les décisions publiques.
2. *Cf.* Ph. Bontems et G. Rotillon (2003).

> *Une externalité peut être positive :*
> Un producteur de fruits décide de planter des arbres fruitiers à proximité d'un apiculteur. La production de miel va sensiblement augmenter car les abeilles trouveront facilement des fleurs à butiner. Réciproquement, la production de fruits sera favorisée par la présence des abeilles. Ici, l'externalité joue positivement dans les deux sens.
> *ou négative :*
> L'installation d'une usine d'incinération d'ordures ménagères à proximité d'un quartier d'habitation aura comme conséquence la chute des prix de l'immobilier et pénalisera les transactions immobilières dans ce quartier.

Méthodes d'évaluation

Différentes méthodes ont été mises au point pour évaluer les conséquences non marchandes d'un projet en leur attribuant un prix (prix relatif par rapport aux prix des autres biens).

La littérature est abondante sur ce sujet, notamment pour l'évaluation des conséquences environnementales (champ de l'économie de l'environnement).

On trouve :

- d'une part, des méthodes d'évaluation directes consistant à interroger les individus sur leurs préférences, sous la forme de capacité à payer ou à recevoir (ex : évaluation contingente),

- d'autre part, des méthodes indirectes, souvent fondées sur l'observation des comportements (ex : approche par les fonctions de dommage, méthode des dépenses de protection, technique des prix hédonistes, méthode des coûts de déplacement)[1].

Dans le domaine de l'énergie et des transports, on peut citer le programme de recherche « ExternE » qui depuis plus de dix ans cherche à évaluer et « monétariser » les coûts environnementaux de production et de consommation[2].

Par ailleurs, les modèles à valeur d'option (*cf.* chapitre 7) permettent aussi d'estimer le gain d'une décision flexible qui préserve l'environnement en l'état par rapport à une décision irréversible qui détruit à jamais le cadre naturel (paysage, ressources naturelles, biodiversité)[3].

---

1. Le lecteur pourra se référer à l'ouvrage de Ph. Bontems et G. Rotillon (2003).
2. *Cf.* http://www.externe.info
3. *Cf.* C. Henry (1974).

Prise en compte du temps

L'analyse coûts-bénéfices implique d'additionner des bénéfices et des coûts qui seront obtenus à des dates différentes, parfois très étalées dans le temps (ex : effets environnementaux se faisant sentir sur de nombreuses années : 100, 500 voire plus de 1000 ans pour les déchets radioactifs).

On utilise, comme dans le calcul économique privé, un taux de substitution entre le présent et l'avenir, c'est le taux d'actualisation public (*cf.* § III).

Attention, **les prix relatifs des différents biens considérés sont amenés à évoluer sur ces longues périodes** et il est indispensable d'en tenir compte dans l'estimation des flux financiers annuels futurs. Dans ce cas, il faut considérer les prix réels, hors inflation.

2.4. Avantages et limites du calcul économique public

Langage de négociation

Le calcul économique public a le mérite d'organiser de nombreuses informations dans un cadre cohérent. C'est un langage permettant d'expliciter les enjeux des investissements publics, d'instruire le débat entre les acteurs concernés (public, experts, décideurs) et de préparer les arbitrages.

« Monétarisation » difficile

Son inconvénient majeur tient au fait qu'il oblige à comparer des bénéfices et des coûts très hétérogènes (marchands ou non marchands, certains ou risqués). Malgré les méthodes disponibles, cela n'est pas toujours facile.

Dans le secteur de la santé par exemple, les coûts sont souvent monétaires tandis que les bénéfices se mesurent en terme de vies gagnées ou de réduction de la morbidité.

Dans le domaine de l'environnement, les coûts peuvent être des « manques à gagner » et les bénéfices sont évalués en terme de préservation d'actifs environnementaux ou de réduction de la pollution.

Expertise longue et coûteuse

La complexité des phénomènes à prendre en compte pour une analyse coûts-bénéfices implique de faire appel à des experts (scientifiques notamment). L'expertise qui nécessite de récolter de nombreuses données est souvent très onéreuse et très longue alors que le temps pour la décision est court.

Problème du taux d'actualisation public

Comme nous le verrons au paragraphe III, la détermination du taux d'actualisation public est difficile et fait l'objet de nombreuses controverses.

> *Malgré ses limites, il faut tout de même garder à l'esprit que le calcul économique public est un outil très utile pour les décideurs publics en particulier et la société en général.*

II. Principe de l'actualisation : un prix au temps

1. Pourquoi faut-il actualiser ?

L'agent économique n'accorde pas la même valeur à une somme qui apparaît à des dates différentes.

Il préfère :

- disposer d'un bien *ici et maintenant* plutôt que dans le futur,
- régler sa dette dans le futur quitte à consentir qu'elle soit plus importante demain.

Ainsi, on ne peut pas comparer des flux financiers échelonnés dans le temps sans les ramener à une unité temporelle commune. L'actualisation permet de « convertir » les flux financiers futurs afin qu'ils deviennent équivalents à des flux présents.

Cette préférence pour le présent est la conjugaison de deux termes : un escompte psychologique et un escompte financier.

1.1. Escompte psychologique

L'escompte psychologique (préférence pure pour le présent ou effet d'impatience) traduit le fait qu'un plaisir immédiat est généralement préféré à ce même plaisir dans le futur indépendamment de tout phénomène économique : il existe un risque inhérent au futur car on ne sera peut-être plus là demain.

On s'accorde en général pour dire que cet effet d'impatience se situe autour de 1 à 2 % par an, ce qui correspond au taux d'intérêt qui serait exigé par les ménages pour différer leur consommation.

Cet escompte psychologique est conditionné par deux effets contradictoires un effet richesse et un effet précaution.

Effet richesse ⇒ taux fort

L'effet richesse implique que la valeur d'un bien aujourd'hui est supérieure à la valeur qu'il aura demain.

En effet, si l'individu pense que ses revenus et son pouvoir d'achat vont augmenter dans le temps, il préférera consommer davantage aujourd'hui : sa préférence pour le présent est renforcée.

Effet précaution ⇒ taux faible

Si au contraire, il existe une incertitude sur la richesse future de l'individu, sa préférence pour le présent est réduite.

1.2. Escompte financier

L'escompte financier vient du fait que l'on peut placer l'argent que l'on possède aujourd'hui sur un compte qui rapporte des intérêts financiers (*cf.* partie III).

> *L'actualisation est l'opération mathématique qui permet de comparer des valeurs économiques s'échelonnant dans le temps.*

2. Taux d'actualisation *(Discount Rate)*

La préférence pour le présent se traduit par un taux, **a**, dit taux d'actualisation. Implicitement annuel et généralement constant pendant tout l'horizon temporel envisagé[1], le taux d'actualisation traduit sous forme de *ratio*, le *surplus* de bien attendu en échange de la *privation* de ce bien pendant un an.

L'actualisation est une opération qui consiste à calculer la valeur présente C_0, dite « valeur actuelle » d'une somme future C_n (à payer ou à encaisser à la date n) moyennant un taux d'intérêt déterminé, dit « taux d'actualisation » (*cf.* figure 1).

$$C_0 = \frac{C_n}{(1 + a)^n}$$

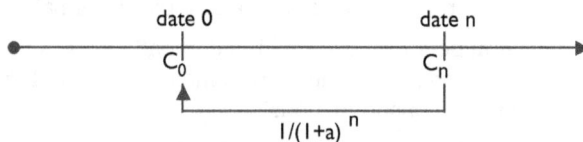

Fig. 1 : Le principe d'actualisation.

---

1. Quand l'horizon est très lointain (supérieur à 30 ans), il est préférable que le taux évolue (*cf.* taux d'actualisation public).

Exemple

Soit un taux d'actualisation a = 6 %

Une somme de 10 000 € disponible dans 5 ans a pour valeur actuelle :

$C_0 = 10000/(1,06)^5 = 7\ 472,58\ €$.

On est indifférent entre posséder 7 473 € aujourd'hui ou 10 000 € dans 5 ans.

3. Actualisation et inflation

Le principe d'actualisation est **différent** du processus d'**inflation** qui est l'érosion du pouvoir d'achat. Soient les notations :

a = taux d'actualisation réel (utilisé en système de monnaie constante),

a_n = taux d'actualisation nominal (utilisé en système de monnaie courante),

d = taux d'inflation (dépréciation de la monnaie),

alors, on a la relation :

$$a = \frac{(1 + a_n)}{(1 + d)} - 1$$

Exemple

Si les flux sont donnés en monnaie courante avec l'hypothèse d'un taux d'inflation d = 2 % par an, on utilise le taux nominal **a_n** qui est estimé dans cet exemple à 8 % par an.

Si les flux sont donnés en monnaie constante (avec comme année de référence l'année 0 qui correspond à l'année de l'investissement), on utilise le taux d'actualisation réel, **a** qui vaut environ 6 % (a = 5,88 %).

4. Valeur du taux d'actualisation

La logique sous-jacente à l'évaluation du taux d'actualisation est différente selon qu'il s'agit d'un investissement privé ou d'un investissement public. Nous donnons ici seulement les grandes lignes du taux d'actualisation privé sachant que la partie III approfondit cette notion. Un paragraphe entier est consacré dans ce chapitre au taux d'actualisation public (*cf.* § III).

4.1. Cas extrêmes

Taux infini

Pour des personnes affamées qui ont besoin de se nourrir aujourd'hui et non dans un an, le taux d'actualisation est infini.

Taux nul

Pour le milliardaire qui attend un an supplémentaire que l'œuvre d'art commandée soit achevée, le taux d'actualisation est nul.

Taux négatif (ou nul)

Pour un gouvernement considérant que « *la terre nous est prêtée par nos enfants* » et qui souhaite traduire l'impact environnemental à long terme d'un projet, le taux d'actualisation pourrait être nul voire négatif afin de faire peser lourdement dans les choix les coûts environnementaux à long terme (ex : coûts de stockage des déchets nucléaires, coûts de démantèlement d'un site chimique)[1].

Il en est de même pour le pêcheur dans la parabole de Maurice Allais.

Ce pêcheur vit sur une île où la seule monnaie d'échange est le poisson. Alors qu'il a encore des forces pour pêcher, il donne une partie de ses poissons aux jeunes habitants de l'île, en échange d'une quantité moindre dans le futur, lorsqu'il sera trop vieux pour pêcher et que ses besoins calorifiques auront diminué.

4.2. Taux d'actualisation pour un placement et un emprunt

Taux d'actualisation pour un placement financier (investissement financier)

Pour celui qui dispose d'une somme d'argent et qui a l'opportunité de la placer, le taux d'actualisation est le taux d'intérêt réel sur les marchés financiers mondiaux, éventuellement majoré pour prendre en compte l'aversion qu'il a face au risque lié au futur[2].

Taux d'actualisation pour un emprunt

Inversement, pour un particulier qui doit emprunter de l'argent, le taux d'actualisation est le taux d'intérêt qu'il a négocié avec sa banque pour réaliser cet emprunt.

---

1. On verra cependant qu'un taux négatif ne conduit pas nécessairement à choisir des projets favorables à l'environnement.
2. La notion d'aversion au risque de l'investisseur est expliquée au chapitre 6.

Liaison entre taux de placement et taux d'emprunt

Dans un marché parfait de capitaux, il y a égalité entre le taux de placement et le taux d'emprunt. Or dans la réalité, les agents économiques ne possèdent pas tous la même information. Il y a asymétrie d'information entre celui qui prête de l'argent et celui qui emprunte pour financer son projet. Le prêteur qui a moins d'information sur le projet que l'investisseur, a tendance à majorer le taux d'intérêt de l'emprunt pour se couvrir contre le risque. Cette majoration s'appelle : **prime de risque**. Elle crée une différence entre le taux d'actualisation d'emprunt et le taux d'actualisation de placement.

4.3. Taux d'actualisation pour un investisseur privé

Pour un investisseur industriel qui mobilise des fonds pour investir, le taux d'actualisation généralement retenu est le coût de ses ressources en capitaux.

Compte tenu du coût de mobilisation des capitaux, est-il intéressant d'investir ?

Si l'investissement considéré rapporte davantage que ne coûte la mobilisation des capitaux, on le réalise. Dans le cas contraire, on remet en question la décision.

Taux d'actualisation = Coût moyen pondéré des ressources en capitaux (CMPC)

Mais de quelles ressources s'agit-il ? Cela dépend de la logique associée au financement du projet (*cf.* partie III).

III. Taux d'actualisation pour un investissement public[1]

1. Un taux tutélaire

Le taux d'actualisation public est fixé par la puissance publique. C'est en principe un taux unique qui est utilisé dans l'évaluation socio-économique des investissements publics du pays.

En France, la dernière détermination du taux d'actualisation proposée par le Commissariat général du Plan remonte à **1985**. Il fut établi à **8 %**.

---

1. *cf.* Le Plan (2005), excellente synthèse des différentes approches théoriques visant à donner un prix au temps pour la décision publique.

Depuis le contexte des projets a considérablement évolué (en particulier baisse des taux d'intérêts et préoccupation croissante en matière d'environnement) et aucune révision n'a eu lieu. Aujourd'hui, 20 ans après sa dernière révision, le taux de 8 % semble élevé comparativement à celui des autres pays européens, notamment au taux allemand ou anglais (voir tableau ci-dessous pour les taux en vigueur dans d'autres pays).

Tableau 1 – **Principaux taux d'actualisation utilisés[1]**

	Taux d'actualisation en vigueur	Période prise en compte (années)
Afrique du Sud	8 %	20-40
Allemagne	3 %	Variable
Australie	6-7 %	20-30
Canada	5-10 %	20-50
Danemark	6-7 %	30
États-Unis	3-7 %	Variable
Italie	5 %	
France	8 %	30
Hongrie	6 %	30
Japon	4 %	40
Mexique	12 %	30
Norvège	5 %	25
Nouvelle-Zélande	10 %	25
Pays-Bas	4 %	30
Portugal	3 %	20-30
République tchèque	7 %	20-30
Royaume-Uni	3,5 %	30
Suède	4 %	15-60
Commission européenne[2]	5 %	
Banque mondiale – PED[3]	10-12 %	

Attention, il convient d'être prudent dans les comparaisons que suggère ce tableau dans la mesure où la pratique du calcul économique peut être assez différente d'un pays à l'autre.

---

1. Source : Le plan (2005).
2. Il n'existe pas vraiment au niveau communautaire de taux d'actualisation de référence même si la Commission européenne a fixé pour les projets qu'elle cofinance un taux de 5 %.
3. Le taux de la Banque mondiale est relativement élevé car il intègre le risque-pays. PED = Pays en développement.

En 2004, le Commissariat général du Plan a procédé, à la demande du Premier Ministre, à une révision du taux d'actualisation. Les conclusions du groupe de travail qui a mené cette réflexion sont données au sous-paragraphe 4.

Auparavant, nous esquissons les éléments qui rentrent en jeu dans l'élaboration du taux d'actualisation public, puis ceux qu'il est préférable d'intégrer d'une autre manière dans l'analyse de rentabilité socio-économique.

2. Composantes du taux d'actualisation public

On peut mettre en avant trois facteurs principaux :

- préférence pure pour le présent accompagné d'un effet richesse et d'un effet précaution,
- taux d'intérêt réel sur les marchés financiers,
- effet d'éviction des investissements publics sur les investissements privés.

Ces facteurs ne sont pas indépendants.

2.1. Préférence pour le présent et solidarité pour les générations futures

L'escompte psychologique accompagné de ces deux composantes, effet richesse et effet précaution que l'on observe dans le comportement des individus est transposable au niveau collectif[1].

Effet richesse ⇒ *un taux élevé*

Ici, l'effet richesse implique que la valeur d'un bien aujourd'hui est supérieure à la valeur qu'il aura pour les générations futures qui pourront produire davantage grâce au progrès technique. Pourquoi faudrait-il se priver aujourd'hui d'un bien qui sera très facile à obtenir demain ?

Effet précaution ⇒ *un taux faible*

Cependant il existe une incertitude sur l'effet richesse, d'autant que les ressources de la planète peuvent venir à manquer.

Dans le cas où l'incertitude serait forte, le taux d'actualisation sera d'autant plus faible que l'horizon temporel est lointain : plus l'avenir est incertain, plus il faut faire des efforts dans le présent (au cas où les revenus futurs seraient en baisse).

La prudence conduit donc à réduire le taux d'actualisation. C'est une façon d'être solidaire des générations futures.

---

1. La réalité de cet escompte psychologique est parfois contestée. Les critiques les plus sévères estiment que l'on ne peut pas transposer au niveau collectif le comportement des individus et que cela est éthiquement discutable dans la mesure où il s'agit de choix impliquant plusieurs générations.

2.2. Référence aux taux d'intérêt réels sur les marchés financiers (⇒ un taux faible)

Pour l'estimation des taux d'actualisation privés, on fait référence aux coûts des capitaux, lesquels sont conditionnés par les taux d'intérêt réels sur les marchés financiers mondiaux.

Les taux publics sont eux aussi conditionnés par les taux d'intérêts réels (pour refléter le coût du capital en général) mais de manière beaucoup moins systématique et cela pour trois raisons principales :

- les horizons des investissements publics sont plus importants et il est difficile d'évaluer la valeur des taux d'intérêt à très long terme (la courbe des taux s'interrompt autour de 30 ans),
- les taux du marché sont trop fluctuants pour qu'ils servent de base à des arbitrages concernant le long terme et les générations futures,
- les formes de financement ne sont, en principe, pas les mêmes que dans le secteur privé.[1]

2.3. Équilibre entre les investissements privés et les investissements publics

Dans un pays, il faut veiller à un certain équilibre entre les investissements privés et les investissements publics.

Si le taux d'actualisation public est plus faible que les taux privés, de nombreux investissements publics seront sélectionnés et les capitaux nationaux risquent d'être mobilisés par le secteur public au détriment du privé.

Ce phénomène appelé **effet d'éviction** est atténué par les mouvements mondiaux de capitaux mais, il faut garder à l'esprit que le niveau du taux d'actualisation public a une influence sur la part des investissements publics et privés d'un pays. Par ricochet, cela peut conditionner la croissance si la rentabilité socio-économique attendue des projets publics est différente de la rentabilité attendue des projets privés.

Le taux d'actualisation public est un taux d'intérêt général.

---

1. Notons cependant que le montage financier de certains gros projets publics s'apparente à un financement privé (voir partie III).

3. Éléments à prendre en compte en dehors du taux d'actualisation

Bien que, par facilité, on puisse être tenté de le faire, il n'est pas souhaitable sur le plan théorique d'intégrer dans le taux d'actualisation tous les éléments fondant la décision publique. Cela concerne notamment :

- la rareté et le coût des fonds publics,
- les impacts environnementaux à long terme et plus généralement les contraintes du développement durable,
- le risque.

3.1. Rareté et coût des fonds publics

Un taux d'actualisation public faible conduit à rendre rentable un grand nombre de projets d'investissement, ce qui fait pression sur la finance publique. Or, si les fonds publics sont rares (ce qui devient de plus en plus le cas), tous les projets ne pourront pas être financés. En cas de restriction budgétaire, on pourrait donc être tenté d'augmenter le taux d'actualisation pour sélectionner les projets les plus rentables.

Cette solution n'est pas justifiable d'un point de vue économique : elle affaiblit la portée du taux d'actualisation public qui s'apprécie plutôt indépendamment des modes de financement des projets, les conditions de financement pouvant varier d'un projet public à l'autre (financement mixte, *cf.* partie III).

De même, pour considérer le coût de l'impôt sur la collectivité, il n'est pas souhaitable d'augmenter le taux d'actualisation : il est préférable de le compter dans les coûts globaux de l'analyse coûts-bénéfices.

3.2. Prise en compte de l'environnement et du développement durable

Pour valoriser les coûts et les bénéfices subis à long terme par les générations futures, on aurait envie de choisir un taux d'actualisation très faible, voire négatif.

Cette solution conduit à consentir beaucoup d'efforts pour le très long terme en sacrifiant le moyen terme. Cette démarche *a priori* noble du point de vue éthique peut être contre-productive pour le bien-être des générations intermédiaires (*cf.* exemple ci-dessous).

Pour éviter cet écueil et résoudre le problème des priorités entre le court, le moyen et le long terme, la solution consisterait à faire moduler le taux d'actualisation en fonction de l'horizon temporel retenu.

Par ailleurs, il ne faut pas chercher à intégrer les contraintes du développement durable dans le taux d'actualisation. Il est préférable d'estimer convenablement dans les flux financiers les coûts externes induits par le projet en ne sous-estimant pas le prix relatif des biens environnementaux dans le futur (prix réels estimés en monnaie constante).

149

Exemple[1]

Considérons un projet consistant à modifier l'architecture d'un site de stockage de déchets radioactifs afin de diminuer le coût d'intervention *in situ* dans 200 ans. Si l'objectif est de diminuer ce coût futur de 1 million d'euros (en monnaie d'aujourd'hui), quel coût d'investissement sommes-nous prêts à payer aujourd'hui ?

La méthode coûts-bénéfices nous indique qu'il faut investir aujourd'hui si :
$- I_0 + 10^6/(1 + a)^{200}$ est positif.

Cela dépend du taux d'actualisation « a » retenu (*cf.* tableau).

Taux d'actualisation a	Montant de l'investissement que l'on est prêt à faire aujourd'hui (en euros de 2006)
8 %	0,20
6 %	8,7
2 %	19 053
1 %	136 686
0 %	1 000 000
– 1 %	7 463 819

On voit que pour un taux élevé (8 % ou 6 %), l'investissement de sécurisation ne sera pas réalisé. En revanche, si le taux est faible 2 % (respectivement 1 %), on est prêt à faire l'investissement aujourd'hui pourvu qu'il coûte moins de 19 000 € (respectivement 137 000 €).

Avec un taux de 0 %, on est prêt à payer jusqu'à 1 million d'euros aujourd'hui pour satisfaire les usagers dans 200 ans et avec un taux négatif, 7,5 millions d'euros ! On peut se demander si ce budget important ne pourrait pas être réparti pour réaliser des investissements utiles à moyen terme (par exemple, renforcement du réseau de transport électrique ou amélioration des technologies de production d'électricité pour les rendre plus propres).

---

1. D'après Ch. Gollier (2004). Voir aussi du même auteur, *The Economics of Risk and Time*, The MIT Press (2001).

3.3. Prise en compte du risque

De même, en ce qui concerne le risque, il est plus judicieux de l'intégrer au niveau des flux financiers plutôt que dans le taux d'actualisation (*cf.* chapitre 6, traitements séparés du risque et du temps).

4. Recommandations des experts du Plan pour le nouveau taux d'actualisation public en France

4.1. Un taux d'actualisation qui intègre uniquement le prix du temps

Contrainte de développement durable

Le taux d'actualisation n'intègre pas les contraintes du développement durable mais il faut cerner avec le plus grand soin l'évolution des prix relatifs de toutes les externalités du projet.

En particulier, pour laisser une planète viable à nos enfants, le prix des biens environnementaux doit croître nettement par rapport aux autres prix.

Contrainte des finances publiques

La question de l'actualisation est nettement séparée de la contrainte budgétaire et du coût des fonds publics. Pour utiliser les ressources financières publiques au mieux de l'intérêt général, il est recommandé d'utiliser le **ratio bénéfice actualisé par euro public investi**.

Prise en compte du risque

Le taux d'actualisation préconisé est un taux calculé hors prime de risque car le risque doit être traité pour lui-même au niveau de l'évaluation des flux associés à chaque projet (*cf.* chapitre 6).

4.2. Un taux unique de référence pour les collectivités

Le taux d'actualisation doit être unique et appliqué de manière uniforme à tous les investissements publics quels que soient le secteur d'activité et la zone géographique.

S'écarter de ce principe conduirait à accepter systématiquement des incohérences importantes dans l'allocation des ressources publiques.

4.3. Valeur préconisée

Le taux d'actualisation est un taux d'actualisation réel à utiliser dans des calculs effectués en monnaie constante.

Le taux de base est ramené de **8 %** à **4 % sur une période 30 ans.**

Au-delà, il **décroît avec le temps** de manière continue afin d'éviter les effets de seuil. Sa décroissance est limitée à un plancher fixé à 2 % pour qu'il ne s'annule pas.

Ce taux doit faire l'objet de **révisions périodiques** tous les cinq ans pour rester en phase avec les principaux indicateurs macroéconomiques (taux d'intérêt en particulier). Cette révision doit s'appuyer sur une analyse prospective sur la croissance économique.

Conclusion

Nous rappelons que la méthodologie de choix d'investissement comporte trois grandes phases :

I préparation,

II sélection,

III financement.

Le calcul économique est utile pour chacune de ces phases :

- en phase I, pour l'élaboration du *Business plan* : estimation des flux financiers, parfois « monétarisation » des conséquences non pécuniaires, élaboration des scénarios, etc.,

- en phase II, pour la modélisation et en particulier la construction des critères de sélection,

- en phase III, pour l'élaboration des tableaux d'amortissements financiers (il s'agit à proprement parler de calcul financier).

Un des piliers du calcul économique est l'actualisation.

Dans le cas privé, le taux se détermine de façon assez simple et consensuelle : c'est le coût moyen pondéré du capital.

L'estimation du taux public est plus controversée. Il doit refléter surtout le prix du temps, les autres contraintes devant impérativement être prises en compte dans l'évaluation des bénéfices et des coûts globaux.

Bibliographie de référence

BONTEMPS Ph. et ROTILLON G., *Économie de l'environnement*, 2ᵉ édition, Collection Repères, La Découverte, 2003

GOLLIER Ch., « Investissements publics et bien-être : le problème du long terme », Document de travail dans le cadre de la réflexion pour le Plan autour du taux d'actualisation public, Université de Toulouse 1, 2004

LE PLAN, *Le prix du temps et la décision publique,* par LEBÈGUE D., HIRTZMAN Ph., BAUMSTARK L., La Documentation française, 2005

ROTILLON G., *Économie des ressources naturelles,* Collection Repères, La Découverte, 2005

PICARD P., *Éléments de microéconomie – Volume 1 – Théorie et applications,* 6ᵉ édition, Montchrestien, 2002

Pour en savoir plus

GOLLIER Ch., *The Economics of Risk and Time,* The MIT Press, 2001

HENRY C., « Investment Decisions under Uncertainty : the Irreversibility Effect », *American Economic Review,* 64, p. 1006-1012, 1974.

MARTINET A. C. et REYNAUD E., *Stratégies d'entreprise et écologie,* Économica, 2004

WALLISER B., *Le calcul économique,* Collection Repères, La Découverte, 1990

Site Internet

http://www.externe.info

Chapitre 5

Critères de décision reposant sur la rentabilité économique en univers « certain » (scénario d'évolution unique)

« Un homme d'affaires est un croisement entre un danseur et une machine à calculer. »

Paul Valéry

Avant de passer en revue les critères de choix couramment utilisés pour évaluer la rentabilité d'un investissement, nous revenons sur la notion de rentabilité économique, qu'elle soit intrinsèque au projet ou bien influencée aussi par le contexte fiscal du pays dans lequel il est implanté.

Dans ce chapitre, nous nous plaçons dans le cadre d'un scénario unique d'évolution de l'environnement du projet.

155

Plan du chapitre

1 Rappel sur la notion de rentabilité en fonction de l'optique choisie
2 Rôle et catégorie des critères de décision
3 Critères de décision sans actualisation
4 Critères de décision avec actualisation
5 Étude de cas : Quelle stratégie pour un opérateur de télécommunications ?

I. Rappel sur la notion de rentabilité en fonction de l'optique choisie

1. Flux échelonnés dans le temps

1.1. Représentation schématique de l'investissement

Comme nous l'avons déjà mentionné à plusieurs reprises, un projet d'investissement est caractérisé par des flux financiers (différentiels par rapport à la situation de *statut quo*) négatifs et positifs échelonnés dans le temps, le plus fréquemment année par année (*cf.* figure 1).

Pendant la période d'investissement, les sorties de fonds peuvent être ponctuelles (année 0) ou bien étalées dans le temps (de l'année – k à l'année 0).

Pendant la période d'exploitation, c'est-à-dire pendant la durée de vie économique du projet, on considère :

- les recettes annuelles : R_t,
- les dépenses annuelles : D_t,
- les investissements de renouvellement éventuels (année (s) n) : I_{rvn},
- la valeur de liquidation de l'investissement qu'elle soit positive ou négative : V_L^1.

Pour certains investissements, il faut aussi considérer, généralement l'année 0, le besoin en fonds de roulement d'exploitation (BFR) associé, ainsi que sa récupération en fin de vie. Les variations de BFR (ΔBFR) en période d'exploitation sont incluses (par définition) dans les recettes et les dépenses (variation des décalages).

---

1. La valeur de liquidation est parfois étalée dans le temps (ex : démantèlement sur plusieurs années). Pour simplifier, nous supposons, la plupart du temps, qu'elle est ponctuelle.

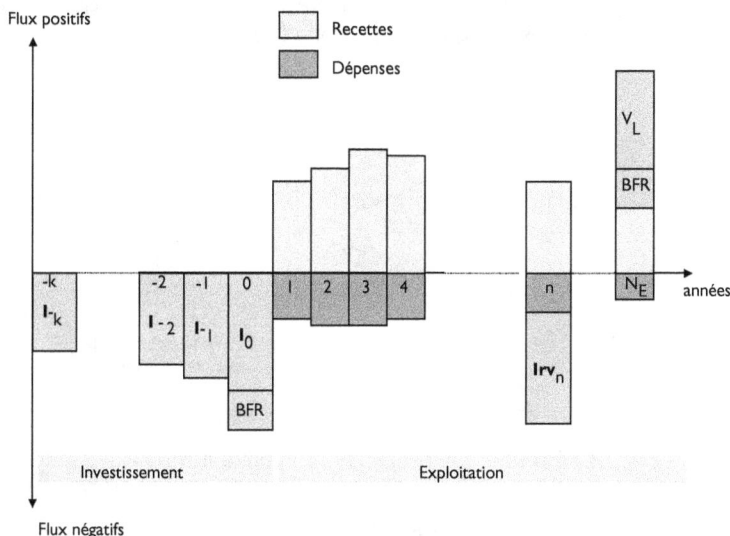

Fig. 1 : Flux financiers annuels d'un investissement.

1.2. Mesure de la rentabilité : quelle question se pose le décideur ?

L'investissement crée-t-il plus de richesse qu'il n'en consomme ? La rentabilité économique de l'investissement se mesure en terme de **compensation** (différence ou ratio) entre les flux positifs et les flux négatifs.

On peut aussi se demander combien de **temps** faudra-t-il exploiter l'investissement pour récupérer son coût initial.

Que l'on cherche une valeur monétaire, un pourcentage ou bien une durée, la question de la rentabilité peut être vue sous deux angles, rentabilité « intrinsèque » ou rentabilité « réelle ».

2. Rentabilité intrinsèque

2.1. Objectifs

Première étape de l'analyse complète de rentabilité

Mesurer la rentabilité intrinsèque d'un projet, c'est-à-dire la rentabilité technique et économique indépendamment de la fiscalité, est souvent la première étape dans le processus d'analyse de rentabilité (*cf.* figure 2). Cette étape permet

157

d'éliminer les projets rentables uniquement grâce à la fiscalité et qui pourraient conduire à des pertes dans le cas où le contexte fiscal évoluerait.

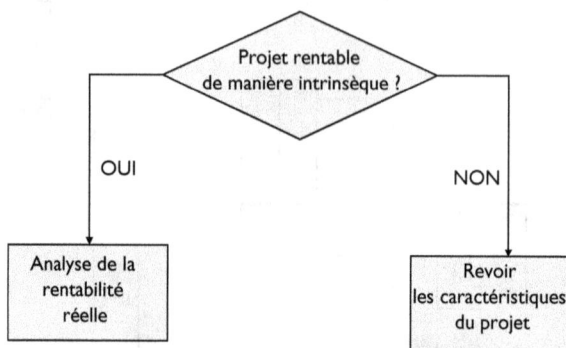

Fig. 2 : Première barrière ; la rentabilité intrinsèque.

Évaluation des projets publics

Sauf cas particulier, la notion de rentabilité intrinsèque est celle qui est utilisée pour les investissements publics. En effet, les investissements publics ne sont pas soumis à la fiscalité des sociétés et de toute façon, leur durée de vie dépasse celle des régimes fiscaux.

2.2. Flux financiers à considérer

Cas privé

On considère les flux financiers tels qu'ils sont rappelés ci-dessus avec les recettes et les dépenses annuelles **d'exploitation uniquement** (on ne tient compte ni de l'impôt sur les bénéfices ni des frais financiers).

Cela revient à utiliser le *Business plan* simplifié avec les tableaux financiers basés sur l'excédent brut d'exploitation (EBE) aux variations de décalages près.

Cas public

On considère les recettes et les dépenses d'exploitation annuelles **globales**, de toutes natures en ayant « monétarisé » les conséquences non marchandes.

3. Rentabilité « réelle »

Si la rentabilité intrinsèque est une notion abstraite, utile pour éliminer les projets non rentables à cause de leurs propres caractéristiques, la rentabilité réelle qui tient compte du contexte fiscal est dominante en entreprise et constitue un indicateur de gestion.

Pour tenir compte du contexte dans lequel l'entreprise (ou la société projet) est plongée, on considère les flux financiers avec les recettes et les dépenses annuelles d'**exploitation et hors exploitation**.

On utilise le *Business plan* standard. Le solde pertinent considéré pendant la période d'exploitation est la capacité d'autofinancement (CAF) aux variations de décalages près.

II. Rôle et catégorie des critères de décision

À partir des informations du *Business plan*, **les critères donnent une « note »** à chaque projet d'investissement sur la dimension économique. La note reflète :

– soit le principe de compensation et de création de valeur,

– soit la durée nécessaire pour récupérer le montant initial.

On a coutume de distinguer :

– les **critères d'éligibilité** qui permettent de savoir si un investissement est rentable ou non,

– et les **critères de classement** (ou comparaison) pour choisir le meilleur investissement dans une liste.

Notons cependant que la majorité des critères sont les deux à la fois avec éventuellement des restrictions pour le classement.

Nous donnons ci-après les critères d'aide à la décision les plus couramment utilisés en distinguant ceux qui ne font pas appel au principe d'actualisation et ceux qui attribuent un prix au temps. Le même exemple simple sera suivi pour appliquer les critères.

Les critères utilisés par les bailleurs de fonds pour appréhender la capacité de l'investisseur à rembourser sa dette seront abordés en partie III.

III. Critères de décision sans actualisation

En toute logique, si l'on utilise les critères de choix non basés sur le principe d'actualisation, il convient, dans l'estimation des flux financiers associés à un investissement[1], de prendre en compte les flux liés à la politique de financement. Dans la pratique, on remarque cependant que ce n'est pas toujours le cas.

1. Taux moyen de rentabilité

1.1. Principe, calcul et règle de décision

Principe

Ce critère répond au principe de compensation et donne une note sous la forme d'un ratio exprimé en pourcentage.

Évaluer la rentabilité d'un investissement, c'est rapporter le revenu annuel moyen généré par l'investissement (i.e. le revenu différentiel par rapport à la situation de *statu quo*) au montant moyen des capitaux investis dans le projet selon la formule :

Rentabilité de l'investissement =
[Revenu annuel moyen/Montant moyen de l'investissement] × 100

Il n'existe pas de consensus sur la définition du revenu annuel à considérer. Peu importe. Ce qui compte, c'est de rester cohérent dans les comparaisons.

Pour évaluer le montant de l'investissement, certains considèrent la variation du besoin en fonds de roulement, d'autres l'ignorent. Certains incluent la valeur de liquidation, d'autres l'ignorent.

On se contentera de donner deux définitions, l'une qui convient à la vision « réelle », l'autre à la vision « intrinsèque ».

Calcul avec la vision « réelle »

Numérateur

Le revenu annuel moyen est le résultat net[2] de l'exercice que le projet dégage en moyenne sur l'ensemble de sa durée de vie.

Dénominateur

Le montant moyen de l'investissement est la valeur nette comptable[3] de l'investissement mesurée en moyenne sur la durée de vie du projet. Le besoin en fonds de roulement est ignoré.

---

1. *Cf.* Y. Koëhl (2003).
2. Certains considèrent ici le résultat d'exploitation net d'impôt, ce qui revient à ignorer les frais financiers.
3. Tenant compte de la dépréciation de l'investissement.

On sait que les capitaux initialement investis diminuent régulièrement au fur et à mesure de l'exploitation de l'investissement en raison des amortissements. Quand l'amortissement de l'investissement est linéaire, le montant moyen de l'investissement est donné par la formule (*cf.* figure 3) :

[Capital initialement investi]/2

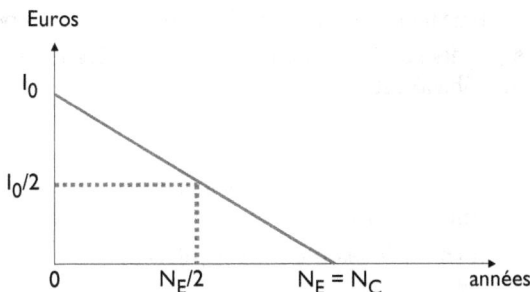

Fig. 3 : Montant de l'investissement moyen avec une loi d'amortissement linéaire.[1]

Sur la figure, la durée de vie comptable est égale à la durée de vie économique. La valeur de liquidation est nulle[2].

Si la loi d'amortissement n'est pas linéaire, on calcule chaque année la valeur moyenne de l'investissement :

[Valeur en début d'année + Valeur en fin d'année]/2,

puis on fait la moyenne de ces valeurs sur la durée de vie du projet.

Calcul avec la vision « intrinsèque »

Numérateur

Le revenu différentiel moyen est l'excédent brut d'exploitation moyen.[3]

Dénominateur

Le dénominateur est le même que ci-dessus.

Règle de décision

En entreprise, le critère de décision associé à ce critère implique la définition d'un seuil par la direction générale.

---

1. D'après J. Margerin & G. Ausset (1987).
2. Si la valeur de liquidation n'est pas nulle, il faut la prendre en considération pour la détermination du capital investi.
3. Les frais financiers et l'impôt sont ignorés. Les dotations aux amortissements ne sont pas soustraites.

Dans le cas réel, ce seuil peut être fixé en s'appuyant sur la rentabilité comptable actuelle de l'entreprise qui est le rapport entre le résultat net de l'entreprise et la valeur nette comptable des actifs. Dans le cas intrinsèque, il peut refléter le taux de rentabilité économique actuel (rapport entre l'EBE et la valeur nette comptable des actifs).

D'une manière générale, ce seuil peut aussi résulter d'objectifs à atteindre dans le futur.

Le taux moyen de rentabilité est un critère d'éligibilité et de classement :

- si le taux moyen de rentabilité du projet dépasse le seuil fixé, le projet est accepté,
- si plusieurs projets sont en concurrence, on préfère le projet dont le taux moyen de rentabilité est le plus fort.

1.2. Autre terminologie

Le taux moyen de rentabilité qui est basé sur des valeurs comptables est aussi appelé taux de rendement comptable.

Il s'apparente au *Return on Investment (ROI)* utilisé par les Anglo-Saxons.

1.3. Exemple (vision « réelle »)

Au sein d'une entreprise privée, nous considérons deux projets d'investissement en concurrence qui répondent au même objectif stratégique. Ces projets sont-ils intéressants sur le plan économique ? Si oui, lequel choisir ?

Il s'agit de deux investissements ponctuels consistant à acheter du matériel l'année 0. Le montant de l'investissement pour le projet 1 est de 8 000 €. Il est deux fois moindre pour le projet 2 : 4 000 €.

Le chiffre d'affaires généré par le projet 1 est deux fois plus important que celui du projet 2 mais les charges sont beaucoup plus élevées car l'exploitation du projet 1 nécessite une main-d'œuvre très qualifiée.

La valeur de liquidation des deux projets est nulle.

Les durées de vie comptable et économique sont de 4 ans et la loi d'amortissement comptable est linéaire.

Les investissements seront financés entièrement par emprunt sur 4 ans au taux de 6 %, ce qui conduit à des frais financiers élevés notamment pour le projet 1[1].

Le taux d'impôt sur les bénéfices des sociétés est supposé égal à 45 %. La rentabilité comptable de l'entreprise est estimée à 12 %.

Le tableau ci-dessous reflète les données associées à ces investissements et le calcul du résultat net (calcul simplifié)[2].

---

1. Le calcul des frais financiers pour cet exemple est fait au chapitre 10. On rappelle qu'ils sont parfois ignorés en pratique notamment pour des raisons de simplification.

Tableau 2 – **Projet 1**
(Unités = €)

A	B	C	D = B-C	E	F = D-E	G	H = F-G	I = H×45 %	J = H-I
nnée	Chiffre d'affaires	Charges d'exploitation décaissables (OPEX)	EBE (EBITDA)	Dotations	RE (EBIT)	Frais financiers	RCAI	Impôt	RN
1	3 000	500	2 500	2 000	500	480	20	9	11
2	4 000	1 000	3 000	2 000	1 000	370	630	283	346
3	6 000	2 000	4 000	2 000	2 000	254	1 746	786	960
4	8 000	3 000	5 000	2 000	3 000	131	2 869	1 291	1 578

Tableau 3 – **Projet 2**
(Unités = €)

A	B	C	D = B-C	E	F = D-E	G	H = F-G	I = H×45 %	J = H-I
nnée	Chiffre d'affaires	Charges d'exploitation décaissables (OPEX)	EBE (EBITDA)	Dotations	RE (EBIT)	Frais financiers	RCAI	Impôt	RN
1	1 500	200	1 300	1 000	300	240	60	27	33
2	2 000	400	1 600	1 000	600	185	415	187	228
3	3 000	800	2 200	1 000	1 200	127	1 073	483	590
4	4 000	1 300	2 700	1 000	1 700	65	1 635	736	899

Calcul et conclusion

Le résultat net moyen pour le projet 1 vaut : [11 + 346 + 960 + 1 578]/4 = 724 €.

Comme la loi d'amortissement est linéaire, l'investissement moyen se calcule aisément : 8000/2 = 4 000 €.

En conséquence, le taux moyen de rentabilité pour le projet 1 est : 724/4 000 = **18 %**.

Le résultat net moyen pour le projet 2 vaut : [33 + 228 + 590 + 899]/4 = 1 750/4 = 437,50 €.

Le taux moyen de rentabilité pour le projet 2 est : 437,5/2000 = **22 %**.

Pour les deux projets, le taux moyen de rentabilité est supérieur au taux de rentabilité comptable de l'entreprise (12 %).

---

2. Dans les exemples, on utilise les calculs simplifiés des soldes intermédiaires de gestion (on ne tient compte ni du résultat exceptionnel, ni de la participation…)

Le taux moyen de rentabilité du projet 2 est supérieur à celui du projet 1 : selon ce critère, on choisit le projet 2.

1.4. Avantages et limites

L'avantage incontestable de la méthode comptable est sa simplicité.

Son inconvénient majeur est qu'elle ne tient pas compte de l'échéancier des flux financiers.

Ainsi, deux projets peuvent avoir le même taux moyen de rentabilité alors que l'échéancier des flux est plus favorable pour l'un des deux. Il est donc préférable d'utiliser ce critère pour comparer des investissements de montants initiaux proches.

De plus, en raisonnant sur des moyennes sans actualiser, cette méthode ignore la valeur temporelle de l'argent. Par conséquent, elle est mieux adaptée aux projets de durée de vie courte.

Comme elle se base sur un solde comptable, les flux de trésorerie réels ne sont pas représentés. En particulier, les variations de besoin en fonds de roulement induites par le projet ne sont pas considérées. Il ne faut pas qu'elles soient trop importantes pour pouvoir être négligées sans que le choix en soit biaisé.

Enfin, la méthode du taux moyen de rendement requiert la fixation d'un seuil qui est[1] :

- soit inadéquat, comme le taux moyen de rentabilité de l'entreprise calculé sur la base des investissements passés,
- soit arbitraire, si le seuil retenu est basé sur un objectif de rendement futur.

En résumé, on peut dire que malgré ses insuffisances, le taux moyen de rentabilité peut être utilisé pour l'étude comparative d'investissements de faible valeur et de durée de vie relativement courte.

2. Délai de récupération simple du capital investi

2.1. Principe, calcul et règle de décision

Principe

Comme son nom l'indique, le délai de récupération d'un investissement reflète une durée. C'est le nombre d'années nécessaires pour que les encaissements cumulés compensent le montant de l'investissement.

---

1. *Cf.* B. Husson et H. Jordan (1988).

Basé sur les flux nets de trésorerie (incluant notamment la variation du BFR), il indique le moment où l'entreprise (ou la société projet) va retrouver sa liquidité, c'est-à-dire le moment où elle a la possibilité d'entreprendre un nouvel investissement. C'est en quelque sorte un **critère de couverture contre le risque**.

Calcul avec la vision « réelle »

À partir du *Business plan* standard, on calcule les flux nets de trésorerie cumulés et l'on repère l'année où le cumul devient positif.

Calcul avec la vision « intrinsèque »

On procède comme ci-dessus avec le *Business plan* simplifié.

Règle de décision

L'utilisation pratique de ce critère implique que le décideur fixe un seuil au-delà duquel le projet est rejeté.

Dans le cas où plusieurs projets concurrents rempliraient la condition, le choix se porterait sur le projet dont le délai de récupération est le plus court.

Le délai de récupération du capital investi est donc à la fois un critère d'éligibilité et de comparaison.

Précisons qu'en toute rigueur, la méthode du délai de récupération ne peut s'appliquer comme critère de comparaison, qu'à des investissements de même durée de vie.

Si les durées sont très différentes, il faudrait pour utiliser ce critère correctement, prévoir à la fin de vie du projet dont l'horizon est le plus court, un nouvel investissement permettant à l'entreprise de maintenir sa capacité de production.

2.2. Autre Terminologie

Le délai de récupération simple (simple car les flux considérés ne sont pas actualisés) connaît de nombreuses autres appellations : durée, temps ou période de remboursement (simple), délai de recouvrement (simple), temps de retour en valeurs brutes.

En anglais, on parle de *Pay-back* ou de *Pay-out*.

2.3. Exemple

On estime les flux nets de trésorerie annuels dans l'exemple précédent (projets 1 et 2).

On prend en compte le BFR lié aux projets qui vaut 10 % du chiffre d'affaires. On suppose que l'investisseur le finance l'année 0 en même temps que l'investissement principal. Ensuite, pendant la période d'exploitation, on considère la variation du BFR (variation des décalages), puis en fin de vie sa récupération (*cf.* tableau).

L'horizon que l'entreprise s'est fixé pour retrouver, sous forme de liquidité, les capitaux investis dans les projets est de 4 ans, ce qui correspond à la durée de vie des deux projets considérés.

Tableau 4 – **BFR et Variation du BFR pour le projet 1**
(Unités = €)

Année	0	1	2	3	4
CA	0	3 000	4 000	6 000	8 000
BFR	300	400	600	800	0
ΔBFR et récupération	300	100	200	200	– 800

Tableau 5 – **FNT pour le projet 1**
(Unités = €)

A	B	C	D	E	F	G	H = D- E-F-G	I = H × 0,45	J = -B - C + H - I + F	K
Année	Investissement (CAPEX)	ΔBFR	Chiffre d'affaires	Charges d'exploitation décaissables (OPEX)	Dotations	Frais financiers	RCAI	Impôt	FNT	FNT cumulés
0	8 000	300							– 8 300	– 8 300
1		100	3 000	500	2 000	480	20	9	1 911	– 6 389
2		200	4 000	1 000	2 000	370	630	283	2 146	– 4 243
3		200	6 000	2 000	2 000	254	1 746	786	2 760	– 1 482
4		– 800	8 000	3 000	2 000	131	2 869	1 291	4 378	2 896

Tableau 6 – **BFR et Variation du BFR pour le projet 2**
(Unités = €)

Année	0	1	2	3	4
CA	0	1 500	2 000	3 000	4 000
BFR	150	200	300	400	0
BFR et récupération	150	50	100	100	– 400

Tableau 7 – **FNT pour le projet 2**
(Unités = €)

A	B	C	D	E	F	G	H = D- E-F-G	I = H× 0,45	J = -B - C + H - I + F	K
année	Investissement (CAPEX)	ΔBFR	Chiffre d'affaires	Charges d'exploitation décaissables (OPEX)	Dotations	Frais financiers	RCAI	Impôt	FNT	FNT cumulés
0	4 000	150							– 4 150	– 4 150
1		50	1 500	200	1 000	240	60	27	983	– 3 167
2		100	2 000	400	1 000	185	415	187	1 128	– 2 039
3		100	3 000	800	1 000	127	1 073	483	1 490	– 549
4		– 400	4 000	1 300	1 000	65	1 635	736	2 299	1 750

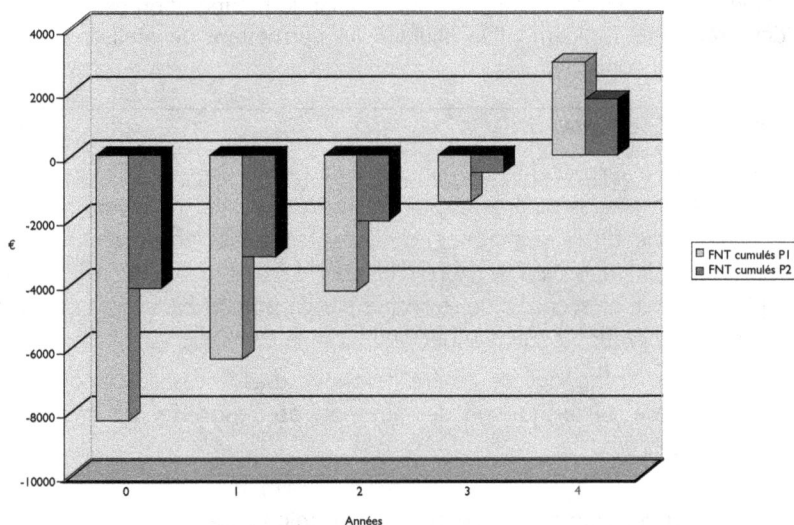

Fig. 4 : Flux nets cumulés des projets 1 (P1) et 2 (P2).

Le délai de récupération des deux projets est de 4 ans.

Compte tenu du seuil fixé par l'entreprise, les deux projets peuvent être retenus. Ils sont équivalents suivant ce critère.

> **Remarque**
>
> Nous avons exprimé la valeur du délai de récupération simple en année entière. Il arrive parfois que ce délai soit exprimé plus finement en considérant les mois. Les deux projets 1 et 2 pourraient être alors différenciés, le délai de récupération du projet 2 étant légèrement inférieur à celui du projet 1. Notons cependant que dans bien des cas, un tel degré de précision n'est pas très utile au décideur, d'autant que les flux considérés sont prévisionnels et contiennent une part d'imprécision.

2.4. Avantages et limites

Le délai de récupération qui est un critère d'éligibilité et de comparaison est très couramment utilisé en entreprise car il est simple et permet de se garantir contre le risque de devoir abandonner prématurément le projet. De ce point de vue, les projets les moins risqués sont ceux dont le délai de récupération est court car le décideur récupère rapidement la liquidité lui permettant de réaliser un projet mieux adapté au contexte.

> **Remarque importante**
>
> Il peut paraître surprenant que l'on parle de risque dans ce chapitre alors que l'on énumère les critères disponibles pour décider en univers certain. En fait, comme on l'a mentionné, on ne se situe pas en univers certain proprement dit, mais dans le cadre d'un seul scénario d'évolution. Il y a un risque pour que ce scénario ne se réalise pas comme prévu et le critère du délai de récupération couvre le décideur contre ce risque.
>
> Notons en revanche, que ce critère ne couvre pas l'investisseur contre le risque qui pèse sur le montant des flux nets de trésorerie (ex : mauvaise estimation des flux).

Le délai de récupération comporte deux inconvénients majeurs :

- Il ne prend pas en compte les résultats du projet après le délai de récupération, ce qui peut conduire à écarter des projets performants à long terme (voir figure 5).
- Il se base sur des flux non actualisés.

Pour remédier au second inconvénient, on peut utiliser le délai de récupération en valeurs actualisées (voir § IV).

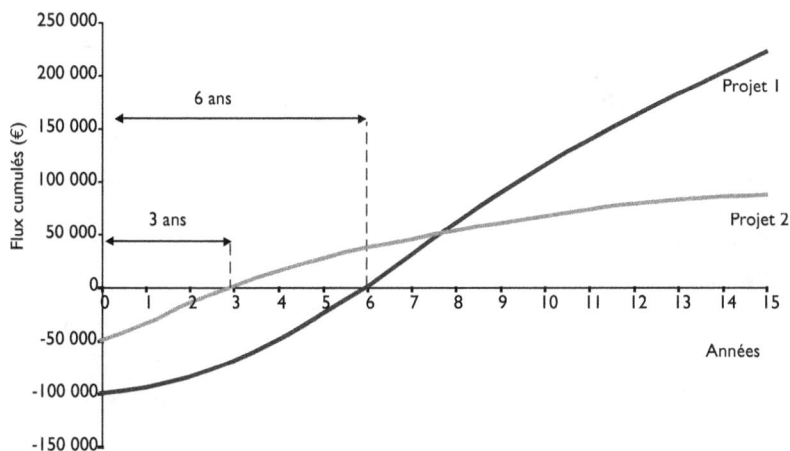

Fig. 5 : Comparaison du délai de récupération de deux projets représentés par leurs flux financiers cumulés.

Le délai de récupération du projet 1 est deux fois plus long que celui du projet 2, alors que le projet 1 est plus intéressant à long terme que le projet 2.

> *Cet exemple montre que le délai de récupération ne peut permettre à lui seul de prendre la décision de choix d'investissement. Il est intéressant de le coupler à un autre critère.*

IV. Critères de décision avec actualisation

Nous nous intéressons aux critères les plus couramment utilisés : la valeur actuelle nette (VAN), l'indice de profitabilité (IP) et le taux de rentabilité interne (TRI).

On évoque aussi le délai de récupération en valeurs actualisées pour compléter les propos ci-dessus.

1. Marche à suivre concernant les frais financiers

1.1. Investissement privé

Dans le cas privé, comme le taux d'actualisation reflète déjà le coût des capitaux (a = coût moyen pondéré des capitaux), les frais financiers ne doivent pas être considérés. On se base alors sur des **flux financiers à dette nulle** (la colonne « frais financiers » n'apparaît pas dans les tableaux du *Business plan*).

> **Remarque**
>
> Si l'on voulait être très rigoureux, on devrait prendre en compte **l'effet levier de la dette**, c'est-à-dire la diminution d'impôt résultant des frais financiers. Cela peut se faire de deux manières :
> – soit en affectant aux flux nets de trésorerie, le crédit d'impôt,
> – soit en diminuant le taux d'actualisation d'un montant « proportionnel » à ce crédit.

Les flux financiers à considérer sont à dette nulle.

1.2. Investissement public

Nous avons vu au ch. 4, que le taux d'actualisation public ne reflétait pas le coût du financement du projet. Dans l'évaluation des coûts globaux associés à un investissement public, il est donc nécessaire de traduire les coûts de financement supportés par la collectivité.

2. Valeur actuelle nette (VAN)

2.1. Principe, calcul et règle de décision

Principe

Le critère de la valeur actuelle nette (VAN) répond au principe de compensation. C'est la somme actualisée des flux financiers pendant les périodes d'investissement et d'exploitation, somme qui s'exprime dans l'unité monétaire du projet considéré (ex : euros).

Pour un projet ponctuel réalisé l'année 0 :

$$VAN = -I_0 + \sum_{t=1}^{N_E} \frac{Flux_t}{(1+a)^t}$$

avec :
I_0 : montant de l'investissement
N_E : durée de vie économique
a : taux d'actualisation

Pour les choix publics, calculer la VAN revient à utiliser la méthode d'analyse coûts-bénéfices :

$$VAN = -I_0 + \sum_{t=1}^{N_E} \frac{B_t - C_t}{(1+a)^t}$$

avec :
I_0 : montant de l'investissement
N_E : durée de vie économique
B_t : bénéfices monétaires et non monétaires
C_t : coûts monétaires et effets externes négatifs
a : taux d'actualisation public

L'expression de la VAN suppose implicitement que les flux générés par le projet d'investissement sont réinvestis au fur et à mesure jusqu'à l'horizon du projet à un taux égal au taux d'actualisation. Si ce n'est pas le cas, c'est-à-dire si le taux de réinvestissement est différent du taux d'actualisation, on calcule la VAN à taux double (voir plus loin).

Calcul

La VAN se calcule avec un tableur (Excel par exemple, fonction financière VAN[1]) ou bien en utilisant les tables financières tabulant les coefficients d'actualisation.

Règle de décision

• La VAN est un critère d'éligibilité : une VAN positive implique de retenir le projet d'investissement et une VAN négative implique de le rejeter.

Cas privé (voir figure 6)

Pour une entreprise privée, réaliser un investissement dont la VAN est positive permet de[2] :

– récupérer le capital investi,
– rémunérer les fonds immobilisés à un taux égal au taux d'actualisation,

---

1. Attention, la fonction financière VAN du tableur Excel calcule la somme actualisée des flux financiers sur la période d'exploitation (à partir de l'année 1). Si l'investissement est ponctuel et réalisé l'année 0, il faut soustraire son montant à la somme actualisée calculée.
2. *Cf.* F. Bancel & A. Richard (1995).

- dégager des surplus dont la valeur actuelle est égale à la VAN du projet.

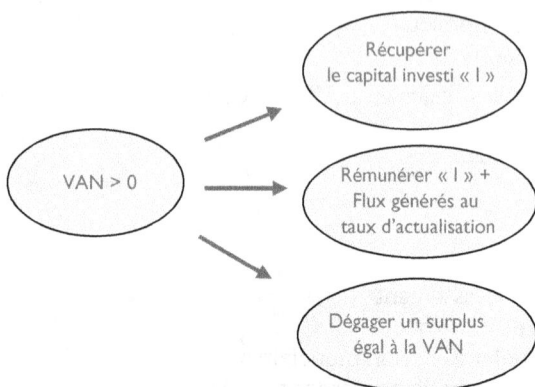

Fig. 6 : Signification d'une VAN positive.

Une VAN positive signifie que la rentabilité du projet est supérieure à ce que rapporterait le placement financier du montant investi à un taux égal au taux d'actualisation.

Ainsi, la VAN est un indicateur qui convient aussi bien aux dirigeants désireux d'accroître la valeur de l'entreprise qu'aux actionnaires (ou investisseurs financiers) qui cherchent à placer leur argent au meilleur rendement.

Cas public

Pour un investissement public, une VAN positive signifie que le projet augmente le bien-être de la collectivité : l'ensemble des avantages du projet l'emporte sur ses inconvénients (coûts globaux).

- La VAN est un critère de comparaison : entre deux projets concurrents, on choisit le projet dont la VAN est la plus grande.

2.2. La VAN dépend du taux d'actualisation

Dans le cas général où les flux financiers du projet sont négatifs pendant la période d'investissement et positifs pendant la période d'exploitation, la VAN est une fonction décroissante du taux d'actualisation :

Quand « a » augmente, la VAN décroît de façon continue.

Cela s'explique par le fait que les flux positifs de la période d'exploitation sont d'autant plus « écrasés » que le taux d'actualisation « a » est fort.

Cependant, il existe des projets dont l'échéancier des flux financiers est particulier : flux positifs puis négatifs, alternance de flux positifs et négatifs, flux fortement négatifs en fin de vie…

C'est le cas notamment pour les projets :

- qui obtiennent des subventions à l'investissement et dont l'exploitation n'est pas rentable (ex : projet public comme une piscine municipale),

- qui font intervenir des dépenses d'investissement après une première période d'exploitation (ex : investissement par tranches),

- qui ont une valeur de liquidation fortement négative (ex : démantèlement d'une usine chimique).

La courbe de la VAN (en fonction du taux d'actualisation) n'est plus décroissante. Elle peut être croissante ou bien non monotone (ex : profil alpin ou profil en cuvette[1] – voir ci-après à propos du TRI).

2.3. Autre terminologie

Les synonymes de la valeur actuelle nette sont le bénéfice actualisé, le revenu actualisé ou les *cash-flows* actualisés.

En anglais, on parle de *Net present Value (NPV)*, de *Net present Worth (NPW)* ou de *Discounted Cash-Flow (DCF)*.

2.4. Exemple

Calculons la VAN du projet 1 de l'exemple suivi. Le taux d'actualisation retenu est de 6 %, comme le taux d'intérêt d'emprunt.

---

1. *Cf.* B. Husson et H. Jordan (1988).

Tableau 8 – **FNT du projet 1 sans prise en compte des frais financiers**
(Unités = €)

A	B	C	D	E	F	G	H = D- E-F-G	I = H × 0,45	J = -B - C + H - I + F
Année	Investis- sement (CAPEX)	ΔBFR	Chiffre d'affaires	Charges d'exploitation décaissables (OPEX)	Dotations	Frais financiers	RCAI	Impôt	FNT
0	8 000	300							- 8 300
1		100	3 000	500	2 000	0	500	225	2 175
2		200	4 000	1 000	2 000	0	1 000	450	2 350
3		200	6 000	2 000	2 000	0	2 000	900	2 900
4		- 800	8 000	3 000	2 000	0	3 000	1 350	4 450

$VAN_{P1} = -8\ 300 + 2\ 175/1{,}06^1 + 2\ 350/1{,}06^2 + 2\ 900/1{,}06^3 + 4\ 450/1{,}06^4$
= **1 803 €.**

La VAN est positive, le projet 1 est rentable.

Effet levier de la dette

Nous avons supprimé les frais financiers puisque le taux d'actualisation reflète le coût du capital.

En toute rigueur, on devrait prendre en considération ce que nous appelons ici l'effet levier de la dette, c'est-à-dire la réduction d'impôt associée aux intérêts financiers. Dans ce cas, on aurait dans la colonne impôt, les montants calculés au § III, sous-paragraphe 2, exemple 2.3, et la VAN vaudrait : **2 298 €** (voir tableau). Le projet crée encore plus de valeur.

Tableau 9 – **FNT du projet 1 en tenant compte de l'effet levier de la dette**

I = H × 0,45	J = - B - C + H - I + F
Impôt	FNT
	- 8 300
9	2 391
283	2 517
786	3 014
1 291	4 509

$VAN_{P1} = -8\ 300 + 2\ 391/1,06^1 + 2\ 517/1,06^2 + 3\ 014/1,06^3 + 4\ 509/1,06^4$
$= 2\ 298\ €$.

Par la suite, on considère les flux nets de trésorerie et la VAN ci-dessus avec prise en compte de l'effet levier de la dette car les frais financiers sont si importants dans cet exemple qu'il ne serait pas correct de négliger le crédit d'impôt associé.

Tableau 10 – **FNT du projet 2 en tenant compte de l'effet levier de la dette**

A	B	C	D	E	F	G	H = D- E-F-G	I = H× 0,45	J = -B-C+H -I+F
Année	Investis- sement (CAPEX)	ΔBFR	Chiffre d'affaires	Charges d'exploitation décaissables (OPEX)	Dotations	Frais financiers	RCAI	Impôt	FNT
0	4 000	150							– 4 150
1		50	1 500	200	1 000	0	300	27	1 223
2		100	2 000	400	1 000	0	600	187	1 313
3		100	3 000	800	1 000	0	1 200	483	1 617
4		– 400	4 000	1 300	1 000	0	1 700	736	2 364

$VAN_{P2} = -4\ 150 + 1\ 223/1,06^1 + 1313/1,06^2 + 1617/1,06^3 + 2364/1,06^4$
$= \mathbf{1\ 403\ €}$.

VAN_{P1} (= 2 298 €) est supérieure à VAN_{P2}.

Selon le critère de la VAN, il convient de choisir le projet 1.

2.5. Avantages et limites

La VAN est le critère fondamental du calcul économique.

Dans l'entreprise, on considère parfois qu'il n'est pas assez parlant et il n'est pas rare qu'on préfère utiliser un ratio comme le taux moyen de rendement ou le taux de rentabilité interne (TRI).

Utiliser la VAN oblige à déterminer un taux d'actualisation. Comme il n'y a pas toujours de consensus sur la valeur du taux à retenir et que la VAN est très sensible à cette valeur, on préfère parfois utiliser le TRI qui ne nécessite pas la fixation d'un taux.

175

On reproche aussi au critère de la VAN de ne pas permettre de comparer convenablement des projets dont les montants initiaux seraient très différents. Cette critique est valable uniquement quand il y a une restriction en capital. Pour remédier à cet inconvénient, il suffit de recourir à l'indice de profitabilité (présenté plus loin).

Enfin, en toute rigueur, la VAN ne permet pas de comparer des projets dont la durée de vie est très différente car pour les projets de durée plus courte, il faut envisager, en principe, un nouvel investissement. Pour répondre à cette objection, on recourt à la méthode de l'annuité équivalente et l'on choisit le projet dont l'annuité est la plus grande.

3. Critères dérivés de la VAN

3.1. VAN à taux double

La VAN à taux double est calculée en distinguant le taux d'actualisation « a » et le taux (voire les taux) de réinvestissement. Cette distinction est nécessaire quand le taux de placement est différent du taux d'emprunt.

Dans l'exemple précédent, supposons que le taux de réinvestissement soit un taux constant égal à 12 %. La VAN à taux double pour le projet 1 vaudrait :

VAN_{P1} = – 8 300 + 2 391 $(1{,}12)^3$ / $1{,}06^4$ + 2 517 $(1{,}12)^2$ / $1{,}06^4$ + 3 014 $(1{,}12)^{1}$ / $1{,}06^4$ + 4 509/$1{,}06^4$ = **3 107 €**.

3.2. Méthode de l'annuité équivalente[1]

La technique de l'annuité équivalente consiste à déterminer le montant des flux constants sur la durée de vie du projet et perçus annuellement, dont la valeur actualisée au taux a retenu est égale à la VAN de celui-ci. Il s'agit donc de trouver l'annuité équivalente AE telle que :

$$VAN = \sum_{t=1}^{N_E} \frac{AE}{(1+a)^t} = AE \times \frac{\left[1 - (1+a)^{-N_E}\right]}{a}$$

On en déduit que AE est égale au rapport entre la VAN et la somme des coefficients d'actualisation sur la durée de vie de projet :

$$AE = \frac{VAN}{\frac{1}{a}\left[1 - (1+a)^{-N_E}\right]}$$

Dans l'exemple traité, pour le projet 1 : AE = 2 298/3,465 = **663 €**.

---

1. Cf. en particulier J. Koêl (2003).

4. Indice de profitabilité (IP)

4.1. Principe, calcul et règle de décision

Principe et calcul

L'indice de profitabilité (IP) répond au principe de compensation sous forme d'un ratio proche de 1. Lorsque l'entreprise est rationnée en capital, elle a intérêt à choisir les investissements les plus rentables par unité de capital investi. Le critère retenu dans ce cas est l'indice de profitabilité qui est le rapport entre la valeur actuelle des flux financiers d'exploitation générés par le projet et le montant de l'investissement initial. Il reflète le revenu actualisé par unité monétaire investie.

IP = Somme actualisée des flux financiers liés à l'exploitation/Somme actualisée des flux financiers associés à l'investissement.

Pour un investissement ponctuel réalisé l'année 0 (sans renouvellement ni valeur de liquidation) :

$$IP = \frac{\sum_{t=1}^{N_E} \frac{Flux_t}{(1+a)^t}}{I_0}$$

S'il y a une valeur de liquidation, il faut en tenir compte uniquement au dénominateur[1] (en valeur actualisée et nette d'impôt). Il en est de même pour les investissements de renouvellement (en valeur actualisée).

Dans le cas public, on parle de bénéfice actualisé par unité monétaire (euro) investie.

Règle de décision

- IP est un critère d'éligibilité. Il est comparé à 1.

Si IP est inférieur à 1, le projet n'est pas rentable,

Si IP = 1, il y a indifférence entre l'investissement et un placement financier au taux égal au taux d'actualisation,

Si IP est supérieur à 1, le projet est rentable.

- IP est un critère de comparaison : entre deux projets, on choisira celui qui a l'indice de profitabilité le plus élevé.

---

1. Les flux financiers d'exploitation ne prennent bien sûr pas en compte cette récupération de capital.

Parfois, les critères VAN et IP ne conduisent pas à la même conclusion. Lorsque cela se produit, IP amène à choisir l'investissement dont le montant initial est moins élevé que celui qui aurait été retenu avec la VAN[1].

4.2. Autre terminologie et critères proches

En anglais, l'indice de profitabilité se traduit par *Profitability Index*.

On utilise aussi le taux d'enrichissement en capital (TEC) que l'on appelle aussi enrichissement relatif en capital ou gain relatif en valeur actuelle. C'est le rapport de la VAN sur le montant de l'investissement. Il est comparé à 0.

4.3. Exemple

Nous calculons l'indice de profitabilité (IP) et le taux d'enrichissement en capital (TEC) des deux projets de l'exemple traité :

Pour le projet 1 :

IP1 = [2 391/1,06^1 + 2 517/1,06^2 + 3 014/1,06^3 + 4509/1,06^4]/8 300 = **1,28**.

TEC 1 = 2 298/8 300 = **28 %**.

Pour le projet 2 :

IP2 = [1 223/1,06^1 + 1 313/1,06^2 + 1 617/1,06^3 + 2 364/1,06^4]/4 150 = **1,34**.

TEC 2 = 1 403/4 150 = **34 %**.

Remarquons que nous avons intégré le BFR au dénominateur. Ses variations et sa récupération sont incluses dans les flux financiers de la période d'exploitation.

Suivant l'indice de profitabilité, on retient le projet 2.

Il en est de même avec le taux d'enrichissement en capital.

4.4. Avantages et limites

S'il n'y a pas de restriction en capital, il est préférable d'utiliser le critère de la VAN pour sélectionner le meilleur projet dans une liste car l'indice de profitabilité peut éliminer un projet très rentable uniquement parce qu'il est fortement **capitalistique**[2]. En revanche, si les capitaux sont limités (ex : entreprise fortement endettée ne pouvant pas emprunter une somme importante), l'IP est le critère le mieux adapté.

---

1. *Cf.* D. Babusiaux (1990).
2. Investissement capitalistique : Investissement dont le montant initial est important comparativement à la « fortune » de l'investisseur.

5. Taux de rentabilité interne (TRI)

5.1. Principe, calcul et règle de décision

Principe

Ce critère répond au principe de compensation sous forme de ratio exprimé en pourcentage.

Le taux de rentabilité interne est **le taux d'actualisation qui annule la VAN** du projet.

Pour un investissement ponctuel et réalisé l'année 0, le TRI vérifie l'équation suivante :

$$VAN = -I_0 + \sum_{t=1}^{N_E} \frac{Flux_t}{(1 + TRI)^t} = 0$$

Calcul

Le TRI se calcule aisément avec un tableur (ex : avec Excel, fonction TRI). Sans tableur, le calcul est facile lorsque l'investissement est ponctuel l'année 0 et les flux financiers constants pendant la période d'exploitation (lecture dans la table financière tabulant la somme des coefficients d'actualisation et interpolation). Dans le cas contraire, on procède par approximations successives puis, une fois le résultat encadré, par interpolation.

Règle de décision

- Le TRI est un critère d'éligibilité à condition d'avoir une norme pour mesurer l'intérêt du projet.

Pour le dirigeant d'une entreprise privée (ou une société projet)

Un projet d'investissement est rentable si son TRI est supérieur au taux d'actualisation retenu, c'est-à-dire (*cf.* partie III) :

- au coût du capital de l'entreprise (logique *Corporate Financing*),
- ou au coût des capitaux nécessaires à son financement (logique *Project Financing*).

Pour l'investisseur financier

Un investisseur qui dispose d'un capital peut le placer soit sur un marché financier soit dans un projet d'investissement. Traditionnellement, il existe deux approches différentes pour guider son choix :

- l'approche empirique (anglo-saxonne),
- l'approche financière (européenne).

© Groupe Eyrolles

179

Selon l'approche empirique, le TRI du projet d'investissement est comparé au TRI empiriquement constaté dans le secteur considéré. S'il est supérieur, l'investisseur engage son capital dans le projet.

Avec l'approche financière, le TRI du projet est comparé aux taux d'intérêt observés sur les marchés financiers. Si le TRI du projet est supérieur aux taux d'intérêt financiers, l'investisseur choisit de placer son capital dans le projet. Cette approche est très dépendante des marchés financiers.

Alors que l'approche empirique favorise plutôt les investissements dans les nouvelles technologies, l'approche financière est plutôt favorable aux placements sur les marchés financiers.

Exemple

Supposons que le TRI estimé pour un projet de liaison entre deux villes européennes par un train à grande vitesse soit de 8 %.

Supposons que le TRI empiriquement constaté dans le secteur du transport ferroviaire soit de 7 % et que le taux d'intérêt de placement sur les marchés financiers de 9 %.

Pour les banques anglo-saxonnes, le projet est jugé rentable, alors que les banques européennes vont rejeter son financement.

Dans le cas public

On retient un projet si son TRI est supérieur au taux tutélaire en vigueur (*cf.* chapitre 4).

• Le TRI est un critère de comparaison : entre deux projets incompatibles, on choisit celui dont le TRI est le plus grand.

5.2. Autre terminologie

Le taux de rendement interne est aussi appelé taux interne de rentabilité (TIR).

En anglais le TRI se traduit par *Internal Rate of Return (IRR)* ou *Discounted Cash-flow Rate (DCF Rate)*.

5.3. Exemple

Pour chacun des projets de l'exemple suivi, on visualise graphiquement le TRI à l'endroit où la courbe de la VAN coupe l'axe des abscisses (voir figure 7).

Le calcul sous tableur donne précisément le TRI du projet 1, **TRI_1 = 16 %** et celui du projet 2, **TRI_2 = 18 %**.

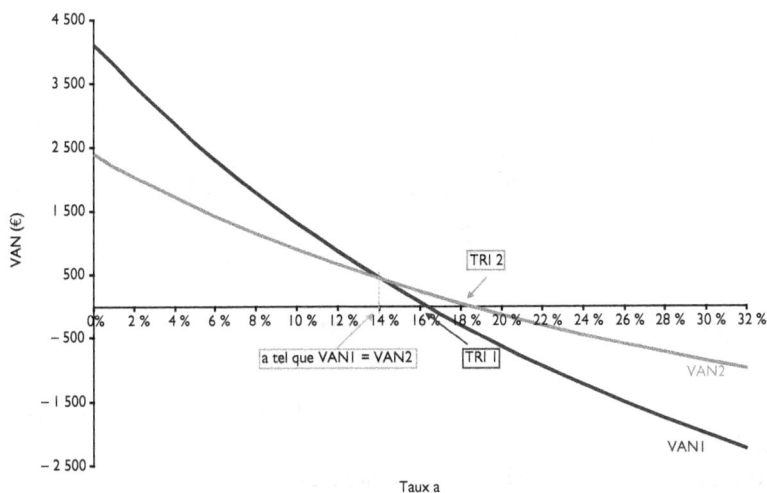

Fig. 7 : Visualisation graphique du Tri des projets 1 et 2.

Suivant le TRI, on retient le projet 2.

Dans cet exemple, on constate que la VAN et le TRI ne conduisent pas à la même conclusion quant au choix du meilleur projet.

Sur la figure 7 ci-dessus, on remarque en effet que TRI_2 est plus grand que TRI_1 et que pour un taux d'actualisation inférieur à 14 % (**taux pivot** pour lequel la VAN des deux projets est équivalente), la VAN du projet 2 est inférieure à la VAN du projet 1.

Dans l'exemple suivi, le taux d'actualisation vaut 6 %. Il est inférieur au taux pivot : la VAN et le TRI ne conduisent pas à choisir le même projet.

Cependant, le choix dicté par la VAN l'emporte (voir ci-après).

5.4. Avantages et limites

Le TRI présente l'avantage d'être une donnée uniquement liée au projet étudié. Il synthétise en effet l'ensemble des caractéristiques qui lui sont propres (montant

181

de l'investissement, recettes et dépenses) et contrairement à la VAN, n'est pas tributaire d'un taux d'actualisation.

Cependant, un certain nombre de critiques peuvent être formulées à l'encontre de ce critère. Nous en donnons les principales :

1. Le TRI est avant tout une solution mathématique à une équation actuarielle et n'a pas de signification financière réelle.

2. La méthode du TRI repose sur l'hypothèse du réinvestissement des flux financiers de la période d'exploitation à ce même taux. Cette hypothèse s'avère irréaliste lorsque le TRI d'un projet est nettement plus élevé que les taux d'intérêt en vigueur.

Pour pallier cet inconvénient, on peut utiliser la méthode du **taux intégré** qui consiste à :

- choisir un taux de réemploi des flux financiers,

- calculer la valeur future nette de ces flux,

- déterminer le taux d'actualisation, dit taux intégré, pour lequel la VAN intégrée est nulle.

3. Il n'est pas toujours possible de déterminer le TRI.

Si l'échéancier des flux du projet d'investissement n'est pas standard, la VAN n'est pas une fonction décroissante du taux d'actualisation. Dans ces conditions, il n'est pas possible de déterminer le TRI car :

- l'équation actuarielle n'a pas de solution,

- ou bien la (ou les) solution(s) n'a (ont) pas de signification économique (*cf.* exemples).

Si la VAN est croissante, le TRI n'a pas de signification économique.

Si elle n'est pas monotone (ex : profil alpin, en cuvette), l'équation VAN = 0 peut ne pas avoir de solution ou bien en avoir plusieurs, sans signification économique.

4. Comme nous l'avons vu dans l'exemple suivi, le TRI peut amener à des conclusions différentes de celles de la VAN lorsque l'on compare entre eux deux projets mutuellement exclusifs.

Dans ce cas, le TRI ne doit pas être retenu car la VAN est le seul critère permettant de maximiser la richesse.

5.5. Exemples de profil de VAN non monotone[1]

Exemple 1 : Profil en cuvette

Soit le projet caractérisé par les flux suivants :

Année	0	1	2	3	4	5
Flux (€)	1 000	– 1 000	– 1 000	– 700	1 000	1 000

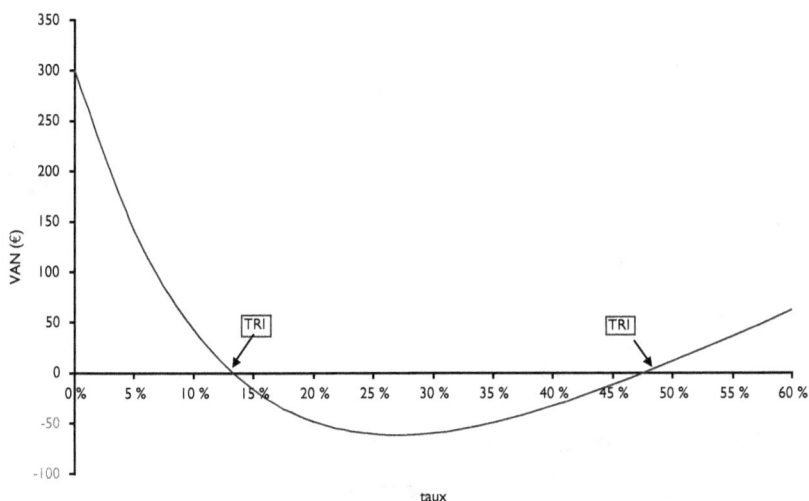

Fig. 8 : Profil de la VAN en fonction du taux d'actualisation.

On constate graphiquement que ce projet a deux TRI. Aucun n'a de signification économique.

Exemple 2 : Profil toujours négatif

Soit le projet caractérisé par les flux suivants :

Année	0	1	2	3	4	5
Flux (€)	– 500	500	500	500	– 1 000	– 1 000

1. *Cf.* B. Husson et H. Jordan (1988).

183

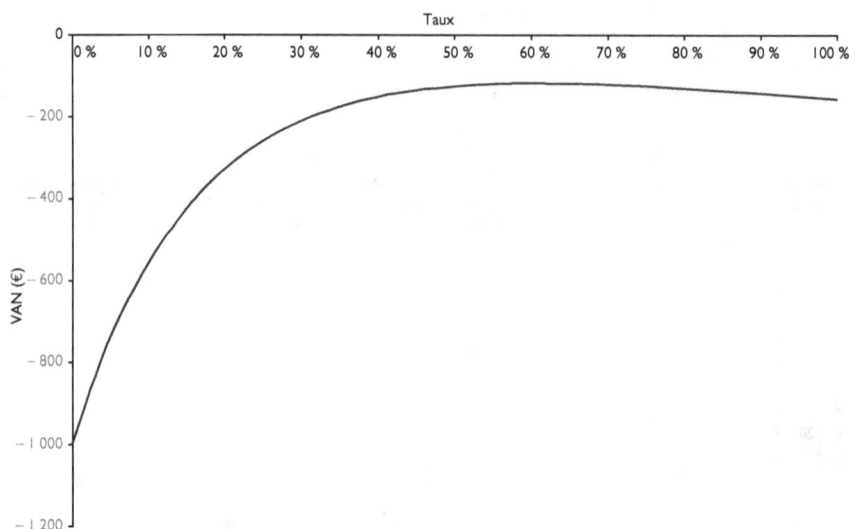

Fig. 9 : Profil de la VAN en fonction du taux d'actualisation.

On constate que la VAN est toujours négative. Il n'existe pas de TRI.

6. Délai de récupération en valeurs actualisées

Le délai de récupération en valeurs actualisées est le moment où les flux actualisés positifs compensent les flux actualisés négatifs.

Pour les projets 1 et 2 de l'exemple suivi, on calcule les flux actualisés cumulés :

Tableau 11 – **Projet 1 : Flux actualisés cumulés**
(Unités : €)

Année	FNT	FNT actualisés	FNT actualisés cumulés
0	– 8 300	– 8 300	– 8 300
1	2 391	2 256	– 6 044
2	2 517	2 240	– 3 804
3	3 014	2 531	– 1 274
4	4 509	3 572	2 298

Le délai de récupération actualisé du projet 1 est de **4 ans**.

Tableau 12 – Projet 2 : Flux actualisés cumulés
(Unités : €)

Année	FNT	FNT actualisés	FNT actualisés cumulés
0	– 4 150	– 4 150	– 4 150
1	1 223	1 154	– 2 996
2	1 313	1 169	– 1 827
3	1 617	1 358	– 470
4	2 364	1 873	1 403

Le délai de récupération actualisé du projet 2 est de **4 ans**.

Suivant le critère du délai de récupération actualisé, les deux projets sont éligibles (leur délai ne dépasse pas le seuil fixé par l'entreprise) et ils sont équivalents.

7. Conclusion pour l'exemple suivi

Le tableau ci-dessous synthétise les conclusions relatives au choix du projet suivant chacun des critères étudiés.

Critère	Projet retenu
Taux moyen de rentabilité	2
Délai de récupération simple	Équivalence
VAN	1
IP	2
TRI	2
Délai de récupération actualisé	Équivalence

Le délai de récupération simple ou actualisé ne permet pas de départager les deux projets.

S'il n'y a pas de restriction en capital, le critère qui l'emporte est la VAN : on choisit donc le projet 1 car c'est lui qui crée le plus de valeur pour l'entreprise.

En revanche, si le capital est restreint, on utilise l'indice de profitabilité et on retient le projet 2, moins gourmand en capital et dont la rentabilité est bonne.

V. Étude de cas : Quelle stratégie pour un opérateur de télécommunications ?

1. Contexte

Afin d'assurer son service de téléphonie, un opérateur de téléphonie mobile a besoin d'avoir une bande passante suffisante afin d'écouler le trafic d'appels téléphoniques. Du fait de la déréglementation du marché dans ce secteur, il existe une concurrence pour la fourniture de liaisons longue et moyenne distance entre l'opérateur historique et les fournisseurs de bande passante.

En revanche, pour la liaison capillaire, c'est-à-dire la dernière liaison entre le relais radio *(BTS – Base Station)* et le réseau, seul l'opérateur historique dispose de la capillarité suffisante en tuyaux (cuivre et fibre optique) pour répondre au besoin. Ceci permet à l'opérateur historique de pratiquer des prix de service élevés.

2. Choix possibles pour l'opérateur

Un opérateur de téléphonie mobile devant se constituer un réseau réfléchit à la meilleure stratégie à adopter pour obtenir une bande passante suffisante. Il a deux possibilités :

- soit il continue à louer ses liaisons à l'opérateur historique ou bien à un fournisseur de bande passante.
  On nomme cette décision : décision « liaisons louées » ou décision A. Elle implique des charges (*OPEX*) élevées.

- soit il se constitue son propre réseau afin d'être indépendant de l'opérateur historique.
  Ce réseau sera constitué de liaisons hertziennes à base de faisceaux hertziens (FH) opérant dans les bandes 13, 18, 23 ou 38 GHz[1] ouvertes aux opérateurs et nécessitant une simple déclaration auprès des organismes réglementaires.
  On nomme cette décision : décision « réseau en propre » ou décision B. Elle nécessite un investissement (*CAPEX*) lourd.

Le choix de l'opérateur est basé sur des analyses stratégiques et des études technico-économiques.

La solution de facilité serait de louer les liaisons (décision A). En effet, en louant, l'opérateur n'a pas de technologie à maîtriser. De plus, il peut déléguer l'exploitation et l'administration du réseau à l'opérateur historique qui aura dans ce cas un engagement de résultat en terme de minimisation du nombre de minutes coupées par an.

---

1. GigaHertz.

Choisir de construire son propre réseau (décision B) suppose d'acquérir les compétences techniques, de savoir exploiter et administrer le réseau. Cela implique entre autres de mettre en place un dispositif de supervision adéquat et de gérer des sous-traitants.

L'avantage de ce choix du point de vue stratégique est l'indépendance vis-à-vis de l'opérateur historique, indépendance qui se traduit notamment par la maîtrise de la qualité du service rendu et des charges.

Par souci de simplification, nous nous plaçons dans le cas où l'infrastructure de base et les compétences techniques existeraient déjà chez l'opérateur et nous ne raisonnons qu'en termes marginaux par rapport à un existant.

Pour les deux solutions, nous réalisons l'étude technico-économique basée sur l'analyse des *cash-flows* et l'application de critères de décision (VAN et délai de récupération).

3. Données techniques et économiques

L'objectif est d'assurer une bande passante suffisante dans une zone géographique comportant 10 relais radio *(BTS)* reliés au même réseau. La durée de vie considérée est $N_E = 5$ ans.

L'interface entre les relais et le réseau est assurée par un équipement nommé *BSC (Base Station Controler)*.

L'opérateur a le choix entre louer 10 liaisons point à point entre le *BSC* et chaque *BTS* ou bien se constituer un réseau en propre (*cf.* figures).

3.1. Décision A, liaisons louées

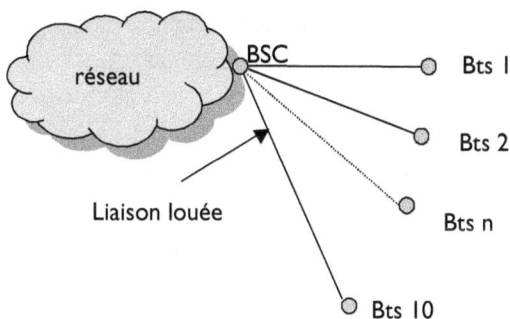

Fig. 10 : Configuration du réseau dans le cas des liaisons louées.

Il y a 10 liaisons de 20 km chacune.

Pour une liaison, les charges de mise en place sont 5 k€ la première année et les charges de location sont de 15 k€/an à partir de la première année.

Tableau 13 – **Données économiques pour la décision « liaisons louées »**

k€	Année 0	Année 1	Année 2	Année 3	Année 4	Année 5
CAPEX (A)	0	0	0	0	0	0
OPEX (A)	0	200	150	150	150	150

3.2. Décision B, réseau en propre

L'investissement est réalisé l'année 0 et rentre en service à partir de l'année 1.

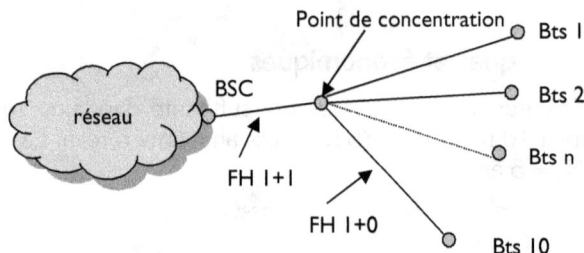

Fig. 11 : Configuration du réseau dans le cas du réseau en propre.

Cette décision implique :

– *En investissement (CAPEX) l'année 0*

1. L'achat de 10 « FH 1 + 0 »[1] à 25 k€ chacun.

Le montant de l'investissement comprend l'équipement, l'installation, la mise en service et le déploiement (y compris renégociation et préparation du site).

2. L'achat de 1 « FH 1 + 1 »[2] à 30 k€.

Le montant comprend l'équipement, l'installation, la mise en service et le déploiement.

3. Un coût d'infrastructure propre FH de 10 k€ par liaison.

– *En charge (OPEX)*

1. Voir glossaire ci-après.
2. Voir glossaire ci-après.

1. La maintenance des équipements FH : 0,5 k€/an par liaison.
2. Un surplus de consommation électrique (estimée en quote-part par liaison) : 0,5 k€ par an et un surplus de supervision (personnel) : 0,5 k€/an.
3. La taxe professionnelle et assurance : 1,75 k€/an par liaison.

Tableau 14 – **Données économiques pour la décision en « réseau propre »**

k€	Année 0	Année 1	Année 2	Année 3	Année 4	Année 5
CAPEX (B)	390	0	0	0	0	0
OPEX (B)	0	35,75	35,75	35,75	35,75	35,75

4. Calculs : utilisation des critères

Pour évaluer l'intérêt d'une décision par rapport à l'autre, il faut considérer les flux différentiels. En effet, nous avons des données en terme de coûts et il convient de retenir la décision qui engage le moins de dépenses.

B engage un montant d'investissement. Les euros dépensés en année 0 seront-ils rentabilisés par une baisse des charges suffisamment marquée pendant les années d'exploitation ? Pour répondre à cette question, on calcule la VAN du projet différentiel B – A.

Le taux d'actualisation à considérer est 9 % (cela correspond au coût moyen pondéré du capital de l'opérateur). Nous nous plaçons dans une optique d'évaluation de la **rentabilité intrinsèque** sans tenir compte de la fiscalité. Ainsi, il n'est pas utile de prendre en compte, pour la solution B, les amortissements comptables de l'investissement dans le réseau.

Tableau 15 – **Cash-flows différentiels entre la décision B et A**

Année	CAPEX (B – A)	OPEX (B – A)	Cash-flows (B – A)	Cash-flows (B – A) actualisés	Cash-flows (B – A) actualisés cumulés
0	390		– 390	– 390	– 390
1		164,25	164,25	151	– 239
2		114,25	114,25	96	– 143
3		114,25	114,25	88	– 55
4		114,25	114,25	81	26
5		114,25	114,25	74	100

189

VAN (B-A) = 100 k€. Il est donc intéressant de choisir la solution B.

Le délai de récupération en valeurs actualisées est de **4 ans**. Le TRI du projet différentiel est de **19 %**.

Dans l'hypothèse où le taux d'actualisation serait plus important que les 9 % retenus, la décision d'investir dans un réseau en propre resterait toujours intéressante.

L'étude de cas que nous avons présentée est simplifiée. Après cette première analyse de rentabilité intrinsèque, l'opérateur devra évaluer l'impact de la fiscalité en tenant compte de l'amortissement du *CAPEX* sur sa durée de vie comptable (5 ans).

À noter que la décision A présente un avantage fiscal par rapport à la décision B car les charges déductibles sont plus importantes. L'opérateur doit aussi considérer pour la solution B, la valeur de liquidation en fin de vie des équipements (certains seront intégrés dans le nouvel investissement, d'autres, usés seront sortis du réseau).

5. Glossaire

FH : Faisceau hertzien ou liaison hertzienne

Technologie radio permettant de transmettre de l'information et donc d'offrir une bande passante entre 2 sites éloignés mais en vue directe.

BTS : Base Station (ou relais radio)

Dernier équipement du réseau de l'opérateur de téléphonie mobile, il émet et reçoit les communications venant des terminaux mobiles dans le périmètre d'une cellule.

BSC : Base Station Controler

Élément du réseau qui contrôle un ensemble de BTS et assure un premier niveau d'agrégation et d'intelligence.

FH 1 + 0 : Faisceau hertzien sans sécurisation (sans redondance) de la liaison.

FH 1 + 1 : Faisceau hertzien avec sécurisation (avec redondance) de la liaison. Ceci est en général réservé aux FH de transport ou d'agrégation.

Conclusion

En conclusion, nous synthétisons l'ensemble des critères de choix d'investissement présentés en rappelant les principaux avantages et limites.

Tableau 16 – Récapitulatif des principaux critères de décision pour la dimension économique

Critères sans actualisation

Critère	Principe	Principaux avantages	Principales limites
Taux moyen de rentabilité Taux de rendement comptable *Return on Investment (ROI)*	Rapporte le revenu annuel moyen généré par l'investissement au montant moyen des capitaux investis. Exprimé en %.	Simple à utiliser. Convient aux investissements de faible valeur et à durée de vie courte.	Ignore : – le prix du temps – l'échéancier des flux financiers – la variation « des décalages ». Requiert la fixation d'un seuil discutable.
Délai de récupération (simple) Durée, temps ou période de remboursement (simple) Délai de recouvrement (simple) Temps de retour en valeurs brutes *Pay-back* ou *Pay-out*	Indique le moment où l'entreprise va retrouver sa liquidité. Exprimé en nombre d'années.	Simple à utiliser. Garantit le décideur contre le risque.	Ignore le prix du temps. Élimine les projets lourds en investissement mais faisant des bénéfices importants à long terme.

Critères avec actualisation

Critère	Principe	Principaux avantages	Principales limites
Valeur actuelle nette Bénéfice ou Revenu actualisé *Cash-flows* actualisés *Net present Value (NPV)* *Net present Worth (NPW)* *Discounted Cash-flow (DCF)*	Lorsqu'elle est positive, la VAN représente le surplus monétaire actualisé que l'investisseur espère dégager de ses revenus futurs. C'est la contribution du projet à l'enrichissement de l'entreprise (ou de la société projet). Exprimée en unité monétaire (€).	Critère fondamental du calcul économique. Convient aussi bien aux dirigeants de l'entreprise qu'aux investisseurs financiers cherchant les placements les plus intéressants. Assure une parfaite cohérence de vue entre les actionnaires et les dirigeants.	Dépend du taux d'actualisation dont la détermination n'est pas toujours consensuelle. En cas de restriction en capital, la VAN n'est pas un critère de comparaison adapté pour les investissements de montants initiaux très différents.

191

Critère	Principe	Principaux avantages	Principales limites
Indice de profitabilité (IP) *Profitability Index*	Reflète le revenu actualisé par unité monétaire investie. Ratio à comparer à 1.	Convient lorsqu'il y a un rationnement en capital.	Conduit parfois à écrémer de très bons projets, gourmands en capital, qui auraient été retenus avec le critère de la VAN.
Taux de rentabilité interne (TRI) Taux interne de rentabilité (TIR) *Internal Rate of Return (IRR) Discounted Cash-flow Rate (DCF rate).*	C'est le taux d'actualisation qui annule la VAN du projet d'investissement. Exprimé en %.	Reflète uniquement les caractéristiques du projet.	Suppose que les flux générés par le projet sont réinvestis à un taux égal au TRI (hypothèse irréaliste lorsque le TRI est très différent des taux d'intérêt du marché). A une signification économique uniquement lorsque la VAN est une fonction décroissante du taux d'actualisation.
Délai de récupération en valeurs actualisées	Indique le moment où le montant cumulé des flux positifs actualisés compense celui des flux négatifs actualisés. Exprimé en nombre d'années.	Voir délai de récupération simple.	Voir délai de récupération simple à ceci près que le prix du temps n'est pas ignoré.

On insiste sur le fait que les flux financiers sont des flux prévisionnels. Par conséquent, la note attribuée à un projet d'investissement selon les différents critères est une note approximative et il n'y aurait aucun sens à vouloir la déterminer de façon très précise (à l'euro près pour la VAN, au mois près pour le délai de récupération ou à la virgule près pour les différents ratios).

Les critères définis ici, dans l'hypothèse de flux financiers certains, sont transposables en univers risqué. Cela fait l'objet du chapitre suivant.

Pour évaluer la robustesse des décisions issues de l'utilisation des critères, on peut effectuer des simulations en faisant varier les paramètres (ou variables clés) du projet comme par exemple le coût d'investissement, les recettes et les dépenses d'exploitation ou, le taux d'actualisation.

© Groupe Eyrolles

Bibliographie de référence

ANGELIER J.-P., *Calcul économique et financier*, L'économie en plus, Presses universitaires de Grenoble, 1997.

BABUSIAUX D., *Décision d'investissement et calcul économique dans l'entreprise*, Économica, 1990.

BANCEL F. et RICHARD A., *Choix d'investissement ; Méthodes traditionnelles, flexibilité et analyse stratégique*, Gestion, Économica, 1995.

HUSSON B. et JORDAN H., *Le choix des investissements*, 1re édition, Collection française, J. Delmas et Cie, 1988.

KOËHL J., *Les choix d'investissement*, Les topos, Dunod, 2003.

MARGERIN J. et AUSSET G., *Choix des investissements — Présélection, choix, contrôle*, 3e édition, Édition Sédifor, 1987.

Pour en savoir plus

BABUSIAUX D. et PIERRU A., *Décision d'investissement et création de valeur*, Publications de l'institut français du pétrole, Technip, 2003.

VERNIMMEN P., *Finance d'entreprise,* 6e édition par QUIRY P. et LE FUR Y., Dalloz, 2005.

Chapitre 6

Critères de décision basés sur la rentabilité économique en univers risqué puis incertain (différents scénarios d'évolution)

Les choses n'arrivent jamais ni comme on les craint, ni comme on les espère.

Proverbe populaire

Dans le chapitre 2 nous avons identifié les risques inhérents à un projet d'investissement en distinguant ceux qui sont liés à la période d'investissement et ceux qui sont associés à la période d'exploitation. Comme nous l'avons signalé à plusieurs reprises, c'est en raison des risques qui pèsent sur tout projet d'investissement que la décision d'investir est difficile à prendre. En effet, même si l'analyse de rentabilité décrite au chapitre précédent s'avère favorable, l'investisseur n'a pas la certitude que la sortie de fonds qu'il fait pour investir sera effectivement compensée par les bénéfices attendus. L'analyse de rentabilité classique suppose qu'il n'y a qu'un seul scénario d'évolution probable de l'environnement du projet.

195

Or compte tenu des risques qui pèsent sur le futur, l'évolution de l'environnement du projet est inconnue *a priori* et il convient de considérer différents scénarios.

Dans ce chapitre, nous montrons comment prendre en compte le risque dans l'analyse de rentabilité en adaptant les critères classiques vus au chapitre précédent.

Nous voyons aussi quels critères utiliser en univers incertain lorsque l'on est incapable d'associer des probabilités objectives aux différents états du monde associés à l'environnement du projet.

On rappelle que l'on considère uniquement la dimension économique.

Plan du chapitre

1 Comment modéliser et mesurer le risque ?

2 L'espérance mathématique couplée avec la variance est-elle un bon critère pour guider l'investisseur ?

3 Introduction de la fonction d'utilité de Von Neumann et Morgenstern

4 Quels critères de rentabilité économique en univers risqué ?

5 Quels critères en univers incertain non probabilisable ?

6 Comment réduire le risque ?

7 Exercice : Faut-il lancer une campagne de publicité ?

I. Comment modéliser et mesurer le risque ?

1. États du monde associés à l'environnement du projet (ou scénarios) : rappel

Comme nous l'avons vu au chapitre 2, l'investisseur est amené à faire des hypothèses sur les valeurs prises par les variables motrices situées sur la frontière du système associé au projet. On rappelle qu'un scénario est un jeu cohérent d'hypothèses sur ces variables et l'on parle de scénario d'évolution de l'environnement du projet. Si l'on arrive à associer une probabilité objective à chaque scénario, on se situe en univers risqué. Dans le cas contraire, on qualifie l'univers d'incertain.

Hormis au paragraphe V, nous situons toujours l'analyse en univers risqué et nous faisons l'hypothèse que les probabilités associées aux scénarios sont

exogènes, c'est-à-dire fixées *a priori* indépendamment des décisions prises par l'investisseur. Cette hypothèse rend la modélisation beaucoup plus aisée[1].

2. Sur quels paramètres du projet faisons-nous peser le risque ?

Nous adoptons la vision réelle (prise en compte de la fiscalité) et considérons donc les flux nets de trésorerie (FNT) du business plan standard. Il serait très facile de transposer le raisonnement avec l'excédent brut d'exploitation (EBE).

Pour simplifier, nous supposons que le risque pèse uniquement sur les flux financiers (FNT) pendant la période d'exploitation (ex : risque sur la demande, sur les charges, les prix). Ainsi, nous considérons que le montant de l'investissement I_0 réalisé ponctuellement l'année 0 est connu de façon certaine. Il en est de même de la durée de vie économique N_E et du taux d'actualisation a. Les méthodes proposées pourraient bien entendu être généralisées facilement si l'on relâchait ces hypothèses.

3. La matrice des flux financiers prévisionnels

Pour chaque état du monde, on estime la valeur des flux nets de trésorerie annuels (FNT_t pour l'année t) attendus sur la durée de vie du projet.

Ainsi, les FNT_t dépendent des J états du monde $S_1,....S_j.....S_J$ de probabilités respectives p_j. Plus le projet est risqué, plus la **dispersion** des FNT_t autour de leur valeur moyenne est grande.

On dresse la matrice (ou tableau) des flux financiers annuels conditionnés par les scénarios. On parle de matrice conditionnelle.

Si l'on envisage une liste de I projets dans laquelle il faut choisir le meilleur, on élabore une matrice des FNT_t prévisionnels pour chaque projet i (*cf.* tableau 1 ci-dessous) :

---

1. Il existe des modèles sophistiqués considérant des probabilités endogènes, mais nous avons fait le choix de présenter des modèles simples pouvant être utilisés facilement sur le plan pratique.

197

Tableau 1 – **Matrice des FNT annuels pour le projet i conditionnés par les scénarios**

Année / Scénario	Flux nets de trésorerie				
	S_1		S_j		S_J
1	$FNTi_1^{\,1}$		$FNTi_1^{\,j}$		$FNTi_1^{\,J}$
t	$FNTi_t^{\,1}$		$FNTi_t^{\,j}$		$FNTi_t^{\,J}$
-	-		-		-
-	-		-		-
N_E	$FNTi_{NE}^{\,1}$		$FNTi_{NE}^{\,j}$		$FNTi_{NE}^{\,J}$

Si l'on préfère synthétiser les flux annuels en une **performance** B reflétant toute la durée de vie économique du projet, on obtient la matrice des performances conditionnelles avec une seule ligne (*cf.* tableau 2).

La performance (ou **conséquence**) du projet i est sa « note » sur la dimension économique en appliquant un critère comme la VAN par exemple. On estime une performance par scénario.

Tableau 2 – **Matrice des performances conditionnelles du projet i (Bi^j)**

Scénario	S_1		S_j		S_J
Performance sur toute la durée de vie du projet	Bi^1		Bi^j		Bi^J

4. Comment mesurer le risque ?

Nous partons d'un exemple pour illustrer comment le risque se manifeste et comment on peut le mesurer.

4.1. Exemple

On considère deux projets concurrents P_1 et P_2, dont le montant de l'investissement à l'année 0 est identique : 100 k€. La durée de vie est égale à un an pour ces deux projets. Les FNT attendus dépendent de 4 états du monde (scénarios S_j pour j = 1 à 4), supposés équiprobables (p_j = 25 % pour j = 1 à 4).

Les FNT actualisés sont donnés dans la matrice conditionnelle ci-dessous :

Tableau 3 – **Matrice conditionnelle**
(Unités k€)

État du monde Projet	S_1	S_2	S_3	S_4
FNT pour P_1	200	200	100	100
FNT pour P_2	500	200	0	– 100

La question qui se pose est quel projet l'investisseur doit-il retenir compte tenu de la rentabilité attendue et du risque encouru ?

Intuitivement, on peut dire que P_2 est plus risqué que P_1 car les FNT attendus pour P_2 sont plus dispersés autour de la valeur moyenne que pour P1. Une manière de mesurer le risque associé à un projet est en effet de calculer la variance ou l'écart type des FNT attendus.

4.2. Mesure du risque : variance ou écart type

Rappel de mathématiques

Espérance

Les FNT_t annuels sont conditionnés par les scénarios S_j.

L'espérance $E(FNT_t)$ est la somme des FNT_t^j pondérée par les probabilités p_j.

$$E(FNT_t) = \sum_j p_j FNT_t^j$$

Variance et écart type

La variance et l'écart type des FNT_t^j sont les mesures habituelles de la dispersion des FNT_t^j autour de l'espérance mathématique $E(FNT_t)$ notée aussi m.

La variance, notée $Var(FNT_t)$, est la somme des écarts quadratiques des FNT_t^j par rapport à l'espérance, pondérés par les probabilités p_j.

$$Var(FNT_t) = \sum_j p_j (FNT_t^j - m)^2 = \sum_j p_j (FNT_t^j)^2 - m^2$$

L'écart type, noté $\sigma(FNT_t)$, est la racine carrée de la variance.

$$\sigma(FNT_t) = \sqrt{Var(FNT_t)}$$

Application à l'exemple ci-dessus

Pour les projets P_1 et P_2 de l'exemple précédent, on a :

$E_1(FNT) = E_2(FNT) = 150$ k€.

$Var_1 (FNT) = 2\,500$ et $\sigma_1 (FNT) = 50$ k€.

$Var_2 (FNT) = 52\,500$ et $\sigma_2 (FNT) = 229,13$ k€.

À FNT espérés égaux, la variance du projet 2 est supérieure à celle du projet 1.

On peut donc dire que le projet 2 est plus risqué que le projet 1.

4.3. Simplification de la matrice conditionnelle en utilisant espérance et variance

Pour simplifier la matrice conditionnelle afin de ne plus voir apparaître les colonnes des scénarios, on serait tenté d'utiliser le couple espérance mathématique et variance. L'espérance permettrait de mesurer le rendement du projet et la variance le risque associé. Mais, comme nous le voyons au paragraphe ci-dessous, le couple espérance et variance n'est pas toujours pertinent pour prendre en compte le risque et l'utiliser peut biaiser le choix d'un investissement. Le décideur a néanmoins à sa disposition des outils d'aide à la décision qui intègre ce couple (ex : critère de Markowitz vu au § IV qui considère espérance et écart-type).

II. L'espérance mathématique couplée avec la variance est-elle un bon critère pour guider l'investisseur ?

L'espérance mathématique « gomme » certains aspects associés aux risques. Quant à la variance, elle ne traduit pas toujours correctement le risque encouru par l'investisseur. C'est ce que nous montrons avec un exemple, qui ne concerne pas un choix de projet mais qui est tout à fait parlant.

Exemple : Quel jeu choisir dans une foire ?

Imaginons un individu qui se promène dans une foire. Il possède un ticket lui offrant la possibilité de jouer dans l'un des 4 stands A, B, C, D dont les gains, les pertes et les probabilités associées sont donnés ci-dessous (*cf.* figure 1) :

En jouant sur le stand A, il gagne 10 euros de façon certaine. Sur B, il gagne, de façon équiprobable, soit 20 euros soit rien. Sur C, il a 10 % de chance de gagner 100 euros et 90 % de ne rien gagner. Sur D, il a 90 % de chance de gagner 20 euros et 10 % de perdre 80 euros. Où va-t-il jouer ?

Le critère espérance mathématique le conduit à l'indifférence entre A, B, C et D puisque :

$$E_A (Gains) = E_B (Gains) = E_c (Gains) = E_D (Gains) = 10 \text{ €}.$$

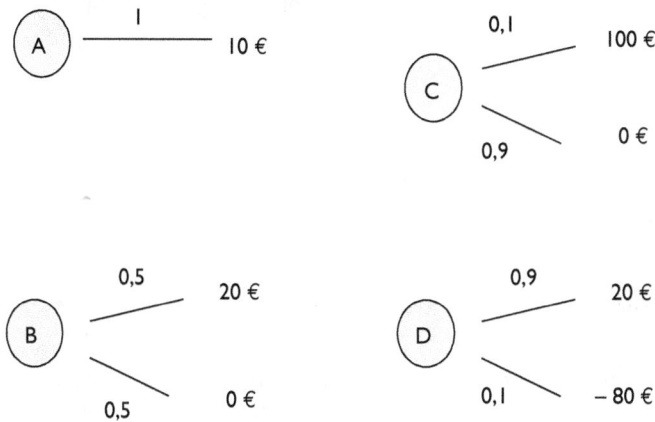

Fig. 1 : Les stands disponibles.

Peut-être faut-il alors qu'il calcule la variance de chacune de ces loteries mesurant la dispersion des valeurs ?

Var_A (Gains) = 0 ; Var_B (Gains) = 100 et Var_C (Gains) = Var_D (Gains) = 900.

Il ne prend aucun risque s'il joue sur A mais il ne peut pas gagner plus que 10 €. Le couple espérance et variance ne lui permet pas de différencier C et D.

Pourtant ces deux loteries n'ont pas du tout le même profil : en choisissant D, le joueur peut être amené à perdre de l'argent alors que cela n'est pas le cas avec C. Si le joueur ne dispose pas de 80 euros dans sa poche, il sera obligé d'éliminer D. **La variance ne reflète pas le risque de perte** et ne lui permet pas de trancher.

Pour une espérance identique, préfère-t-il la loterie risquée C qui a un écart type élevé ou bien la loterie plus sûre B ? Si le couple espérance-variance différait sur toutes les loteries, comment pourrait-il exprimer ses préférences en se basant sur deux critères ? Réagirait-il de la même façon si tous les gains étaient multipliés par 100 ?

Autant d'interrogations qui nous laissent à penser qu'un concept primordial pour la prise de décision n'a pas été pris en compte dans ces modèles d'espérance mathématique avec ou sans variance. Il s'agit du comportement du décideur par rapport au risque, comportement qui varie avec le montant de l'enjeu ou, ce qui revient au même, avec la « fortune » initiale du joueur.

Le couple espérance et variance ne prend pas en compte de manière satisfaisante le risque.

Pour prendre en compte la manière dont le décideur appréhende le risque, on utilise une fonction particulière, la fonction d'utilité Von Neumann et Morgenstern.

III. Introduction de la fonction d'utilité de Von Neumann et Morgenstern[1]

1. Remarque préliminaire importante

Il ne faut pas confondre l'utilité de Von Neumann et Morgenstern dont il est question ici avec l'*utilité* au sens des économistes où la notion d'incertitude n'apparaît pas. Dans ce cas, l'*utilité* d'un individu traduit par exemple la satisfaction que lui procure la possession « certaine » d'une somme monétaire, d'un panier de biens matériels (ex : panier de la ménagère) ou immatériels (ex : temps de loisir, beauté d'un paysage).

2. La fonction d'utilité est monotone pour les valeurs monétaires

Lorsque la conséquence d'une action se traduit en terme de gain monétaire, un décideur rationnel est d'autant plus satisfait que le montant est élevé. Ainsi, pour deux gains x' et x" tels que x' > x" on a : U (x') > U (x") : U est croissante. Si l'on considère non plus des gains mais des coûts, on montre que U est décroissante.

Pour les valeurs monétaires, U est soit croissante continue, soit décroissante continue, on dit qu'elle est monotone.

3. Évaluation de la fonction d'utilité dans le cas où elle est monotone croissante[2]

L'utilité est une notion relative et non absolue.

Ainsi on fixe le repère (origine et unité) en posant $U(x^*) = 1$ et $U(x^0) = 0$ où x^* est la meilleure performance d'un projet et x^0 la pire. Notons que ces performances sont éventuellement fictives.

---

1. *Cf.* J. Von Neumann et O. Morgenstern (2004).
2. La méthode présentée est très facilement transposable au cas où la fonction d'utilité serait monotone décroissante.

Ceci étant posé, on interroge le décideur, en lui faisant comparer des loteries judicieusement choisies[1], pour obtenir des valeurs de la fonction U entre ces deux valeurs extrêmes (cf. exemple traité au § VI). Si, entre deux loteries de même espérance, celui-ci préfère systématiquement celle dont les gains sont certains à celle dont les gains sont risqués, on dit qu'il a de l'**aversion pour le risque et sa fonction d'utilité est concave** (cf. figure 2). Dans le cas contraire, on dit qu'il a du **goût pour le risque et sa fonction d'utilité est convexe** (cf. figure 3). S'il est systématiquement indifférent entre ces deux loteries, son comportement face au risque est **neutre et sa fonction d'utilité est une droite** (cf. figure 5).

La forme de la fonction obtenue nous renseigne donc sur la façon dont le décideur perçoit le risque.

Si le joueur qui achète un billet de Loto a du goût pour le risque (espérance de gain inférieure au prix du ticket), l'investisseur ayant à choisir le meilleur projet a toujours de l'aversion pour le risque.

Si cette aversion n'est pas trop importante (cas des projets qui n'engagent pas beaucoup de capitaux relativement à sa capacité à payer), on peut faire l'hypothèse qu'il est neutre.

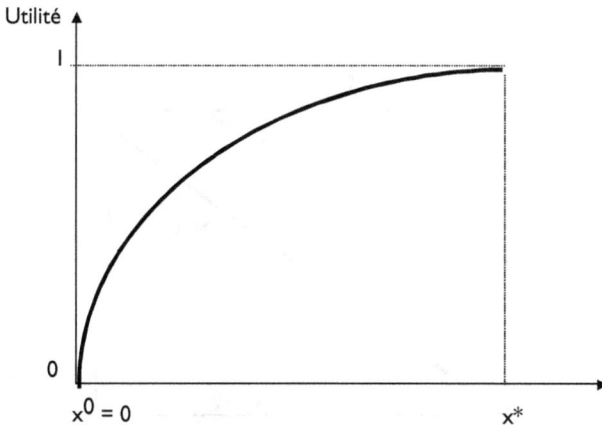

Fig. 2 : Aversion pour le risque – fonction d'utilité concave (avec $x^0 = 0$).

---

1. Nous ne rentrons pas dans les détails ici mais notons que différentes techniques de comparaisons de loteries ont été mises au point pour *encoder* le mieux possible la fonction d'utilité en limitant certains biais (ex : technique de la probabilité variable, technique de la conséquence variable).

Exemple : Investisseur « standard ».

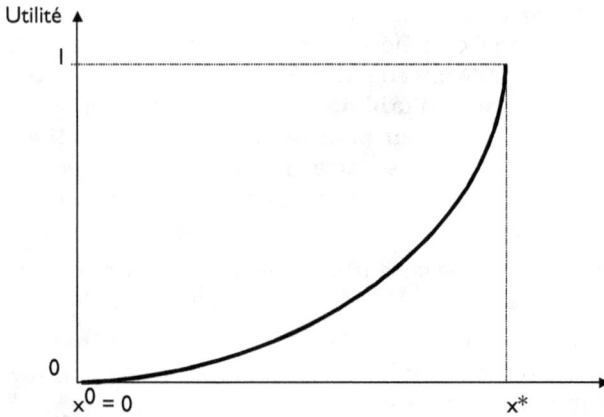

Fig. 3 : Goût pour le risque – fonction d'utilité convexe (avec $x^0 = 0$).

Exemple : Joueur de Loto.

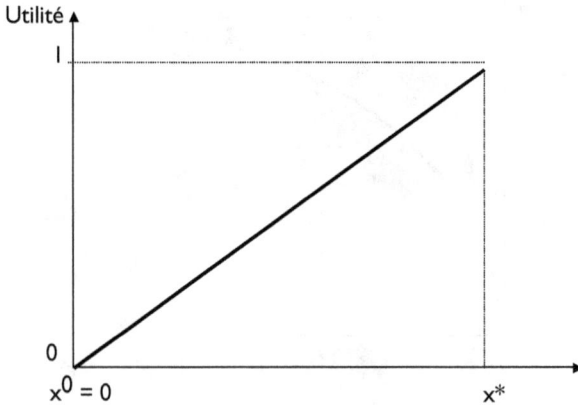

Fig. 4 : Neutralité face au risque – fonction d'utilité linéaire (avec $x^0 = 0$).

Exemple : Investisseur ayant des ressources importantes (ex : grande entreprise semi-publique comme EDF).

En résumé, si l'on sait que la fonction d'utilité est monotone croissante et que l'on a des informations quant au comportement du décideur face au risque, alors, à partir de quelques points seulement, on peut déterminer la courbe de la fonction d'utilité soit par extrapolation à main levée, soit par l'identification des paramètres d'une fonction type appropriée (ex : exponentielle, puissance, logarithmique).

4. Notion d'équivalent certain

4.1. Que signifie équivalent certain d'une loterie ?

L'équivalent certain d'une loterie L, noté EC (L) est le montant pour lequel un individu est indifférent entre avoir la loterie ou bien ce montant de façon certaine.

Exemple

Prenons l'exemple d'un jeune diplômé à la recherche d'un emploi. Une entreprise (E1) lui propose un emploi « A » dont le salaire ne serait pas fixe mais dépendrait de la conjoncture (et non pas de lui). Il pourrait gagner 4 000 € nets par mois si la conjoncture était favorable (probabilité 0,75) et seulement 1 500 € nets si la conjoncture ne l'était pas (probabilité de 0,25). C'est une loterie notée L_A.

Une autre entreprise (E2) lui propose un travail tout aussi intéressant « B » avec un salaire net fixe mensuel de 2 500 €. Le jeune diplômé est sur le point de choisir A lorsque l'entreprise E2 lui fait une autre proposition de salaire pour l'emploi B ; 3 000 € fixe par mois. Finalement il choisit B.

Cela signifie que l'équivalent certain de la loterie L_A, EC (L_A) est compris entre 2 500 € et 3 000 €.

On remarque que EC (L_A) est plus petit que l'espérance de la loterie E (L) qui vaut :

$$0,75 \times 4\ 000 + 0,25 \times 1\ 500 = 3\ 375\ €.$$

Cela signifie que le jeune diplômé a de l'aversion au risque. Sa fonction d'utilité est donc concave.

4.2. Expression mathématique de l'équivalent certain

Par définition, l'utilité de l'équivalent certain est égale à l'espérance de l'utilité de la loterie :

$$U\ (EC\ (L)) = E\ [U\ (L)].$$

Par conséquent, EC (L) est l'image réciproque de E [U (L)] par la fonction U :

$$EC (L) = U^{-1} [E [U (L)]].$$

4.3. Équivalent certain et aversion au risque[1]

Un décideur a de l'aversion pour le risque s'il préfère la valeur espérée de toute loterie L non dégénérée (i.e. non réduite à un gain certain) à la loterie elle-même. Dans ce cas l'équivalent certain de la loterie, noté EC (L) est inférieur à l'espérance E (L) de cette loterie :

$$EC (L) < E (L)$$

Prime de risque

On note π, la différence : E (L) – EC (L). C'est la prime de risque qui traduit l'aversion du décideur face au risque (cf. figure 5).

La prime de risque π est d'autant plus grande que la fonction d'utilité est concave. π diminue avec la fortune initiale du décideur.

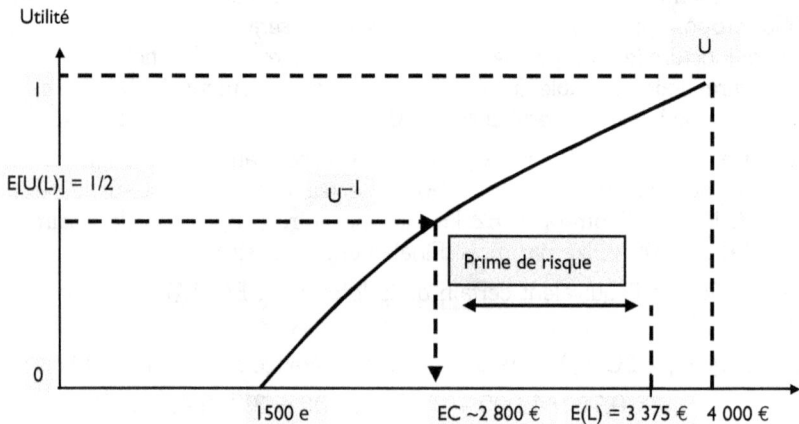

Fig. 5 : Visualisation de la prime de risque dans l'exemple du chercheur d'emploi.

> *Plus l'aversion au risque du décideur est marquée, plus la prime de risque est grande.*

---

1. *Cf.* F. Bancel et A. Richard (1995).

IV. Quels critères de rentabilité économique en univers risqué ?

L'objectif de ce paragraphe est de présenter les principaux critères (ou outils) utilisés pour sélectionner un investissement en univers risqué (on connaît les probabilités des états du monde). Ces critères prennent en compte le rendement et le risque qui sont les deux facteurs essentiels en matière de choix d'investissement.

Certains sont basés sur le couple espérance-variance. D'autres, plus sophistiqués prennent en compte l'aversion du décideur face au risque : ce sont les modèles qui intègrent la fonction d'utilité.

Pour utiliser ces critères, on a deux façons d'appréhender le problème :

- Soit, on part de la matrice des performances conditionnelles (B_i^j) où B_i^j est la performance du projet i sur toute sa durée de vie, pour le scénario j (ex : VAN),
- Soit, on part de la matrice des $FNTi_t$ annuels pour le projet i conditionnés par les scénarios.

Cette matrice détaillée peut être utile lorsque le décideur a besoin de visualiser le profil temporel du projet, c'est-à-dire l'évolution dans le temps des FNT (projet à durée de vie longue par exemple).

1. Critères basés sur la matrice des performances (B_i^j)

1.1. Le critère de Pascal

On maximise l'espérance E (B_i^j) calculée pour chaque projet i.

L'utilisation de ce critère suppose que le décideur est neutre vis-à-vis du risque.

1.2. Le critère de Markowitz

Par projet i, on calcule M_i = E $(B_i^j) - \lambda\sigma(B_i^j)$ avec λ coefficient d'autant plus élevé que le décideur est frileux vis-à-vis du risque. On choisira le projet qui maximise M_i.

1.3. Le critère de Bernoulli

Par projet i, on calcule $B_i = \sum_j p_j \ln(B_i^j)$ avec ln fonction logarithme népérien

jouant le rôle d'une fonction d'utilité concave et p_j, probabilité associée au scénario S_j. On choisira le projet qui maximise B_i.

2. Critères basés sur la matrice des $FNTi_t$ annuels

Deux méthodes peuvent être utilisées : la méthode de l'équivalent certain et celle du taux d'actualisation risqué.

2.1. Méthode de l'équivalent certain

Année par année, on détermine l'équivalent certain $EC(FNT_t)$ de la « loterie » des FNT_t conditionnés par les scénarios.

La valeur de cet équivalent certain dépend de la forme de la fonction d'utilité U.

Dans la pratique et dans un but simplificateur, on détermine, pour le décideur, un coefficient d'ajustement $\alpha_t < 1$ et d'autant plus petit que la fonction U est concave (i.e. que l'aversion du décideur face au risque est forte). En théorie :

$$\alpha_t = \frac{EC(FNT_t)}{E(FNT_t)}$$

Ce coefficient dépend du temps (a priori, il diminue avec le temps). On essaye de l'estimer pratiquement et on fait l'hypothèse que : $EC(FNT_t) = \alpha_t\, E(FNT_t)$.

Ainsi, le critère que l'on utilise est $VAN = -I_0 + \sum_t \alpha_t \dfrac{E(FNT_t)}{(1+a)^t}$

Cela conduit à avoir un traitement séparé du risque et du temps.

2.2. Méthode du taux d'actualisation risqué

Dans le calcul de la VAN, on utilise un taux d'actualisation risqué, supérieur au taux normal sans risque.

a_r = taux d'actualisation sans risque + prime de risque

La prime de risque exprimée en pourcentage est d'autant plus élevée que le projet considéré est risqué.

$$VAN = -I_0 + \sum_t \frac{E(FNT_t)}{(1+a_r)^t}$$

Avec cette méthode, on fait l'hypothèse que l'aversion au risque augmente avec le temps. Ceci est le plus souvent le cas mais la méthode est biaisée si l'aversion au risque n'est pas fonction du temps.

2.3. Comparaison des deux méthodes

On se référera à la figure ci-après.

Si le risque (plus exactement l'aversion au risque) augmente avec le temps, la méthode du taux d'actualisation risqué convient. En revanche, si le niveau de risque n'est pas fonction du temps, le choix de la méthode de l'équivalent certain est meilleur (sans biais).

> **Remarque**
>
> Comme nous l'avons signalé au chapitre 4, pour l'analyse coûts-bénéfices (ACB), il est préférable de séparer le traitement du risque et du temps. Il convient donc d'utiliser la méthode de l'équivalent certain pour les investissements publics.

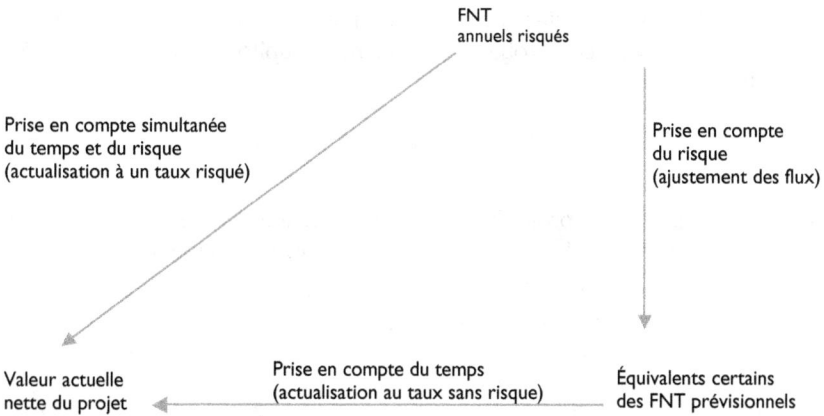

Fig. 6 : Comparaison de la méthode de l'équivalent certain et de la méthode du taux d'actualisation risqué[1].

Nous venons de présenter des méthodes en univers risqué (scénarios probabilisables). Que faire lorsque les scénarios ne sont pas probabilisables objectivement ?

V. Quels critères en univers incertain non probabilisable ?

En univers incertain, il est difficile de choisir le meilleur projet dans une liste de projets présélectionnés. Certaines règles de choix sont néanmoins disponibles, et comme nous le verrons sur un exemple, elles conduisent à des conclusions différentes.

On se base sur la matrice des performances conditionnelles (B_i^j).

---

1. *Cf.* B. Husson & H. Jordan (1988).

1. Les critères utilisés en univers incertain

On dispose d'une matrice de performances conditionnelles : pour chaque projet, une performance par scénario (VAN par exemple).

1.1. Le critère de Laplace : on maximise la moyenne des performances

On calcule pour chaque projet la moyenne des performances conditionnelles et on choisit celui qui fournit la moyenne la plus élevée.

Cela revient à utiliser le critère de Pascal en faisant l'hypothèse que les états du monde envisagés sont équiprobables (pondération uniforme des différents états du monde).

1.2. Le critère de Bernoulli : on maximise la moyenne du logarithme népérien des performances

On calcule pour chaque projet la moyenne de l'utilité des performances conditionnelles, l'utilité étant définie par la fonction logarithme népérien.

En univers incertain, le critère de Bernoulli est donc fondé sur l'hypothèse d'équiprobabilité des états du monde possibles.

1.3. Le critère de Wald ou Maximin : on maximise la performance la plus faible

On maximise le résultat minimum obtenu pour chaque projet, c'est-à-dire que l'on juge un projet sur la base de l'état qui lui est le plus défavorable.

Il s'agit d'un critère « pessimiste » ou « prudent » qui limite le risque.

1.4. Le critère du Maximax : on maximise la plus grande performance

L'attitude est ici l'opposé de la précédente : retenir pour chaque stratégie le résultat le plus favorable et choisir le projet associé au meilleur de ces résultats.

Ce critère est optimiste puisqu'il laisse espérer le profit maximum. Mais il peut être assorti du risque maximum car il ne tient pas compte des pertes éventuelles associées au projet dans le cadre des autres scénarios.

1.5. Le critère de Hurwicz : on maximise une somme pondérée de la meilleure et de la plus mauvaise performance

On définit un degré de pessimisme (α) et un degré d'optimisme ($1 - \alpha$) puis, pour chaque stratégie, on sélectionne le pire et le meilleur résultat. On calcule ensuite une combinaison linéaire de ces performances en pondérant la pire par α et la meilleure par $(1 - \alpha)$.

Le critère de Hurwicz consiste alors à maximiser cette combinaison linéaire. Pour $\alpha = 0$ (décideur très optimiste), on retrouve le critère du Maximax et pour $\alpha = 1$ (décideur très pessimiste), le critère du Maximin (Wald).

Si l'on ne sait pas fixer a priori de valeur à α, on peut calculer la valeur de α pour laquelle les décisions sont équivalentes. Cela permet de définir les domaines où chacune des décisions est la meilleure.

1.6. Le critère de Savage ou Minimax : on minimise le regret maximal que pourrait entraîner un mauvais choix

L'utilisation du critère de Savage oblige à construire une nouvelle matrice, la matrice des **regrets** conditionnels.

Le regret (ou « manque à gagner ») est la différence entre la performance maximale pouvant être obtenue dans le cadre d'un scénario donné et celle qui est obtenue pour ce même scénario compte tenu de la décision retenue.

Le critère du Minimax conduit à choisir le projet qui minimise le regret maximum.

Illustration de la notion de regret avec un exemple simple

Un individu part travailler le matin en ayant aucune information sur le temps qu'il devrait faire dans la journée.

Deux scénarios sont envisageables : S_1 : il pleut, S_2 : il ne pleut pas. Aucune probabilité n'est affectée à ces deux états du monde. L'individu doit-t-il prendre un parapluie ?

Pour l'aider dans sa décision, on dresse la matrice des regrets conditionnels et on applique le critère de Savage minimisant le regret maximum.

Tableau 4 – **Matrice des regrets :**

	Parapluie	Pas de parapluie
S_1 : il pleut	0	++
S_2 : il ne pleut pas	+	0
Regret Maximum	+	++

Le critère de Savage préconise de prendre un parapluie.

2. Exemple d'application

Un investisseur doit choisir un projet parmi une liste de projets présélectionnés : Projet A, B, C ou D.

Les performances de ces projets dépendent du contexte. Trois scénarios (S_1, S_2 et S_3) ont été mis en évidence pour décrire les configurations possibles de ce contexte mais il n'a pas été possible de leur attribuer des probabilités objectives. Les performances conditionnelles des 4 projets sont données dans la matrice ci-dessous.

Tableau 5 – **Matrice des performances conditionnelles (VAN conditionnelles en k€)**

État du monde / Projet	S_1	S_2	S_3	Moyenne	Moyenne des logarithmes	Minimum	Maximum	α Min + (1 – α) Max (α = 0,5)
A	11	15	16	42/3 = 14	**7,88/3 = 2,63**	**11**	16	13,5
B	7	21	10	38/3 = 12,7	7,29/3 = 2,43	7	21	14
C	5	16	22	**43/3 = 14,3**	7,47/3 = 2,49	5	22	13,5
D	8	9	25	42/3 = 14	7,5/3 = 2,5	8	**25**	**16,5**
				Laplace $\Rightarrow$ C	Bernoulli $\Rightarrow$ A	Wald $\Rightarrow$ A	Maximax $\Rightarrow$ D	Hurwicz (α = 0,5) $\Rightarrow$ D

Le critère de Laplace conduit à choisir C, les critères de Bernoulli et de Wald, A et les critères du Maximax et de Hurwicz, D.

Que préconise le critère de Savage ?

Tableau 6 – **Matrice des regrets conditionnels**

État du monde / Projet	S_1	S_2	S_3	Maximum
A	0	6	9	9
B	4	0	15	15
C	6	5	3	**6**
D	3	12	0	12
				Savage $\Rightarrow$ C

Avec le critère de Savage, on choisit C, puis A, puis D et en dernier B : C > A > D > B.

Comme nous le montrons ci-dessous, le classement des projets suivant ce critère n'est pas stable lorsque l'on ajoute à la liste un nouveau projet.

Tableau 7 – **Matrice des performances conditionnelles avec un nouveau projet E**

État du monde / Projet	S_1	S_2	S_3
A	11	15	16
B	7	21	10
C	5	16	22
D	8	9	25
E	25	10	9

Tableau 8 – **Matrice des regrets conditionnels**

État du monde / Projet	S_1	S_2	S_3	Maximum
A	14	6	9	**14**
B	18	0	15	18
C	20	5	3	20
D	17	12	0	17
E	0	11	16	16
				Savage ⇒ A

Le nouveau classement est le suivant A > E > D > B > C.

Le projet C, qui était choisi précédemment, se retrouve en dernière position !

Comme le critère de Savage n'est pas stable lorsque l'on modifie la liste des projets présélectionnés, il n'est pas souvent utilisé. ¹

3. Quel critère retenir ?

Les critères présentés ci-dessus conduisent à des choix très différents et il serait hasardeux de vouloir définir le critère idéal. En univers incertain, le décideur n'a qu'une connaissance limitée des facteurs agissant sur sa décision. Il n'est pas étonnant, dans ces conditions, qu'on ne puisse pas énoncer une règle unique et infaillible. Le propre jugement de l'individu et son comportement face au risque sont ici déterminants. Le risque maximum, dans la mesure où il peut être ou non supporté, reste encore le meilleur guide dans le choix d'un critère.

VI. Comment réduire le risque ?

Une des préoccupations du décideur ayant à se prononcer sur un investissement est de diminuer le risque qui pèse sur les conséquences de son choix ou bien de s'en prémunir. Plusieurs possibilités s'offrent à lui : collecter davantage d'information sur les états du monde, souscrire à un contrat d'assurance, diversifier les risques ou opter pour un investissement « fongible ».

1. La collecte d'information

Pour diminuer le risque, l'investisseur peut être tenté de récolter de l'information supplémentaire. Par exemple, pour mieux connaître la réponse du marché à la mise en vente d'un nouveau produit, il peut approfondir encore l'étude de marché qu'il a réalisée lors de l'élaboration des grilles d'information (*cf.* ch. 2, partie II).

Cependant, la collecte d'information coûte cher. Combien est-il prêt à payer pour cette recherche d'information supplémentaire ?

D'un point de vue théorique, on peut répondre à cette question en estimant la **valeur espérée de l'information parfaite** (VEIP)[1], c'est-à-dire le gain supplémentaire qu'il aurait s'il était en situation de certitude.

1.1. Notion de valeur espérée de l'information parfaite[2]

On se place en univers risqué. Le raisonnement est identique en univers incertain : il suffit de considérer non pas l'espérance mais la moyenne.

Si l'on considère la notion de regret (*cf.* paragraphe ci-dessus), on constate que pour chaque scénario, la relation suivante est vérifiée :

Espérance des performances + Espérance des regrets = Constante

---

1. En anglais, *Expected Value Parfait Information (EVPI)*.
2. *Cf.* Cours de M. Pindard, ESC Rouen (1999).

214

Il se trouve que la constante est l'espérance des performances attendues en univers certain, c'est-à-dire avec une information parfaite sur les états du monde. Les performances attendues en certitude sont les meilleures performances pour chacun des scénarios comme si le décideur savait à l'avance quel scénario allait se réaliser et prenait la meilleure décision pour ce scénario.

Imaginons par exemple un joueur de Loto qui n'accepte de payer son billet que dans le cas où il serait gagnant.

L'espérance attendue des performances (en environnement certain) serait donc :

$E_{Certitude}$ (gains) = Probabilité du billet perdant $\times$ (0) + Probabilité du billet gagnant $\times$ (gain – prix du billet[1]).

En réalité (environnement risqué), l'espérance des gains est :

E (gains) = Probabilité du billet perdant $\times$ (– prix du billet) + Probabilité du billet gagnant $\times$ (gain – prix du billet).

Le joueur serait donc prêt à payer jusqu'à la somme, $S = E_{Certitude}$ (gains) – E (gains), pour savoir à l'avance si ses numéros sont gagnants ou non. S est la valeur espérée de l'information parfaite. **C'est l'espérance des regrets.**

1.2. Calcul de la valeur espérée de l'information parfaite

Nous considérons à nouveau l'exemple traité au paragraphe V (univers incertain).

Tableau 9 – **Matrice des performances conditionnelles (k€)**

Projet \ État du monde	S_1	S_2	S_3	Moyenne des performances
A	11	15	16	42/3
B	7	21	10	38/3
C	**5**	**16**	**22**	**43/3**
D	8	9	25	42/3

_____

1. Avec prix du billet < gain.

Tableau 10 – **Matrice des regrets conditionnels (k€)**

État du monde / Projet	S_1	S_2	S_3	Moyenne des regrets
A	0	6	9	15/3
B	4	0	15	19/3
C	6	5	3	14/3
D	3	12	0	15/3

Tableau 11 – **Moyenne des Performances + Moyenne des regrets**

Projet	Moyenne des performances	Moyenne des regrets	Moyenne des Performances + Moyenne des regrets
A	42/3	15/3	57/3
B	38/3	19/3	57/3
C	43/3	14/3	57/3
D	42/3	15/3	57/3

La performance attendue en environnement certain est 57/3 = 19 k€. L'investisseur ne peut espérer gagner plus.

S'il choisit le projet C qui lui procure une moyenne des performances maximale (règle de Laplace), il est prêt, pour améliorer sa connaissance des états du monde à payer la somme :

S = Performance attendue en certitude – Moyenne des performances

S n'est autre que la moyenne des regrets pour le projet C. **S** = 14/3 = 4,67 k€.

> *La valeur espérée de l'information parfaite est la moyenne des regrets pour la stratégie choisie.*

Cette notion de valeur espérée de l'information parfaite est reprise au chapitre 7 avec les modèles de décision séquentiels où le décideur s'accorde la possibilité d'attendre afin que des informations supplémentaires sur les états du monde se révèlent. Dans ce cas, on parle de valeur d'option.

2. La souscription à des contrats d'assurance

Au lieu de rechercher de l'information supplémentaire, l'investisseur peut souscrire à des contrats d'assurance pour se prémunir contre les pertes en cas d'environnement défavorable. Le prix qu'il est prêt à payer pour ce type de garantie est plafonné par la valeur espérée de l'information parfaite.

3. La diversification : « Ne pas mettre tous ses œufs dans le même panier. »

Lorsque l'investisseur a la possibilité de choisir plusieurs projets dans une liste de projets compatibles (dans le cadre d'un programme par exemple), il peut réduire le risque par la constitution d'un portefeuille de projets dont le risque est inférieur à la somme des risques.

La diversification des projets innovants est par exemple un moyen pour le *capital risqueur* de diminuer les risques qu'il prend lorsqu'il accorde des prêts à des créateurs. C'est aussi la façon de procéder des investisseurs financiers lorsqu'ils constituent des portefeuilles d'actions.

La covariance et le coefficient de corrélation sont des outils mathématiques permettant d'aider l'investisseur à diversifier les risques (*cf.* encadré).

Le regroupement de deux projets dont la covariance est négative et forte en valeur absolue permet une réduction maximale du risque. Plus le coefficient de corrélation se rapproche de -1, plus la diminution du risque est importante car les deux projets varient en sens opposé.

Covariance et coefficient de corrélation pour aider l'investisseur à diversifier les risques

Soit deux variables aléatoires A et B prenant respectivement les valeurs A_j et B_j avec les probabilités p_j.

Covariance

La covariance est un indicateur de la variation simultanée de deux variables autour de leur moyenne.

$$Cov\,(A, B) = E\,[(A - E\,(A))(B - E\,(B))] = \sum_j \{p_j\,(A_j - E\,(A))(B_j - E\,(B))\} = E\,(AB) - E\,(A)\,E\,(B)$$

Si une variable augmente systématiquement quand l'autre diminue, la covariance est négative.

Plus la covariance est élevée en valeur absolue, plus l'intensité du lien est forte.

> *Coefficient de corrélation*
> Le coefficient de corrélation mesure la dépendance relative entre les deux variables.
> $\rho(A, B) = \text{Cov}(A, B)/\sigma(A)\,\sigma(B)$
> Le coefficient de corrélation est sans dimension et toujours compris entre -1 et 1.

Exercice d'application très simple

Plaçons-nous dans le cas où le futur est décrit par quatre situations possibles et considérons les deux actions A et B dont les rentabilités prévisibles sont données dans le tableau suivant :

Tableau 12 – **Rentabilité des actions (en %)**

État du monde / Action	S_1 $(p_1 = 0,1)$	S_2 $(p_2 = 0,2)$	S_3 $(p_3 = 0,3)$	S_4 $(p_4 = 0,4)$
A	30	20	10	0
B	– 10	0	10	20

Au lieu de souscrire à une seule action, A ou B, quelle combinaison de A et de B permet de minimiser les risques sans changer l'espérance de gain ?

Justifier avec des calculs.

Tableau 13 – **Calcul de l'espérance et de l'écart-type**

État du monde / Action	Espérance	Écart-type
A	10	10
B	10	10
AB	0	

Les deux placements ont la même rentabilité espérée et le même écart type. Il laisse l'investisseur financier indifférent.

$\text{Cov}(A, B) = E(AB) - E(A)\,E(B) = 0 - 10 \times 10 = -100.$

$\rho(A, B) = \text{Cov}(A, B)/\sigma(A)\,\sigma(B) = -100/10 \times 10 = -1$

Un portefeuille constitué de 50 % d'actions A et de 50 % d'actions B permet de réduire totalement le risque. L'espérance du rendement serait de 10 % et le risque nul.

Limites de la diversification

Certains risques ne peuvent pas être éliminés de cette manière car ils affectent en même temps tous les investissements : il s'agit des risques **systématiques** ou **non diversifiables** (ex : mauvaise conjoncture économique au niveau mondial touchant simultanément tous les marchés financiers).

4. Fongibilité de l'investissement

L'investisseur peut limiter les risques en optant pour un investissement « fongible », la fongibilité désignant notamment le caractère d'actif pour lequel il existe un marché secondaire ou de deuxième main pour récupérer la liquidité en cas de problème. Cela nous conduit à considérer la flexibilité de l'investissement, notion primordiale traitée au chapitre suivant.

VII. Exercice[1] : Faut-il lancer une campagne de publicité ?

1. Énoncé

Une entreprise dont le bénéfice dépend de la réaction du marché vis-à-vis du produit phare qu'elle commercialise, s'interroge sur l'opportunité de réaliser un investissement dans une campagne de publicité. On note p la probabilité de réaction favorable du marché. (1–p) est la probabilité de réaction défavorable.

Tableau 14 – **Tableau de données (sans publicité)**

	Réaction favorable (p)	**Réaction défavorable (1 – p)**
Bénéfice	4x	x

Cette campagne de publicité (lui coûtant x) réalisée en début d'année lui permettrait de doubler son bénéfice de l'année en cas de réaction favorable et n'aurait aucun effet en cas de réaction défavorable.

---

1. Inspiré d'un exercice figurant dans l'ouvrage de Ph. Vallin et D. Vanderpooten (2002).

1 On fait dans un premier temps l'hypothèse que le décideur est neutre face au risque.

Donner la valeur minimale de la probabilité p conduisant à préférer le lancement de la campagne publicitaire.

2 On suppose maintenant que le décideur a une aversion au risque. Pour la mesurer, on lui demande de se prononcer sur des comparaisons de loteries.

La notation (y ; z ; p) représente une loterie où il gagne y avec la probabilité p et z avec la probabilité 1 – p.

Il est indifférent entre : (4x ; x ; 0,5) et (7x ; 0 ; 0,5).

Il est indifférent entre : (4x ; x ; 0,8) et (7x ; x ; 0,4).

Indiquer dans ce cas, la valeur minimale de p conduisant à préférer la campagne de publicité.

2. Éléments de correction

2.1. Valeur minimale de la probabilité p conduisant à préférer le lancement de la campagne publicitaire

Dans l'hypothèse où le décideur est neutre vis-à-vis du risque, on utilise le critère de l'espérance de gain.

Déterminons p^* telle que E [GAIN (Pub)] = E (GAIN (pas Pub)].

$\Rightarrow p^*7x + 0 = p^*4x + (1 - p^*) x$

$p^* = 1/4 = 25\ \%$.

Si la probabilité de réaction favorable est supérieure à 25 %, le décideur choisit de lancer la campagne de publicité.

2.2. On suppose maintenant que le décideur a une aversion au risque

Comme 0 est la moins bonne performance U (0) = 0. Comme 7x est la meilleure performance U (7x) = 1.

Informations apportées par les comparaisons de loteries

Le décideur est indifférent entre : (4x ; x ; 0,5) et (7x ; 0 ; 0,5).

$\Rightarrow 0,5U\ (4x) + 0,5U\ (x) = 0,5U\ (7x) + 0,5U\ (0) = 0,5$

$\Rightarrow U\ (4x) + U\ (x) = 1$.

Il est indifférent entre : (4x ; x ; 0,8) et (7x ; x ; 0,4).

$\Rightarrow 0{,}8U\,(4x) + 0{,}2U\,(x) = 0{,}4U\,(7x) + 0{,}6U\,(x) = 0{,}4 + 0{,}6U\,(x)$

$\Rightarrow 2U\,(4x) - U\,(x) = 1.$

En résumé :

$$\begin{cases} U\,(4x) + U\,(x) = 1. \\ 2U\,(4x) - U\,(x) = 1. \end{cases}$$

$\Rightarrow U\,(4x) = 2/3$ et $U\,(x) = 1/3.$

Valeur minimale de p conduisant à préférer la campagne de publicité

La probabilité de basculement p^* vérifie la relation :

$E\,[U\,(GAIN\,(Pub))] = E\,[U\,(GAIN\,(pas\ Pub))].$

$\Rightarrow p^*U\,(7x) + (1 - p^*)\,U\,(0) = p^*U\,(4x) + (1 - p^*)\,U\,(x).$

$\Rightarrow p^* = p^*U\,(4x) + (1 - p^*)\,U\,(x).$

$p^* = 1/2 = 50\ \%.$

Si la probabilité de réaction favorable est supérieure à 50 %, le décideur choisit de lancer la campagne de publicité.

On vérifie que la prise en compte de l'aversion au risque du décideur augmente la valeur de la probabilité de l'état favorable pour laquelle il prend le « risque » de lancer une campagne de publicité.

Conclusion

Quels sont les critères disponibles, pour classer les stratégies (ou projets P_i) à partir de la matrice des performances (B_i^j) conditionnées par les scénario S_j ?

Nous listons les principaux dans le tableau ci-après :

Critère	Définition (dans le cas où B_i^j est à maximiser)	Connaissance des probabilités affectées aux événements	Comportement du décideur/ risque
Laplace ou Maximiser la Moyenne	$Max_i \, (Moyenne_j \, (B_i^j))$	Non	Indifférent
Bernoulli avec événements équiprobables ou Maximiser la moyenne de l'utilité définie par le logarithme népérien	$Max_i \, (Moyenne_j \, (ln \, (B_i^j)))$	Non	Aversion
Maximax ou Maximiser la meilleure performance	$Max_i \, (Maximum_j \, (B_i^j))$	Non	Goût (optimiste)
Wald ou Maximin : Maximiser la moins bonne performance	$Max_i \, (Minimum_j \, (B_i^j))$	Non	Aversion (pessimiste)
Le critère de Hurwicz	$Max_i \, (\alpha \, Minimum_j \, (B_i^j) + (1 - \alpha) \, Maximum_j \, (B_i^j))$	Non	Dépend de la valeur de α
Savage ou Minimax — Notion de manque à gagner : on minimise le regret maximum	$Min_i \, (Maximum_j \, R_i^j)^*$	Non	Aversion
Maximiser la moyenne de l'utilité de Von Neumann et Morgenstern	$Max_i \, (Moyenne_j \, (U \, (B_i^j)))^{**}$	Non	Dépend de la forme de U
Pascal ou Maximiser l'espérance	$Max_i \, (E \, (B_i^j))$	Oui	Indifférent
Maximiser l'espérance de l'utilité de Von Neumann et Morgenstern	$Max_i \, (E \, (U \, (B_i^j)))^{**}$	Oui	Dépend de la forme de U
Markowitz	$Max_i \, (E \, (B_i^j) - \lambda \sigma(B_i^j))$	Oui	Dépend de la valeur de λ
Bernoulli ou Maximiser l'espérance de l'utilité définie par le logarithme népérien	$Max_i \, (E \, (ln \, (B_i^j))$	Oui	Aversion

(*) où R_i^j est le regret associé a B_i^j.

(**) où la fonction U est à évaluer en questionnant le décideur.

À partir du tableau des FNT annuels conditionnés par les scénarios, on peut utiliser :

– la méthode de l'équivalent certain,
– la méthode du taux d'actualisation risqué.

Le choix de ces critères de décision dépend des *préférences* du décideur, celles-ci pouvant être révélées par des tests appropriés ou des entretiens.

Parallèlement, il est possible de calculer des indicateurs mesurant le risque associé aux décisions comme :

- l'écart-type,
- ou la valeur espérée de l'information parfaite qui correspond à la somme d'argent que le décideur est prêt à payer pour améliorer son information et diminuer le risque.

Notons que s'il s'agit d'une séquence de décisions à prendre dans le temps, un « arbre de décision » s'impose. Cela fait l'objet du chapitre suivant.

Bibliographie de référence

BANCEL F. et RICHARD A., *Choix d'investissement ; Méthodes traditionnelles, flexibilité et analyse stratégique*, Gestion, Économica, 1995.

CARLUER F. et RICHARD A., *Analyse stratégique de la décision, L'économie en plus*, Presses universitaires de Grenoble, 2002.

HUSSON B. et JORDAN H., *Le choix des investissements*, 1re Édition, Collection française, J. DELMAS et Cie, 1988.

PINDARD M., Cours de méthodes quantitatives, École supérieure de commerce de Rouen, 1999.

VALLIN Ph. et VANDERPOOTEN D., *Aide à la décision : Une approche par les cas*, 2e édition, Gestion, Mathématique, Informatique, Ellipses, 2002.

VON NEUMANN J. et MORGENSTERN O., *Theory of Games and Economic Behavior*, nouvelle édition, Princeton University Press, Princeton, 2004.

Chapitre 7

Modèles de décision séquentiels : une vision dynamique de l'investissement

« Hésiter, c'est déjà prendre une décision. »

Stanislaw Jerzy Lec

Dans les chapitres qui précèdent, nous avons abordé des situations dans lesquelles l'investisseur n'avait qu'une seule décision à prendre : choix du meilleur projet à la date initiale, $t_0 = 0$. Dans la réalité, pour les investissements lourds, il arrive souvent que le projet soit fractionné en différentes étapes ou **tranches d'investissement** étalées dans le temps (limitation des risques, *cf.* chapitre introductif). Le décideur ne doit plus faire un seul choix en t_0 mais une succession de choix à des dates t_i, généralement prédéfinies. À chaque date t_i, il se demande quelle est la tranche d'investissement la plus favorable compte tenu de l'information disponible. En t_0, il doit connaître *a priori* quelle est la meilleure **séquence de décisions** pour chacun des scénarios envisageables sur l'environnement du projet (vision dynamique du projet en t_0).

Pour mener cette analyse, il devient très vite compliqué d'élaborer une matrice de performances conditionnelles puisque, à chaque date t_i, on dispose d'un ensemble de variantes envisageables quant aux tranches du projet dont les conséquences dépendent de scénarios, eux-mêmes évolutifs. On utilise alors un procédé relativement simple dans son principe, mais doté de grandes possibilités : **l'arbre de décision**.

Dans ce chapitre, on montre que ce procédé s'applique à des situations autres que celles des investissements fractionnés. D'une façon générale, on l'utilise à chaque fois qu'une séquence de décision est envisageable : tranches d'investissement mais aussi choix quant à la date d'investissement (investir aujourd'hui ou bien attendre) ou encore possibilité de se retirer après une première période d'exploitation.

L'intérêt de l'arbre de décision est maximal lorsque le **niveau d'information augmente** avec le temps. Nous insistons donc sur les modèles de choix d'investissement en information croissante. Ceux-ci sont précieux pour évaluer l'avantage des choix flexibles par rapport aux choix irréversibles (estimation de la **valeur de l'option réelle**).

Néanmoins on peut utiliser l'arbre de décision lorsque l'information initiale sur les états du monde futurs reste constante sur tout l'horizon du projet. Cela fait l'objet du premier paragraphe.

Plan du chapitre

1 Arbre de décision d'un projet en information constante

2 Théorie des options réelles et arbre de décision d'un projet en information croissante

3 Exemples d'application : modèles à gain d'information total

Une étude de cas (secteur éolien) est réalisée en fin de chapitre.

I. Arbre de décision d'un projet en information constante

1. Hypothèses

On considère un projet d'investissement susceptible d'être fractionné en tranches, inséré dans un univers risqué (on peut évaluer objectivement les probabilités de réalisation des états du monde[1]).

---

1. On rappelle que l'on présente uniquement des modèles d'aide à la décision avec des probabilités exogènes (i.e. qui ne dépendent pas des décisions).

Dans ce paragraphe, on suppose que l'information initiale sur les états du monde futurs reste constante sur tout l'horizon du projet.

Dans un premier temps, on fait l'hypothèse que le décideur est neutre vis-à-vis du risque. Le critère de choix retenu est donc la maximisation de l'espérance mathématique de la VAN.

2. Méthodologie de l'analyse par arbre de décision

2.1. Définition

L'arbre de décision est à la fois une illustration graphique qui explicite la séquence des décisions à prendre en même temps qu'un outil d'analyse conduisant à la sélection des actions à adopter.

2.2. Quelles sont les étapes de la méthode ?

À partir d'une liste d'actions envisageables et d'un ensemble de scénarios probabilisés sur l'environnement du projet, les étapes de la méthode de l'arbre de décision sont les suivantes :

Détermination des dates où une décision est à prendre

Il s'agit de situer sur l'échelle de temps, les **fenêtres d'opportunité** où un choix devra être fait. La première fenêtre se situe à l'instant $t_0 = 0$. Ensuite, selon le type d'investissement considéré (ex : nombre de tranches indépendantes), il y a une ou plusieurs fenêtres étalées dans le temps.

Tracé de l'arbre de décision

Pour tracer l'arbre de décision, on fait figurer un **carré** au niveau de chaque fenêtre d'opportunité pour symboliser qu'il y a un choix à faire :

Les conséquences du choix étant conditionnées par des états du monde, on situe dans l'arbre des **ronds**, pour représenter les nœuds d'événements (i.e. les loteries) :

L'alternance entre les carrés (points de décision) et ronds (loteries) est obligatoire. En effet, une séquence de décisions consécutives sans événements intermédiaires impliquerait que la seconde est automatique : il n'y aurait donc de fait qu'une seule décision à prendre. Par ailleurs, la présence de deux nœuds d'événements consécutifs signifierait seulement que l'on est en présence d'événements complexes dont les probabilités composées pourraient être calculées.

Calcul des performances conditionnelles

À partir du graphique, les performances conditionnelles sont calculées pour l'ensemble des points finaux appelés **feuilles**, en fonction des données économiques du problème.

Calcul de l'espérance de la VAN en $t_0 = 0$

Afin de prendre la première décision, on commence à se placer au point de décision le plus à droite, c'est-à-dire le plus éloigné dans le temps. On remonte alors de proche en proche l'arbre de décision en remplaçant successivement chaque nœud d'événements par son résultat espéré (espérance de la VAN) et chaque point de décision par le résultat espéré maximum (Maximisation de l'espérance de la VAN à chaque point de décision).

3. Cas où le décideur n'est pas neutre vis-à-vis du risque

Comme nous l'avons vu au chapitre précédent, le critère maximisation de l'espérance, ne tient pas compte du comportement du décideur vis-à-vis du risque. Pour tenir compte de l'aversion de l'investisseur face au risque, on peut sophistiquer l'analyse en remplaçant chaque nœud d'événements par l'utilité espérée de la VAN (utilité de Von Neumann et Morgenstern) et chaque point de décision par l'utilité espérée maximum.

Une autre façon équivalente de procéder, est de remplacer chaque nœud d'événements par l'équivalent certain de la loterie correspondante.

4. Exemple d'application : Investissement pouvant être fractionné

La meilleure façon de comprendre la technique de l'arbre de décision est de l'appliquer sur un exemple simple.

On considère que l'information est constante et que le décideur est neutre par rapport au risque.

4.1. Énoncé

Dans l'objectif d'augmenter son chiffre d'affaires, le directeur d'une usine souhaite réaliser un investissement de capacité d'une durée de vie estimée à 10 ans. Cependant, un risque pèse sur la demande du produit fabriqué par ce nouvel investissement. Deux états du monde sont envisageables :

- État favorable dans lequel l'ensemble de la production est écoulée sur le marché : demande Forte (F) de probabilité p.

- État défavorable dans lequel une partie seulement de la production est écoulée. Cet état conduit à des pertes car le produit de la vente ne couvre pas les charges d'exploitation : demande faible (f) de probabilité 1 – p.

La configuration de la demande est susceptible de changer dans trois ans (ouverture d'un nouveau marché à l'étranger).

Le directeur envisage donc la possibilité de fractionner l'investissement en deux tranches indépendantes :

une tranche en t = 0, l'autre trois ans plus tard, en t = 3.

En t = 3, il n'aura aucune information supplémentaire sur les états du monde car le succès de son produit à l'étranger n'est pas certain. Les états du monde pendant la première période ([0 ; 3 ans [) sont totalement indépendants des états du monde de la période suivante ([3 ans ; 10 ans]). Notons que ces états resteraient stables pendant la première période et pendant la seconde. Compte tenu du coût du capital de l'entreprise, le taux d'actualisation retenu est de 10 %.

4.2. Données économiques

Les données du problème sont synthétisées dans les tableaux ci-dessous.

Tableau 1 – **Données économiques pour chacune des situations envisageables (FNT en k€)**

	Période 1 [0 ; 3 [			Période 2 [3 ; 10]			
Choix en t = 0	Investissement	Demande forte	Demande faible	Choix en t = 3	Investissement	Demande forte	Demande faible
Totalité de l'investissement	60	45	– 10	Continuation	0	45	– 10
Première tranche	35	25	10	Deuxième tranche	35	45	– 10
				Continuation	0	25	10

On actualise ces données pour t = 0 en utilisant les tables financières tabulant les coefficients d'actualisation et leur somme.

Tableau 2 – **Somme des FNT actualisées par période (en k€)**

Période 1 [0 ; 3 [				Période 2 [3 ; 10]			
Choix en t = 0	Investissement	Demande forte	Demande faible	Choix en t = 3	Investissement	Demande forte	Demande faible
Totalité de l'investis- sement	60	$45 \times 1,736$ $\cong 78$	$-10 \times 1,736$ $\cong -17$	Continuation	0	$45 \times 4,4$ $\cong 198$	$-10 \times 4,4$ $\cong -44$
Première tranche	35	$25 \times 1,736$ $\cong 43$	$-10 \times 1,736$ $\cong 17$	Deuxième tranche	$35 \times 0,7513 \cong 26$	$45 \times 4,4$ $\cong 198$	$-10 \times 4,4$ $\cong -44$
				Continuation	0	$25 \times 4,4$ $\cong 110$	$10 \times 4,4$ $\cong 44$

4.3. Arbre de décision

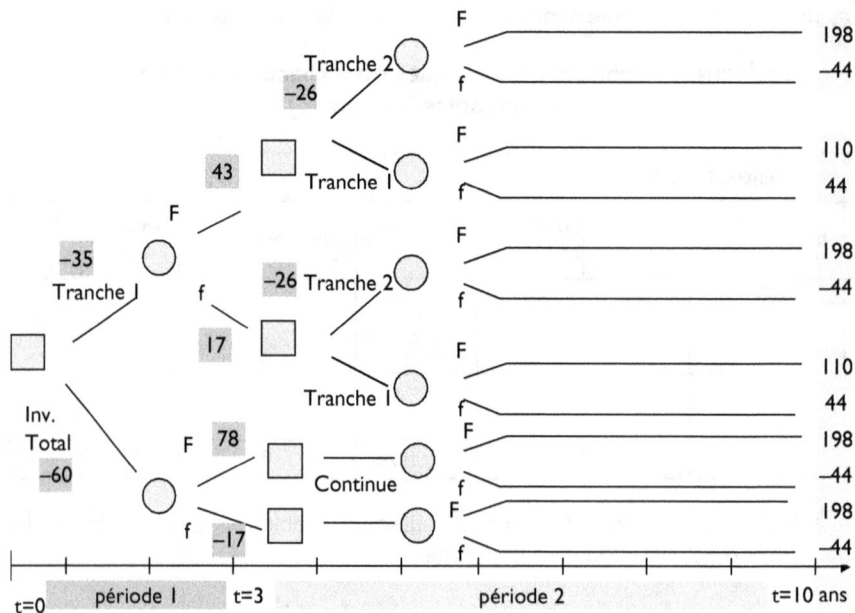

Fig. 1 : Arbre de décision.

4.4. Détermination des VAN à chaque nœud de décision

Nœuds en t = 3

En t = 3, on calcule l'espérance de la VAN d'investir dans la seconde tranche ainsi que celle de continuer seulement la première tranche.

Pour simplifier, l'espérance de la VAN est notée VAN.

VAN $_{(t = 3)}$ (Tranche 2) = $- 26 + 198$ p $- 44$ $(1 - p)$.

VAN $_{(t = 3)}$ (Tranche 1) = 110 p $+ 44$ $(1 - p)$.

On choisit l'option qui maximise la VAN en t = 3.

Nœud en t = 0

En t = 0, on calcule l'espérance de la VAN d'investir seulement dans la tranche 1 et celle de la VAN de réaliser tout de suite la totalité de l'investissement.

VAN $_{(t = 0)}$ (Tranche 1) = $- 35 + 43$ p $+ 17$ $(1 - p)$ + Max {$- 26 + 198$ p $- 44$ $(1 - p)$; 110 p $+ 44$ $(1 - p)$}.

VAN $_{(t = 0)}$ (Invest. total) = $- 60 + 78$ p $- (1 - p)$ $17 + 198$ p $- 44$ $(1 - p)$.

Supposons que la probabilité de l'état favorable soit égale à 50 %.

VAN $_{(t = 3)}$ (Tranche 2) = 51 k€.   VAN $_{(t = 3)}$ (Tranche 1) = 77 k€.

En t = 3 on choisit de continuer avec la tranche 1.

VAN $_{(t = 0)}$ (Tranche 1) = 72 k€.   VAN $_{(t = 0)}$ (Invest. total) = $47,5$ k€.

Pour une probabilité d'état favorable de 50 %, la meilleure décision consiste à investir en t = 0 uniquement dans la première tranche d'investissement et en t = 3 de continuer avec cet investissement sans investir dans la seconde tranche.

Lorsque le projet d'investissement peut être fractionné en tranches, la méthodologie fondée sur l'arbre de décision aide le décideur à faire une série de choix en environnement risqué. Dans ce paragraphe, nous avons fait l'hypothèse que l'information concernant l'environnement était constante. Qu'en est-il lorsque l'information sur la réalisation ou non des différents états du monde évolue dans le temps ? L'investisseur ne va-t-il pas être tenté d'attendre cette information pour investir ? D'une manière générale, ne va-t-il pas préférer, aux choix irréversibles, les choix flexibles pouvant mieux s'adapter à l'environnement ? Mais la flexibilité a un coût.

Dans le paragraphe suivant, nous présentons une méthodologie permettant à l'investisseur bénéficiant d'une information croissante, de se prononcer, entre différents choix de flexibilité variables.

II. Théorie des options réelles et arbre de décision d'un projet en information croissante

1. Décision séquentielle et options réelles

La méthodologie décrite jusqu'à présent permet d'évaluer la rentabilité d'un investissement en univers risqué (pourvu que l'on soit capable d'estimer tous les paramètres nécessaires). Elle n'est pas toujours satisfaisante car elle peut conduire à choisir un investissement (VAN espérée positive) alors qu'il aurait été préférable, par exemple, d'attendre l'arrivée d'une information nouvelle nous indiquant dans quel scénario on se trouve (scénario favorable ou scénario défavorable).

Prendre en compte la possibilité de choisir la date d'engagement implique d'avoir une **vision dynamique** en considérant une séquence de décisions échelonnées dans le temps. L'alternative à la décision d'investir aujourd'hui n'est plus de renoncer à investir, mais de reporter la décision à une date ultérieure pour bénéficier d'informations supplémentaires.

Décider d'investir tout de suite (décision dite irréversible) restreint les possibilités d'actions dans le futur. En revanche, choisir d'attendre (décision réversible) offre la possibilité de reconsidérer la décision ultérieurement : une **option réelle** a été créée. Sa valeur est la différence entre l'espérance de gains que permet la décision d'attendre par rapport à celle d'investir immédiatement.

2. Conditions d'existence des options réelles

Il y a option réelle lorsque trois conditions sont simultanément réunies[1] :

- la **situation est risquée** (ex : risques sur la demande, les prix, la technologie),
- l'investisseur est face à un ensemble de **décisions de flexibilité variable**,
- l'**information** sur la réalisation des états du monde est **croissante** : « *On en saura plus demain sur après-demain que ce que l'on en sait aujourd'hui* ».

2.1. Qu'appelle-t-on décisions de flexibilité variable et quand en rencontre-t-on ?

Un investissement qui ne comporte aucun degré de flexibilité est un investissement irréversible : une fois l'investissement réalisé, l'investisseur n'a pas la possibilité de revenir en arrière car les coûts engagés sont irrécupérables (*sunk costs*). C'est le

---

1. *Cf.* K.J. Arrow et A.C. Fisher (1974) et C. Henry (1974).

cas par exemple d'un investissement qui ne peut pas être reconverti et pour lequel il n'existe pas de marché d'occasion.

Inversement, une décision est d'autant plus flexible que l'éventail des choix ultérieurs est grand. Choisir une décision qui comporte un fort degré de flexibilité ouvre des fenêtres d'opportunité pour l'avenir.

La flexibilité revêt bien des formes[1]. Ce peut être la possibilité de retarder la décision d'investir. Mais d'autres types de décisions flexibles existent : investir en ayant la possibilité d'abandonner, choisir une capacité de production modulable pour s'ajuster à la demande réelle, pouvoir changer l'*input* en fonction des prix, d'*output* en fonction du goût des consommateurs, louer une machine (*leasing*) en gardant la possibilité de l'acheter, etc.

Un élément essentiel à considérer lorsque l'on parle de flexibilité est la période pendant laquelle les choix restent ouverts : jusqu'à quand peut-on attendre avant d'investir, avant d'abandonner, de changer de mode de production… ? Cette période est le **temps de validité de l'option. Lorsqu'il est écoulé, les fenêtres d'opportunité se referment**.

2.2. Que signifie que l'information augmente ? Quand cela se produit-il ?

Cela signifie que des gains d'information sont attendus au cours du temps. Les gains d'information peuvent être totaux si bien qu'il n'y a plus d'incertitude passée une date donnée, ou bien partiels. Ils peuvent être gratuits (ex : résultat d'une élection, arrivée d'une nouvelle norme) ou payants (ex : étude de marché).

Niveau d'information[2]

L représente le niveau d'information au cours du temps, relatif aux états du monde (*cf.* figure 2).

L_0 : connaissance en t = 0,

L_1 : connaissance en t = 1,

si $L_0 < L_1 < 100$ % : on parle de modèle à Gain d'information partiel (GIP),

si $L_1 = 100$ % : on parle de modèle à Gain d'information total (GIT).

---

1. *Cf.* en particulier D. Lautier (2003).
2. *Cf.* F. Bancel et A. Richard (1995).

Niveau d'information

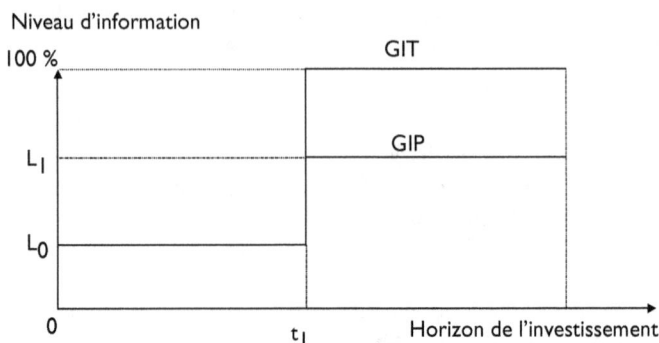

Fig. 2 : Évolution du niveau d'information.

Dans le présent ouvrage, on traite uniquement les modèle à Gain d'information total (GIT).

Néanmoins, la méthodologie proposée est facilement transposable lorsque le gain d'information est partiel : il suffit dans l'arbre de décision de considérer, après l'arrivée de l'information partielle, des probabilités conditionnelles sur les états du monde (probabilité de l'événement sachant que…).

Information endogène

Il arrive aussi que la décision elle-même soit source d'apprentissage en ce sens qu'elle modifie la connaissance de l'environnement[1]. Enfin, certaines décisions modifient l'environnement lui-même, ce qui entraîne des modifications dans les états du monde et leur probabilité (investissement impliquant la réorganisation de l'entreprise, investissement dans une campagne de publicité…). On parle alors d'environnement endogène et la modélisation est assez délicate. Ce type de situation n'est pas traitée dans le présent ouvrage.

3. Quelles analogies existe-t-il entre les options réelles et les options financières ?

La théorie des options réelles, née dans les années soixante-dix a puisé ses concepts dans la théorie financière. Dans le jargon financier, une option est le droit et non l'obligation d'acheter, *call* (ou de vendre, *put*) à un prix contractuel, dit prix d'exercice, pendant une durée de vie limitée, un actif dit sous-jacent dont

---

1. C'est en décidant d'exploiter une concession minière que l'on apprend sur les ressources du sol ou c'est en faisant de la R&D que l'on comprend mieux les attentes du marché (*learning by doing*).

le prix constaté dans le passé est volatil. La valeur d'achat de l'option est la prime. Dans le domaine de l'énergie par exemple, les options financières sont utilisées par les opérateurs pour gérer le risque prix de marché à court et moyen terme. La prime augmente lorsque l'horizon temporel s'éloigne.

Pour valoriser les options réelles, on pourrait faire les analogies suivantes[1]:

- le prix d'exercice, c'est le coût d'investissement qu'il faut réaliser pour générer les *cash-flows*,
- la durée de vie de l'option, correspond à la durée pendant laquelle l'entreprise a le choix d'investir ou non (temps de validité),
- le prix de l'actif sous-jacent correspond à la valeur actualisée des *cash-flows* espérés,
- la volatilité c'est la variabilité du rendement de l'investissement,
- la prime est ce que l'investisseur doit payer pour pouvoir bénéficier de l'option (achat d'un brevet, d'une concession, coût du report de la décision...).

4. Valeur actuelle nette séquentielle (VANS) : le critère adapté

Comme la flexibilité n'a pas que des avantages et a également un coût, il convient d'arbitrer entre la décision irréversible et la décision flexible (ex : manque à gagner lorsqu'on attend, perte d'économies d'échelle lorsque l'on module la capacité de production). Cela se fait alors sur la base de la VAN séquentielle (VANS) et non de la VAN traditionnelle. Dans la formule de la VANS, on intègre, pour les décisions flexibles la valeur de l'option permettant de prendre, à chaque fois qu'une information arrive, la meilleure décision *en connaissance de cause* (*cf.* F. Bancel et A. Richard, 1995).

Une telle analyse est facilitée par l'utilisation d'un arbre décisionnel dont l'horizon est la durée de vie économique de l'investissement et qui décrit les décisions possibles à chaque nœud événementiel, c'est-à-dire à chaque gain d'information. Pour tracer l'arbre, il convient de bien définir les périodes relatives en tenant compte des dates où une information arrive et où une décision est à prendre.

L'utilisation du critère de la VANS à partir de l'arbre de la décision, se fait de la manière suivante :

- À chaque nœud décisionnel de l'arbre, seul le meilleur choix est retenu compte tenu de l'information disponible. Cela conduit à adopter le principe

---

1. On énonce les similitudes dans le cas d'un *call* (investissement).

de « l'induction arrière », c'est-à-dire à rechercher le meilleur choix aux nœuds de la période T-1, précédant l'horizon T du projet, puis à remonter progressivement jusqu'à la décision initiale.

• La VANS est alors la somme (pondérée par les probabilités) des VAN partielles, relatives aux différents arcs, correspondant au cheminement optimal sur l'arbre de décision.

5. Illustration : exemples d'application de la théorie des options réelles au secteur énergétique[1]

Les exemples d'application de la théorie des options réelles au secteur énergétique ne manquent pas. Nous en donnons ici quelques-uns.

5.1. Projets de R & D

Pour choisir des projets de R & D énergétiques (ou autres d'ailleurs), il est intéressant de dresser des arbres de décision : on découpe le processus de R & D en étapes en faisant des hypothèses sur les résultats de ces étapes. Après chaque étape, comme l'information a augmenté, on peut décider d'investir ou non pour l'étape suivante (*stop or go*). La $VANS_0$ estimée au moment du choix initial (en t_0) tient compte de cette flexibilité *ex post*. Elle est beaucoup plus favorable aux investissements de R & D que ne l'est la VAN traditionnelle tant les résultats espérés en R & D sont loin et incertains.

5.2. Projets de développement

Pour les projets de développement, l'utilisation de la VANS est aussi très intéressante. Dans le secteur pétrolier, l'industriel qui a acheté une concession sur un gisement pétrolier détient une option réelle lui donnant le droit de lancer l'exploitation à tout moment tant qu'il en a l'autorisation (validité de la concession). L'information attendue porte notamment sur la demande de pétrole (donc le prix) et sur la valeur des réserves.

5.3. Production

Au moment d'investir dans une centrale électrique, faut-il, si la technologie le permet, privilégier une grande capacité pour réaliser des économies d'échelle ou bien envisager d'investir par étapes en fonction des prix de marché ?

---

1. *Cf.* N. Taverdet-Popiolek (2005).

Faut-il investir dans une centrale au gaz que l'on peut arrêter facilement ou une centrale nucléaire dont l'inertie est importante ? Dans cet arbitrage, il faut considérer aussi l'option associée à la fourniture du gaz.

Faut-il payer plus cher pour investir dans une centrale thermique mixte permettant de produire de l'énergie soit avec du gaz, soit avec du fuel en fonction de leurs cours respectifs[1] ?

Comment choisir entre installer une chaudière classique au fuel ou développer la géothermie sachant que l'existence de la nappe aquifère chaude est mal connue *a priori*, avant les premiers forages ?

Faut-il investir dans un chauffe-eau mixte (solaire et autre) ou bien un chauffe-eau classique ?

III. Exemples d'application : modèles à gain d'information total

1. Comment optimiser la gestion de trésorerie d'une entreprise ?[2]

Considérons l'investissement financier qui consiste à placer une certaine somme d'argent S sur un compte rémunéré au taux mensuel r, moyennant un coût de transaction C_0 fixe indépendant du montant placé.

Le trésorier d'une entreprise hésite à réaliser un tel investissement car la somme (S = 6 000 €) dont il dispose est destinée à terme à payer un fournisseur. Le fournisseur est susceptible de réclamer la somme due soit dans un mois (cas défavorable), soit dans 3 mois (cas favorable). Connaissant le fournisseur, le trésorier estime que la probabilité du cas défavorable est p = 70 % (1-p est la probabilité de l'état favorable). Doit-il placer sachant que r = 1 % et que C_0 = 90 € ?

On fait l'hypothèse que le trésorier est neutre par rapport au risque et que l'actualisation ne joue pas sur des délais de placement si courts. Si le trésorier place la somme, les intérêts courront pendant trois mois[3] dans le cas favorable et pendant un mois seulement dans le cas défavorable.

Compte tenu des frais fixes, l'espérance de gain du placement est :

$$E_0(G_p) = -90 + 0,7 \times 1\% \times 1 \times 6\ 000 + 0,3 \times 1\% \times 3 \times 6\ 000 = 6\ €$$

---

1. Notons cependant que le prix du fuel et celui du gaz sont corrélés.
2. Cet exemple est inspiré d'une étude de cas figurant dans l'ouvrage de F. Bancel et A. Richard (1995). Nous conseillons d'ailleurs au lecteur souhaitant approfondir ses connaissances sur les modèles séquentiels de choix d'investissement, de consulter cet ouvrage ainsi que celui de F. Carluer et A. Richard (2002).
3. Selon le principe des intérêts simples (sans capitalisation des intérêts).

Cette espérance est positive, supérieure au gain correspondant au *statu quo*. Avec l'approche traditionnelle, on conclut que le trésorier doit placer S aujourd'hui, en t_0. Pourtant, avant de placer et de payer les coûts fixes, le trésorier a peut-être intérêt à attendre un mois (t_1) pour savoir si oui ou non le fournisseur réclame la somme.

Ce nouveau problème séquentiel peut se modéliser avec un arbre de décision où un carré représente une prise de décision et un rond le jeu de la « nature » (loterie sur les états du monde) (voir figure 3).

Une décision est à prendre en t_0, le trésorier place ou attend. S'il attend, il a la possibilité en t_1 de placer si l'opportunité se présente.

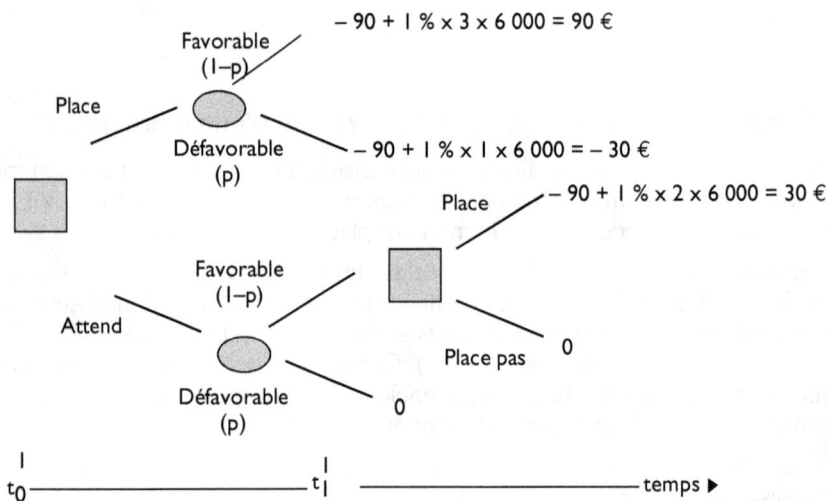

Fig. 3 : Arbre de décision du trésorier.

L'espérance de gain d'attendre en t_0 est donnée par l'expression :

$$E_0(G_a) = (1-p)Max\{E(G_{place-en-t_1});E(G_{ne-place-pas-en-t_1})\} +$$

$$p \times 0 = (1-p)E(G_{place-en-t_1}) = 30\% \times 30 = 9€$$

Elle est supérieure à l'espérance de gain de placer tout de suite en t_0. Compte tenu de l'arrivée de l'information en t_1, le trésorier doit attendre t_1 avant de placer.

238

Avec cet exemple simple, on voit que l'approche traditionnelle de la VAN, même avec intégration du risque, ne conduit pas à une décision optimale puisque décider de placer tout de suite (décision dite irréversible) restreint les possibilités d'actions dans le futur. En revanche, choisir d'attendre (décision irréversible) offre la possibilité de reconsidérer la décision ultérieurement : une option réelle a été créée et c'est sa valeur qui rend l'espérance de gain de la décision d'attendre plus grande, malgré la perte d'intérêt pendant un mois.

On remarquera que si S valait 9 000 € au lieu de 6 000 €, c'est la décision irréversible qui l'emporterait car le manque à gagner pendant 1 mois serait trop grand. Il faut savoir arbitrer entre décision irréversible et décision flexible. Les modèles intégrant la théorie des options réelles permettent de le faire simplement.

2. Arbitrage entre deux décisions dont l'une est plus informationnelle[1]

2.1. Énoncé du problème

Une société, localisée dans une zone à géothermie potentiellement exploitable, doit choisir le système de chauffage d'un site industriel important. Elle hésite entre les deux décisions Th (Thermique classique) et G (Géothermie), fonctionnellement équivalentes, mais dont les investissements (I) et les coûts de fonctionnement sont spécifiques (C). Les données sont résumées dans le tableau ci-dessous.

Tableau 3 – **Investissement et économie d'énergie annuelle pour les deux solutions techniques envisagées**
(en million d'euros : M€)

Décision	Investissement : I	Économie annuelle/Th (t = 1, N_E)
Th	I_{Th} : 0,4 M€	0
G	I_G : 1 M€	E_G : 0,2 M€

Comme il s'agit d'une comparaison, les coûts de fonctionnement sont définis en économie annuelle par rapport au thermique. L'horizon de l'investissement est de 30 ans (N_E) et le taux d'actualisation (a) est de 8 %.

1. Quelle décision est-elle la meilleure ?

---

1. D'après les travaux dirigés d'A. Richard, Université Pierre-Mendès-France (2005).

2. En fait la probabilité de succès p de la géothermie n'est que de 40 %. En cas d'échec on revient au thermique classique, mais compte tenu des tuyauteries déjà installées sur le site, le coût global n'est alors que de 1,2 M€ (chaudière de 0,2 M€ à rajouter). Quelle décision choisir ?

3. La société sait dès le début qu'elle doit doubler l'importance du site dans deux ans, avec des besoins de chauffage également doublés. Sachant que si la géothermie a été un succès (question 2) elle le restera par la suite, ce doublement anticipé modifie-t-il la décision précédente ? On conservera pour ce doublement les mêmes données (N_E, a, E_G, I_G, I_{Th}).

2.2. Éléments de correction

Les données monétaires sont exprimées en M€.

Question 1

La valeur actualisée de la solution thermique est : $VAN_{Th1} = - I_{Th} = - 0,4$ M€.

La valeur actualisée de la solution géothermique est :

$$VAN_{G1} = - I_G + \sum_{t=1}^{N_E} \frac{EG}{(1+a)^t} = 1,252 \text{ M€, car } \sum_{t=1}^{30} \frac{1}{1,08^t} = 11,258.$$

La solution géothermique est donc préférée à la solution thermique.

Question 2

$VAN_{G2} = p \times VAN_{G1} + (1 - p) \times (- 1,2) = - 0,219$ M€.

La solution thermique est donc préférée à la géothermie.

Question 3

$$VAN_{Th3} = VAN_{Th1} + \frac{VAN_{Th1}}{(1+a)^2} = -0,743 \text{ M€.}$$

$$VAN_{G3} = VAN_{G2} + \frac{1}{(1+a)^2} \times [p \times VAN_{G1} + (1-p) \times VAN_{Th1}] = 4,065 \times 10^{-3} \text{ M€.}$$

La VAN_{G3} est une VAN séquentielle.

> ***La géothermie, en raison de l'information acquise sur le premier forage, devient plus intéressante.***

Cet exemple montre bien les avantages des gains d'information liés à la décision initiale.

Conclusion

Avantages des modèles intégrant les options réelles pour les choix d'investissement

Entre deux investissements de même VAN, mais dont l'un est plus flexible, le décideur choisit le plus flexible.

La **flexibilité** est la troisième notion à prendre en compte avec la rentabilité et le risque (cf. figure 4).

Pour cela, on fait appel à la méthode des arbres de décision et on calcule la VAN Séquentielle (VANS) qui intègre la valeur de l'option réelle attachée aux choix flexibles.

Outre la flexibilité, on a vu que ces modèles intègrent aussi la caractéristique valeur de l'information.

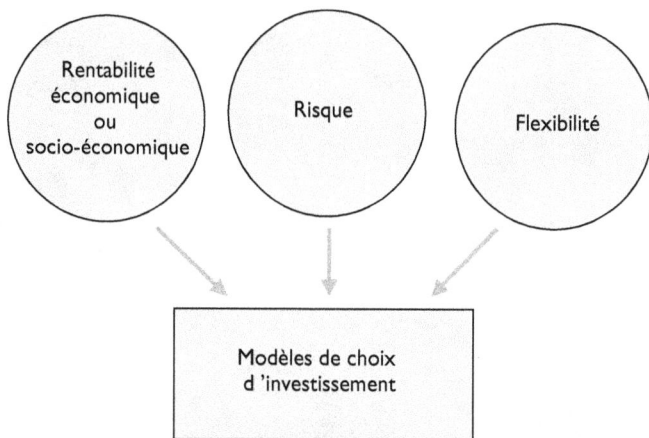

Fig. 4 : Les trois notions à prendre en compte pour les choix d'investissement.

Limites de la théorie des options réelles pour les choix d'investissement

L'application de la théorie des options réelles à des cas réels de choix d'investissement soulève néanmoins des difficultés liées d'une part à la fixation de certains paramètres de calcul (ex : durée de vie du projet, volatilité des prix des *inputs* ou *outputs*) et d'autre part à la transposition de la théorie financière à des situations réelles : découpage des projets, notions de sous-jacent et de prix d'exercice, identification des alternatives au projet, modélisation de leur marché respectif...

Par exemple, dans le secteur énergétique, l'utilisation de la théorie des options réelles au secteur électrique est délicate ne serait-ce qu'en raison de l'ampleur des durées considérées. Pour les options financières, la durée est courte (quelques mois à quelques années). Mais avec une durée d'exploitation comprise entre 20 et 50 ans pour une centrale, comment découper le projet ? Quelle durée considérer pour la validité de l'option ?

De même, contrairement aux options financières, le prix d'exercice n'est pas toujours fixé (le montant de l'investissement peut varier dans le temps).

En résumé, il s'agit d'une méthodologie très intéressante pour bien poser le problème des choix d'investissement en intégrant risque, gain d'information et flexibilité. Cependant, il est difficile de donner une valeur précise à l'option réelle comme on peut le faire avec les options financières.

Étude de cas

Projet d'investissement pour un parc éolien[1]

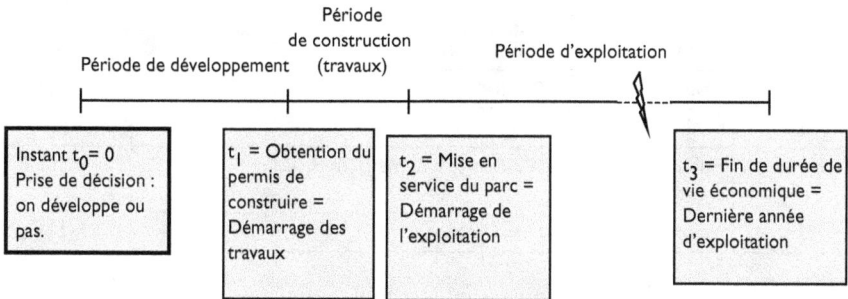

Période de développement | Période de construction (travaux) | Période d'exploitation

| Instant $t_0 = 0$ Prise de décision : on développe ou pas. | t_1 = Obtention du permis de construire = Démarrage des travaux | t_2 = Mise en service du parc = Démarrage de l'exploitation | t_3 = Fin de durée de vie économique = Dernière année d'exploitation |

I. Énoncé du problème

Partie I : Planification des tâches de développement d'un projet éolien

On cherche à définir le planning des tâches de développement d'un projet éolien type en France métropolitaine, de puissance de 10 MégaWatt (MW) environ. Les tâches de développement englobent l'ensemble des activités permettant la mise en service du parc, mis à part la réalisation des travaux.

1. Inspiré du mémoire de Master EPE, « Prise de décision et analyse de risque lors du développement de projets éoliens », Mathieu Vanhaesebroeck, Novembre 2004.

243

La liste des tâches à effectuer, leur durée et les contraintes d'antériorité à respecter sont données dans le tableau ci-dessous. La notation « tâche j (durée n) » dans la case « Antériorité de la tâche i » signifie que j doit être avancée de n mois pour que i puisse commencer.

Tableau 1 – **Liste des tâches constituant la phase de développement d'un projet éolien**

N° de tâche	Libellé	Durée (mois)	Antériorité
1	Identification du site	2	–
2	Sécurisation des droits du sol et du foncier	5	1
3	Numérisation de la topographie	1	2 (4)
4	Mesure et étude du gisement éolien	16	2 (2)
5	Études techniques des aérogénérateurs	11	4 (10)
6	Études des contraintes du site et des conditions d'accès	2	1
7	Études électriques	21	6
8	Études d'impact sur l'environnement	18	-
9	Analyse économique et financière	17	6 (1)
10	Étude géotechnique (fondation)	1	5 (1)
11	Autorisations administratives y compris permis de construire	6	9 (16)
12	Autorisation de connexion au réseau	1	7 (13)

Question I-1 (utiliser les notations ci-dessous)

Modéliser le contexte (tâches et contraintes) sous forme d'un graphe Potentiels-Tâches où les sommets représentent les tâches et les arcs, les contraintes d'antériorité.

Attention de ne pas sous-estimer la durée totale d'une tâche i quelconque dont la suivante pourrait être commencée avant que i ne soit terminée.

Question I-2

a) Quelle est la date **au plus tôt** t_1 de démarrage des travaux (en nombre de mois depuis l'instant t_0, début du développement) ?

b) Quelle est la date **au plus tard** de début de chaque tâche si l'on souhaite respecter le délai minimum calculé précédemment ?

Question I-3

Le calendrier au plus tôt est adopté. Quelles sont les tâches pour lesquelles le moindre retard de démarrage allonge le délai de la période de développement ? Quelle est la marge totale de chaque tâche, c'est-à-dire le délai maximum que l'on peut s'accorder sur le début de la tâche sans remettre en cause la date de fin du développement ?

Quelles sont les tâches critiques ?

Notation : Écrire les dates sur le graphe en utilisant la notation suivante :

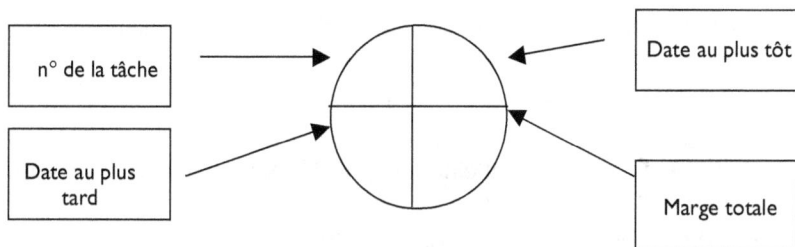

Partie II : Décision en avenir « certain[1] »

En début de période de développement (à l'instant t_o = 0), la question qui se pose pour l'entreprise porteuse du projet est de savoir si oui ou non elle doit se lancer dans la période de développement.

On souhaite l'aider dans sa prise de décision en étudiant la rentabilité intrinsèque du projet (période de développement incluse).

Le *Business plan* du projet éolien nous fournit les informations suivantes que l'on considère comme « certaines » dans cette première partie :

– On raisonne en € constant.

– La phase de développement du projet s'achève en t_1 = 25 mois (on prend t_1 = t_0 + 2 ans pour simplifier) et coûte 280 k€.

– Le parc est composé de quatre machines de 2,5 MW chacune.

– Le coût d'investissement est de 1 M€/MW.

Comme la décision se situe en t_0 et concerne le choix ou non d'entamer la période de développement, les coûts de développement sont pris en compte. Ils sont comptés en t_0 et les coûts d'investissement en t_1.

---

1. En réalité, « certain » dans le cadre d'un scénario médian.

- Le financement de l'investissement (optique *Project Financing*) est réalisé moitié par capitaux propres (actions rémunérées à 10 %), moitié par emprunt bancaire (au taux de 6 %).

- La durée des travaux (parc et raccordement au réseau électrique) est de 12 mois ($t_2 = t_0 + 3$ ans).

- La production démarre à la mise en service du parc (t_2) et est identique chaque année, sur une durée de vie économique de 20 ans ($t_3 = t_0 + 22$ ans = dernière année d'exploitation).

- Le gisement éolien est estimé à 2500 heures.[1]

- Compte tenu du gisement et de la législation en vigueur[2], le prix du kWh[3] sera de :

  • 0,08 € pendant les cinq premières années d'exploitation,

  • 0,064 € pendant les 10 années suivantes (on fait en effet l'hypothèse que la France aura atteint fin $t_0 + 17$ ans les 1 500 MW éoliens installés[4]),

  • 0,028 € jusqu'à la fin du projet (tarif 2).

- Les dépenses d'exploitation (maintenance, exploitation, assurance) sont évaluées à 330 k€ les cinq premières années et 430 k€ ensuite en raison de l'augmentation de la maintenance (fin de garantie).

- Le loyer pour le terrain occupé sera de 1 000 € par MW et par an sur toute la période d'exploitation (t_2 à t_3).

Question II -1

Que signifie rentabilité intrinsèque du projet ?

Question II-2

Dresser le tableau des flux nets de trésorerie.

Question II-3

Le taux d'actualisation retenu est de 8 %. Justifier ce choix.

---

1. Cette valeur est l'équivalent pleine puissance du parc. Elle est calculée en divisant la production annuelle du parc par sa puissance.
2. Arrêté du 8 juin 2001 fixant le tarif d'achat de l'électricité éolienne.
3. Kilowatt-heure.
4. Lorsque la France aura atteint le seuil de 1500 MW installés, la loi prévoit une diminution des subventions à l'éolien : passage au tarif 2.

Question II-4

Calculer les indicateurs suivants (en t_0) :

a) Temps de retour brut (i.e. non actualisé) (TRB),

b) Valeur actuelle nette (VAN).

Conclusion.

Question II-5

a) Déterminer graphiquement le taux de rentabilité interne du projet (TRI) (*cf.* graphique ci-dessous).

b) Le projet serait-il retenu si les actionnaires, comme la banque, demandaient une rémunération des capitaux investis de 12 % ? (réponse très simple attendue).

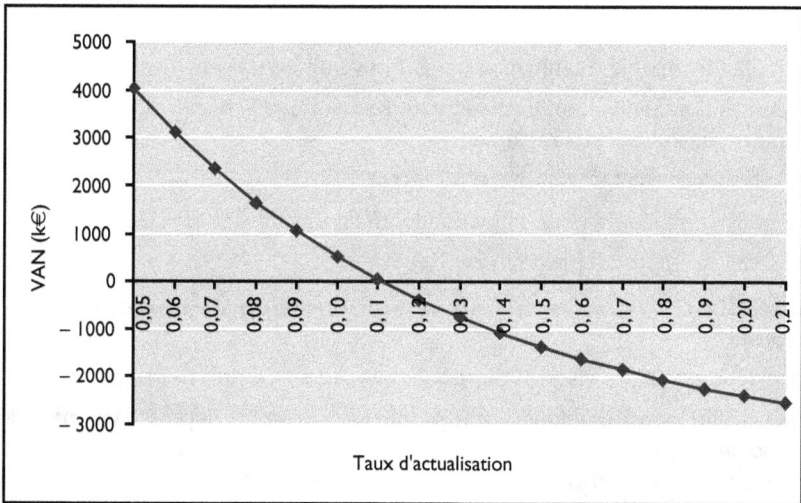

Fig. 5 : VAN en fonction du taux d'actualisation.

Partie III : Décision en avenir risqué et vision statique

Dans la réalité, les paramètres du projet contenus dans le *Business plan* ne sont pas certains mais dépendent de l'environnement du projet. En particulier, il y a un risque sur le gisement éolien, le montant de l'investissement et la date d'application du tarif 2.

Pour simplifier, on ne retient que deux scénarios extrêmes quant à l'environnement du projet : scénario S_F le plus Favorable et scénario S_D le plus Défavorable.

Soit p, la probabilité estimée de réalisation de S_F.

On suppose que le décideur est neutre par rapport au risque. On a évalué la VAN du projet pour chaque scénario.

	État Favorable[1]	État Défavorable[2]
VAN (k€)	4 073	– 1 474

Question III-1

Tracer l'arbre de décision au moment t_0.

Question III-2

Quelle est en fonction de p, la bonne décision ? Justifier.

Question III-3

Si l'on était incapable d'estimer p, on se trouverait en univers incertain.

a) Dans ces conditions, faut-il développer, sachant que le décideur est neutre vis-à-vis du risque ? Justifier simplement.

b) Si le décideur avait une aversion au risque :

* que nous dirait le critère de Hurwicz (degré de pessimisme $\alpha = 0,8$) ?

* que dirait le critère du Maximin ?

Partie IV : Décision en avenir risqué et vision dynamique à deux périodes

Le décideur est neutre vis-à-vis du risque. On revient en univers risqué.

En fait, au moment d'obtention du permis de construire (après avoir payé les coûts de développement), c'est-à-dire en t_1, on fait l'hypothèse *utopiste* que l'on sait dans quel scénario on se trouve (paramètres de l'environnement supposés connus : Gain d'information total). En fonction de la rentabilité attendue du projet, on a donc le choix entre entamer les travaux ou arrêter.

Question IV-1

Tracer dans ces conditions, l'arbre de décision à deux périodes (décision en t_0 et en t_1).

---

1. – 10 % sur les coûts d'investissement ; Gisement éolien de 2 600 heures ; pas d'application du tarif 2.
2. + 10 % sur les coûts d'investissement ; Gisement éolien de 2400 heures ; tarif 2 à partir de t_0 + 12 ans.

Question IV-2

Exprimer littéralement la VANS[1] (en t_0) de la décision « développer » en fonction de p et estimer la probabilité de basculement. Quelle conclusion en tire-t-on ?

Question IV-3

Quelle est la valeur de l'information parfaite pour p = 10 % ?

Partie V : Anticipation d'une contrainte supplémentaire

Compte tenu de la probabilité estimée de l'état favorable (p = 10 %), on suppose qu'en t_0, la VANS pour la décision de développer vaut environ 150 k€.

Mais un autre problème survient car la localisation du parc éolien considéré se trouve dans un port maritime et il s'avère que certaines machines sont susceptibles de perturber le fonctionnement d'un radar servant à la capitainerie du port.

Si c'était le cas (probabilité p'estimée à 20 %), l'entreprise porteuse du projet éolien devrait prendre à sa charge l'installation d'un radar supplémentaire afin de couvrir les zones d'ombre. Le montant de l'opération coûterait 350 k€ (valeur actualisée en t_0).

La nécessité du recours à un appareil d'observation additionnel ne sera connue qu'à l'issue de l'instruction du permis de construire (c'est-à-dire en t_1), suite à l'analyse du dossier par le CETMEF[2].

L'entreprise décide de consulter des bureaux d'études spécialisés pour connaître le coût d'une prestation permettant d'évaluer l'impact du projet sur la couverture radar de la capitainerie. L'information (perturbation ou non) serait alors révélée rapidement, en t_0.

La meilleure offre technique et financière pour un bureau d'études propose un prix de 30 k€.

Question V-1

L'entreprise va-t-elle faire appel à un cabinet d'études en t_0 ? Et pour p'=10 % ?

Tracer un arbre de décision et justifier le choix de l'entreprise avec des calculs simples. Pour simplifier, on fera l'hypothèse que la VANS de développer vaut 150 k€ sans radar et – 200 k€ avec radar.

---

1. VAN Séquentielle intégrant la valeur de l'option. **C'est une espérance.**
2. Centre d'études techniques maritimes et fluviales.

II. Éléments de Correction

Partie I

Notations et formules

On note λ_j la date au plus tôt de la tâche j et λ'_j la date au plus tard.

a_{ij} est la valeur située sur l'arc allant de la tâche i à la tâche j. C'est la durée minimale obligatoire entre le commencement de i et celui de j.

La marge totale de la tâche j notée MT (j) est la différence entre sa date au plus tard et sa date au plus tôt :

$$MT\ (j) = \lambda'_j - \lambda_j$$

$\lambda_j = \underset{i \in \Gamma^{-1}(j)}{Max}\ (\lambda_i + a_{ij})$ où $\Gamma^{-1}(j)$ est l'ensemble des tâches qui précèdent la tâche j.

$\lambda'_j = \underset{i \in \Gamma^{+1}(j)}{Min}\ (\lambda'_i - a_{ij})$ où $\Gamma^{+1}(j)$ est l'ensemble des tâches qui suivent la tâche j.

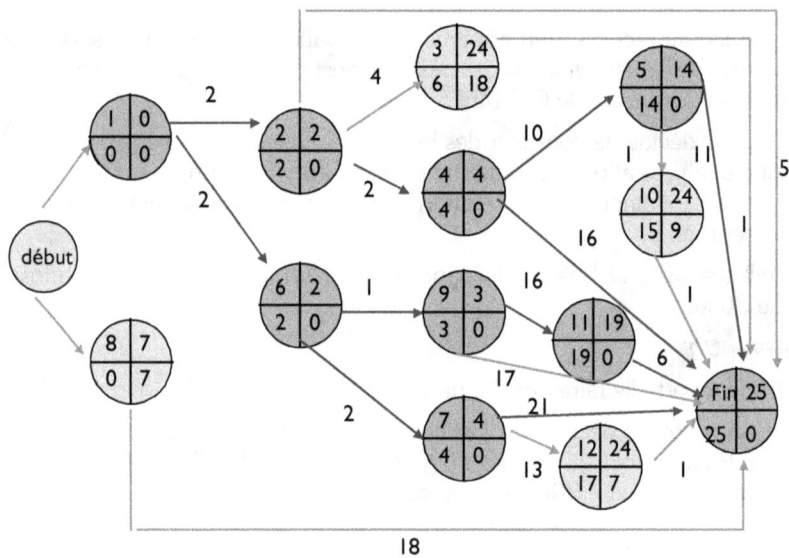

Fig. 6 : Graphe associé au projet.

Les tâches critiques sont les tâches qui ont une marge totale nulle : 1 ; 2 ; 4 ; 5 ; 6 ; 7 ; 9 ; 11 et Fin.

> *Le moindre retard sur l'une d'elles implique automatiquement un retard sur la date de fin du projet de développement.*

Partie II – décision en avenir « certain »

Question II -1

La rentabilité intrinsèque du projet est sa rentabilité économique indépendamment du contexte, c'est-à-dire hors fiscalité.

Question II-2

Tableau des flux nets de trésorerie (exprimés en k€)

	Date	Année	Coûts développement & investissement	Production (MWh)	Tarif (€ par kWh)	Recettes	Dépenses d'exploitation	Loyer	FNT	FNT cumulés
t_0	0	2005	280						– 280	– 280
	1	2006							0	– 280
t_1	2	2007	10 000						– 10 000	– 10 280
t_2	3	2008	0	25 000	0,08	2 000	330	10	1 660	– 8 620
	4	2009	0	25 000	0,08	2 000	330	10	1 660	– 6 960
	5	2010	0	25 000	0,08	2 000	330	10	1 660	– 5 300
	6	2011	0	25 000	0,08	2 000	330	10	1 660	– 3 640
	7	2012	0	25 000	0,08	2 000	330	10	1 660	– 1 980
	8	2013	0	25 000	0,064	1 600	430	10	1 160	– 820
	9	2014	0	25 000	0,064	1 600	430	10	1 160	340
	10	2015	0	25 000	0,064	1 600	430	10	1 160	1 500
	11	2016	0	25 000	0,064	1 600	430	10	1 160	2 660
	12	2017	0	25 000	0,064	1 600	430	10	1 160	3 820
	13	2018	0	25 000	0,064	1 600	430	10	1 160	4 980
	14	2019	0	25 000	0,064	1 600	430	10	1 160	6 140
	15	2020	0	25 000	0,064	1 600	430	10	1 160	7 300
	16	2021	0	25 000	0,064	1 600	430	10	1 160	8 460
	17	2022	0	25 000	0,064	1 600	430	10	1 160	9 620
	18	2023	0	25 000	0,028	700	430	10	260	9880

Date	Année	Coûts développement & investissement	Production (MWh)	Tarif (€ par kWh)	Recettes	Dépenses d'exploitation	Loyer	FNT	FNT cumulés
19	2024	0	25000	0,028	700	430	10	260	10140
20	2025	0	25000	0,028	700	430	10	260	10400
21	2026	0	25000	0,028	700	430	10	260	10660
t_3 22	2027	0	25000	0,028	700	430	10	260	10920

Question II-3

Dans l'optique *Project Financing*, le taux d'actualisation à considérer est le **coût moyen pondéré** du capital mobilisé pour l'investissement.

$$a = \frac{1}{2} \times 10\,\% + \frac{1}{2} \times 6\,\% = 8\,\%$$

Question II -4

a) Les FNT cumulés deviennent positifs au bout de 9 années. Le temps de retour brut vaut 9 ans.

$$\boxed{TRB = 9 \text{ ans}}$$

d)

$$\boxed{VAN = 1\ 651 \text{ k€}}$$

La VAN est positive, le projet est rentable.

Question II-5

a) Le taux de rentabilité interne du projet se lit sur le graphique à l'intersection de l'axe des abscisses et de la courbe de la VAN ; c'est le taux d'actualisation qui annule la VAN.

$$\boxed{TRI = 11\,\%}$$

b) Le projet ne serait pas retenu si les actionnaires, comme la banque, demandaient une rémunération des capitaux investis de 12 % car il faudrait prendre un taux d'actualisation de 12 %. Le taux d'actualisation serait supérieur au TRI, la VAN serait négative et le projet non rentable.

Partie III : décision en avenir risqué et vision statique

Question III-1

Arbre de décision au moment t_0.

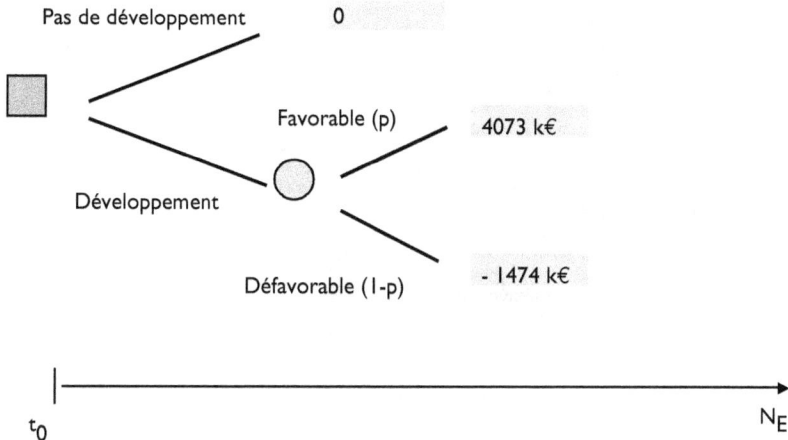

Pas de développement   0

Favorable (p)   4073 k€

Développement

Défavorable (1-p)   - 1474 k€

t_0 N_E

Question III-2

$$VAN_{Développement} = p \times 4\,073 - (1 - p) \times 1\,474 = 5\,547p - 1\,474$$

$$VAN_{Développement} = 0$$

Si **p, probabilité de l'état favorable est supérieure à 27 %**, $VAN_{Développement}$ est supérieure à $VAN_{Pas\ de\ Développement}$ et on développe.

Dans le cas contraire, on ne développe pas.

Question III-3

a) En incertitude totale, si le décideur est neutre par rapport au risque, on utilise le critère de Laplace, ce qui revient à faire la moyenne entre la VAN en état favorable et la VAN en état défavorable.

Le résultat de cette moyenne est positif car 0,5 > 0,27. Il faut donc développer.

b) Avec le critère de Hurwicz associée à un degré de pessimisme $\alpha = 0,8$, on ne développe pas car :

$$0,2 \times 4\,073 - 0,8 \times 1\,474 < 0$$

c) Avec le critère du Maximin, il convient de maximiser le résultat minimum obtenu pour les deux stratégies. Si on développe, le résultat minimum est −1 474 et si on ne développe pas, 0. Il ne faut donc pas développer.

Partie IV : décision en avenir risqué et vision dynamique à deux périodes

Question IV-1

Arbre de décision à deux périodes (décision en t_0 et en t_1).

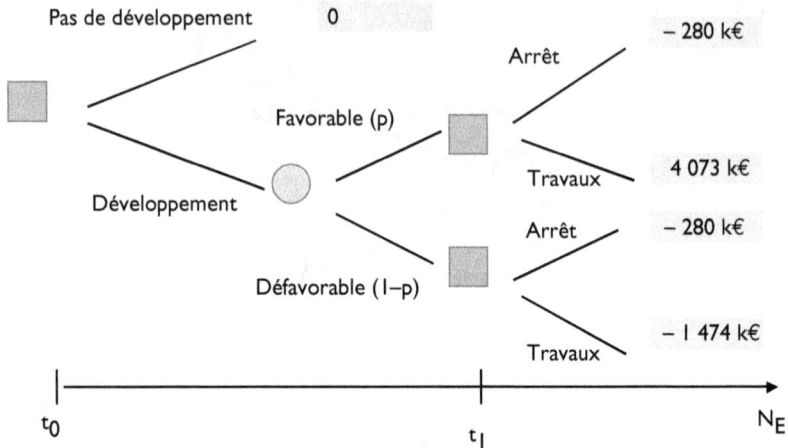

Question IV-2

La VANS (en t_0) de la décision « développer » s'exprime de la façon suivante :

$VANS_{Développer} = p \times Max(-280\ ;\ 4\ 073) + (1-p) \times Max(-280\ ;\ -1\ 474) = 4\ 073\ p - (1-p)\ 280 = 4\ 353\ p - 280$

La probabilité de basculement vaut : $\dfrac{280}{4353} \approx 0,06$

Pour p, probabilité d'état favorable supérieure à 6 %, on développe.

Question IV-3

Sans information sur les états du monde au moment de l'obtention du permis de construire, on ne développe pas si p vaut 10 %. La VAN vaut donc 0.

Avec information, on développe et la VANS vaut : 155,3 k€.

Valeur de l'information parfaite pour p = 10 % est :

$VANS_{avec\ information} - VAN_{sans\ information} = 155,3$ k€.

L'investisseur est prêt à payer jusqu'à 155,3 k€ pour obtenir un gain d'information parfaite.

Partie V : Anticipation d'une contrainte supplémentaire

Question V-1

Arbre de décision avec c, le coût de l'étude du cabinet.

$VAN_{Cabinet\ étude} = -c + (1-p') \times 150$

$VAN_{développement} = -200p' + 150\ (1-p')$

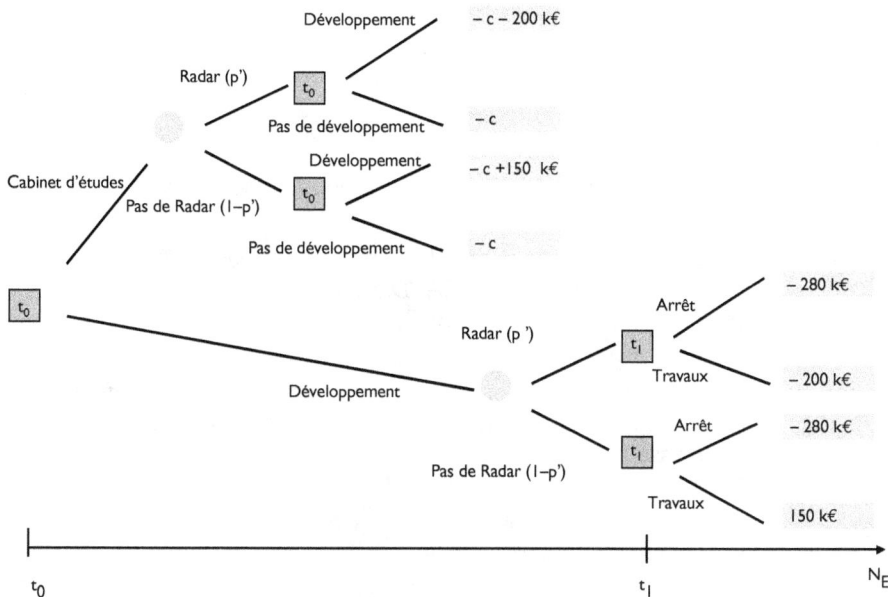

L'indifférence entre les deux décisions est pour un coût d'étude :

$c = 200p'$

Avec $p' = 20 \%$, le prix maximum que l'entreprise voudra payer pour faire appel au cabinet d'études est de : 40 k€.

Si le prix est de 30 k€, elle fera appel au cabinet d'études.

Bibliographie de référence

Arrow K.J. and Fisher A.C., « Environmental preservation, uncertainty and irreversibility », *Quarterly Journal of Economics,* 98, 1974, pp. 85-106.

Henry C., « Investment decisions under uncertainty : the irreversibility effect », *American Economic Review*, 64, p. 1006-1012, 1974.

Bancel F. et Richard A., *Choix d'investissement ; Méthodes traditionnelles, flexibilité et analyse stratégique*, Gestion, Économica, 1995.

255

Carluer F. et Richard A., *Analyse stratégique de la décision, L'économie en plus*, Presses universitaires de Grenoble, 2002.

Lautier D., « Les options réelles : – une idée séduisante, – un concept utile et multiforme, – un instrument facile à créer mais difficile à valoriser », *Économies et Sociétés, Série « Économie de l'énergie », N° 2-3/2003, ISMÉA Les Presses, Février-Mars 2003*.

Richard A., *Travaux dirigés du cours d'économie formalisée*, Université Pierre-Mendès-France, 2005.

Taverdet-Popiolek N., « La méthode des options réelles au service des décideurs », *La lettre de l'économie, CEA, Direction des programmes, Service des études économiques & synthèses*, n° 2, Juin 2005.

Vanhaesebroeck M., « Prise de décision et analyse de risque lors du développement de projets éoliens », Mémoire du Master Économie et politique de l'énergie, Novembre 2004. Ce mémoire peut être consulté sur le site : http://www.ecrin.asso.fr

Plusieurs dimensions
considérées par le décideur

Chapitre 8

Méthodes multicritères d'aide
à la décision

« Réfléchis avec lenteur, mais exécute rapidement tes décisions. »

Isocrate

Jusqu'à présent, nous avons considéré, pour sélectionner un investissement, uniquement la dimension économique. Pour les investissements publics qui nécessitent une évaluation globale, nous avons présenté l'analyse coûts-bénéfices (ACB) obligeant à traduire en unité monétaire les conséquences non économiques du projet.

Dans ce chapitre, nous appréhendons la sélection d'un investissement d'une manière tout à fait différente puisque nous considérons bien explicitement plusieurs dimensions distinctes, chacune traduisant un point de vue à prendre en compte : point de vue économique mais aussi social ou environnemental. Pour cela, il est important dans la phase précédent la sélection, de réaliser, comme on le fait d'ailleurs systématiquement dans le cas public, une **analyse systémique globale** tenant compte des conséquences économiques et non économiques de l'investissement.

Ensuite, pour la sélection proprement dite, il convient d'utiliser une méthode permettant de faire un choix multicritère traduisant tous les points de vue du décideur.

Nous citons les deux méthodes de référence, la méthode américaine (*MAUT*) et la méthode française (ELECTRE). Dans cet ouvrage, seule la méthode *MAUT* est détaillée. Pour ELECTRE, le lecteur est invité à consulter l'ouvrage de référence sur les méthodes multicritères françaises, B. Roy (1985).

Une étude de cas inspirée d'un projet réel dans le secteur énergétique illustre la méthode *MAUT*.

Plan du chapitre

1 Introduction à l'approche multicritère
2 Méthode de l'utilité multiattribut (utilité espérée) de l'école américaine (MAUT)
3 Etude de cas : Choix multicritère dans le risque pour le réseau de transport d'électricité

I. Introduction à l'approche multicritère

1. Quel est l'intérêt des modèles multicritères ?

Chacun d'entre nous *faisons du multicritère* pour prendre des décisions. Par exemple, pour l'achat d'une voiture nous étudions conjointement son prix, ses performances techniques, son confort, sa sécurité et son esthétique.

Dans les entreprises privées, les décisions ne sont pas basées uniquement sur la maximisation d'une valeur actuelle nette. Il existe un comité de pilotage où toutes les conséquences à moyen terme des décisions envisageables sont étudiées. La décision retenue est donc le fruit d'une concertation multicritère, généralement non formalisée, ne considérant pas uniquement l'aspect rentabilité économique. Comme nous l'avons déjà souligné, elle s'inscrit dans la stratégie globale de l'entreprise.

Pour les investissements publics, les décisions concernent un grand nombre d'individus et ont des conséquences multiples, complexes. Avec les méthodes d'aide à la décision multicritères, il n'est pas nécessaire de traduire ces conséquences en euros pour les prendre en compte dans le choix.

Ceci étant, ces méthodes ne sont pas toujours faciles à appliquer et nécessitent des moyens parfois coûteux non accessibles aux petites et moyennes entreprises. C'est la raison pour laquelle, les applications des méthodes multicritères ont lieu dans les grandes entreprises et plus particulièrement dans le secteur public ou semi-public (exemples en France ; EDF, Air France, RATP, La Poste, CNES).

Ces méthodes peuvent être aussi utilisées pour des décisions qui ne relèvent pas des choix d'investissement (ex : localisation d'un aéroport, planification du développement d'une région ou d'un secteur, optimisation du fonctionnement d'un atelier, procédure de recrutement ou de sélection de candidatures pour la remise d'un prix, octroi de subvention ou encore d'un prêt bancaire).

Pour leur mise en œuvre, les méthodes multicritères nécessitent des moyens importants. Leur champ d'application est plus vaste que celui lié aux choix d'investissement.

2. Méthodologie générale d'aide à la décision multicritère

Les grandes étapes d'une méthode d'aide à la décision multicritère sont les suivantes :

1. répertorier les objectifs du décideur,
2. définir par objectif une dimension (ou point de vue) et une fonction critère traduisant l'effet (ou conséquence) d'une action relativement à cet objectif,
3. faire révéler l'ordre de priorité que le décideur accorde à chacun des objectifs et pondérer les dimensions (des outils appropriés permettent de faire cette pondération),
4. utiliser une méthode d'aide à la décision multicritère pour classer les stratégies (ou actions).

Si l'on souhaite allier à la fois incertitude et multidimensionnalité, il faut faire intervenir l'incertitude au niveau de chaque dimension ainsi qu'au niveau de l'arbitrage entre les objectifs.

3. Quelles sont les méthodes adaptées au choix multicritère ?

On distingue parmi les méthodes adaptées au choix multicritère, deux grandes familles :

- d'un côté les méthodes françaises et européennes de type ELECTRE (Élimination et choix traduisant la réalité),
- et de l'autre, la méthode américaine *MAUT* (*Multiple Attribute Utility Theory*).

3.1. Méthodes de la famille ELECTRE

Les méthodes du type ELECTRE ont été mises au point par B. Roy. ELECTRE I, la première en date de cette famille, a été publiée en 1968.

Après avoir défini les objectifs du décideur et une famille de critères, on compare deux à deux les actions suivant toutes les dimensions puis on interprète les comparaisons. Pour cela, on a besoin d'un *système relationnel de préférences* traduisant les situations rencontrées lors de la comparaison de deux actions : Indifférence, Préférence faible, Préférence stricte ou incomparabilité.

Des seuils judicieusement choisis permettent, lors de la comparaison de deux actions sur une dimension, de passer de l'indifférence, à la préférence faible et à la préférence stricte.

Ces méthodes ne font pas appel à un critère unique de synthèse et acceptent que des actions puissent être incomparables à l'issue du processus de décision. Elles sont appelées : méthodes de surclassement de synthèse.

3.2. Méthode américaine

La méthode *MAUT* est une méthode américaine mise au point par R. L. Keeney et H. Raiffa (1976). Basée sur la notion d'utilité Von Neumann et Morgenstern décrite au chapitre 6, elle conduit à maximiser un critère unique de synthèse. Le détail de cette méthode fait l'objet du paragraphe ci-dessous.

II. Méthode de l'utilité multiattribut (utilité espérée) de l'école américaine (MAUT)

1. Quelles sont les étapes de la méthode de l'utilité multiattribut (MAUT) ?

Les étapes de *MAUT* sont les suivantes :

1. Définir les dimensions (ou axes),

2. Modéliser les conséquences d'une stratégie pour obtenir les indicateurs[1],

3. Traduire l'incertitude portant sur les conséquences d'une stratégie,

---

1. Il ne s'agit pas encore de la fonction critère, car avec *MAUT*, le critère est une fonction complexe qui traduit à la fois la conséquence d'une action sur une dimension, le risque pesant sur elle et l'attitude du décideur face au risque.

4. Vérifier les hypothèses d'indépendance des dimensions,

5. Évaluer les fonctions d'utilité partielles associées à chaque dimension,

6. Déterminer les différents critères en calculant l'espérance mathématique des fonctions d'utilités partielles,

7. Agréger ces critères pour obtenir le critère unique de synthèse,

8. Faire une étude de robustesse.

Nous les détaillons ci-après en suivant un exemple simple qui ne concerne pas un choix d'investissement mais qui a le mérite d'être pédagogique.

1 – Définir les dimensions (ou axes)

Il s'agit de définir les aspects à considérer pour orienter la décision compte tenu des objectifs que le décideur s'est fixés.

Exemple : un voyage bien réfléchi

Supposons qu'un individu hésite, pour sa semaine de vacances (7 jours), entre plusieurs destinations : la Côte d'Azur, l'Écosse, le Maroc ou Tahiti. Les objectifs qu'il s'est fixés sont :

- – minimiser les coûts, c'est-à-dire le prix du billet d'avion,
- – augmenter les chances d'avoir du soleil durant son séjour,
- – augmenter les chances d'être tranquille, la tranquillité étant pour lui inversement proportionnelle au nombre de touristes susceptibles de se trouver sur place en même temps que lui.

Ainsi, il peut représenter chacune des destinations « a » dans un espace à trois dimensions dont les axes représentent :

Axe 1 : coûts,

Axe 2 : ensoleillement,

Axe 3 : fréquentation des touristes.

2 – Modéliser les conséquences d'une stratégie

Il s'agit de définir une fonction indicateur permettant de traduire sur chacun des axes les conséquences résultant de la mise à exécution d'une stratégie.

Exemple « Voyage » (suite)

Afin de projeter sur chacun des axes une destination « a », il est nécessaire de traduire précisément (i.e. sous la forme d'une fonction bien identifiée), comment les conséquences de « a » se manifestent.

Axe 1 : f_1, a → e_1 = prix du billet d'avion,

Axe 2 : f_2, a → e_2 = nombre de jours ensoleillés sur la semaine,

Axe 3 : f_3, a → e_3 = taux de fréquentation (en % sur une échelle de 0 % à 100 % avec un pas de 25 %).

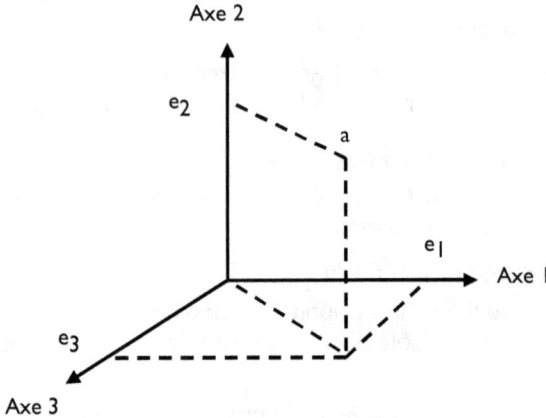

Fig. 1 : Représentation d'une destination dans l'espace des dimensions.

3 – Traduire l'incertitude portant sur les conséquences d'une décision

Il s'agit d'affecter des probabilités de réalisation aux conséquences des décisions.

Exemple « Voyage » (suite)

On suppose qu'il n'y a pas d'incertitude sur le prix du billet d'avion (prix catalogue).

La projection sur l'axe 2 de la destination « a » n'est pas un nombre de jours e_2 certain mais une variable aléatoire L_2 pouvant être schématisée par une loterie (p_i sont les probabilités estimées) :

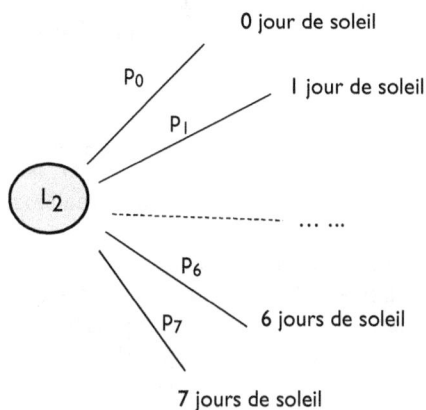

Fig. 2 : Variable aléatoire « nombre de jour(s) de soleil ».

De même, la projection sur l'axe 3 de « a » est représentée par une loterie, L_3, (p'_i sont les probabilités estimées) :

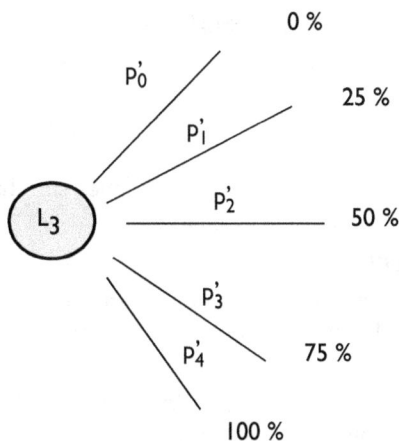

Fig. 3 : Variable aléatoire « taux de fréquentation ».

Il est certain qu'au Maroc, la probabilité qu'il y ait 7 jours sans soleil est beaucoup plus faible qu'en Ecosse et, sur la Côte d'Azur, la probabilité qu'il y ait une fréquentation très forte est nettement plus grande qu'à Tahiti !

Compte tenu de l'incertitude qui pèse sur les conséquences de tel ou tel choix, comment, après avoir déterminé les différentes probabilités de réalisation, l'individu va-t-il se décider ?

Il pourrait par exemple remplacer chaque loterie L_i associée à la dimension i (ici i = 2 et 3) par son espérance mathématique E (L_i) et réfléchir ensuite en se basant sur une valeur unique par dimension et par destination. Cependant comme on l'a vu au chapitre 6, l'espérance mathématique, qui est la moyenne des états pondérée par les probabilités, n'est pas toujours un instrument pertinent pour différencier deux loteries, car elle ne reflète pas la dispersion qui existe entre les états. Or ajouter à cette moyenne un écart type ne permet pas de traduire le comportement du décideur face au risque. La théorie de l'utilité espérée de Von Neumann et Morgenstern apporte une solution mais elle nécessite, pour conduire à des expressions relativement simples, que soient vérifiées certaines hypothèses d'indépendance.

4 – Vérifier les hypothèses d'indépendance des dimensions

La dimension est représentée ici par l'axe muni de sa fonction indicateur.

Vérifier les hypothèses d'indépendance des dimensions nécessite de vérifier (grâce à des techniques spéciales) trois types d'indépendance :

- l'indépendance au sens des probabilités,
- l'indépendance au sens des utilités,
- l'indépendance au sens des préférences.

Indépendance au sens des probabilités

Il faut s'assurer que les variables aléatoires définies sur chacune des dimensions sont indépendantes au sens des probabilités.

Exemple « Voyage » (suite)

Il faudrait vérifier (ou admettre pour simplifier) que les probabilités p concernant la météo sont indépendantes des probabilités p' concernant le taux de fréquentation touristique.

On remarque en effet qu'en Ecosse le temps est maussade et la fréquentation est importante puisque le pays a d'autres attraits que les plages.

Indépendance au sens des utilités

Il s'agit de vérifier que chaque dimension est indépendante en utilité de toutes les autres.

264

Pour expliquer la notion d'indépendance au sens des utilités, nous donnons un exemple où ce principe d'indépendance est mis en défaut.

Exemple où le principe d'indépendance au sens des utilités est mis en défaut

Imaginons un jeune diplômé cherchant un emploi de commercial. Pour orienter son choix, il considère le salaire et la localisation.

Deux types de rémunération lui sont proposés :

- une rémunération certaine de 2 200 € net mensuel,
- et une rémunération risquée où il peut gagner 1 000 € net par mois avec une probabilité de 1/4 et 2 900 € avec une probabilité de 3/4 (on suppose que les probabilités ne dépendent pas de lui).

La localisation est soit Paris, soit une ville de province.

À Paris, il opte pour la sécurité car il serait incapable de payer son loyer avec seulement 1 000 € par mois. En Province, il peut prendre le risque de gagner seulement 1 000 € par mois et opte pour la rémunération risquée très favorable pour lui dans 75 % des cas.

Il est clair que dans ce cas la dimension « salaire » n'est pas indépendante de la dimension « localisation » au sens des utilités (*cf.* figure 4).

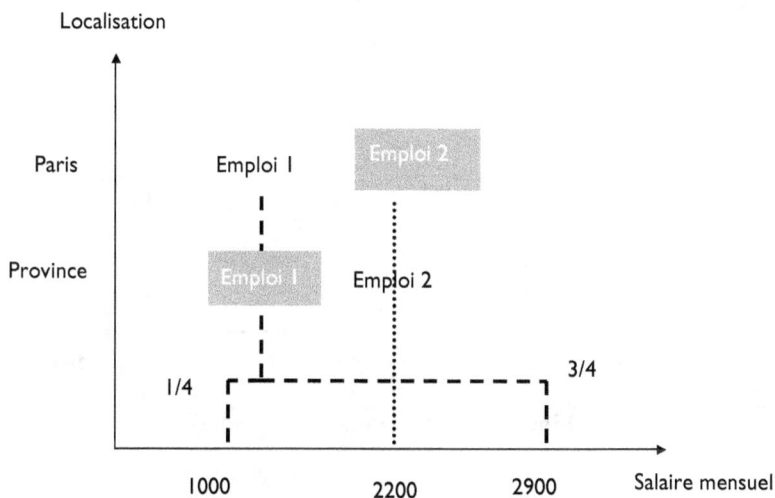

Fig. 4 : Emploi choisi en grisé.

Indépendance au sens des préférences

Il faut vérifier que chaque paire de dimensions est indépendante au sens des préférences des autres dimensions.

Pour expliquer la notion d'indépendance des dimensions au sens des préférences, nous donnons un exemple où ce principe d'indépendance est mis en défaut.

Exemple où l'indépendance des dimensions au sens des préférences n'est pas vérifiée

Il s'agit de choisir un menu comprenant un plat et un verre de vin. Les dimensions que l'on considère sont le type de vin et le type de plat.

Traditionnellement, on préfère boire du vin rouge pour accompagner la viande et du vin blanc avec le poisson.

La dimension « type de vin » n'est donc pas indépendante, au sens des préférences, de la dimension « type de plat » (voir figure 5).

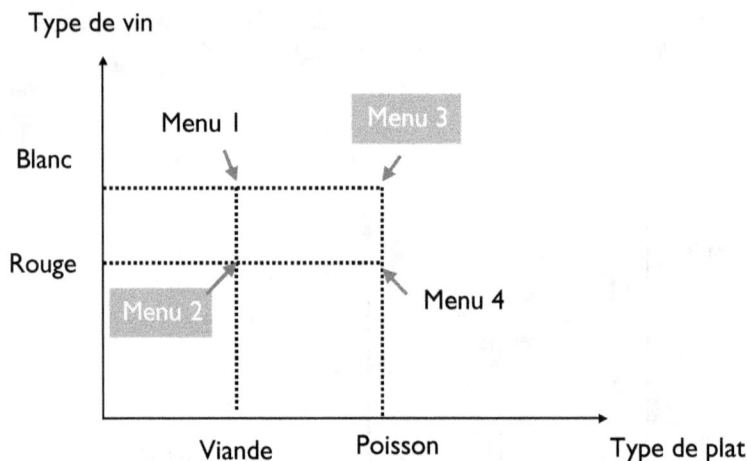

Fig. 5 : Choix du menu en grisé.

> **Remarque**
>
> Par indépendance, on n'entend pas forcément indépendance stricte, c'est-à-dire que l'on peut se contenter de vérifier que les dimensions ne sont pas trop corrélées pour pouvoir utiliser sans biais la méthode *MAUT*.

5 – Évaluer les fonctions d'utilité partielles associées à chaque dimension

Les dimensions étant supposées indépendantes, nous pouvons les considérer séparément et évaluer, pour chacune d'elles une fonction d'utilité partielle (partielle = qui ne dépend pas des autres dimensions).

Exemple « Voyage » (suite)

Considérons la dimension « ensoleillement » et déterminons la fonction d'utilité u_2 qui lui est associée. Pour cela il est nécessaire d'interroger l'individu désirant partir en vacances. On le nomme le décideur.

On pose u_2 (0 jour de soleil) = 0 et u_2 (7 jours de soleil) = 1.

Puis on demande au décideur s'il préfère avoir assurément 3 jours de soleil ou bien s'il préfère prendre le risque d'en avoir 7 avec une chance sur deux qu'il fasse mauvais toute la semaine. Cette loterie est notée L sur la figure 6.

Imaginons que le décideur soit indifférent entre ces deux loteries. On peut alors écrire :

u_2 (3) = 1/2 u_2 (7) + 1/2 u_2 (0) = 1/2.

Sa réponse traduit le fait qu'il a de l'aversion pour le risque car en espérance, la loterie risquée est plus intéressante que la loterie certaine. En effet 7/2 + 0/2 = 3,5 jours de soleil > 3 jours.

En interrogeant à nouveau le décideur, on constate qu'il est indifférent entre avoir 1 jour de soleil sûr ou en avoir soit 3 soit 0 avec la probabilité 1/2. Son aversion pour le risque se trouve confirmée car 3/2 + 0/2 = 1,5 > 1 et on peut écrire : u_2 (1) = 1/2 u_2 (3) + 1/2 u_2 (0) = 1/4.

En procédant ainsi, on évalue la fonction d'utilité du décideur sur la dimension « ensoleillement » pour un certain nombre de points. On en déduit ensuite la forme générale de la courbe (*cf.* figure 6), puis son expression mathématique.

La fonction d'utilité relative à la dimension « ensoleillement » est concave puisque le décideur a de l'aversion pour le risque. L'équivalent certain d'une loterie (non réduite à une valeur sûre) est inférieur à son espérance.

On procède de la même façon pour « encoder » la fonction d'utilité partielle u_3 relative à la dimension « taux de fréquentation ».

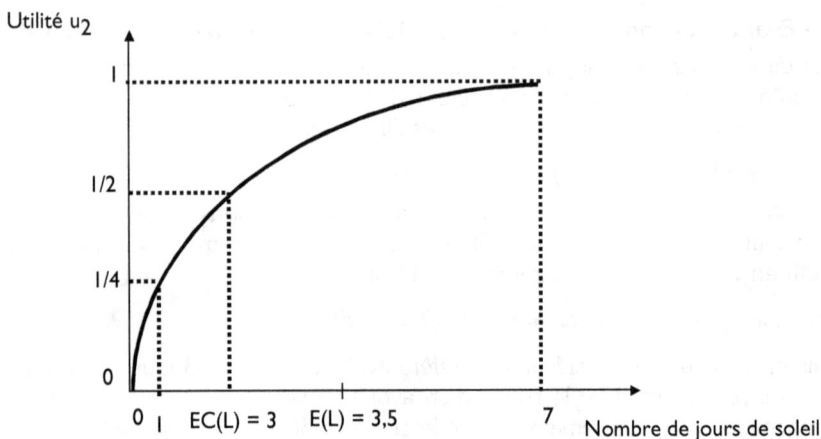

Fig. 6 : Forme de la fonction d'utilité partielle relative à la dimension ensoleillement.

6 – Calculer l'espérance mathématique des fonctions d'utilité partielles pour obtenir les différents critères

Les critères associés à chacune des dimensions sont les espérances des fonctions d'utilité partielles.

Exemple « Voyage » (suite)

Le critère g_2 associé à la dimension « ensoleillement » est la fonction qui associe à une destination « a » (l'Ecosse par exemple) la valeur (ou note) relative à l'ensoleillement :

g_2 (Écosse) $= p_o^{E} u_2(0) + p_1^{E} u_2(1) + \ldots + p_6^{E} u_2(6) + p_7^{E} u_2(7)$ où :

p_o^{E} est la probabilité qu'il n'y ait aucun jour de soleil en Écosse pendant le séjour,

p_1^{E} est la probabilité qu'il y en ait un,

p_2^{E} est la probabilité qu'il y en ait deux, etc.,

u_2 la fonction d'utilité partielle (au sens de Von Neumann et Morgenstern) du décideur pour la dimension « ensoleillement ».

On procède de la même façon pour les autres dimensions (pour la dimension « coût », l'attribution d'une note est plus facile car il n'y a pas de risque). On obtient une note par dimension et par action (ou destination).

7 – Agréger les critères partiels pour obtenir le critère unique de synthèse qui affecte une note à chacune des stratégies

Cette étape se fait en deux temps. En interrogeant le décideur, il convient de déterminer les poids relatifs accordés à chaque dimension puis la forme de la fonction critère unique de synthèse.

Détermination des poids relatifs à chaque dimension

On demande au décideur de comparer des loteries judicieusement choisies de manière à lui faire révéler l'importance qu'il accorde à chacune des dimensions. Par exemple, on lui demande combien il serait prêt à « perdre » sur une dimension pour récupérer une unité sur une autre.

On note k_1, k_2 et k_3 les poids relatifs accordés respectivement aux dimensions « prix du billet », « ensoleillement » et « fréquentation touristique ». Ces constantes sont strictement positives.

Détermination de l'expression de la fonction critère unique de synthèse

La fonction critère unique de synthèse, notée g, permet de mettre une note à chaque action potentielle compte tenu de l'ensemble des points de vue.

En vérifiant certaines hypothèses (que nous ne détaillons pas ici), on détermine si la fonction g est de nature additive (1) ou multiplicative (2).

Exemple « Voyage » (suite)

Selon les cas, on pourrait avoir pour « a » appartenant à l'ensemble des destinations = {Côte d'Azur, Ecosse, Maroc, Tahiti} :

(1) Forme additive

$$g(a) = k_1 g_1(a) + k_2 g_2(a) + k_3 g_3(a) \text{ avec } k_1 + k_2 + k_3 = 1$$

(2) Forme multiplicative

$$g(a) = 1/k [(1 + kk_1 g_1(a))(1 + kk_2 g_2(a))(1 + kk_3 g_3(a)) -1],$$

où :

$k_1 + k_2 + k_3 \neq 1$ et k vérifie l'équation :

$$1 + k = (1 + kk_1)(1 + kk_2)(1 + kk_3) \text{ avec } k > -1 \text{ et } k \neq 0.$$

On rappelle que g_1, g_2 et g_3 sont les utilités partielles correspondant à chacune des dimensions considérées.

269

8 – Faire une étude de robustesse

L'étude de robustesse consiste à tester l'effet de variations des hypothèses sur le classement des stratégies obtenu.

Le classement obtenu est-il suffisamment robuste à des variations minimes :

- des probabilités (associés aux conséquences sur les dimensions),
- des fonctions d'utilité partielles,
- des poids relatifs k_i ?

Par ailleurs, le modèle peut être utilisé pour des simulations afin d'étudier comment se comporte le classement lorsque l'on fait varier de façon significative les préférences ou le comportement du décideur par rapport au risque (modification des fonctions d'utilité et des coefficients k_i).

Conclusion

Dans l'exemple sur le voyage, avait-on besoin de tout l'arsenal de la théorie de l'utilité pour aboutir au classement des destinations où l'individu envisageait d'aller passer ses vacances ? Peut-être pas. Cependant, lorsque le nombre de dimensions et de stratégies se multiplie, il devient difficile pour un décideur de déterminer un classement qui corresponde vraiment à ses préférences. La méthode de l'utilité espérée lui propose un support formalisé sur lequel il peut asseoir, étape par étape, ses jugements et les expliciter à autrui. Ainsi, on ne peut croire au classement final obtenu que si l'on a confiance dans le processus logique utilisé pour y parvenir (c'est-à-dire si l'on valide toutes les étapes de la méthodologie) et, il est certain que la validité de ce processus dépend de la rigueur avec laquelle le décideur répond aux questions qui lui sont posées.

À présent, nous appliquons la méthode à un cas réel dans le secteur énergétique, cas que nous simplifions pour le rendre plus pédagogique.

III. Étude de cas : Choix multicritère dans le risque pour le réseau de transport d'électricité[1]

1. Énoncé du problème

Un gestionnaire du réseau de transport d'électricité appartenant à RTE[2] réfléchit à un renforcement du réseau. Deux décisions de renforcement sont envisageables D_1 et D_2.

---

1. *cf.* B. Munier et N. Taverdet-Popiolek (1999).
2. RTE, Entreprise chargée en France de gérer le réseau de transport d'électricité.

Il considère trois dimensions dans sa décision ; la dimension économique, la dimension sécurité et la dimension environnementale.

Le tableau ci-dessous donne les indicateurs retenus sur chacune des dimensions :

Tableau 1 – **Indicateur retenu par dimension (ou axe)**

Dimension		Indicateur
Économique	Axe_1	Coût total annuel = annuité d'investissement + coût des pertes + surcoût de gestion
Sécurité	Axe_2	Nombre de surcharges/nombre d'incidents étudiés[1]
Environnement	Axe_3	Nombre de km traversant une zone d'espaces naturels protégée

L'incertitude porte sur la demande d'électricité et sur la fiabilité du réseau tout entier face à cette demande. Il n'y a pas d'incertitude quant à l'impact sur l'environnement car le tracé est déjà défini pour chaque décision et les zones d'espaces naturels protégées ont été établies pour une longue période.

Quatre scénarios $(S_i)_{i = 1 \text{ à } 4}$ ont été envisagés et probabilisés par des experts :

$P(S_1)$ = P (demande faible et réseau peu fiable) = 5 %,

$P(S_2)$ = P (demande faible et réseau fiable) = 5 %,

$P(S_3)$ = P (demande forte et réseau fiable) = 70 %,

$P(S_4)$ = P (demande forte et réseau peu fiable) = 20 %.

Les conséquences des décisions sont traduites sur chaque axe de la manière suivante :

✎ *Valeurs correspondant à l'indicateur économique : coût total annuel en M€*

Scénario (probabilité de réalisation)				
Décision	1 (5 %)	2 (5 %)	3 (70 %)	4 (20 %)
1	530	330	400	600
2	500	300	350	550

✎ *Données relatives à la sécurité : nombre de surcharges/nombre d'incidents étudiés*

Scénario (probabilité de réalisation)				
Décision	1 (5 %)	2 (5 %)	3 (70 %)	4 (20 %)
1	6/10	4/10	4/10	7/10
2	7/10	7/10	8/10	9/10

✎ *Données relatives à l'environnement : nombre de km traversant une zone d'espaces naturels protégée*

Décision	
1	100
2	780

Sur chacune de ces dimensions, le décideur a exprimé sa propre utilité (utilité partielle).

Pour la dimension économique (axe 1), u_1 est une droite avec $u_1(0) = 1$ et

$$u_1(600) = 0 : x \rightarrow -\frac{1}{600}x + 1$$

Pour la dimension sécurité (axe 2), u_2 est assimilée à une portion de la courbe :
$$x \rightarrow \frac{2}{5x}$$
Pour la dimension environnementale (axe 3), u_3 est assimilée à une portion de la courbe : $x \rightarrow 1/\text{Racine }(x)$.

Les poids relatifs attribués aux axes 1, 2 et 3 sont respectivement : $k_1 = 0,40$; $k_2 = 0,30$; $k_3 = 0,30$.

2. Questions

1. Pourquoi ces trois fonctions d'utilité partielles sont-elles décroissantes ?

2. Que signifie que la fonction d'utilité partielle u_1 soit une droite ? Est-ce surprenant ?

3. On suppose que les hypothèses nécessaires à l'application de la méthode de l'utilité multiattribut *(MAUT)* sont vérifiées et que la fonction d'utilité globale (fonction critère unique de synthèse) est additive.

En utilisant cette méthode, indiquer au décideur la meilleure décision.

3. Éléments de correction

1. Les fonctions d'utilité partielles sont décroissantes parce que les valeurs des trois indicateurs sont à minimiser pour augmenter la satisfaction du décideur. La satisfaction du décideur augmente lorsque le coût, le nombre de surcharges/nombre d'incidents ou le nombre de kilomètres traversés diminuent.

2. Le fait que la fonction d'utilité partielle u_1 soit une droite signifie que le décideur est neutre par rapport au risque quant à la dimension économique. Cela n'est pas surprenant dans la mesure où RTE est une grande entreprise ayant d'importants capitaux permanents relativement au coût de l'investissement considéré (*cf.* notion de fortune initiale du décideur, chapitre 6).

3. Calculs

On calcule les fonctions d'utilité partielles relativement à chacun des axes et pour chaque scénario.

Ensuite, on calcule l'espérance de ces fonctions d'utilité puis la fonction d'utilité totale, comme somme pondérée de ces espérances.

Sur la dimension économique :

Poids = 0,4	Décision	S_1 (0,05)	S_2 (0,05)	S_3 (0,7)	S_4 (0,2)	Utilité partielle	S_1 (0,05)	S_2 (0,05)	S_3 (0,7)	S_4 (0,2)	$E(u_1(D_i))$
	D_1	530	330	400	600	u1 (D1)	0,12	0,45	0,33	0,00	0,26
	D_2	500	300	350	550	u1 (D2)	0,17	0,50	0,42	0,08	0,34

Sur la dimension sécurité :

Poids = 0,3	Décision	S_1 (0,05)	S_2 (0,05)	S_3 (0,7)	S_4 (0,2)	Utilité partielle	S_1 (0,05)	S_2 (0,05)	S_3 (0,7)	S_4 (0,2)	$E(u_2(D_i))$
	D_1	0,60	0,40	0,40	0,70	u2 (D1)	0,66	1	1	0,57	0,90
	D_2	0,70	0,70	0,80	0,90	u2 (D2)	0,57	0,57	0,50	0,44	0,50

Sur la dimension environnement :

Poids = 0,3	Décision		Utilité partielle		E (u$_2$ (D$_j$))
D$_1$	100	u3 (D1)	0,10	0,1
D$_2$	780	u3 (D2)	0,04	0,04

Critère unique de synthèse ⇒ *Utilité globale de chaque décision :*
C'est la somme pondérée des espérances d'utilité partielle.

U (D$_1$) = 0,4 × 0,26 + 0,3 × 0,90 + 0,3 × 0,1 = 0,40

U (D$_2$) = 0,4 × 0,34 + 0,3 × 0,50 + 0,3 × 0,04 = 0,30

Comme l'utilité globale de la décision D$_1$ est plus grande que l'utilité globale de la décision D$_2$, on choisit D$_1$.

Ce choix devrait être confirmé par une étude de sensibilité en faisant jouer les paramètres (ex : poids relatif des critères, probabilité des scénarios, valeur des indicateurs).

Conclusion

Avec des exemples simples, on a montré les grands principes des méthodes d'aide à la décision multicritères. Celles-ci nécessitent une modélisation assez poussée qui coûte cher et n'est pas toujours aisée à mettre en place en pratique. En particulier, pour la méthode *MAUT*, l'évaluation des fonctions d'utilité partielles est délicate et nécessite de mobiliser le décideur afin qu'il réponde consciencieusement au questionnaire sur les comparaisons de loteries.

De même, les hypothèses d'indépendances nécessaires à l'application rigoureuse de la méthode ne sont pas toujours complètement vérifiées, ce qui peut conduire à des biais dans l'interprétation des résultats.

L'application des méthodes de la famille ELECTRE n'est pas dépourvue non plus de difficultés (ex : détermination délicate des seuils de préférence et d'indifférence, manipulation d'expressions mathématiques compliquées).

Leur particularité est de ne pas faire intervenir un critère unique de synthèse, ce qui conduit parfois à l'*incomparabilité* de certaines actions.

À noter, que les méthodes ELECTRE sont davantage adaptées aux situations sans risque.

Malgré leurs inconvénients, les méthodes d'aide à la décision multicritères peuvent être très utiles pour les choix d'investissement notamment lorsqu'il s'agit de prendre en compte leurs conséquences globales sur la collectivité. Elles sont, pour les investissements publics, une alternative intéressante à l'analyse coûts-bénéfices (ACB).

Des logiciels ont été mis au point pour appliquer les méthodes d'aide à la décision multicritère (*cf.* bibliographie).

Bibliographie de référence

KEENEY R.L. and H. RAIFFA H., *Decisions with Multiple Objectives – Preferences and Value Tradeoffs*, John Wiley and Sons, New York, 1976, nouvelle édition Cambridge University Press, 1993.

MUNIER B. et TAVERDET-POPIOLEK N., « Choix multicritères dans le risque et variables multidimensionnelles : proposition de méthode et application aux réseaux de transport d'énergie », Revue R.A.I.R.O, Recherche opérationnelle, N° 33, 1999, p. 543-568.

ROY B., *Méthodologie multicritère d'aide à la décision*, Économica, Gestion, 1985.

Pour en savoir plus

ROGERS M., BRUEN M. and MAYSTRE L.-Y., *Electre and decision support*, Kluwer Academic, Dordrecht, 2000.

BOUYSSOU D., MARCHANT T., PIRLOT M., TSOUKIAS A. and VINCK Ph., *Evaluation and decision models with multiple criteria : Stepping stones for the analyst*, International Series in Operations Research and Management Science, Volume 86, Boston, 2006.

Logiciels permettant d'appliquer les méthodes multicritères

Méthode MAUT
Logical Decision for Windows.
http://www.logicaldecisions.com/

Méthodes de la famille ELECTRE

Les méthodes ELECTRE ont donné naissance à des logiciels qui sont disponibles au LAMSADE (Laboratoire d'analyse et modélisation de systèmes pour l'aide à la décision).

http://www.lamsade.dauphine.fr

Conclusion de la seconde partie

Pour conclure cette seconde partie, nous donnons un tableau synthétique positionnant chacun des modèles présentés en fonction des situations et des hypothèses considérées dans la modélisation.

L'investisseur dispose d'une liste de projets présélectionnés qu'il considère soit avec une vision uniquement économique[1] (s'il ne retient que la dimension économique pour sélectionner le projet) soit avec une vision globale intégrant plusieurs critères de sélection, certains pouvant être antagonistes d'ailleurs.

Pour chaque projet, il collecte toute l'information utile (*Business plan*) permettant d'évaluer les conséquences de chaque projet suivant la ou les dimension(s) considérée(s).

Pour une analyse multicritère, la collecte de l'information nécessite de considérer un système global avec des variables économiques, sociétales et environnementales.

Bien que le futur comporte toujours une part de risque, il peut, pour simplifier, faire l'hypothèse que le risque est maîtrisé et que les données détenues sont fiables et « certaines » dans le cadre d'un scénario bien identifié. Dans ce cas, il utilise les modèles de décision en univers certain.

S'il veut se rapprocher de la réalité et envisager plusieurs scénarios pour le futur, il utilise des modèles plus sophistiqués intégrant le risque.

Dans le cas où il aurait la possibilité d'échelonner la prise de décision dans le temps, il utilise les modèles séquentiels qui lui permettent de mesurer la valeur de l'information. Il peut aussi estimer la valeur d'option attachée à une décision flexible, c'est-à-dire à une décision qui ne réduit pas pour l'avenir sa palette de choix.

---

1. Qu'elle soit « réelle » ou « intrinsèque », *cf.* chapitre 3.

© Groupe Eyrolles

Tableau 2 – Vision récapitulative – Classement des modèles d'aide à la décision présentés dans cette partie.

	Une seule dimension (dimension économique rentabilité « réelle » ou « intrinsèque ») – Principe de « compensation »				Plusieurs dimensions
	Décision unique		Décision séquentielle		
	Information constante	Information croissante	Information constante	Information croissante	
Univers certain (un scénario d'évolution)	– Calcul économique privé ⇒ Maximisation de la VAN ou du TRI (Rentabilité économique) – Calcul économique public ⇒ Méthode ACB – Maximisation du bénéfice global actualisé (Rentabilité socio-économique)				Modèles de décision multicritères sans critère unique de synthèse (type ELECTRE de l'école française, B. Roy) – Pas de compensation et incomparabilité envisageable *in fine* des projets
Univers risqué probabilités exogènes					Décision unique
Hypothèse de neutralité face au risque	– Maximisation de l'espérance de la VAN – Maximisation de l'espérance du bénéfice global actualisé	Maximisation de l'espérance de la VAN et calcul de la valeur espérée de l'information parfaite (VEIP)	Arbre de décision et maximisation de l'espérance de la VAN	Arbre de décision et maximisation de la VAN Séquentielle (VANS) incluant la valeur d'option associée aux décisions flexibles	
Prise en compte de l'aversion face au risque	Maximisation de l'utilité espérée (utilité de Von Neumann et Morgenstern)		Arbre de décision et maximisation de l'utilité espérée		Modèles de décision multicritères avec critère unique de synthèse (type utilité multiattribut de l'école américaine, R.L. Keeney et H. Raiffa)
Univers incertain (sans prise en compte des probabilités subjectives)					
Neutralité/risque	Critère de Laplace				
Aversion/risque	Critères « pessimistes » : Bernoulli, Wald, Hurwicz, Savage				

277

Partie III

Financement
de l'investissement

Financement d'un investissement – Typologie des situations

1. Processus complet menant à l'investissement – Cas général

Pour des raisons pédagogiques, lors de l'étude de faisabilité et la construction du *Business plan*, nous avons laissé provisoirement de côté la vision financière et n'avons pas abordé l'aspect financement de l'investissement qui conduit à l'élaboration du plan de financement constitué des tableaux de financement prévisionnels : les tableaux emplois – ressources prévisionnels.

Or, préparer un investissement implique forcément d'étudier la manière dont il sera financé, cela ayant un impact sur son évaluation et sur son choix.

Une fois l'investissement sélectionné, le plan de financement est affiné puis réalisé concrètement (ex : signature des contrats avec les banques, émission d'actions, d'obligations) (*cf.* figure 1).

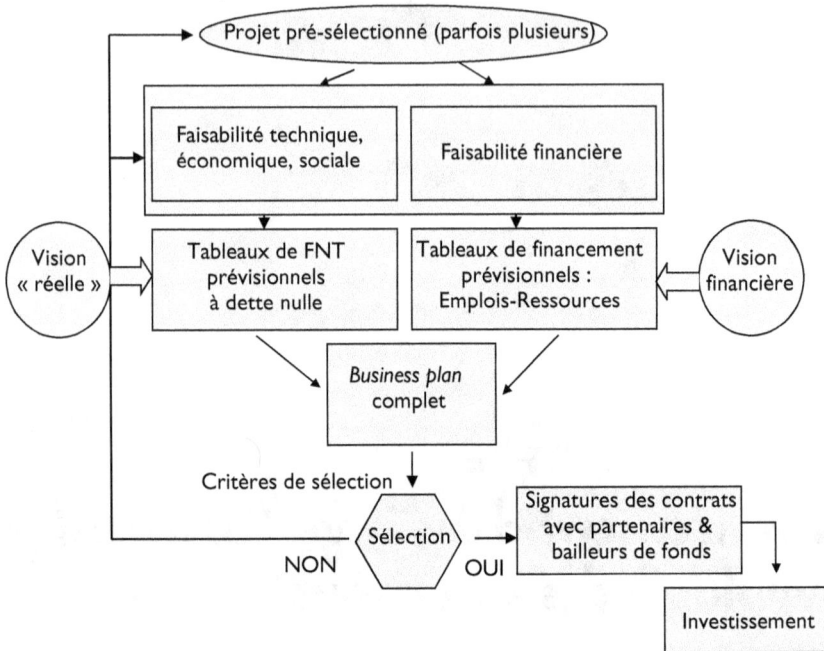

Fig. 1 : Enchaînement des étapes de préparation et de sélection d'un investissement.

Nous consacrons cette troisième partie aux étapes qui conduisent au financement de l'investissement.

L'enchaînement des étapes représenté sur la figure 1 ci-dessus est général. Or, il faut savoir qu'il existe différentes logiques de financement qui ont trait à la nature même de l'investissement considéré.

2. Différentes logiques de financement d'un investissement

2.1. Typologie des projets et impact sur le mode de financement

Comme nous l'avons vu dans la première partie du présent ouvrage, on distingue d'une part les projets d'investissement portés par l'entreprise (types A et C) et d'autre part, ceux qui sont autonomes et assimilés à une société projet créée spécialement (type B) ou à une *start-up* (type D).

282

Les bailleurs de fonds qui financent un projet porté par une entreprise partagent le risque avec l'entreprise elle-même. Ils ont un **recours** assis sur la situation patrimoniale de l'entreprise. Ce type de financement est appelé ***Corporate Financing***.

En revanche, en finançant un projet autonome (type B), les bailleurs de fonds n'ont **aucun recours** et prennent tous les risques (économiques, technologiques, financiers et sociaux). Banquiers, pour la plupart, ils tablent sur les flux nets prévisionnels du projet durant son exploitation. Cela correspond au ***Project Financing*** (financement « sur » projet).

Il en est de même pour le financement des projets innovants (type D) portés par les *start-up*. Ces projets sont de taille beaucoup plus modeste que les projets de type B mais ont un risque technologique très élevé. Les bailleurs de fonds (organisés par exemple en fonds d'amorçage ou en société de capital-risque) misent sur la capacité technologique du projet à dégager des flux financiers, limitant les risques en finançant un portefeuille de projets diversifiés. On peut dire qu'il s'agit aussi dans ce cas d'un financement de type *Project Financing*.

2.2. Projet privé/public

Par ailleurs, on sépare les projets privés (direction : entreprise ou société privée) des projets publics (direction : État, collectivité locale, organisation internationale). Si les premiers obéissent à une logique de marché et sont évalués en fonction de leur rentabilité économique, les seconds sont évalués en fonction de leur rentabilité socio-économique.

2.3. Croisement logique de financement et nature du projet

Une typologie des montages de financement d'un investissement peut être faite en faisant deux distinctions :

– le décideur est-il privé ou public ?

– les bailleurs de fonds ont-ils ou pas un recours assis sur le patrimoine d'une entreprise privée ou d'un organisme public comme l'État ?

On situe ces différentes « logiques » de financement dans un plan comportant (*cf.* figure 2) :

– en abscisses, une échelle graduée de 0 % à 100 % qui correspond à l'importance du recours ;

• 0 % : il n'y a aucun recours et les bailleurs de fonds prennent tous les risques,

• 100 % : il y a un recours assis sur un patrimoine (privé ou public).

• Entre ces deux extrêmes, on peut situer les montages financiers « mixtes » où les risques sont partagés entre les bailleurs de fonds et le promoteur de l'investissement.

- en ordonnées, un axe indiquant si le décideur est public ou bien privé ;

- • Un décideur public impose des contraintes pour que l'investissement soit rentable du point de vue socio-économique. Dans le chapitre introductif, nous avons vu qu'il pouvait confier la mise en place, voire l'exploitation, de l'investissement à des partenaires privés (ex : investissement réalisé par une entreprise privée sous tutelle de l'État).

- • Un décideur privé recherche à maximiser la rentabilité économique de l'investissement (sauf cas particulier relevant d'une stratégie plus globale).

À cette typologie, on peut superposer la distinction nationale et internationale selon que le projet a ou non une dimension mondiale.

Il est important de noter que les projets autonomes ayant très souvent une dimension internationale, le mode de financement de type *Project Financing* fait appel aux marchés internationaux de capitaux.

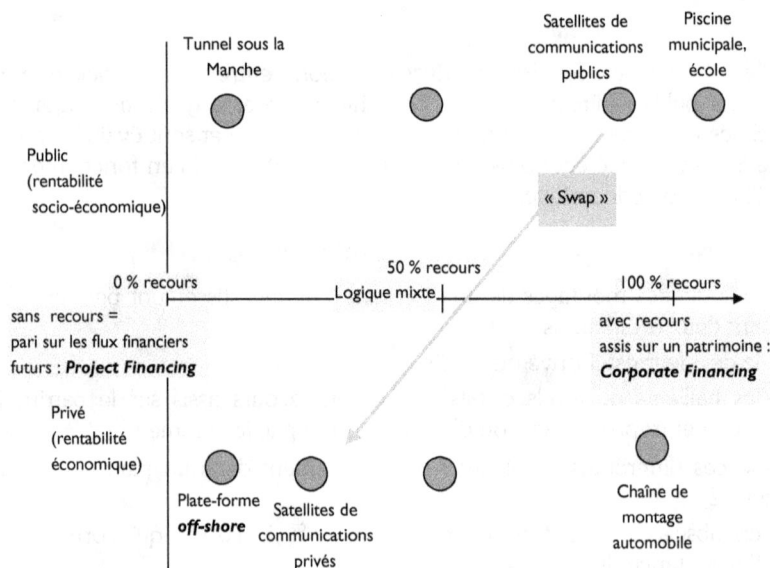

Fig. 2 : Les différentes logiques de financement d'un investissement avec des exemples de projet[1].

---

1. D'après, M. Poix, Magister BFA (2005).

© Groupe Eyrolles

Les logiques de financement ne sont ni exclusives (logiques mixtes), ni figées dans le temps (« Swap »).

Cadran 1 en haut à gauche : recours faible – décideur public

⇒ Logique *Project Financing* pour les projets d'utilité publique sous la tutelle de l'État (ou d'une organisation publique).

Dans ce cas, le *Project Financing* prend parfois la forme d'un *BOT (Build – Operate – Transfer)* (*cf.* chapitre 11).

Exemples : Réseau d'eau potable, Infrastructure routière, Installation portuaire, Tunnel sous la Manche, Viaduc de Millau, Pont de Normandie, Stade de France.

Cadran 2 en haut à droite : recours fort – décideur public

⇒ Financement par fonds publics (impôts collectés) pour des projets publics classiques (à logique non marchande) et des projets publics de type A ou C relativement modestes.

Exemples en France : École, Hôpital, Commissariat de Police, Piscine municipale financée avec les impôts locaux.

Cadran 3 en bas à gauche : recours faible – décideur privé

⇒ Logique *Project Financing* pour les projets privés autonomes ainsi que pour les projets innovants portés par les *start-up*.

Exemples : Satellites de communications privés, programme de fermes d'éoliennes, Plate-forme pétrolière *off-Shore*, *Pipe-line*, Raffinerie, Mine, Complexe immobilier (hôtels), Parc de loisir (*Disney-Land* Paris).

Projet innovant en science de la vie portée par une *start-up* et financé par une société de capital-risque.

Cadran 4 en bas à droite : recours fort – décideur privé

⇒ Logique *Corporate Financing* pour les projets privés au sein d'une entreprise.

C'est la logique qui prévaut pour le financement des nombreux projets d'investissement portés par l'entreprise et destinés à créer de la valeur (ex : R & D, augmentation de la capacité de production, diversification).

Exemple : Chaîne de montage automobile.

Logique mixte et non figée

En réalité, rares sont les montages financiers de type *Project Financing* sans recours. Généralement, le montage est effectué en partie avec recours (ex : 40 % avec recours, 60 % sans recours) de manière à ce qu'il existe un partage des risques entre les prêteurs et le promoteur associé à des partenaires.

Par ailleurs, la logique de financement n'est pas figée et peut varier dans le temps (technique du « *swap* »).

Les évolutions concernent :

- d'une part le partage des risques entre prêteurs et promoteur (ex : passage d'un montage sans recours à un montage avec un recours partiel),

- et d'autre part la nature du décideur (ex : un projet sous la tutelle de l'État peut être transféré à une direction privée).

Le financement d'un investissement est un processus itératif : un investissement n'est pas cloisonné dans une seule logique de financement.

3. Plan de la troisième partie

Dans cette troisième partie, nous commençons par décrire l'offre de capitaux disponibles dans le système financier puis donnons les outils nécessaires pour évaluer le coût des différentes sources de financement mobilisables.

Ensuite, nous décrivons dans ses grandes lignes, la mise en place d'un plan de financement pour l'entreprise d'abord (logique *Corporate Financing*) puis pour un projet autonome (logique *Project Financing*).

Enfin, nous terminons la partie avec une ouverture internationale consistant à décrire l'offre de capitaux au niveau international et la constitution d'un plan de financement pour une firme multinationale.

Nous présentons l'ensemble de ces éléments avec une vision simplifiée, l'objectif principal étant de donner au lecteur un éclairage sur le système financier et de lui présenter les concepts et outils utiles pour constituer le plan de financement d'un investissement.

Chapitre 9 Système financier et offre de capitaux.

Chapitre 10 Coût des différentes sources de financement et coût du capital.

Chapitre 11 Choix des sources de financement : *Corporate Financing* et *Project Financing*.

Chapitre 12 Internalisation de l'offre de financement et conditions d'accès.

© Groupe Eyrolles

Chapitre 9

Système financier et offre de capitaux

« La richesse consiste bien plus dans l'usage qu'on en fait que dans la possession. »

Aristote

L'objectif de ce chapitre est de donner une vision générale du système financier permettant à l'entreprise (privée ou publique) de puiser les capitaux dont elle a besoin pour financer ses investissements et pour couvrir ses besoins de trésorerie nés des investissements.

Nous traitons essentiellement le cas de l'entreprise, sachant que notre propos se généralise aisément au cas de la société projet.

Pour simplifier, nous nous contentons d'abord du niveau national en choisissant le cas de la France mais les grands principes qui sont expliqués ainsi que les définitions données s'étendent bien entendu à n'importe quel autre marché domestique. En fin d'ouvrage, nous élargissons notre vision pour traiter le cas d'une firme multinationale ayant accès au système financier international.

Après avoir dressé une typologie des différentes sources de financement mobilisables pour une entreprise, nous caractérisons chacune d'elles. Pour cela, il nous a paru nécessaire de décrire dans ses grandes lignes le fonctionnement du système financier et de donner la définition des termes les plus couramment employés dans ce domaine.

Plan du chapitre

1 Besoin et sources de financement pour l'entreprise
2 Sources de financement internes
3 Sources de financement externes
4 Modalités particulières de financement

I. Besoin et sources de financement pour l'entreprise

1. Besoin de financement de l'entreprise

En raison de leurs investissements (investissements *stricto sensu* et exploitation), les entreprises, qu'elles soient privées ou publiques (collectivité locale, État), ont un déficit (ou besoin) de financement à long terme et à court terme (voir l'encadré ci-après pour une définition du court et du long terme).

On peut se référer à la figure 1.

1.1. Besoin de financement à long terme

Les investissements nécessitent des ressources financières à long terme. En pratique, on trouve cependant des exceptions qui confirment la règle (voir ci-dessous).

1.2. Besoin de financement à court terme

L'objet des crédits à court terme est le financement des besoins temporaires liés à l'exploitation courante de l'entreprise. Néanmoins, il arrive qu'ils financent aussi des emplois longs comme les immobilisations et les besoins associés (stocks et en-cours clients).

Financement du besoin en fonds de roulement (BFR)

Les moyens de financement à court terme peuvent assurer le financement d'une partie du besoin en fonds de roulement d'exploitation nés des investissements.

Théoriquement, le BFR doit être financé à long terme car il fait partie du coût des investissements (*cf.* partie I). En pratique, ce n'est pas toujours le cas car les capitaux permanents (capitaux propres et dettes à plus d'un an) ne se trouvent pas toujours en quantité suffisante pour financer l'intégralité du BFR. L'entreprise doit alors faire face à un besoin de liquidités à court terme pour payer ses fournisseurs avant d'être payée par ses clients.

Financement des immobilisations par des crédits relais

Quand les taux d'intérêt à long terme sont élevés, l'entreprise préfère attendre des conditions plus favorables pour emprunter. Elle finance alors ses immobilisations par des crédits à court terme qu'elle utilise comme des crédits relais.

Long terme, Moyen terme, Court terme

Bien qu'il n'y ait pas de limite clairement établie entre les échéances des opérations financières, on peut faire de façon approximative les correspondances suivantes :

Court terme : inférieur à un an, voire à 18 mois,

Moyen terme : de 1 an (ou 18 mois) à 5 ans (ou 7 ans),

Long terme : 5 ans et plus.

Parfois, aucune distinction n'est faite entre moyen terme et long terme.

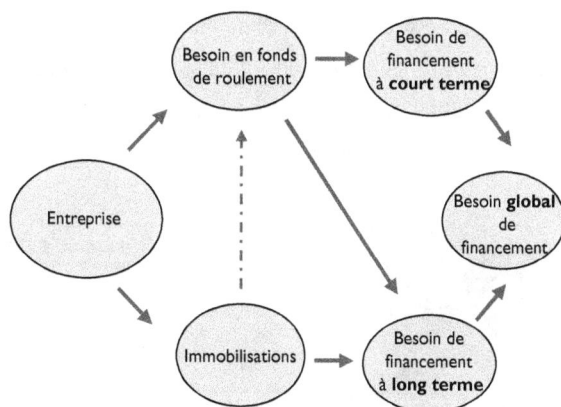

Fig. 1 : Le besoin de financement de l'entreprise (privée ou publique) – schéma simplifié.

Que ce soit pour le court terme ou le long terme, la question qui se pose est de savoir comment l'entreprise va couvrir son besoin de financement.

2. Sources de financement

2.1. Distinction sources internes/sources externes

On distingue deux grandes catégories de sources de financement : les sources de financement internes à l'entreprise et les sources externes (*cf.* figure 2).

À cette distinction classique, nous ajoutons une troisième catégorie comprenant les modalités particulières de financement comme les crédits fournisseurs ou le crédit-bail qui se rangent en général au niveau des sources externes mais que nous avons considérées à part, uniquement pour des raisons pédagogiques.

2.2. Comment se procurer des capitaux propres et comment contracter des dettes ?

Le passif du bilan de l'entreprise répertorie d'une part les capitaux propres constitués du capital social et des réserves et d'autre part, les dettes constituées des dettes financières et des dettes fournisseurs.

Pour se procurer des capitaux propres, l'entreprise utilise principalement l'autofinancement (issue de la capacité d'autofinancement). Elle peut aussi céder des actifs ou émettre des actions sur le marché financier.

En ce qui concerne les dettes, l'entreprise a la possibilité :

- d'émettre sur le marché financier des obligations,
- de contracter des emprunts auprès des établissements de crédit,
- de contracter des dettes auprès de ses fournisseurs ou d'une société de crédit-bail.

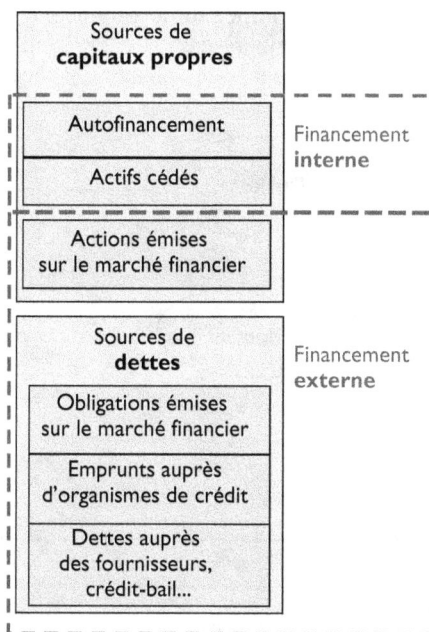

Fig. 2 : Typologie des modes de financement d'une entreprise.

Nous détaillons ci-après les sources de financement internes, externes puis les modalités particulières de financement.

II. Sources de financement internes

Le financement interne d'une entreprise provient de l'autofinancement ou bien du produit de la vente d'actifs.

1. Autofinancement : mise en réserve du bénéfice net non distribué

1.1. Définition et caractéristiques

Définition

La capacité d'autofinancement d'une entreprise (CAF) est un surplus monétaire (virtuel, i.e. sans prise en compte des « décalages ») qui lui reste une fois qu'elle a payé ses fournisseurs (consommations intermédiaires), ses salariés (salaires et participation au bénéfice[1]), le fisc (impôt sur le bénéfice) et ses prêteurs (intérêts financiers). Ce surplus n'est pas entièrement à la disposition de l'entreprise qui doit aussi rémunérer ses actionnaires en distribuant des dividendes (*cf.* figure 3).

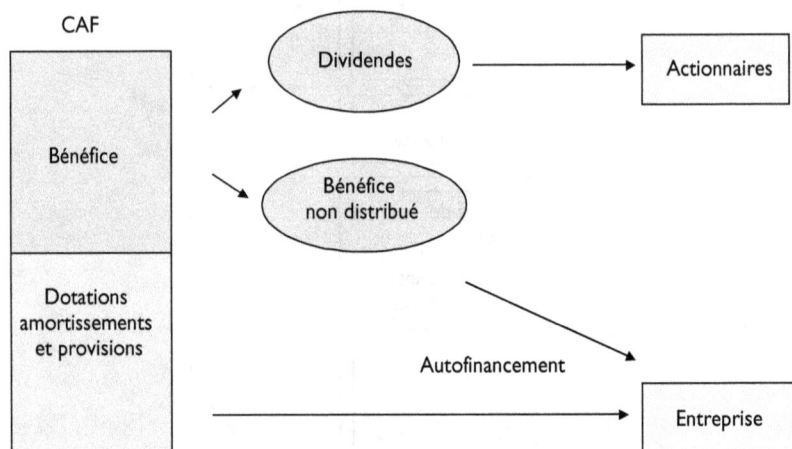

Fig. 3 : Répartition de la CAF entre les actionnaires et l'entreprise.

L'autofinancement est égal à la capacité d'autofinancement diminuée des dividendes.

Caractéristiques

L'autofinancement est une importante source de financement qui ne comporte aucun frais d'émission. Elle permet de rembourser les dettes contractées pour des investissements passés et de financer les nouveaux investissements.

C'est l'entreprise elle-même qui fixe le montant des dividendes en fonction de sa politique générale mais aussi en respectant les motivations de ses actionnaires (*cf.* figure 4).

1.2. Politique en matière de distribution de dividendes

L'entreprise doit arbitrer entre l'autofinancement et la rémunération des action-naires. Cette alternative est une décision qui s'inscrit dans sa politique générale :

---

1. Notons que l'augmentation du bénéfice net peut se faire en réduisant la participation des salariés au résultat de l'entreprise.

- Veut-elle obtenir un autofinancement maximum pour être relativement autonome et se garantir contre les risques associés aux autres sources de financement (ex : variation des taux d'intérêt d'emprunt) ?
- Veut-elle au contraire accorder une part importante du bénéfice aux dividendes pour fidéliser ses actionnaires et soutenir les cours boursiers dans le cas où elle serait cotée en bourse ?

Un indicateur permet de mesurer la part des dividendes octroyée aux actionnaires par rapport au bénéfice distribuable. C'est le **taux de distribution (Payout Ratio)** qui se calcule en rapportant le montant moyen des dividendes au bénéfice net, au titre du même exercice :

$$\boxed{\text{d = Taux de distribution = Dividende/Bénéfice net}}$$

Le taux de distribution peut varier de 0 % (pour les *start-up* par exemple ou les entreprises à forte croissance) à 100 %, pour les entreprises arrivées à maturité (ex : Pages Jaunes). En 2005, le taux moyen de distribution des entreprises européennes cotées a été de l'ordre de 45 %[1]. C'est aussi le taux moyen des entreprises françaises[2].

1.3. Motivations des actionnaires

Les motivations des actionnaires ne sont pas identiques. Si les « petits » actionnaires (actionnaires minoritaires) attendent des dividendes élevés, les actionnaires qui détiennent plus de 50 % des capitaux propres d'une entreprise (actionnaires majoritaires) privilégient en général l'autofinancement car ils occupent souvent des postes de direction et ont intérêt à ce que l'entreprise « se porte bien » à long terme (dettes faibles, investissements élevés).

D'une manière générale, la politique de financement d'une entreprise consiste donc à arbitrer entre la satisfaction des salariés, celle des actionnaires et le réinvestissement du bénéfice.

Le volume de l'autofinancement est lié à la rentabilité de l'entreprise et à sa politique de distribution des dividendes, elle-même découlant de la politique générale et de la motivation des actionnaires.

---

1. *cf.* P. Vernimmen (2005).
2. *cf.* J. Pilverdier-Latreyte (2002).

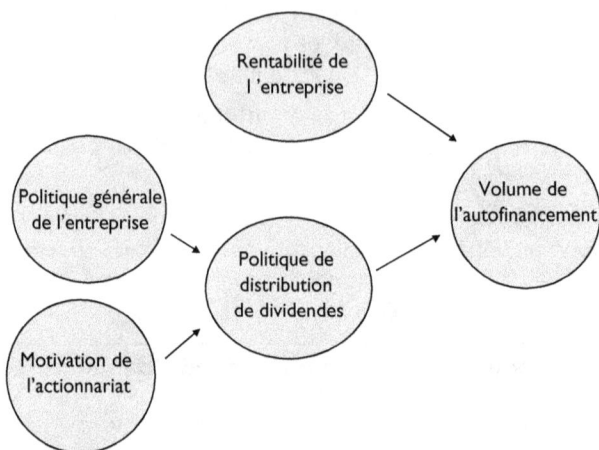

Fig. 4 : Détermination du volume de l'autofinancement.

2. Cession d'actifs

La cession d'actifs est une source de financement occasionnelle qui se produit lorsque l'entreprise renouvelle ses immobilisations et revend les anciennes. Notons que les plus-values de cession d'actifs sont taxées (impôt).

Le financement interne est généralement insuffisant pour couvrir l'ensemble des besoins de l'entreprise qui se tourne alors vers le financement externe.

III. Sources de financement externes

1. Présentation schématique de la confrontation offre et demande de capitaux

Les sources de financement externes existent parce qu'une catégorie d'agents économiques, essentiellement les ménages considérés dans leur ensemble, dispose d'une capacité de financement qu'ils « injectent » dans le système financier.

Pour accéder à de telles sources, les entreprises procèdent de deux manières (*cf.* figure 5) :

- elles récupèrent directement ces ressources *via* le marché financier : financement direct,

294

- elles passent par des intermédiaires que sont les banques ou les institutions financières spécialisées : financement indirect ou intermédié.

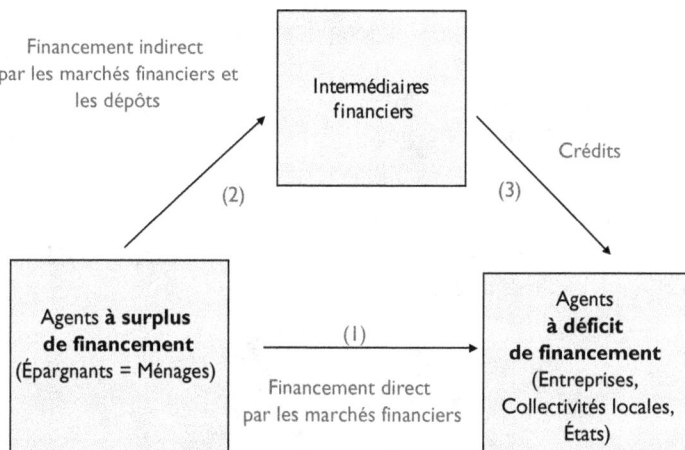

Fig. 5 : Le financement externe direct ou indirect[1]

Le système financier est composé du marché financier et des intermédiaires financiers. C'est lui qui met en relation les demandeurs et les pourvoyeurs de fonds.

2. Financement direct via le marché financier

Dans le cas du financement direct, le marché financier sert de courtier. Il met en relation demandeurs et pourvoyeurs de capitaux.

2.1. Qu'est-ce qu'un marché financier ?

Marché financier : terme générique

Le marché financier est le lieu de rencontre entre l'offre et la demande de capitaux dont le support est un titre financier qui matérialise les droits des apporteurs de capitaux.

---

1. D'après J. Pilverdier-Latreyte (2002).

Marchés financiers (ou marchés de capitaux) : la réalité

Nous disons marché au singulier mais en réalité, nous devrions parler de marchés financiers au pluriel car plusieurs marchés coexistent :

- les marchés des capitaux à long terme : le marché des actions et le marché des obligations,
- les marchés des capitaux à court terme : le marché des titres à court terme et le marché monétaire.

Le marché financier des capitaux à long terme est composé :

- du marché primaire (marché du « neuf ») pour l'émission des titres,
- et du marché secondaire (marché de « l'occasion » ou bourse) pour l'échange les titres déjà émis (*cf.* figure 6).

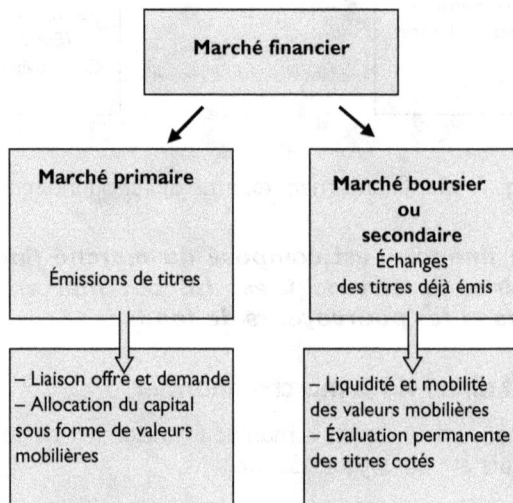

Fig. 6 : Les deux compartiments du marché financier des capitaux à long terme.

À ces marchés de capitaux, il convient d'ajouter les marchés de gestion des risques (marchés dérivés). Nous en donnons un aperçu au chapitre 12 lorsque nous traitons l'internationalisation des marchés financiers.

Inscription sur le marché secondaire

Une entreprise qui demande son inscription sur un marché secondaire, devient alors **cotée** en bourse.

2.2. Financement direct à long terme par augmentation de capital

Pour augmenter son capital, l'entreprise peut émettre sur le marché financier des actions. Il s'agit d'une **émission d'actions en numéraire** (ou contre espèces) qui fournit immédiatement à l'entreprise des liquidités.

L'émission se fait sur le marché primaire par **offre publique**[1] puis, si l'entreprise est cotée en bourse, les titres peuvent ensuite être négociés sur le marché secondaire.

Qu'est-ce qu'une action ?

L'action est un titre financier dont le remboursement n'est pas prévu et dont les flux de revenus sont incertains. La « sortie » d'une action ne peut se faire que par cession sur le marché secondaire (à condition que l'entreprise soit cotée). En contrepartie du risque qu'il court, l'actionnaire participe au contrôle de l'entreprise par le droit de vote attaché à l'action[2].

De nombreux titres peuvent être émis : actions ordinaires, actions bénéficiant de privilèges ou titres de créance pouvant conduire à des actions dans le futur.

Quelles sont les principales caractéristiques d'une action ?

Valeur nominale (ou comptable)

La valeur nominale d'une action est unique et invariable[3]. Elle correspond au montant unitaire d'un apport.

> **Le capital social d'une société est égal au nombre d'actions de la société multiplié par leur valeur nominale.**

Prix ou valeur d'émission (on dit aussi prix public)

La valeur d'émission V_0 d'une action est la somme d'argent apportée lors de l'émission du titre. V_0 est égale à la valeur nominale plus une prime éventuelle. Si la prime est nulle, l'action est émise à sa valeur nominale. On dit qu'elle est émise au pair.

---

1. Dans les petites sociétés de type familial non suffisamment importantes pour faire appel à l'épargne publique, les augmentations de capital sont souscrites par les associés déjà présents.
2. Notons cependant que l'entreprise peut décider d'émettre des actions en séparant le droit de vote de l'action. Ainsi, certaines actions sont dépourvues du droit de vote.
3. Sauf s'il y a une réévaluation des actifs de l'entreprise.

Cours ou valeur boursière

Le cours d'une action cotée est sa valeur boursière sur le marché secondaire. Il varie constamment pendant la journée, de l'ouverture à la clôture de la bourse.

En France, le cours des 40 entreprises phares donne la valeur de l'indice boursier le CAC 40 (ex : À la clôture, le CAC 40 a franchi la barre des 5 000 points).

Dividende

Le dividende est la rémunération de l'action, calculée à partir de sa valeur nominale. Il est fonction du résultat et de la politique de redistribution de l'entreprise.

Rendement (Dividend Yield)

Le rendement d'une action est le rapport du dernier dividende versé au cours de l'action.

Taux de rendement = Dividende/Cours

Au début des années 2000, les rendements des actions cotées sur les bourses occidentales étaient de l'ordre de 2 à 3 %[1].

Notons que l'État taxe les revenus liés à la détention d'actions ainsi que les plus-values réalisées lors de leur vente. Inversement, un crédit d'impôt s'applique en cas de moins-values.

Rôle des banques

Les banques jouent un rôle important dans la prise de décision et dans la réalisation des émissions d'actions nouvelles (ex : conseils sur la date, les conditions d'émission, le prix). Elles servent aussi d'intermédiaires efficaces pour rassembler les fonds de souscription auprès de leurs clients (ex : publicité, mise à disposition de Plans d'épargne en actions pour les particuliers qui souhaitent détenir un portefeuille d'actions).

> *L'augmentation de capital sur le marché financier est une vente d'actions.*

2.3. Financement direct à long terme par emprunts obligataires

Les agents à besoin de financement peuvent aussi obtenir des fonds à long terme en émettant sur le marché financier des titres primaires de créances : les obligations.

---

1. *Cf.* P. Vernimmen (2005).

Qu'est-ce qu'un emprunt obligataire ?[1]

L'emprunt obligataire est un emprunt collectif.

L'émetteur (ou signature) peut être :

- une entreprise autorisée à faire appel à l'épargne publique (elle peut émettre de façon individuelle ou groupée),
- une collectivité publique,
- l'État.

L'obligataire (ex : particulier, entreprise d'investissement) prête des fonds à l'émetteur selon des conditions de taux, de remboursement et de garantie notifiées dans le contrat d'émission.

La plupart des emprunts obligataires sont émis par appel public à l'épargne, ce qui permet une protection des épargnants (grâce aux agences de notation, voir encadré). Notons qu'il existe un marché obligataire privé pour les entreprises qui ne sont pas admises sur le marché public.

Les types d'obligations se sont multipliés. Il existe d'une part des obligations ordinaires (à taux fixe ou bien à taux variable) qui n'entraînent pas de modification du capital et d'autre part des obligations convertibles en actions ou échangeables contre des actions.

Quelles sont les principales caractéristiques d'une obligation ?

Valeur nominale

Elle correspond à la valeur faciale autrefois « inscrite » sur l'obligation. Elle doit être de 100 € (minimum) ou d'un multiple de 100 €. Elle sert de base pour le calcul de sa rémunération.

Prix ou valeur d'émission (ou prix public)

Il s'agit de la somme d'argent que l'obligataire apporte à l'émetteur lors de l'émission de l'emprunt.

L'émetteur fixe la plupart du temps une valeur d'émission inférieure à la valeur nominale : la différence constitue la prime d'émission (négative).

Si le prix d'émission est égal à la valeur nominale, l'émission est réalisée au pair.

Valeur de remboursement

Elle correspond à la somme qui sera versée à l'obligataire lors de l'amortissement de son titre.

---

1. Voir en particulier J. Pilverdier-Latreyte (2002).

La différence entre la valeur de remboursement et la valeur nominale est la prime de remboursement. Si la valeur de remboursement est égale à la valeur nominale, l'émission est remboursée au pair.

Cours ou valeur boursière

Les obligations sont cotées sur les marchés boursiers de valeurs mobilières. Le cours d'une obligation est fonction des offres et des demandes dont elle fait l'objet sur le marché.

Rémunération d'une obligation (Coupon Payment)

Une obligation est rémunérée par l'application d'un taux d'intérêt (fixe ou variable) sur sa valeur nominale. Le montant de la rémunération est le coupon. Il est taxé par le fisc.

Durée

Un emprunt obligataire a une durée de vie financière N_F qui se termine avec le dernier remboursement de titres.

Un emprunt sur le marché financier est une émission d'obligations.

2.4. Financement direct à court terme

À côté du marché financier des capitaux à long terme, on trouve le marché monétaire et le marché des titres à court terme.

Le marché monétaire offre aux banques la possibilité de se re-financer.

Le marché des titres à court terme appelé marché des titres de créances négociables permet au Trésor Public (qui gère les caisses de l'État), aux entreprises et aux institutions financières de se financer.

Les agents à besoin de financement émettent des titres :

- le Trésor Public émet des **bons du Trésor**,
- les entreprises des **billets de trésorerie**,
- et les institutions financières des **certificats de dépôts** ainsi que **des acceptations bancaires**.

Les agents à capacité de financement admis sur le marché des titres à court terme (compagnies d'assurance, caisses de retraite et de prévoyance, organismes de placement collectif en valeur mobilière, entreprises non financières) ont la possibilité d'acheter ces titres, ce qui accroît leurs opportunités de placement.

Notons que les billets de trésorerie sont le prototype de ces titres à court terme. Ils évitent aux entreprises d'avoir à s'adresser à des banques pour satisfaire leurs besoins de financement.

Rôle des agences de notation sur les marchés financiers

Intérêt de la notation

Dans la finance indirecte, les institutions financières minimisent le risque de non-remboursement de la dette en analysant finement la crédibilité de l'emprunteur (ex : analyse fine par des experts des dossiers de demande de prêt).

Dans la finance directe, les dettes sont émises sur les marchés et les investisseurs financiers n'ont pas les moyens d'évaluer la qualité des émetteurs. Afin que ceux-ci soient informés quant à la capacité de l'émetteur à rembourser sa dette, toute émission de dette sur le marché financier est accompagnée d'une « note ».

Par qui l'émetteur est-il noté ?

La note est attribuée par des agences spécialisées, indépendantes qui agissent comme des consultants externes ; ce sont les agences de notation (ou agences de *rating*) (ex : *Fitch Ratings*).

Elles évaluent la situation financière d'une entité afin de classer la capacité de remboursement de ses créances dans une catégorie standard allant :

– des dettes liées aux investissements « très sûrs » à « à peu près sûrs »,

– aux dettes liées à des investissements spéculatifs : « très risqués ».

Par exemple, la notation des obligations va de AAA pour la meilleure notation à C (voire D) pour la plus mauvaise.

Les agences de notations sont rémunérées sous forme d'honoraires par les entreprises souhaitant être notées. Ce principe soulève une certaine ambiguïté, leur indépendance étant parfois remise en cause (ex : cas Enron).

Impact de la notation

La notation d'une entreprise a un impact sur le coût de l'emprunt (**Spread**[1]) que les prêteurs lui consentent et, plus largement, sur la valorisation boursière de ses actions. Une bonne note peut l'aider à lever des capitaux propres dans de bonnes conditions.

---

1. Le *Spread* (ou marge actuarielle) d'une obligation (ou d'un emprunt) est l'écart entre le taux de rentabilité actuariel de l'obligation et celui d'un emprunt sans risque de durée identique. Le *Spread* est naturellement d'autant plus faible que la solvabilité de l'émetteur est perçue comme bonne.

> **Généralisation du principe de la notation**
>
> Le système de notation, mis au point sur le marché obligataire s'est largement généralisé. Il prévaut pour les autres titres (titres à court terme notamment) et touche tous les émetteurs qu'ils soient publics (ex : collectivité locale, organisme de service public, État, organisation internationale) ou privés (ex : entreprise industrielle et commerciale, banque, compagnie d'assurance).
>
> Il peut aussi permettre de noter les entreprises en fonction des efforts qu'elles font pour respecter des critères sociaux ou environnementaux (ex : notation des performances sociales des entreprises).

La figure 7 résume les modes de financement directs.

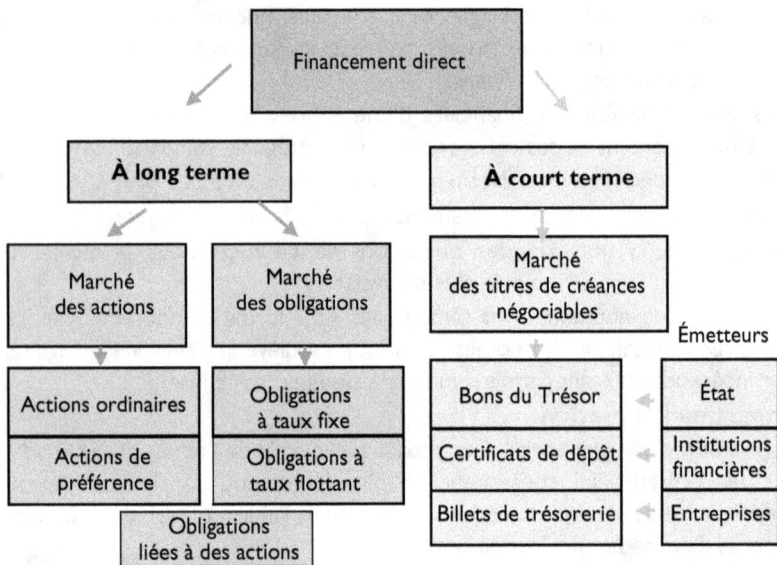

Fig. 7 : Le financement direct.

3. Financement indirect (ou intermédié)

Dans le cas du financement indirect, les intermédiaires financiers achètent les titres émis par les entreprises et, pour se financer émettent eux-mêmes des titres auprès des épargnants ou collectent des fonds sous forme de **dépôts** ou de **livrets**.

3.1. Qui sont les intermédiaires ?[1]

La grande majorité des intermédiaires a la forme d'établissements de crédit. Les entreprises d'investissement et les compagnies d'assurance jouent aussi un rôle important (cf. tableau).

Établissements de crédit

La réglementation des établissements de crédit a été unifiée par la loi bancaire de 1984. Parmi ces établissements, on distingue les banques, les sociétés financières et les institutions financières spécialisées.

Les Banques

Seuls, ces établissements sont habilités à effectuer toutes les opérations de banque (i.e. réception de fonds du public[2] et gestion des moyens de paiement).

On distingue :

Les banques faisant partie de l'Association française des banques (AFB)[3]

Dans cette catégorie, on classe les sociétés de droit français ainsi que les succursales d'établissements étrangers.

Ex : banque de détail s'adressant aux particuliers et aux petites et moyennes entreprises (PME).

Les banques mutualistes ou coopératives

Ex : Banques populaires, Crédit agricole, Crédit mutuel, Caisses d'épargne et de prévoyance.

Les caisses de crédit municipal

Les caisses de crédit municipal sont des établissements publics communaux de crédit et d'aide sociale. Ils sont habilités à effectuer toutes les opérations de banque et bénéficient du monopole de l'octroi de prêts sur gages.

Les sociétés financières

Les sociétés financières sont des entreprises à caractère spécialisé, dont l'agrément ne les autorise pas à faire tous les types d'opérations, à la différence des banques. Elles peuvent effectuer des opérations de banque, dans le cadre de ce que prévoient leur agrément ou les dispositions spécifiques qui les concernent. Mais elles ne peuvent pas recevoir du public des dépôts.

1. *Cf.* site http://www.fbf.fr/
2. Dépôts à vue ou à moins de 2 ans de terme.
3. *Cf.* le site des banques AFB, http://www.afb.fr/

© Groupe Eyrolles

Elles ont souvent une ou plusieurs spécialisations, dont les plus courantes sont :
- le crédit à la consommation,
- le crédit-bail[1] mobilier et le crédit-bail immobilier,
- le crédit aux entreprises,
- l'affacturage,
- les cautions et garanties,
- le crédit aux *start-up*, etc.

La majeure partie des sociétés financières adhère à l'Association des sociétés financières (ASF).

Les institutions financières spécialisées

Les institutions financières spécialisées sont des établissements de crédit qui reçoivent de l'État ou des collectivités locales une mission d'intérêt public et accordent des crédits à long terme. Elles ne sont pas habilitées à réaliser les opérations bancaires.

On peut citer par exemple :
- la Caisse des dépôts,
- le Crédit foncier de France (CFF),
- des sociétés de développement régional,
- l'Agence française de développement (AFD),
- OSEO né en 2005 du rapprochement de l'ANVAR[2] et de la BDPME[3],
- Euronext Paris, en charge de la négociation sur les marchés financiers français.

Le Groupement des institutions financières spécialisées (GIFS) est l'organisme professionnel qui les représente.

> ***Les sociétés financières et les institutions financières spécialisées ne peuvent collecter de dépôts à vue à titre habituel.***

Entreprises d'investissement et compagnies d'assurance

Aux établissements de crédit s'ajoutent :
- les entreprises d'investissement, comme l'Organisme de placement collectif en valeurs mobilières (OPCVM) qui regroupe les Sociétés d'investissement à capital variable (Sicav) et les Fonds communs de placement (FCP),
- et les compagnies d'assurances.

---

1. *Cf.* § IV ci-après.
2. Agence nationale de valorisation de la recherche.
3. Banque de développement des PME.

Au lieu d'acheter directement des actions, l'épargnant souscrit des actions d'une entreprise d'investissement qui place les sommes reçues.

Les compagnies d'assurances agissent de même avec les primes des assurances vie.

Entreprises d'investissement (appelées aussi investisseurs institutionnels) et compagnies d'assurance sont mieux placées que les petits épargnants pour choisir les meilleurs placements et répartir les risques.

Tableau 1 – **Nombre d'établissements de crédit et d'entreprises d'investissement[1] en 2004**

Établissements de crédit	**880**
Banques ou banques AFB	299
Banques mutualistes ou coopératives	126
dont :	
Banques populaires	*30*
Crédit agricole	*44*
Crédit mutuel	*20*
Caisses d'épargne et de prévoyance	*31*
Caisses de crédit municipal	20
Sociétés financières	424
Institutions financières spécialisées	11
Entreprises d'investissement	**631**

TOTAL pour la France (métropole et outre-mer)	**1 511**

Un des acteurs très important du système bancaire et financier est la Banque Centrale qui permet aux établissements de crédit de se re-financer. Le Trésor public, caisse de l'État joue aussi un rôle important, notamment auprès des institutions financières spécialisées.

---

1. Source : Banque de France, *Rapport*, Exercice 2004.

3.2. Fonctionnement des intermédiaires financiers

Les intermédiaires financiers se financent en collectant des fonds sous forme de dépôts (ex : compte de chèques des particuliers et des entreprises) et en émettant des titres sur le marché financier.

Ils redistribuent les fonds en accordant des crédits aux entreprises et en leur achetant des titres. Ils obtiennent (au passage) une rémunération qui vient augmenter leur résultat (*cf.* figure 8).

Bilan

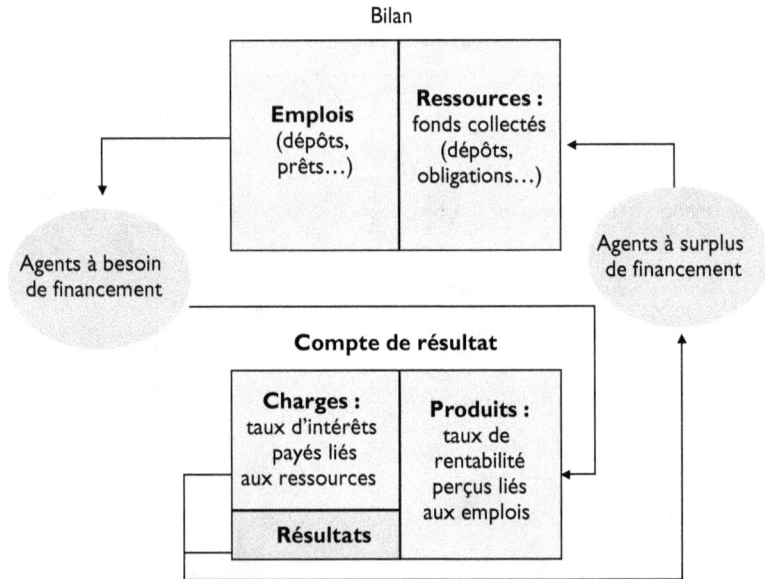

Fig. 8 : Bilan et compte de résultat de l'intermédiaire financier[1].

La rémunération de l'intermédiaire financier provient de la différence (marge ou Spread) entre le taux d'intérêt des emplois et le taux d'intérêt des ressources.

_____
1. D'après P. Vernimmen (2005).

3.3. Emprunts auprès des établissements de crédit

Les agents à besoin de financement souscrivent des emprunts à long terme ou à court terme auprès des intermédiaires.

Emprunts à long terme

Les emprunts bancaires sont contractés auprès d'un prêteur unique. Contrairement aux emprunts obligataires, ce sont des **emprunts indivis.**

Caractéristiques

Un emprunt se caractérise par le montant emprunté, le taux d'intérêt (fixe ou variable), la durée (durée de vie financière notée dans cet ouvrage N_F) et la loi d'amortissement. À ces caractéristiques de base, il convient d'ajouter les frais annexes à la charge de l'emprunteur comme la souscription d'une assurance et éventuellement le paiement d'une garantie en cas d'impossibilité de rembourser (ex : hypothèque, caution).

Le taux d'intérêt qui prend en compte l'ensemble des frais à payer par l'emprunteur est le **taux effectif global (TEG)** (Attention, le paiement de la garantie n'est pas inclus dans le TEG).

Loi d'amortissement financière usuelle en France

La loi d'amortissement financière indique la manière dont le remboursement du capital emprunté et le paiement des intérêts est effectué. Chaque versement périodique est égal à la somme des intérêts sur le capital restant dû et de l'amortissement financier.

Si la période est l'année, on parle d'annuités, si c'est le mois, de mensualités et si c'est le semestre, de semestrialités.

En France, les versements périodiques sont constants et payables en fin de période. Le chapitre 10 traite de nombreux exemples de calcul d'amortissements financiers dans le cadre français.

Amortissement in fine

L'emprunt peut être couplé avec un placement financier. C'est le principe du prêt *in fine* que nous expliquons avec un exemple simple (une étude de cas est présentée au chapitre 10).

Une banque prête à l'instant $t_0 = 0$ au taux fixe i, la somme C_0 à une entreprise. Au lieu de verser des annuités à la banque pour rembourser l'emprunt, l'entreprise place ces annuités au taux fixe r, auprès d'un organisme de placement pendant la durée de l'emprunt. À la fin de la durée de l'emprunt, si r est supérieur à i, la capitalisation des annuités permet de rembourser l'emprunt, de payer les intérêts et de faire un bénéfice. Mais attention, le bénéfice est largement réduit si les frais associés à l'emprunt ne sont pas inclus dans le taux i.

Emprunts à court terme

À côté des emprunts à long terme, il existe toute une panoplie de crédits à court terme ayant comme finalité première de financer les besoins temporaires liés à l'exploitation courante de l'entreprise, même si, comme nous l'avons vu, ils sont parfois détournés sur des emplois longs.

Dans ce paragraphe, nous citons des exemples de crédits à court terme directs, c'est-à-dire sans supports externes[1].

Le lecteur ayant besoin de connaître les caractéristiques de ces crédits peut se référer au site Internet : http://www.vernimmen.net/html/glossaire où toutes les définitions précises sont données avec les termes anglais.

Exemples de crédits à court terme :

- Facilité de caisse
- Crédit revolving
- Découvert bancaire

- Crédit de campagne
- Crédit « spot »
- Crédit relais

Les crédits directs accordés à court terme à l'entreprise n'ont pas pour assise des supports externes.

IV. Modalités particulières de financement

4.1. Financement par des entreprises tierces situées en amont

La dette contractée à l'égard d'autres entreprises non bancaires est une source essentielle de financement. Généralement, il s'agit de crédits indirects (avec un support externe) contractés auprès d'entreprises situées en amont comme les fournisseurs (ex : crédit fournisseur, escompte commercial).

Crédit fournisseur

Le crédit fournisseur est un crédit inter-entreprises. Il correspond au délai de paiement accordé à l'entreprise par ses fournisseurs. En France, il s'élève en moyenne à 64 jours environ.

---

1. *Cf.* § IV pour les crédits indirects.

Escompte commercial

Nous présentons le principe de l'escompte avec un exemple.

Une entreprise A doit à un fournisseur B, une somme S payable dans 2 mois. Le document correspondant à cette créance est un **effet de commerce**.

Si le fournisseur B est confronté à des difficultés de trésorerie, il peut obtenir un crédit de sa banque en échange de son effet de commerce : la banque lui verse aujourd'hui la somme (V) égale au montant de la créance (S) diminuée de l'escompte commercial (E) qu'elle prélève en rémunération du crédit accordé.

À échéance, dans 2 mois, l'entreprise A réglera sa dette (S) directement à la banque (*cf.* figure 9).

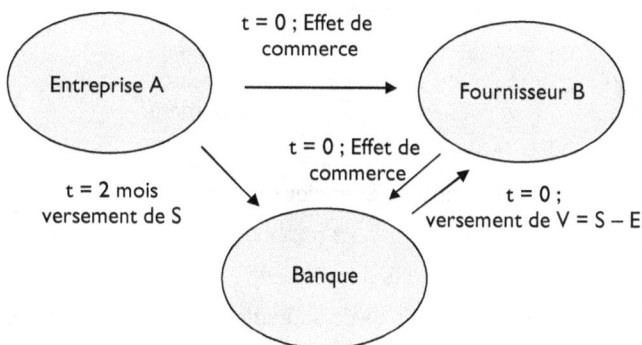

Fig. 9 : Principe de l'escompte commercial.

4.2. Financement par crédit-bail

Le crédit-bail est considéré à la fois comme une opération de financement et un investissement.

Il consiste à louer aux entreprises des biens à usage professionnel, spécialement achetés en vue de la location par les sociétés de crédit-bail. Les loyers étant déductibles, il permet de faire bénéficier l'utilisateur de crédits d'impôt.

> *Les opérations de crédit-bail ne correspondent pas tout à fait à un prêt mais à une mise à disposition de moyens de production par l'intermédiaire d'une location. L'investisseur compare le coût de l'emprunt permettant d'acheter le matériel à celui d'une location.*

4.3. Autres moyens de financement

Pour certaines catégories d'investissement (ex : investissement public, investissement axé sur le développement durable), il existe des modes de financement spécifiques. Nous en citons quelques-uns pour exemples en restant dans le cadre national. Les moyens de financement particuliers relevant d'une institution internationale et/ou concernant un projet à composante internationale, sont vus au chapitre 12.

Crédit de financement des marchés publics

Les institutions publiques (ex : État, collectivité locale) ne paient les entreprises qui réalisent des investissements pour elles (ex : travaux de génie civil) qu'après service rendu et constaté. Ainsi, pour améliorer la trésorerie de ces entreprises, les banques interviennent et financent les découverts.

Prêts bonifiés et aides publiques

Les banques ou les institutions financières spécialisées apportent leur aide aux entreprises qui accompagnent les politiques de développement économique, de création d'emploi ou de préservation de l'environnement.

L'aide peut prendre la forme :

– de conseils dans le montage financier des investissements,

– de prêts bonifiés (avances, prêts à remboursement différé et/ou à taux bas),

– de subventions ou de crédits d'impôt.

Parmi les établissements susceptibles de soutenir ces investissements particuliers, on peut citer notamment :

– la Caisse des dépôts et consignations,

– le Crédit foncier de France, le Crédit agricole, le Crédit mutuel,

– la D.G.R.S.T[1] pour les investissements de R & D,

– OSEO pour accompagner et soutenir les PME-PMI dans les phases les plus décisives de leur cycle de vie (création, innovation, développement, transmission),

– l'ADEME[2] et le Ministère de l'écologie et du développement durable pour aider les investissements soucieux de respecter l'environnement,

– les collectivités publiques (États, régions, collectivités locales) qui, dans le cadre d'un partenariat public-privé, apportent un financement pour les

---

1. Direction générale de la recherche scientifique et technique.
2. Agence de l'environnement et de la maîtrise de l'énergie.

infrastructures de transport, les projets de rénovation urbains, les équipements publics ou sportifs, les logements sociaux…

En résumé : La bourse, marché de l'occasion des valeurs mobilières, les établissements de crédit, les entreprises d'investissement et les compagnies d'assurance facilitent l'échange de capitaux entre les épargnants et les entreprises.

Conclusion

Pour financer un investissement, l'entreprise se tourne vers le marché financier et vers les intermédiaires financiers.

Selon les périodes (mais aussi selon les pays), le marché financier prend le dessus sur les intermédiaires financiers ou bien c'est l'inverse qui se produit.

Deux situations sont donc possibles : financement indirect prépondérant ou financement direct prépondérant.

Financement indirect prépondérant

Lorsque le marché financier est peu développé, le mode de financement privilégié est l'endettement (crédits bancaires). Les entreprises sont fortement endettées auprès des banques qui se financent auprès de la Banque Centrale, banque des banques.

Financement direct prépondérant

À l'inverse, dans une économie de marché financier, l'essentiel des besoins de financement d'une entreprise est couvert par l'émission de titres qui sont souscrits par les investisseurs financiers.

Cela contraint les intermédiaires financiers à proposer des crédits ou des placements dont les taux sont calculés en fonction des taux du marché. Ce phénomène est appelé **marchéisation** des placements et des investissements.

Un tel contexte est caractérisé par les éléments suivants :

- les institutions financières proposent une multitude de produits financiers basés sur l'émission de titres et la gestion des risques,
- les agences de notations prennent de l'importance,
- les crédits bancaires sont destinés essentiellement aux ménages et aux petites et moyennes entreprises qui n'ont pas accès au marché financier.

Bibliographie de référence (introduction et chapitre 9)

ALBERTINI J.-M., *L'argent*, Les essentiels Milan, Éditions Milan, 1996.

BANQUE DE FRANCE, « Le système bancaire et financier », *Rapport*, Exercice 2004.

LEHMANN P.-J., *Le financement de l'économie*, Seuil, 1998.

PILVERDIER-LATREYTE J., *Finance d'entreprise*, 8ᵉ édition, Économica, 2002.

POIX M., *Cours du Magistère Banque Finance Assurance (BFA)*, Université Paris-Dauphine, 2005.

SIMON Y., LAUTIER D., *Finance Internationale*, 9ᵉ édition, Économica, 2005.

VERNIMMEN P., *Finance d'entreprise*, 6ᵉ édition par QUIRY P. et LE FUR Y., Dalloz, 2005.

Sites internet

http://www.banque-france.fr/

http://www.afb.fr/

http://www.fbf.fr/

http://www.vernimmen.net/html/glossaire

Pour en savoir plus

JUVIN H., *Les marchés financiers : Voyage au cœur de la finance mondiale*, Éditions d'Organisation, 2003.

Chapitre 10

Coût des différentes sources de financement et coût du capital

« Si vous voulez voir la valeur de l'argent, essayez donc d'en emprunter. »

Benjamin Franklin

Dans ce chapitre, nous donnons les éléments méthodologiques permettant à l'entreprise privée d'évaluer le coût des différentes sources de financement dont elle a besoin pour en déduire le coût de son capital dans l'hypothèse d'un financement multiple.

Des éléments de mathématiques financières sont présentés au préalable pour permettre d'effectuer les calculs financiers nécessaires à l'évaluation de ces coûts.

De nombreuses applications numériques sont données ainsi qu'une étude de cas concernant le financement d'un achat de bungalows par un promoteur.

Notons que l'évaluation du coût des fonds publics n'est pas traitée.

Plan du chapitre

I. Éléments de mathématiques financières

L'objectif de ce paragraphe est de donner les éléments permettant de réaliser les calculs financiers de base nécessaires à l'estimation :

- du rendement des investissements financiers (pour celui qui place),
- du coût des différentes sources de financement (pour celui qui fait un appel de fonds).

La figure ci-dessous donne au préalable les conventions utilisées pour désigner dates et périodes.

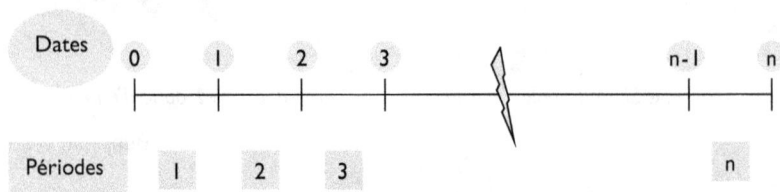

Fig. 1 : Correspondance entre dates et périodes.

Sans que ce soit rappelé, on suppose qu'il n'y a pas d'inflation. On travaille en monnaie courante avec les valeurs nominales (taux d'intérêt nominal).

1. Caractéristiques des opérations financières

1.1. Emprunt

Comme nous l'avons vu au chapitre précédent, un emprunt se caractérise par :

- un montant (ou volume),

314

- un taux d'intérêt (i) fixe ou variable[1],
- une durée (N_F),
- des frais d'émission,
- des modalités de remboursement (ex : loi d'amortissement pour l'emprunt bancaire),
- une garantie (ex : garantie de l'État, caution, hypothèque).

1.2. Placement

De façon presque symétrique, un placement est caractérisé par :

- un montant placé (parfois sous la forme d'une suite périodique de placements),
- un taux de rendement (ex : taux d'intérêt, dividende) assurant un revenu à l'investisseur financier,
- une durée,
- des modalités permettant de récupérer le placement.

Le taux de rendement et la récupération du montant placé sont des variables risquées (risque financier).

Pour le placement comme pour l'emprunt, les opérations financières[2] sont soumises au principe des **intérêts composés** (ou principe de capitalisation des intérêts).

2. Principe de capitalisation

2.1. Rappels de mathématiques – Suite géométrique

Une suite de nombres (**C_n**) est une suite géométrique si l'on passe de n'importe quel terme de la suite au suivant en multipliant ce terme toujours par la même valeur r, appelée raison de la suite géométrique.

Ainsi, on a : $C_{n+1}/C_n = r$ pour tout n.

La somme S de n termes consécutifs vérifie l'équation : $S = C_o \times \dfrac{(1 - r^n)}{(1 - r)}$ avec C_0 premier terme de la suite.

---

1. Pour simplifier, on supposera dans ce chapitre que i est fixe.
2. Dont la durée est supérieure à une unité (sinon, elles obéissent au principe des intérêts simples non traité ici).

2.2. Capitalisation des intérêts

Le titulaire d'un livret de Caisse d'épargne reçoit au 1er janvier de chaque année, les intérêts relatifs au montant de son épargne de l'année précédente.

Les intérêts acquis sont capitalisés à cette date et deviennent porteurs d'intérêts à leur tour (*cf.* tableau).

La valeur acquise par capitalisation des intérêts est donc :

$$C_n = C_o (1 + i)^n$$

Tableau 1 – **Principe de capitalisation des intérêts**

Période	Capital de début de période	Intérêts de la période	Valeur acquise en fin de période
1	C_o	$C_o i$	$C_o (1 + i)$
2	$C_o (1 + i)$	$C_o (1 + i) i$	$C_o (1 + i)^2$
...			
n	$C_o (1 + i)^{n-1}$	$C_o (1 + i)^{n-1} i$	$C_o (1 + i)^n$

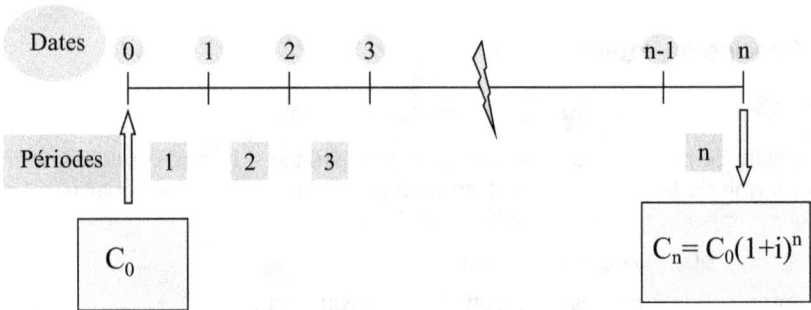

Fig. 2 : Principe de capitalisation des intérêts.

2.3. Taux d'intérêt équivalent

Définition[1]

Soit une durée p, pouvant être découpée en périodes n ou m ;

i et j sont des taux d'intérêts *équivalents* si la valeur acquise (C_p) par un capital C_o au bout de la durée p est la même que C_o soit placé au taux i avec capitalisation par périodes n ou qu'il soit placé au taux j avec capitalisation par périodes m.

$$C_p = C_o (1 + i)^n = C_o (1 + j)^m$$

Ce qui donne : $(1 + i)^n = (1 + j)^m$

Application numérique

Le taux d'intérêt mensuel j équivalent au taux annuel i = 9 % satisfait l'équation :

$$(1,09) = (1 + j)^{12}$$

$$1 + j = (1,09)^{1/12} = 1,0072$$

j = 0,72 %

3. Constitution d'un capital

3.1. Principe

Il s'agit de calculer la valeur acquise V_n par une suite d'annuités constantes placées en fin de période comme le montre la figure ci-dessous.

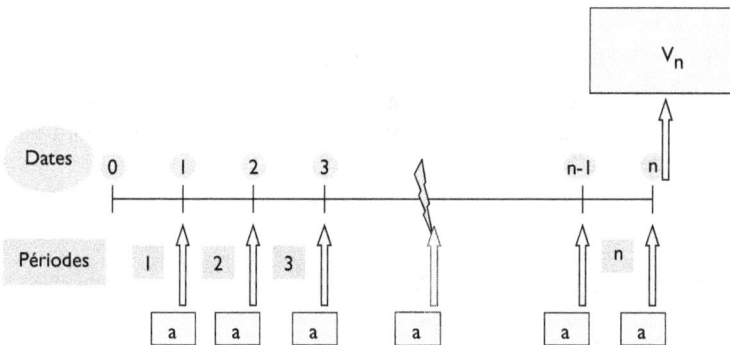

Fig. 3 : Valeur acquise par capitalisation d'une suite d'annuités de fin de période.

---

1. *Cf.* en particulier J.-P. Angelier (1997).

La première annuité placée à la fin de la première période rapportera des intérêts pendant n–1 période(s) et aura une valeur acquise de a $(1 + i)^{n-1}$, et ainsi de suite (*cf.* tableau).

Tableau 2 – **Valeurs acquises par une suite d'annuités successives**[1]

Rang de l'annuité	Durée de capitalisation	Valeur acquise par chaque annuité
1	n–1	$a (1 + i)^{n-1}$
2	n–2	$a (1 + i)^{n-2}$
----	----	
n	0	a

La valeur acquise V_n est la somme des valeurs acquises par chaque annuité.

$V_n = a + a (1 + i)^1 + a (1 + i)^2 + \text{-----} + a (1 + i)^{n-1}$.

V_n est la somme d'une suite géométrique de premier terme a et de raison $(1 + i)$.

On en déduit que $V_n = a\dfrac{(1+i)^n - 1}{i}$.

3.2. Exemples

1. Un épargnant ouvre un compte d'épargne sur lequel il verse 1 000 € par an pendant 10 ans.

Son épargne est rémunérée à 3 %.

Au terme du contrat, quelle est la valeur acquise par l'épargnant (V_n) ?

$V_n = 1000 \times [(1,03)^{10} - 1] / 0,03 = 11\ 464$ €

2. Depuis janvier 2006, un épargnant place 100 € tous les mois sur un compte Codevi apportant une rémunération de 2 % par an. Combien aura-t-il capitalisé fin décembre 2006 ?

Un taux de 2 % annuel équivaut à un taux mensuel j : $j = (1,02)^{1/12} - 1 = 0,165$ %.

Il aura capitalisé :

$V_n = 100 \times [(1,00165)^{12} - 1] / 0,00165 = 1\ 211$ €.

---

1. *Cf.* Angelier J.P. (1997).

4. Service d'un emprunt

4.1. Définitions et notations

Le service d'un emprunt désigne l'échéancier des intérêts à payer sur le capital emprunté et des remboursements successifs de la dette (amortissements financiers).

N_F est la durée de l'emprunt. Pour simplifier les notations, on considère que $N_F = n$ dans ce paragraphe.

Les annuités notées ; a_1, a_2,.... a_n sont les paiements périodiques. En France, elles sont le plus souvent constantes et payables en fin de période.

Les amortissements financiers sont les remboursements partiels successifs du capital emprunté ; A_1, A_2,... A_n.

V_0 est le capital emprunté et V_1, V_2,....V_n le capital restant dû après paiement de la première, seconde, puis la n^e annuité.

i est le taux d'intérêt.

Lorsque les annuités sont constantes (notées a), on démontre que :

$$a = V_0 \frac{i(1+i)^n}{(1+i)^n - 1} = V_0 \frac{i}{1 - (1+i)^{-n}}$$

Nous donnons ci-dessous le tableau d'amortissements financiers dans le cas général (annuités non constantes). Il récapitule sur la durée de vie de l'emprunt, le montant de chaque annuité à payer (amortissement + charges financières) et le capital restant dû. C'est ce tableau (avec les valeurs numériques !) que l'établissement de crédit remet à l'emprunteur.

Tableau 3 – **Tableau d'amortissements financiers**

Année	annuité	Charges financières (Intérêts)	Amortissement	Capital restant dû
0				V_0
1	a_1	$f_1 = V_0 i$	$A_1 = a_1 - f_1$	$V_1 = V_0 - A_1$
p	a_p	$f_p = V_{p-1} i$	$A_p = a_p - f_p$	$V_p = V_{p-1} - A_p$
.	.	.	.	.
.	.	.	.	.
n		$f_n = V_{n-1} i$	$A_n = a_n - f_n$	0

Les charges financières ne sont pas des dettes. Elles ne sont pas dues en cas de remboursement anticipé de l'emprunt.

Dans le cas français, comme les annuités sont constantes, les charges financières (f_p) décroissent et les amortissements (A_p) sont croissants. Au début d'un emprunt, on paye surtout les intérêts financiers, alors qu'à la fin, on rembourse surtout le capital emprunté.

4.2. Exemple

Nous reprenons l'exemple traité au chapitre 5. On rappelle que le montant de l'investissement pour le projet 1 est de 8 000 € et qu'il est deux fois moindre pour le projet 2 : 4 000 €. Les investissements sont financés entièrement par emprunt sur 4 ans au taux de 6 %.

Projet 1

L'annuité constante pour l'emprunt concernant le projet 1 vaut :

a = 8 000 × 0,06/[1 − (1,06)$^{-4}$] = 2 309 €.

Le tableau d'amortissements de l'emprunt pour le projet 1 est le suivant :

Tableau 4 – **Amortissements financiers pour le projet 1**

Année	annuité	Intérêts	Amortissement	Capital restant dû
0				8 000
1	2 309	480 = 8 000 × 0,06	1 829 = 2 309 − 480	6 171 = 8 000 − 1 829
2	2 309	370	1 938	4 233
3	2 309	254	2 055	2 178
4	2 309	131	2 178	0

Un tableur (ex : Excel) calcule facilement le tableau d'amortissements financiers. Voici les fonctions financières à utiliser avec Excel :

Année	annuité	Intérêts	Amortissement	Capital restant dû
t	**VPM** (0,06 ; 4 ; 8 000)	**INTPER** (0,06 ; t ; 4 ; 8 000)	**PRINCPER** (0,06 ; t ; 4 ; 8 000)	Se déduit simplement

Projet 2

L'annuité constante pour l'emprunt concernant le projet 2 vaut :

$a = 4\ 000 \times 0,06/[1 - (1,06)^{-4}] = 1\ 154$ €.

Le tableau d'amortissements de l'emprunt pour le projet 2 est le suivant :

Tableau 5 – Amortissements financiers pour le projet 2

Année	annuité	Intérêts	Amortissement	Capital restant dû
0				4 000
1	1 154	240	914	3 086
2	1 154	185	969	2 116
3	1 154	127	1 027	1 089
4	1 154	65	1 089	0

4.3. Exercice d'application : Un crédit immobilier bien réfléchi

Énoncé

Philippe Dupond dispose de 50 000 €. Il souhaite acquérir un studio à Paris pour la somme de 100 000 € et décide de faire un crédit sur 5 ans pour compléter son apport. Il parle de son projet à deux banques concurrentes.

La banque n° 1 lui propose un taux avec assurance de 3 %, une demande de garantie correspondant à 2 % du montant emprunté non remboursable et 300 € de frais de dossier (frais fixes).

La banque n° 2 lui propose un taux avec assurance de 4 % et 200 € de frais de dossier (frais fixes). Elle ne demande pas de garantie.

Question 1

En calculant dans les deux cas le coût total du crédit (exprimé non pas en taux mais en €), conseillez Philippe Dupont quant au choix de la banque.

Question 2

Philippe Dupond a éliminé définitivement la Banque n° 2. Aurait-il intérêt à mettre la somme dont il dispose dans un placement assurance-vie rémunéré à 4 % par an (frais de gestion compris) et à emprunter 100 000 € (à la banque n° 1) ?

4.4. Éléments de correction

Question 1

Les tableaux d'amortissements pour les crédits proposés par la banque n° 1 et par la banque n° 2 sont donnés ci-dessous :

Tableau 6 – Crédit de la banque n° 1

Année	annuité	Intérêts	Amortissement	Capital restant dû
0				50 000
1	10 918	1 500	9 418	40 582
2	10 918	1 217	9 700	30 882
3	10 918	926	9 991	20 891
4	10 918	627	10 291	10 600
5	10 918	318	10 600	0

La somme des intérêts à payer vaut : 4 588 €.

Le coût total du crédit vaut : 4 588 + 0,02 × 50 000 + 300 = 5 888 €.

Tableau 7 – Crédit de la banque n° 2

Année	annuité	Intérêts	Amortissement	Capital restant dû
0				50 000
1	11 231	2 000	9 231	40 769
2	11 231	1 631	9 601	31 168
3	11 231	1 247	9 985	21 183
4	11 231	847	10 384	10 799
5	11 231	432	10 799	0

La somme des intérêts à payer vaut : 6 157 €.

Le coût total du crédit vaut : 6157 + 200 = 6 357 €.

Il est préférable d'emprunter auprès de la banque n° 1.

Question 2

Année	annuité	intérêts	Amortissement	Capital restant dû
0				100 000
1	21 835	3 000	18 835	81 165
2	21 835	2 435	19 401	61 764
3	21 835	1 853	19 983	41 781
4	21 835	1 253	20 582	21 199
5	21 835	636	21 199	0

La somme des intérêts à payer vaut : 9 177 €.

Le coût total du crédit vaut : $9\ 177 + 0{,}02 \times 100\ 000 + 300 = 11\ 477$ €.

Parallèlement, la somme de 50 000 € placée sur un compte associé à l'assurance-vie lui rapporterait en intérêts, le montant suivant :

$$50\ 000 \times (1 + 0{,}04)^5 - 50\ 000 = 10\ 833 \text{ €.}$$

Cette opération lui coûte : $11\ 477 - 10\ 833 = 644$ € et il dispose en plus du montant 50 000 € placé.

Il est donc très intéressant pour Philippe Dupond d'emprunter 100 000 € à la banque n° 1 et de placer 50 000 € sur l'assurance-vie proposée. Cela suppose néanmoins qu'il puisse payer des annuités annuelles deux fois plus importantes pendant la durée de l'emprunt.

Dans la réalité, les montages de ce type ne sont pas aussi intéressants car la différence entre le taux de placement sur l'assurance-vie et le taux d'emprunt n'est pas si marquée. Le taux de placement est rarement un taux fixe et il est diminué en raison des frais de gestion prélevés par la société financière qui s'occupe des contrats. Il faut noter aussi que cette société prélève un droit d'entrée sur le capital placé.

II. Coût des différentes sources de financement

Le lecteur pourra se référer à la figure et au tableau récapitulatifs en fin de paragraphe.

L'estimation du coût du capital est délicate et sujette à de nombreuses controverses. Pour tâcher d'y voir clair, nous donnons, en simplifiant, les différentes manières d'estimer ces coûts en fonction de la vision adoptée : la vision théorique, la vision du comptable et celle du financier. Nous développons ensuite le modèle actuariel qui est souvent utilisé en entreprise pour évaluer le coût des sources de financement.

On note k, le coût des capitaux propres et k'celui des dettes.

1. Différentes visions pour estimer le coût du capital

1.1. Vision théorique

D'un point de vue strictement théorique, « face à un investissement, toutes les sources de financement ont le même coût : le taux de rentabilité exigé sur l'investissement compte tenu du risque propre de cet investissement. »[1] Ainsi, ce coût est indépendant du mode de financement. Il est uniquement assujetti au risque de l'investissement.

Au niveau pratique, cette vision pose un certain nombre de problèmes notamment pour hiérarchiser, en utilisant la méthode de la VAN, des projets qui ont des risques différents (le taux d'actualisation ne serait pas unique).

1.2. Vision comptable

Pour le comptable, le coût du capital est un **coût apparent**, dit **explicite** qui a une conséquence directe sur les comptes de l'entreprise.

Coût du capital social (actions)

Le comptable estime le coût des actions en fonction du paiement des dividendes.

Coût de l'autofinancement

Avec la vision comptable, le coût de l'autofinancement est nul puisque l'autofinancement ne donne lieu à aucune sortie de fonds. Éventuellement, seul joue le crédit d'impôt lié à la déductibilité des dotations aux amortissements qui constituent une partie de l'autofinancement.

Coût de la dette

Le coût de la dette est associé à son remboursement et aux intérêts financiers associés qui figurent bel et bien dans le compte de résultat.

---

1. *Cf.* P. Vernimmen, p. 701 (2005).

1.3. Vision financière

Le financier, quant à lui, estime le coût des sources de financement en fonction du marché financier.

Coût du capital social (actions)

Pour estimer le coût du capital social, le financier se demande quel est le coût d'opportunité qui motive l'actionnaire pour l'acquisition d'une action de l'entreprise ? C'est-à-dire, quel est le taux de rendement attendu des fonds placés en actions ? En deçà d'un certain taux, l'actionnaire vend ses titres[1]. Le seuil minimum requis est le coût du capital social.

Coût de l'autofinancement

La démarche précédente est élargie pour estimer le coût de l'autofinancement, dans la mesure où les capitaux de l'entreprise pourraient être réinvestis en dehors de l'investissement considéré (sur le marché financier par exemple). Le coût de l'autofinancement est en quelque sorte un **coût d'opportunité**.

Coût des dettes

Le coût des dettes est le taux du marché auquel l'entreprise pourrait s'endetter à nouveau.

1.4. Que fait l'entreprise ?

En pratique, les entreprises qui ont absolument besoin d'estimer leur coût en capital (ne serait-ce que pour donner une valeur au taux d'actualisation sur lequel est basée leur politique d'investissement) adoptent une vision pragmatique. Elles basent surtout leurs estimations sur les méthodes du comptable car ce sont les plus simples mais elles les complexifient légèrement pour ne pas ignorer les préoccupations du financier. En langage courant, on pourrait dire qu'elles adoptent une « cote mal taillée » entre ces différentes approches pour estimer *in fine* le coût moyen pondéré de leur capital (CMPC).

La base de leur estimation est le modèle actuariel tenant compte des évolutions futures des flux financiers considérés.

---

1. Ce raisonnement suppose que les cours boursiers reflètent uniquement la santé de l'entreprise. Cette hypothèse est fausse en pratique car le marché financier est influencé aussi par des informations indépendantes de l'entreprise (ex : annonce de politique économique du pays).

2. Modèle actuariel

2.1. Principe général

Le modèle actuariel repose sur le principe suivant : le coût d'une source de financement est égal au taux d'actualisation (taux actuariel), « i », qui égalise la somme actualisée des rentrées de fonds (compte tenu des frais ou primes d'émission) avec celle des sorties de fonds.

Pour appliquer ce modèle, il convient de calculer l'échéancier des flux prévisionnels de trésorerie relatifs au mode de financement en tenant compte notamment des crédits d'impôt éventuels correspondants.

2.2. Formule simplifiée

Supposons, pour simplifier que la rentrée de fonds soit ponctuelle (en t = 0)[1]. Sa valeur, après prise en compte des frais ou d'une prime éventuelle, est V_0.

a_t, les remboursements (ou annuités) effectués annuellement sur la période de remboursement, i.e. de 1 à N_F.

Alors le coût du financement est i, tel que :

$$V_0 = \sum_{t=1}^{N_F} \frac{a_t}{(1+i)^t}$$

Nous retrouvons ici le principe énoncé pour la VAN : les encaissements permettent de rembourser les sorties de fonds et de les rémunérer à un taux égal au taux d'actualisation.

Si l'on ne tient compte ni de la fiscalité, ni de la rémunération des intermédiaires éventuels, le taux de rentabilité pour l'investisseur financier (agent à surplus de financement) est égal au coût du capital (taux d'intérêt) pour l'entreprise (agent à déficit de financement)[2].

3. Estimation du coût des dettes

L'évaluation du coût des dettes (k') (ex : emprunt bancaire, emprunt obligataire) est plus facile que celui des capitaux propres car il s'agit d'un coût explicite que l'on peut approcher facilement avec le modèle actuariel.

k' est fonction du taux d'intérêt de la dette et de la nature de l'échéancier de remboursements.

---

1. Le raisonnement est similaire pour des rentrées de fonds échelonnées dans le temps.
2. *Cf.* D. Babusiaux (1990).

Prenons le cas d'un emprunt bancaire de montant V_0.

Les flux à considérer sont les annuités (a_1........ a_{NF}) et le crédit d'impôt annuel obtenu grâce aux charges financières.

k', coût des fonds empruntés vérifie la relation :

$$V_0 = \sum_{t=1}^{N_F} \frac{a_t - \text{crédit d'impôt}}{(1+k')}$$

> *Pour un emprunt bancaire, les flux de trésorerie à considérer dans le modèle actuariel sont les annuités de remboursement moins les crédits d'impôt.*

Crédit-bail

Les flux de trésorerie à prendre en compte pour mesurer le coût d'un crédit-bail sont les charges de location annuelles et les crédits d'impôt associés.

> *Pour un crédit-bail, les flux de trésorerie à considérer dans le modèle actuariel sont les charges de location moins les crédits d'impôt.*

4. Estimation du coût des capitaux propres

Pour estimer le coût du capital social et en déduire le coût des capitaux propres d'une entreprise, on suppose que le prix P_0 d'une action au temps $t_0 = 0$, est égal à la somme des valeurs actuelles des dividendes attendus, éventuellement majorée de la valeur actuelle de la revente de l'action.

P_0 : prix de l'action sur le marché (cours) en $t_0 = 0$,

P_N : prix de revente de l'action l'année N,

k : taux d'actualisation *psychologique* d'un actionnaire,

D_t = dividende moyen par action l'année t,

$$P_0 = \sum_{t=1}^{N} \frac{D_t}{(1+k)^t} + \frac{P_N}{(1+k)^N}$$

4.1. Cas où les dividendes sont constants

Un cas particulier important est celui où les dividendes D_t sont constants et égaux à D sur une durée longue.

Si N tend vers l'infini, on obtient :

$$P_0 = \frac{D}{k}$$

On en déduit que le coût k associé à l'action est $\boxed{k = \dfrac{D}{P_0}}$

En pratique, l'entreprise prend comme valeur de P_0, le **cours moyen de l'action** (sur les 12 derniers mois par exemple). On le note P.

$$\boxed{k = \frac{D}{P}}$$

4.2. Cas où les dividendes augmentent avec un taux de croissance constant

Le modèle de Gordon et Shapiro[1] montre que si le taux de croissance des dividendes est constant et inférieur à k alors, le coût k de l'action est :

$$\boxed{k = \frac{D_1}{P_0} + g}$$

avec g, taux prévisible de croissance annuel des dividendes (g < k), D_1, dividende de l'année 1 et P_0, prix de l'action en $t_0 = 0$.

On peut aussi utiliser la formule en remplaçant P_0 par P qui est le cours moyen de l'action.

Remarque

Dans le cas d'une société qui n'est pas cotée en bourse (pour les PME notamment), on estime le coût des capitaux propres en fonction du revenu des dirigeants, de la valeur de l'entreprise et du taux annuel d'augmentation prévisible des revenus futurs.

---

1. *Cf.* D. Babusiaux (1990).

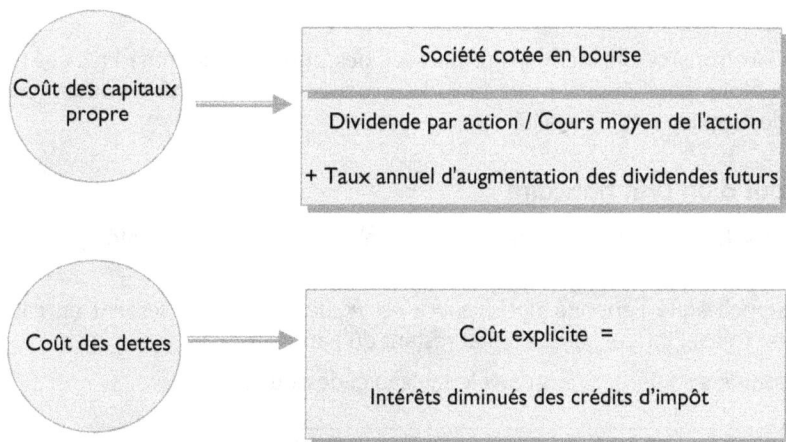

Fig. 4 : Coût des capitaux pour l'entreprise privée.

Tableau 8 – **Les différentes visions du coût de financement en entreprise**[1]

Financement	Modalités	Coût théorique	Coût pour le financier (A)	Coût pour le comptable (B)	Différence (A) – (B)	Explication de la différence
Dettes	Dettes bancaires, obligations		Taux du marché auquel l'entreprise pourrait se ré-endetter	Taux effectif global de l'emprunt	Faible	Principalement, évolution des taux du marché
Capitaux propres	Actions	Taux de rentabilité exigé sur l'investissement compte tenu de son risque propre	Taux de rentabilité exigé par le marché sur les capitaux propres	Taux actuariel lié au rendement des actions (dividendes)	Importante	Taux de croissance espéré des dividendes
	Autofinancement			Nul	Considérable	Absence totale de coût explicite

> *Le coût des dettes et celui des capitaux propres ne sont pas identiques en raison de l'asymétrie de l'information entre l'emprunteur et le prêteur (Théorie de Modigliani).*

1. D'après P. Vernimmen (2005) (vision simplifiée).

329

III. Applications numériques

Nous illustrons ce qui vient d'être dit avec des applications numériques et nous en profitons pour énoncer des propriétés générales concernant notamment le coût des capitaux et la fiscalité.

1. Coût d'un prêt bancaire

On considère un prêt bancaire avec un remboursement par annuités constantes de fin de période.

On rappelle que l'annuité notée $a_t = a$ est égale au remboursement du capital l'année t plus l'intérêt sur le capital restant dû l'année t.

Les données sont énoncées dans le tableau ci-dessous :

Somme empruntée en t = 0	$S_0 = 60\ 000\ €$
Durée de l'emprunt	$N_F = 10$ ans
Taux d'intérêt de l'emprunt	$i = 5\ \%$

Sans frais d'émission et sans fiscalité

Dans un premier temps, on suppose que les frais d'émission sont nuls (frais de dossier offerts par la banque à son client) et on ne tient compte ni des frais d'assurance, ni de la fiscalité :

Frais de dossier	$C_0 = 0$
Taux d'imposition sur le bénéfice de l'entreprise qui emprunte	$\tau = 0\ \%$

On note $V_0 = S_0 - C_0 = 60\ 000\ €$.

Le coût de l'emprunt k' vérifie l'équation :

$$V_0 = a \sum_{t=1}^{10} \frac{1}{(1+k')^t}$$

Avec $a = 0{,}12950\ V_0$.

Ainsi, il faut trouver k', tel que :

$$\sum_{t=1}^{10} \frac{1}{(1+k')^t} = \frac{1}{0,12950} = 7,722$$

On lit dans la table financière (somme des coefficients d'actualisation) que **k' vaut 5 %.**

> *D'une manière générale, s'il n'y a pas de frais d'émission (ex : frais de dossier nuls) et si l'on ne tient pas compte de la fiscalité, le coût du capital emprunté au taux d'intérêt i est : k'= i.*

Avec frais d'émission, sans assurance, sans fiscalité

On suppose maintenant que les frais de dossiers valent 1 000 € et on ne tient compte ni des frais d'assurance, ni de la fiscalité.

Frais de dossier	$C_0 = 1\ 000\ €$
Taux d'imposition sur le bénéfice de l'entreprise qui emprunte	$\tau = 0\ \%$

Ici $V_0 = S_0 - C_0 = 59\ 000\ €$.

Le coût de l'emprunt k' vérifie l'équation :

$$\sum_{t=1}^{10} \frac{1}{(1+k')^t} = \frac{59000}{60000 \times 0,12950} = 7,593$$

Dans la table, on lit que **k' vaut environ 5,5 %.**

> *D'une manière générale, la prise en compte des frais de dossier bancaires majore très légèrement (moins de 1 %) le coût du capital emprunté.*

Remarque

À côté des frais de dossier, l'emprunteur doit souvent payer aussi une **garantie** (ex : frais d'hypothèque sur le bien pour un achat immobilier). De même il est obligé de **souscrire une assurance** afin de couvrir le risque de non-remboursement du capital emprunté.

Le taux k' qui prend en compte l'ensemble des frais liés à l'emprunt (frais de dossier, frais de garantie, assurance) se trouve alors majoré plus significativement.

331

Avec fiscalité, sans frais d'émission

Mesurons à présent l'impact de la réduction du bénéfice imposable lié aux paiements des intérêts sur le coût des capitaux empruntés. Pour l'exemple, on suppose que les frais annexes (frais de dossier, frais d'assurance…) sont nuls.

Comme la totalité des charges financières sont déductibles du bénéfice imposable, 1 euro d'intérêt bancaire diminue de 1 euro le bénéfice annuel imposable de l'entreprise et donne une économie d'impôt annuel de τ euro.

1er cas, fiscalité à 50 %

Frais de dossier	$C_0 = 0$
Taux d'imposition sur le bénéfice de l'entreprise qui emprunte	$\tau = 50\%$

Pour estimer le coût du capital emprunté, nous sommes obligés de dresser le tableau d'amortissements financiers puis de calculer l'économie d'impôt annuelle.

Tableau 9 – **Tableau d'amortissements financiers avec colonne correspondant à l'économie d'impôt ($\tau = 50\%$) (i = 5 %)**

Année	annuité constante $(a_t = a)$	Intérêts	Amortissement	Capital restant dû	Crédit d'impôt = intérêts $\times$ 0,5	annuité après impôt $(\hat{a}_t = a_t -$ crédit d'impôt$)$
0				60000		
1	7770	3000	4770	55230	1500	6270
2	7770	2761	5009	50221	1381	6390
3	7770	2511	5259	44962	1256	6515
4	7770	2248	5522	39440	1124	6646
5	7770	1972	5798	33641	986	6784
6	7770	1682	6088	27553	841	6929
7	7770	1378	6393	21160	689	7081
8	7770	1058	6712	14448	529	7241
9	7770	722	7048	7400	361	7409
10	7770	370	7400	0	185	7585

Le problème revient à déterminer le taux k'qui vérifie l'équation :

$$V_0 = \sum_{t=1}^{10} \frac{\hat{a}_t}{(1+k')^t}$$

La méthode de calcul est celle du taux interne de rentabilité (*cf.* chapitre 5).

En utilisant un tableur (ex : Excel, fonction TRI), on obtient **k'= 2,5 %, soit k'= i × (1− τ).**

2e cas, fiscalité à 33,33 % ($\simeq$ 1/3)

Mesurons le crédit d'impôt et les annuités après impôt (*cf.* tableau).

Tableau 10 – **Tableau des annuités après impôt (τ = 33,33 %) (i = 5 %)**

Année	Crédit d'impôt = Intérêt × 1/3	annuité après impôt (â$_t$ = a$_t$ – crédit d'impôt)
0		
1	1 000	6 770
2	920	6 850
3	837	6 933
4	749	7 021
5	657	7 113
6	561	7 210
7	459	7 311
8	353	7 418
9	241	7 529
10	123	7 647

La résolution (ex : avec Excel, fonction TRI), de l'équation donne **k'= 3,33 % soit, k'= i × (1 − τ).**

D'une façon générale, si l'on tient compte du taux d'imposition sur le bénéfice τ, le coût du capital emprunté au taux i vaut k'= i × (1 − τ).

2. Coût d'un emprunt obligataire à taux fixe

Considérons une obligation de 100 € à taux d'intérêt fixe de 6 % payable annuellement.

Les données sont résumées dans le tableau ci-dessous. Pour simplifier, on suppose que le taux d'imposition est nul.

Tableau 11 – Caractéristiques de l'obligation

Valeur nominale	100 €
Prix d'émission (prix public)	P = 94 €
Frais du service de l'emprunt	C_0 = 2 €
Durée de l'emprunt	N_F = 10 ans
Valeur de remboursement *in fine*	100 €

$V_0 = P - C_0 = 92$ €.

Tableau 12 – Rentrées et sorties de fonds pour l'émetteur

Année	Rentrées de fonds	Sorties de fonds
0	92	0
1		6
2		6
3		6
4		6
5		6
6		6
7		6
8		6
9		6
10		106

La résolution de l'équation (facilitée par le tableau Excel) $92 = \sum_{t=1}^{10} \dfrac{\text{sorties de fonds}}{(1 + k')^t}$ donne **k'= 7,15 %**.

3. Coût d'une action

Considérons une action dont les caractéristiques sont données dans le tableau ci-dessous.

Tableau 13 – **Caractéristiques de l'action**

Valeur boursière	P = 160 €
Dividende par action	D = 8 €
Augmentation du dividende	g = 3 % par an

$$k = \frac{D}{P} + g = 8/160 + 3 \% = \mathbf{8 \%}.$$

IV. Coût du capital dans l'hypothèse de sources de financement multiples

La méthode que l'on retient habituellement pour estimer le coût du capital dans l'entreprise est la méthode du coût moyen pondéré du capital.

Notons l'existence d'une autre méthode, la méthode du coût d'opportunité des capitaux qui consiste à retenir comme coût global, le coût maximum supporté par le capital, c'est-à-dire, le taux d'intérêt maximum. Cette approche permet de se prémunir contre le risque.

1. Principe de la méthode du coût moyen pondéré du capital (CMPC[1])

Comme son nom l'indique, le coût moyen pondéré du capital (CMPC) est la moyenne pondérée du coût des différents capitaux utilisés (dettes, actions, auto-financement).

- Montant total des capitaux : C
- Capitaux propres dans une proportion : A/C ; coût = k
- Dettes dans une proportion D/C ; coût = k'

$$CPMC = \frac{(Ak + Dk')}{A + D}$$

---

1. En anglais, on parle de *Weighted Average Cost of Capital (WACC)*.

Application

Capitaux permanents	%	Coût après impôt	Coût pondéré
Capitaux propres	60	10 %	6 %
Dettes (long terme)	40	5 %	2 %
		CMPC	**8 %**

> *En général, pour évaluer le CMPC on tient uniquement compte des dettes à moyen et long terme. Dans le cas des petites entreprises (PME), les dettes à court terme sont intégrées dans le calcul.*

2. Application de la méthode aux différentes logiques de financement

Comme nous l'avons vu dans l'introduction de cette partie, on distingue deux types de financement, chacun correspondant à la place du projet dans l'entreprise :

– le projet est porté par une entreprise dominante (types A ou C) et il est financé suivant la logique : *Corporate Financing* (financement par l'entreprise),

– le projet occupe une place prépondérante (types B ou D) et il est financé suivant la logique *Projet Financing* (financement « sur » projet).

2.1. Logique Corporate Financing

Si l'investissement est porté par l'entreprise, c'est-à-dire si c'est elle qui supporte les risques de financement, le taux d'actualisation reflète le coût moyen pondéré des capitaux de l'entreprise. Il est égal à la somme du coût des capitaux de l'entreprise (capitaux propres et dettes à moyen et long terme), pondérée par leur part respective dans ses capitaux permanents.

Dans ces conditions, il convient de considérer la structure et le coût des capitaux permanents après le financement de l'investissement.

2.2. Logique Project Financing

Si le projet d'investissement est autonome, le taux d'actualisation à considérer est le coût des capitaux engagés dans le projet pondéré par leur part respective.

336

V. Étude de cas : coût du financement d'un achat de bungalows

1. Énoncé et données

Un promoteur a décidé d'acheter 10 bungalows à construire sur un terrain ombragé situé en retrait, à proximité de la mer. Le coût de l'investissement immobilier est de 160 000 €. Pour le financer, il réfléchit à l'opportunité d'un montage financier particulier : une offre de prêt *in fine* provenant d'une banque spécialisée dans l'immobilier. Ce montage sur 15 ans comprend deux phases :

Phase 1

Le promoteur emprunterait la totalité du montant de l'investissement et placerait parallèlement une certaine somme S dans un fonds rémunéré. Pendant la phase 1, il paierait les intérêts de l'emprunt mais ne rembourserait pas le capital. À la fin de la phase 1, une partie du capital emprunté serait remboursée à partir de la somme capitalisée sur le fonds de placement.

Phase 2

Pendant la phase 2, l'emprunteur rembourserait le capital restant dû avec un mode de remboursement classique (annuités constantes de fin de période).

L'emprunt *in fine* est caractérisé par les données suivantes :

- Durée de la phase 1 : 10 ans ; Durée de la phase 2 : 5 ans
- Somme empruntée : 160 000 € ; Taux emprunt = taux d'intérêt annuel fixe : 3,45 % (tenant compte des frais d'assurance)
- Somme pouvant être placée : 45 000 € ; Taux de prélèvement de la société financière de placement (droits d'entrée) : 2 %
- Taux d'intérêt du placement (net de frais de gestion) : 4 % (minimum)

Pour simplifier, on ne tient pas compte de l'effet de la dette sur l'impôt. On se propose de calculer le coût de ce financement particulier pour aider le promoteur à se décider.

2. Calcul des intérêts versés pendant la phase 1

On ne rembourse pas le capital. On ne fait que payer les intérêts de l'emprunt. Le montant annuel des intérêts est constant et vaut : $0,0345 \times 160\ 000 = 5\ 520$ €.

3. Calcul du rendement du placement pendant la phase 1

Parallèlement à l'emprunt qui fait courir des intérêts, le placement rapporte un rendement annuel. Compte tenu des droits d'entrée à payer, la mise de départ sur le fonds de placement est de : 45 000 × 0,98 = 44 100 €.

La somme capitalisée au bout de 10 ans est : $44100 (1 + 0,04)^{10} = 65\ 279$ €

À la fin de la dixième année, on récupère le capital placé pour rembourser le capital emprunté. Au début de la phase 2, il reste à rembourser : 160 000 − 65279 = 94 721 €. Ce montant est remboursé sur 5 ans au taux de 3,45 % avec un mode de remboursement d'emprunt classique.

4. Tableau d'amortissements financiers pendant la phase 2

Année	annuité	Amortissement	Intérêts	Capital restant dû
0				94 721
1	20 949	17 681	3 268	77 040
2	20 949	18 291	2 658	58 748
3	20 949	18 922	2 027	39 826
4	20 949	19 575	1 374	20 251
5	20 949	20 251	699	0

5. Coût de l'emprunt in fine

Pour utiliser le modèle actuariel, il suffit d'estimer les sorties de trésoreries annuelles pour le promoteur.

Tableau 14 – **Sorties annuelles de trésorerie**

(unités = €)

Année	Sortie de trésorerie	Capital emprunté	Année	Sortie de trésorerie	Capital emprunté
0		160 000	8	5 520	
1	50 520 = 45 000 + 5 520		9	5 520	
2	5 520		10	5 520	
3	5 520		11	20 949	

Année	Sortie de trésorerie	Capital emprunté	Année	Sortie de trésorerie	Capital emprunté
4	5 520		12	20 949	
5	5 520		13	20 949	
6	5 520		14	20 949	
7	5 520		15	20 949	

En utilisant la fonction TRI du tableau Excel, on trouve que le coût de l'emprunt vaut :

k' = 3,19 %

6. Conclusion

Compte tenu des taux d'intérêt d'emprunt sur le marché financier, le coût de ce montage paraît intéressant pour le promoteur. Il présente en outre, l'avantage de limiter les sorties de trésorerie pendant la première phase et de faire bénéficier au promoteur d'une réduction d'impôt en raison de la déductibilité des intérêts financiers (nous n'avons pas mesuré l'effet levier de la dette dans l'étude de cas).

D'autre part, une certaine souplesse est envisageable dans le montage. Par exemple, si les sorties de trésorerie sont jugées trop importantes durant la seconde phase, celle-ci peut être allongée.

Nous avons estimé le coût de l'opération en retenant un taux de rendement du placement de 4 %. Si ce taux était plus important, la somme capitalisée à la fin de la phase 1 serait plus grande et le capital à rembourser en phase 2, moins élevé, ce qui diminuerait le coût de l'emprunt.

Conclusion

Les différents capitaux disponibles n'ont pas le même coût (*cf.* figure 5) et pour financer un investissement, il faut, dans la mesure du possible, trouver la **combinaison optimale des différentes sources**.

La combinaison optimale des différentes sources implique un coût moyen pondéré du capital minimal et par conséquent un taux d'actualisation faible, favorisant la rentabilité de l'investissement.

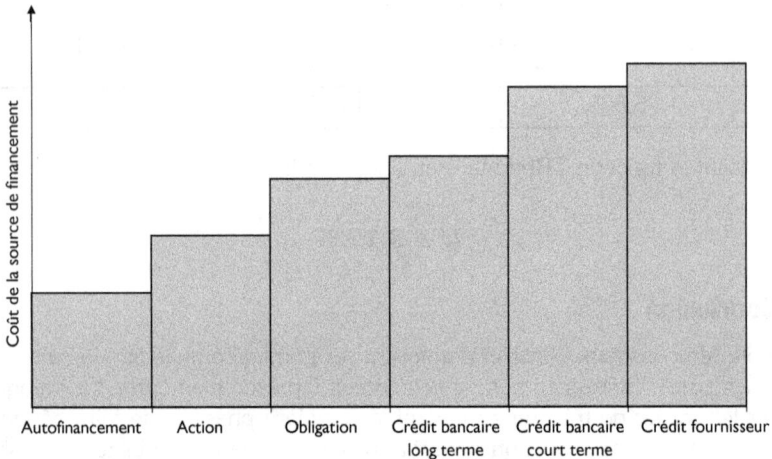

Fig. 5 : Offre de capitaux en fonction du coût : un exemple avec prise en compte des dettes à court terme.

La recherche d'un coût de financement minimum fait l'objet du chapitre suivant.

Bibliographie de référence

ANGELIER J.-P., *Calcul économique et financier*, L'économie en plus, Presses universitaires de Grenoble, 1997.

BABUSIAUX D., *Décision d'investissement et calcul économique dans l'entreprise*, Économica, 1990.

POIX M., *Cours du Magistère Banque finance assurance (BFA),* Université Paris-Dauphine, 2005.

VERNIMMEN P., *Finance d'entreprise*, 6e édition par QUIRY P. et LE FUR Y., Dalloz, 2005.

Chapitre 11

Choix des sources de financement : Corporate Financing et Project Financing

« Faites-nous de bonne politique et je vous ferai de bonnes finances. »

Baron Joseph Dominique Louis

Nous avons décrit au chapitre 9 l'ensemble des sources de financement offertes par le système financier domestique (essentiellement marchés financiers, intermédiaires financiers et organismes publics) puis au chapitre 10, le coût de chacune de ces sources.

On pourrait croire que l'entreprise va financer la totalité de son investissement avec la source la moins chère.

En réalité, il n'en est rien et ceci pour les raisons suivantes :

- chacune des sources n'est disponible qu'en quantité limitée,
- l'entreprise n'a pas nécessairement accès à toutes les sources,

- le coût d'une source dépend du risque encouru par le bailleur de fonds (i.e. de la « solidité » du recours en cas de problème).

Sa politique de financement va donc consister à choisir le meilleur panachage des différentes sources disponibles en tenant compte de ces éléments.

Dans ce chapitre, nous nous plaçons d'abord dans le cadre classique d'une entreprise (*Corporate Financing*) et montrons les liens qui existent entre politique d'investissement et politique de financement.

Ensuite, nous étudions le financement d'un projet autonome (*Project Financing*).

Certaines caractéristiques du financement de projet sont communes au financement classique mais il existe des spécificités qu'il convient de mettre en évidence, et ce d'autant plus que nous avons axé l'ouvrage sur le projet d'investissement. De nombreux éléments à analyser lors du montage d'un financement de ce type, ont donc déjà été traités auparavant, dans la partie I, notamment. Nous ne revenons pas dessus.

Plan du chapitre

1 *Corporare Financing* : Financement de l'investissement en entreprise privée
2 *Project Financing* : Financement d'un projet autonome

I. Corporare financing : Financement de l'investissement en entreprise privée

L'objectif de ce paragraphe est de mettre en évidence les liens qui existent entre politique d'investissement et politique de financement dans l'entreprise puis de donner les étapes d'un **plan de financement**.

Pour ce faire, il est utile de commencer par définir le tableau emplois-ressources puis d'expliquer le principe du *capital budgeting*. On se place dans une logique de marché (entreprise privée).

1. Tableau emplois-ressources

Pour des raisons pédagogiques, on distingue deux types de tableaux emplois-ressources. Celui que le comptable utilise pour retracer les mouvements de capitaux qui ont traversé l'entreprise durant les exercices passés et celui que le financier élabore pour prévoir ses besoins de financement.

1.1. La vision du comptable : vision du passé

Par la confrontation du compte de résultats et de deux bilans successifs, le comptable dresse le tableau emplois-ressources afin d'avoir une vision sur les mouvements de capitaux qui ont traversé l'entreprise dans le passé (cf. figure 1). Ce tableau est équilibré : Emplois = Ressources.

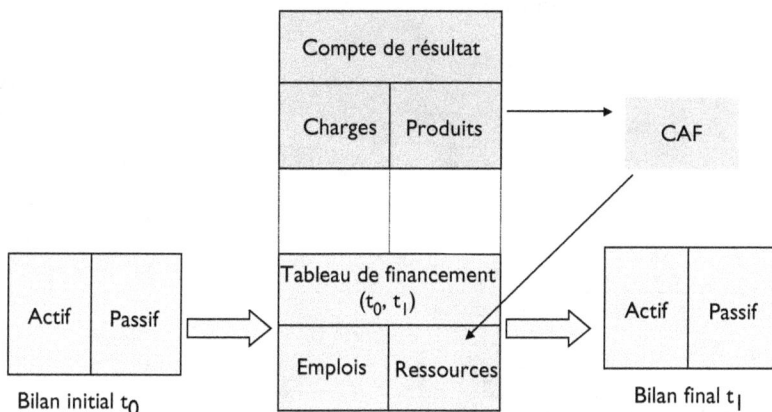

Fig. 1 : Lien entre bilans et compte de résultats annuel[1].

> *Avec le bilan et le compte de résultat, le tableau de financement emplois-ressources est l'un des trois documents comptables de base de l'entreprise.*

Notons qu'il peut aussi être analysé *a posteriori* pour retracer les mouvements d'argent qui ont traversé l'entreprise dans le passé (voir exemple en fin de paragraphe).

1.2. La vision du financier : vision du futur

Le financier qui raisonne au niveau d'une entreprise tout entière, analyse l'ensemble des ressources et des emplois en confrontant l'évolution du bilan et les tableaux du compte de résultat prévisionnels[2].

Il élabore ainsi (en général pour les 4 années à venir), des tableaux annuels prévisionnels de financement : les tableaux emplois-ressources prévisionnels.

---

1. D'après E. Cohen (2004).
2. Obtenus en adoptant la vision financière.

Leur rôle est de prévoir les mouvements financiers qui devraient traverser l'entreprise dans le futur et de mettre en évidence le **besoin de financement à moyen terme** compte tenu de tous les investissements de l'entreprise.

Une entreprise qui sollicite un emprunt pour financer un nouvel investissement les utilise pour prouver aux banquiers que les flux financiers futurs permettront de rembourser la dette supplémentaire.

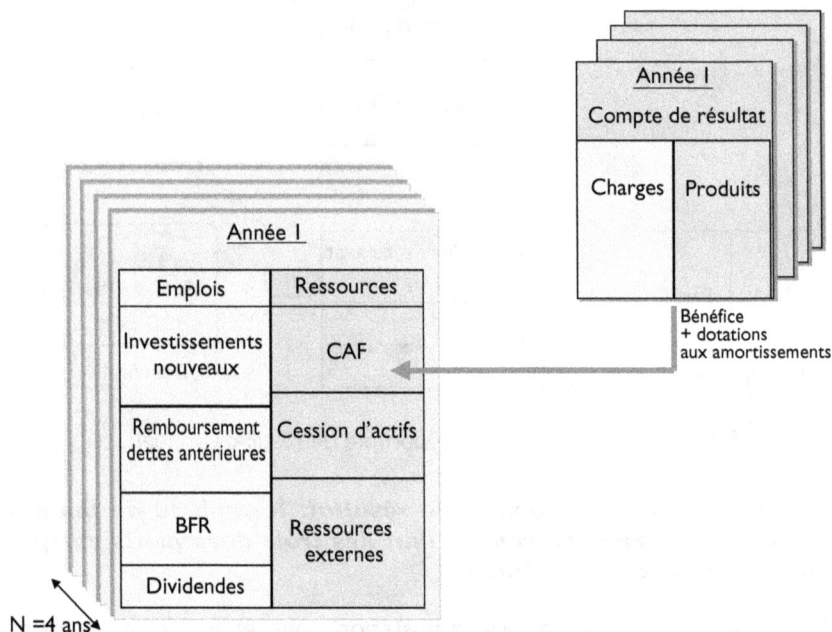

Fig. 2 : Élaboration des tableaux annuels emplois-ressources prévisionnels[1]

> *C'est la capacité d'autofinancement anticipée qui fait le lien entre les bilans prévisionnels, les comptes de résultat annuels prévisionnels et les tableaux emplois-ressources prévisionnels.*

Pour satisfaire son besoin de financement externe, l'entreprise se tourne vers le système financier.

---

1. D'après J. Margerin et G. Ausset (1987).

2. Loi offre et demande de financement et conditions d'accès à l'offre

2.1. Loi d'offre et de demande

Vision théorique

L'offre totale de capitaux « O » est une fonction croissante du coût des capitaux (taux d'intérêt « i »). Plus le taux d'intérêt est élevé, plus les opérateurs vont effectuer des investissements financiers. Inversement, la demande totale de capitaux « D » est une fonction décroissante du taux d'intérêt.

Si le marché des capitaux était parfait :

- le volume de capitaux disponibles dans le système financier serait celui qui correspond à l'intersection des courbes d'offre et de demande de capitaux,
- et toutes les sources financières auraient le même coût « i* », qui est le taux d'intérêt correspondant à l'intersection (*cf.* figure 3).

Coût des capitaux

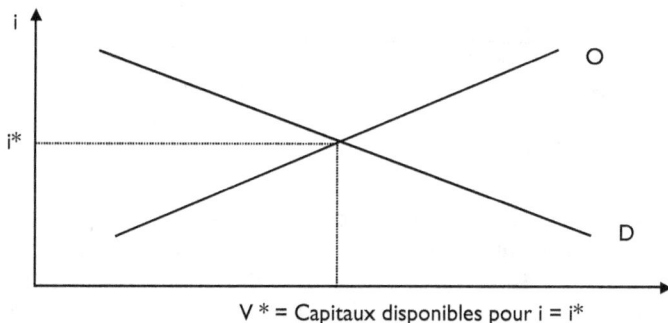

V * = Capitaux disponibles pour i = i*

Fig. 3 : Courbes Offre et Demande de capitaux.

Légende :

i = coût des capitaux
O = Offre globale de capitaux pour ce taux i.
D = Volume total de capitaux que les entrepreneurs, dans leur ensemble, veulent emprunter à ce taux.

Vision réelle

Or, dans la réalité, le marché des capitaux n'est pas parfait et l'entreprise ne couvre pas son besoin de financement avec la même source (volume et conditions d'accès limités).

Ainsi, la courbe d'offre qui est constituée de différentes sources dont les coûts et les conditions d'accès sont différents est en escalier (*cf.* figure 4).

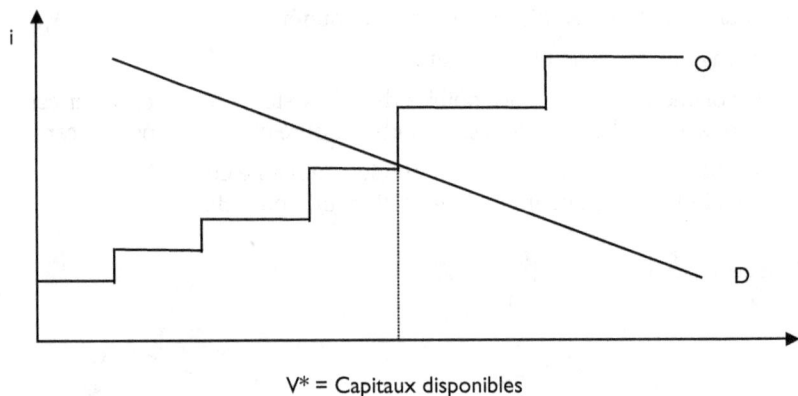

V* = Capitaux disponibles

Fig. 4 : Loi d'offre et de demande en réalité.

L'offre est une gamme de financement avec des conditions différentes (montant maximum et taux consenti).

2.2. Conditions pour avoir accès aux sources de financement

L'entreprise ne peut pas toujours satisfaire son besoin de financement :

- soit, le système financier n'est pas suffisamment important compte tenu des montants nécessaires,
- soit, l'entreprise n'a pas accès à toutes les sources de financement disponibles.

Par exemple :

- l'accès à l'épargne publique est limité aux entreprises qui sont notées par les agences de *rating*,
- l'accès aux marchés de capitaux internationaux nécessite une comptabilité en standard international,

- le recours à l'emprunt bancaire est « plafonné » en fonction du ratio d'endettement de l'entreprise (*cf.* sous-paragraphe 3 ci-dessous),
- certains types de crédit ont des conditions restrictives,
- certaines sources coûtent trop cher.

Les conditions d'accès difficiles posent d'autant plus de problèmes aux entreprises qui ont un niveau d'autofinancement faible (PME ou *start-up* notamment).

3. Influence de la structure financière sur le coût en capital

3.1. Ratios financiers de l'entreprise comme réponse au besoin informationnel des investisseurs financiers (prêteurs, actionnaires)

Les bailleurs de fonds qui apportent des capitaux à l'entreprise cherchent à se prémunir du risque (ex : non-remboursement de l'emprunt, chute du cours ou mauvais rendement des actions). Ils se basent sur les notations (quand elles existent) et/ou consultent un certain nombre de ratios reflétant la santé financière de l'entreprise et par conséquent le risque encouru.

Parmi les nombreux ratios financiers disponibles les **ratios d'endettement** ont un impact important sur la décision des bailleurs de fonds, qu'ils soient banquiers ou actionnaires.

Ces ratios apprécient l'autonomie financière de l'entreprise (*cf.* encadré). Plus ils sont mauvais, plus les sources de financement sont rares et chères (l'actionnaire demande à percevoir un montant de dividende plus élevé et le banquier prête à un taux plus fort). Inversement, une entreprise qui possède une part importante de capitaux propres trouvera facilement à se financer car les bailleurs de fonds ont un recours en cas de nécessité (le patrimoine de l'entreprise). Le vieil adage bien connu se vérifie : « *On ne prête qu'aux riches !* ».

Notons qu'il existe toute une panoplie de ratios financiers[1] pour informer les actionnaires et les prêteurs. Citons par exemple, le ratio rentabilité des capitaux propres *(Return On Equity, ROE)* qui est le rapport entre le résultat net et le montant des capitaux propres.

Ratio rentabilité des capitaux propres = Résultat net/Capitaux propres

---

1. Pour approfondir sur les ratios financiers, *cf.* en particulier, P. Vernimmen (2005).

Ratios d'endettement

Les ratios d'endettement ont trait à la structure du passif de l'entreprise. Ils reflètent son autonomie financière en comparant le montant des fonds propres à celui des dettes. Plusieurs ratios peuvent être calculés. Les plus intéressants (pour l'investisseur financier) concernent l'autonomie à terme de l'entreprise.

Quatre formules fournissent des indications à peu près identiques :

Capitaux propres/Capitaux permanents ;

Dettes à moyen et long terme/Capitaux permanents ;

Capitaux propres/Dettes à moyen et long terme ;

Dettes à moyen et long terme/Capitaux propres.

Un élément important qui rentre en ligne de compte pour accéder à une source de financement est son coût. Or, celui-ci dépend de la structure financière de l'entreprise.

3.2. Coût du capital de l'entreprise

Comme nous l'avons vu au chapitre précédent, le coût du capital en entreprise est estimé par le coût moyen pondéré du capital : CMPC. De façon évidente, il augmente avec le coût des capitaux propres et le coût des dettes.

Cependant, la relation entre le coût des ressources et le CMPC n'est pas triviale car elle est liée à la structure financière de l'entreprise (i.e. à un ratio d'endettement) comme le montre l'exemple ci-dessous (*cf.* figure).

Dans cet exemple, le coût des capitaux propres est supérieur à celui des dettes.

Pour un ratio d'endettement nul, le CMPC est égal au coût des capitaux propres (soit 18 %).

Ensuite, lorsque le ratio augmente, le CMPC diminue car la part des dettes (dont le coût est moindre) augmente.

Lorsque le ratio augmente encore, la courbe du CMPC change de tendance et devient croissante.

Cela est dû à l'augmentation simultanée du coût des capitaux propres et du coût des dettes en raison de la mauvaise santé financière de l'entreprise.

On remarque que pour un ratio d'endettement de 100 %, le coût des ressources financières devient très élevé.

Graphiquement, on a montré que le CMPC atteint un optimum (i.e. un minimum) pour un « subtil panachage » entre capitaux propres et dettes.

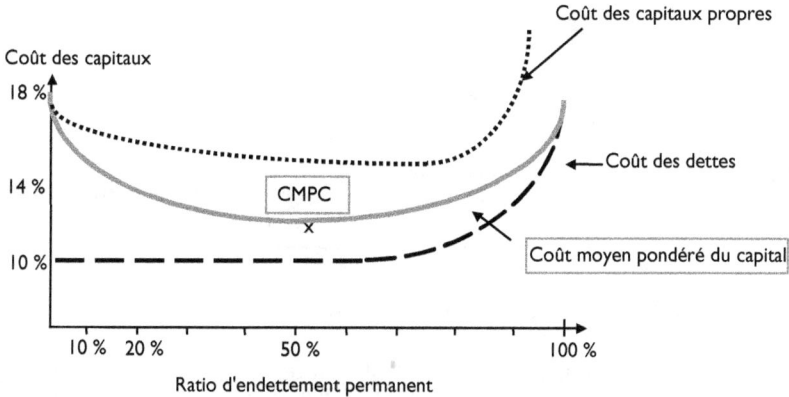

Fig. 5 : Coût moyen pondéré du capital en fonction du ratio d'endettement permanent[1]

Trouver la meilleure répartition entre les différentes sources de financement disponibles est un objectif de politique financière.

Remarques

Cas particulier

Dans certains cas (ex : PME, *start-up*), les dirigeants de l'entreprise détiennent les capitaux propres.

En cas de nécessité, ils sont prêts à se priver de rendement pour éviter que le CMPC ne soit trop élevé (*cf.* figure 6).

Dans la pratique

On rappelle que dans la pratique la courbe du CMPC a une forme en escalier car le financement ne se fait pas en continue mais de façon sporadique en fonction des montants mobilisables à un coût donné (*cf.* figure 7).

---

1. D'après M. Poix, Magistère BFA (2005).

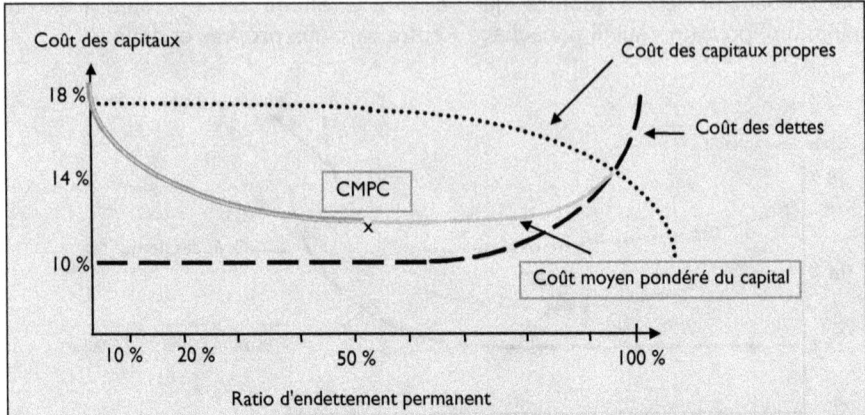

Fig. 6 : Les dirigeants de la PME se privent de revenu[1].

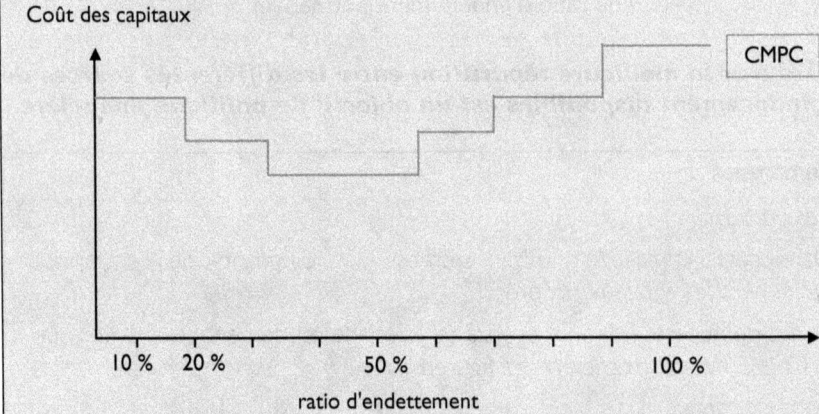

Fig. 7 : CMPC dans la pratique – courbe résultant du financement
« sporadique » de l'entreprise.

---

1. D'après M. Poix, Magistère BFA (2005).

4. Liens entre investissement et coût en capital

4.1. Le coût en capital joue sur l'investissement

Nous avons vu au chapitre 4 que le taux d'actualisation retenu dans les méthodes d'évaluation de la rentabilité d'un investissement est le coût moyen pondéré du capital (CMPC).

Un CMPC faible implique un taux d'actualisation faible, ce qui favorise l'investissement (flux nets de trésorerie actualisés forts).

4.2. L'investissement joue sur le coût en capital

La réalisation d'un projet d'investissement peut avoir un impact sur la structure financière de l'entreprise qui le porte. C'est le cas des projets dont le montant de l'investissement est important.

Le mode de financement d'un projet relativement lourd modifie le risque de l'entreprise et influence fortement l'évaluation de sa rentabilité puisque le taux d'actualisation est modifié. C'est ce que nous montrons à l'aide d'un exemple simple.

Exemple

On considère une entreprise dont le passif du bilan est le suivant :

Passif du bilan à t = 0	k€
Capitaux propres	1 000
Dettes à long terme	1 000
Total capitaux permanents	2 000

Le coût de ses capitaux propres est $k = 8\%$ et le taux moyen d'intérêt des dettes à long terme est $k' = 10\%$ (on ne tient pas compte de l'effet crédit d'impôt).

Le coût moyen pondéré du capital vaut $8\% \times 1\,000/2\,000 + 10\% \times 1\,000/2\,000$
= 9 %

Cette entreprise envisage d'investir dans la construction d'un bâtiment lui permettant d'augmenter ses recettes (coût de l'investissement : 2 000 k€).

La rentabilité de cet investissement est estimé par le calcul d'une VAN avec un taux d'actualisation $a = 9\%$. Dans ce cas, la VAN est positive.

Elle pense le financer entièrement par la dette. Le passif du bilan projeté est le suivant :

Passif du bilan à t = 1	k€
Capitaux propres	1 000
Dettes à long terme	3 000
Total capitaux permanents	4 000

La banque accorde un prêt dont le taux est plus élevé que dans le passé en raison du fort endettement de l'entreprise. Il passe à 12 %.

Le coût moyen pondéré projeté du capital vaut 8 % × 1 000/4 000 + 12 % × 3 000/4 000 = **11 %**

Avec ce futur CMPC, la VAN du projet devient négative (*cf.* figure 8). La construction du bâtiment est rejetée. Le mode de financement de cet investissement n'était sans doute pas *adéquat* mais cela montre que l'investissement peut influencer le coût moyen pondéré du capital et jouer sur sa propre rentabilité.

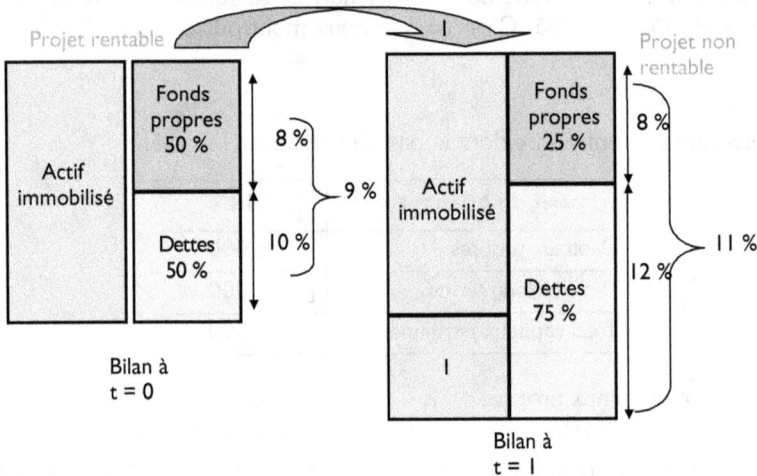

Fig. 8 : Modification du CMPC et de la rentabilité après investissement.

> *S'il est important, l'investissement influence la structure financière de l'entreprise.*

> *Pour calculer le CMPC, c'est la future structure financière qu'il faut considérer : le coût de la dette peut augmenter lorsque le taux d'endettement de l'entreprise est notablement modifié.*

4.3. Liens entre politique d'investissement et politique de financement

Nous venons de mettre en évidence le lien qui existe en entreprise entre la politique de financement et la politique d'investissement.

Concrètement, c'est le coût moyen pondéré du capital, c'est-à-dire, le taux d'actualisation qui est au centre de ces deux politiques (*cf.* figure 9).

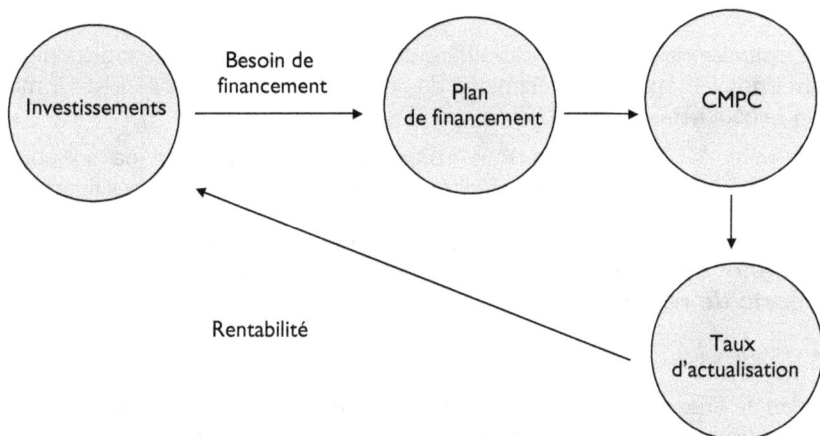

Fig. 9 : Lien entre investissements et financement.

> *C'est le CMPC (i.e. le taux d'actualisation) qui fait le lien entre la politique de financement et la politique d'investissement (et la politique de distribution des dividendes).*

Le coût du capital est un coût futur

Il est important de noter que le coût du capital est un coût futur, tenant compte des capitaux nécessaires pour financer les investissements à venir. Il faut raisonner sur l'ensemble du passif tel qu'il apparaîtra après la réalisation du programme d'investissements.

Le coût du capital est un coût unique à l'intérieur d'un même programme

Le taux doit être le même pour tous les projets d'un même programme d'investissements au cours d'une période donnée. Si une source de financement moins chère que les autres est affectée à un projet déterminé, de manière arbitraire, cette affectation favorise ce projet au détriment des autres.

Nous avons tous les éléments pour comprendre comment le financier va élaborer le plan de financement des investissements de l'entreprise.

5. Principe du capital budgeting et constitution d'un plan de financement

5.1. Capital budgeting

Pour optimiser la répartition des différentes sources de financement disponibles, l'entreprise fait appel à la technique du *capital budgeting* qui consiste à minimiser le coût actualisé des différents modes de financement.

Cette minimisation est faite sous contraintes (ex : contrainte de solvabilité, accords des banques, accès aux crédits spécifiques, accès aux marchés financiers).

> *La technique du capital budgeting consiste à minimiser la valeur actuelle nette des dépenses associées à chaque catégorie de ressources disponibles.*

5.2. Étapes du plan de financement

Le plan de financement est élaboré en suivant trois étapes principales : le recensement des besoins de financement, l'analyse des ressources et la réalisation du plan de financement prévisionnel.

Étape 1 : Recensement des besoins de financement

Quelles sont les ressources financières nécessaires aux opérations présentes ou passées ?

On regarde :

- les investissements complémentaires à des programmes antérieurs et en cours,
- les investissements de renouvellement ou de modernisation,
- le remboursement d'emprunts contractés ultérieurement.

Quelles sont les ressources financières nécessaires aux opérations futures ?
On analyse :

- les dépenses liées directement aux opérations d'investissement,
- les dépenses complémentaires (ex : formation, transport),
- les remboursements des emprunts et des dettes auprès des filiales ou des sous-traitants.

Quels sont les besoins en fonds de roulement supplémentaires (BFR) ?

Étape 2 : Analyse des ressources

- Quelles sont les ressources disponibles en interne (autofinancement, cession d'actifs) ?
- Quelles sont les conditions pour accéder aux ressources externes ?
- Quelles sont les ressources de financement particulières auxquelles on peut prétendre (ex : prêts bonifiés, subventions) ?

Étape 3 : Réalisation du plan de financement prévisionnel

Il s'agit de construire les tableaux emplois-ressources prévisionnels en comblant le besoin de financement mis en évidence par le meilleur panachage possible des différentes ressources financières disponibles.

En particulier, le partage entre capitaux propres et dettes doit tenir compte du ratio d'endettement permanent fixé (ex : ratio dettes moyen et long termes sur capitaux permanents) et de la structure financière optimale qui minimise le coût en capital.

Une bonne politique de financement se traduit par un coût moyen pondéré du capital « optimal » et favorise l'investissement.

6. Le tableau de financement comme indicateur de stratégie – Exemple de politique de financement de grands groupes[1]

Le tableau de financement fournit de précieuses informations sur la stratégie suivie par l'entreprise dans le passé.

6.1. Cas Alcatel : le financement par les cessions

Pour Alcatel (télécommunications), les cessions ont constitué la première ressource financière de ces dernières années : 4,8 milliards d'euros de 1998 à 2004, ce qui représente près de 50 % de ces ressources.

Ce nombre important de cessions reflète la stratégie du groupe qui se recentre sur la téléphonie et externalise sa production.

L'argent des cessions a essentiellement permis à l'entreprise de rembourser sa dette (4,9 milliards d'euros).

---

1. Cet exemple est repris de l'article de Laurent Batsch, « Le tableau de financement : à consommer sans modération », Alternatives économiques, n° 243, Janvier 2006. Voir aussi du même auteur : *Le diagnostic financier*, Éditions Economica (2000).

L'activité d'Alcatel, dégageant un autofinancement de 3,9 milliards (moins de 40 % des ressources), est insuffisante pour financer ses investissements (croissance interne) d'un montant de 5,4 milliards d'euros. L'entreprise fait donc appel aux actionnaires (1,5 milliard d'euros) et aux banquiers.

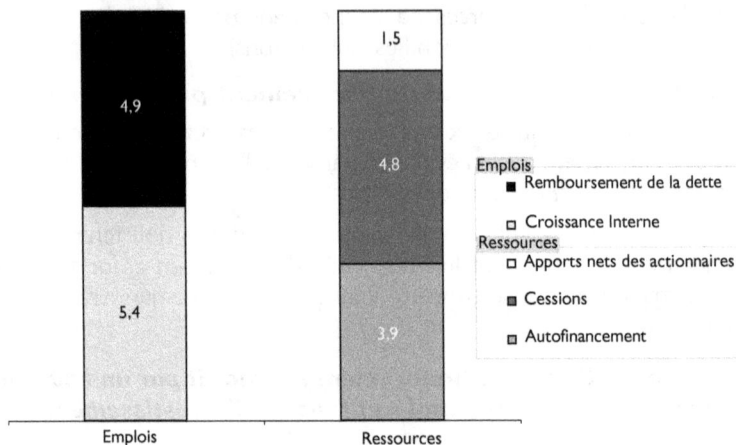

Fig. 10 : Groupe Alcatel – Flux financiers cumulés en milliards d'euros de 1998 à 2004.

Groupe Alcatel : Autofinancement relativement faible et financement par cessions.

6.2. Groupes Carrefour, Danone et Schneider

Les politiques de financement de grands groupes aussi différents que Carrefour (grande distribution), Danone (agroalimentaire) et Schneider (matériel électrique) peuvent être rapprochées car elles présentent des similitudes. Ce sont leurs tableaux de financement de ces dernières années qui le montrent.

Leur autofinancement disponible est si important qu'il permet de couvrir à la fois l'investissement, le remboursement de la dette et de distribuer des dividendes aux actionnaires.

On remarque que l'investissement est relativement faible pour ces trois groupes (50 % des emplois chez Carrefour, 40 % chez Danone, à peine 25 % chez Schneider), alors que la distribution des dividendes est importante (50 % des emplois pour Danone, 37 % pour Schneider).

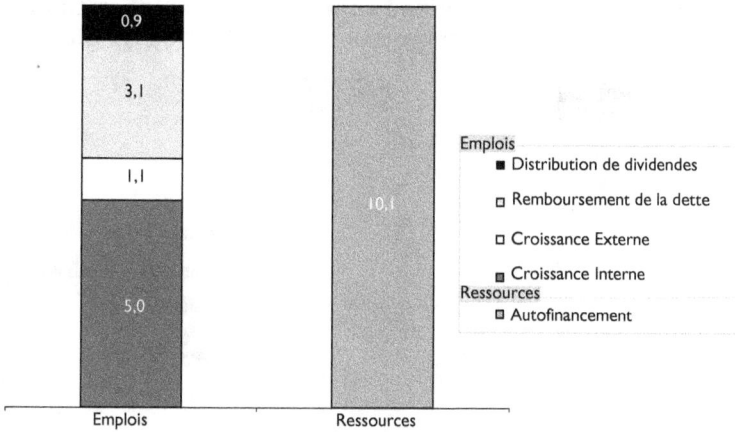

Fig. 11 : Groupe Carrefour – Flux financiers cumulés en milliards d'euros de 2001 à 2004.

Groupe Carrefour : L'autofinancement représente la totalité des ressources.

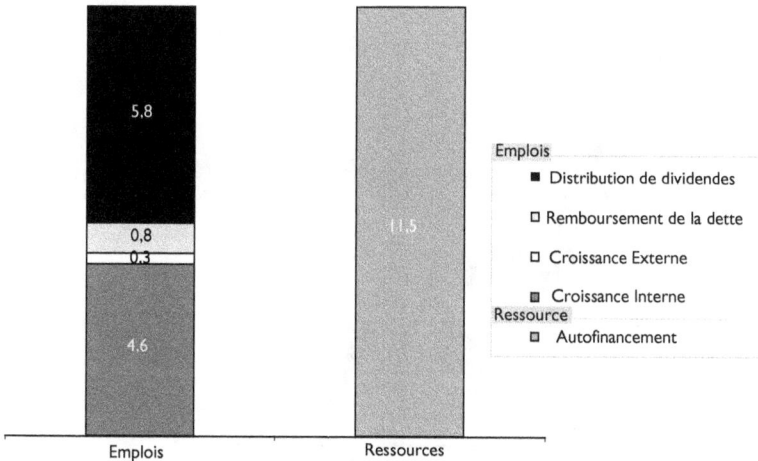

Fig. 12 : Groupe Danone – Flux financiers cumulés en milliards d'euros de 1998 à 2004.

357

Groupe Danone : Un autofinancement très élevé chez Danone et un investissement faible comparé à la distribution de dividendes.

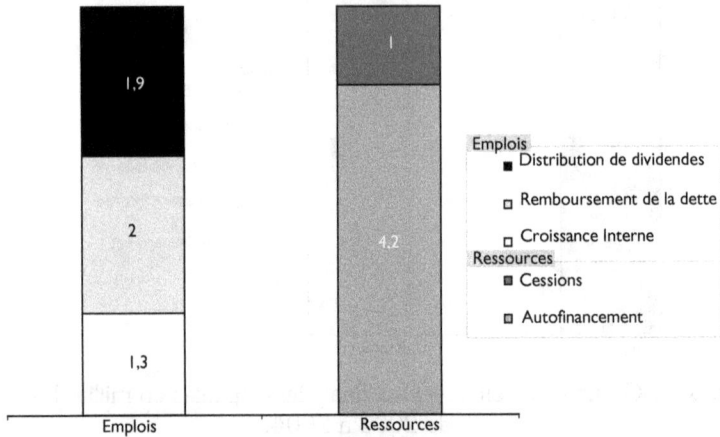

Fig. 13 : Groupe Schneider – Flux financiers cumulés en milliards d'euros de 2001 à 2004.

Groupe Schneider : Un investissement contenu.

6.3. France Télécom

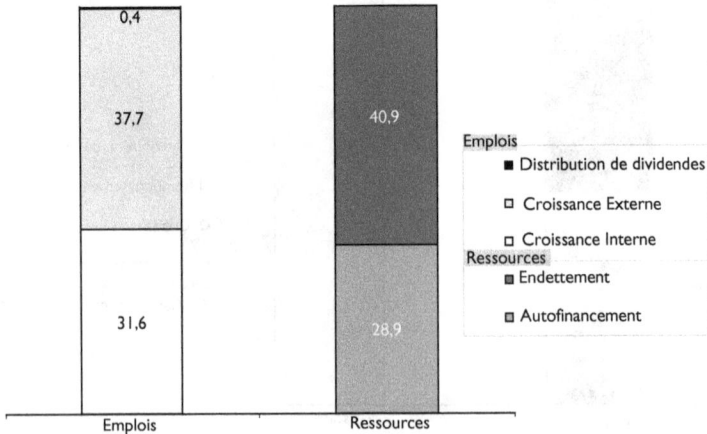

Fig. 14 : Groupe France Télécom – Flux financiers cumulés en milliards d'euros de 1998 à 2001.

358

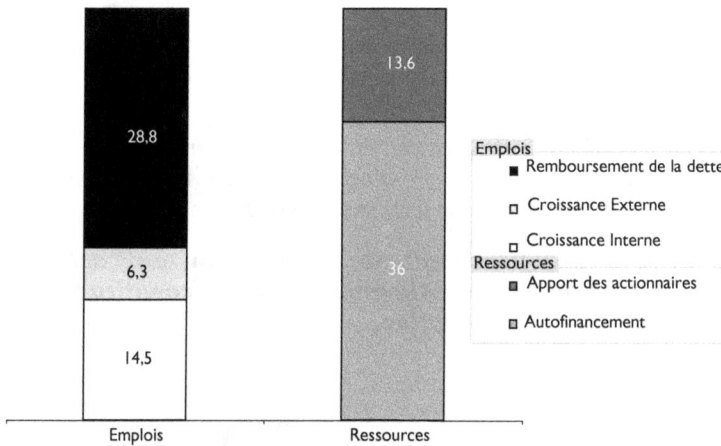

Fig. 15 : Groupe France Télécom – Flux financiers cumulés en milliards d'euros de 2002 à 2004.

France Télécom (FT) est introduite en bourse en 1997. Elle réalise deux princi-pales acquisitions en 2000 : Orange et Mobilcom.

Ces acquisitions sont financées par endettement car :

- l'autofinancement est utilisé pour les investissements (31,6 milliards) (renforcement du réseau, développement de la téléphonie mobile et d'Internet),

- l'augmentation du capital est « interdite » : l'État ne voulait pas perdre le contrôle du groupe.

Ainsi la dette a augmenté d'un montant de 41 milliards d'euros soit près de 60 % des ressources. La bulle Internet éclate (à partir de 2000). FT plonge dans une importante crise financière.

Le changement de cap est opéré avec le nouveau directeur (Thierry Breton). À partir de 2002, la stratégie de FT est de rembourser la dette avec :

- un accroissement de l'autofinancement,

- un freinage de l'investissement (report du lancement de l'*UMTS*[1])

- une augmentation des fonds propres.

---

1. *Universal Mobile Telecommunications System*.

En résumé :

L'analyse des chiffres contenus dans les tableaux de financement est riche d'enseignement quant aux politiques d'investissement, de financement et de distribution de dividendes.

Après avoir analysé le plan de financement d'une entreprise, ce qui relève de la logique *Corporate Financing*, on s'attache à donner les caractéristiques du financement d'un projet autonome (logique *Project Financing*).

> **Politiques d'investissement, de distribution aux actionnaires et de financement sont intimement liées et constituent la politique générale de l'entreprise.**

II. Project Financing : financement d'un projet autonome

L'objectif de ce paragraphe est d'abord de montrer en quoi le *Project Financing* se distingue du financement classique utilisé en entreprise.

Il s'agit ensuite de donner les étapes de l'élaboration du plan de financement qui, dans le cas du *Project Financing* s'appelle le **cas bancaire**. Le paragraphe s'achève sur deux exemples.

1. Qu'est-ce qui caractérise le Project Financing ?

1.1. Un financement de projet basé sur les recettes futures

Le *Project Financing*, mal traduit en français par « financement de projet » alors que l'on devrait plutôt dire « financement sur projet », concerne le montage financier des projets d'investissement autonomes, généralement organisés, comme on l'a vu, en société projet créée spécialement.

La différence fondamentale entre le *Corporate Financing* et le *Project Financing* est le regard porté sur l'investissement par les bailleurs de fonds. Dans le premier cas, ceux-ci se fient à la situation patrimoniale de l'entreprise (vision du passé) tandis que dans le second, ils tablent uniquement sur les revenus futurs escomptés (vision de l'avenir). Par exemple, en simplifiant, avec la logique *Project Financing*, le financement d'une autoroute est uniquement basé sur les péages futurs des automobilistes qui l'empruntent.

Ainsi, pourvu qu'elle soit en mesure de justifier *a priori* la rentabilité de son projet d'investissement, une entreprise de taille modeste peut solliciter des financements proportionnellement très élevés. Il en est de même pour la société projet qui n'existait pas avant le projet.

Justifier qu'un projet est rentable, c'est montrer que les flux nets de trésorerie attendus sur sa durée de vie permettront de couvrir les sorties de fonds, de rembourser la dette et de rémunérer prêteurs et actionnaires, quelle que soit l'évolution du contexte.

Project Financing : *polarisation sur les revenus futurs*

1.2. Quels sont les acteurs associés à un montage de type Project Financing ?

Les acteurs concernés en premier lieu sont le promoteur du projet et ceux qui sont susceptibles d'apporter des ressources financières : les bailleurs de fonds.

Ensuite, il y a les partenaires qui apportent des garanties (*cf.* point 1.4), les dirigeants du pays qui accueille le projet, les fournisseurs, les clients…

Promoteur de projet (ou sponsor)

Le promoteur[1] (ou porteur) de projet est son directeur (ex : directeur de la société projet, responsable de collectivité publique). C'est lui qui sollicite, auprès d'une banque, la mise en place d'un montage financier pour réaliser le projet d'investissement. On l'appelle aussi le *sponsor*.

Bailleurs de fonds

Les bailleurs de fonds (banquiers pour la plupart) sont représentés par une banque que l'on appelle **chef de file** ou ***arranger.***

Le rôle de cette banque est celui d'une société d'études qui doit démontrer aux autres partenaires financiers concernés par le projet, que celui-ci est viable sur les plans technique, commercial et financier. Pour cela, elle élabore le cas bancaire associé au projet (voir plus loin).

> *L'analyse de la viabilité du projet sur les plans technique, commercial et financier est réalisée par la banque chef de file qui réalise le cas bancaire.*

La question qui se pose est de savoir qui va supporter les risques inhérents au projet d'investissement ? Est-ce le promoteur du projet ou bien les bailleurs de fonds ?

---

1. Comme nous l'avons vu au chapitre 1, il peut y avoir plusieurs promoteurs ou directeurs de projet notamment pour les projets publics internationaux (ex : projet spatial européen).

La réponse à cette question varie selon qu'il s'agit d'un montage de financement avec ou sans recours.

1.3. Financement avec recours, financement sans recours

Financement avec recours contre le promoteur de projet (logique Corporate Financing)

Dans ce cas, l'apport de fonds est garanti sur les avoirs de l'emprunteur (ex : actifs physiques ou financiers, capitaux propres, patrimoine). Les risques majeurs associés sont la faillite et la liquidation de l'emprunteur.

On retrouve ici la logique classique de financement basé sur la situation patrimoniale de l'entreprise qui emprunte.

Financement sans recours contre le promoteur du projet (logique Project Financing pure)

Dans ce cas, les bailleurs de fonds misent uniquement sur les flux financiers prévisionnels du projet. Les risques principalement liés à une mauvaise anticipation des flux financiers (ex : mauvaise anticipation des coûts, de la demande, des performances de la technologie, de l'évolution du cadre politique) sont entièrement supportés par les bailleurs de fonds.

Financement mixte

En réalité, le montage du financement d'un projet d'investissement obéit rarement à une logique de *Project Financing* pure basée uniquement sur les revenus espérés. Un recours même limité assis sur le patrimoine du promoteur (ou d'un partenaire) est souvent exigé par la banque chef de file. Les risques sont partagés entre promoteur, partenaires et prêteurs.

> *Les modalités financement avec recours et financement sans recours peuvent être simultanément utilisées dans les montages financiers (financement mixte basé sur un recours limité).*

1.4. Quelles sont les garanties associées à « la part sans recours » du montage financier ?

Sur « la part sans recours » du montage financier d'un projet, les prêteurs cherchent des garanties contractuelles pour assurer le remboursement de la dette si un problème survient lors de l'exploitation (*cf.* figure 16). La répartition des risques peut se faire selon leur nature (risques techniques, commerciaux ou politiques) ou bien à l'intérieur de chacun d'eux.

Les contrats de garantie peuvent être signés avec :

- des compagnies d'assurance (ex : la COFACE),
- le promoteur du projet (ex : garantie de l'État),
- la maison mère qui apporterait son soutien en cas de difficultés uniquement (« *sleeping partner* »),
- des clients offrant une garantie sur les revenus futurs pendant toute la période d'exploitation.

La garantie apportée par des clients se rencontre notamment pour les investissements de réseau (ex : gazoduc) où un « droit de passage » (« *Throughput Agreement* ») est réservé sur la base d'un prix contractuel. Si pour une raison ou pour une autre, le réseau était hors service, les clients seraient obligés d'assurer quand même au promoteur un revenu.

En ce qui concerne les risques financiers, ils peuvent être limités grâce à des techniques de financement faisant appel au marché financier de gestion des risques (ex : *swap* de devises, *swap* de taux d'intérêt, option) (*cf.* chapitre 12).

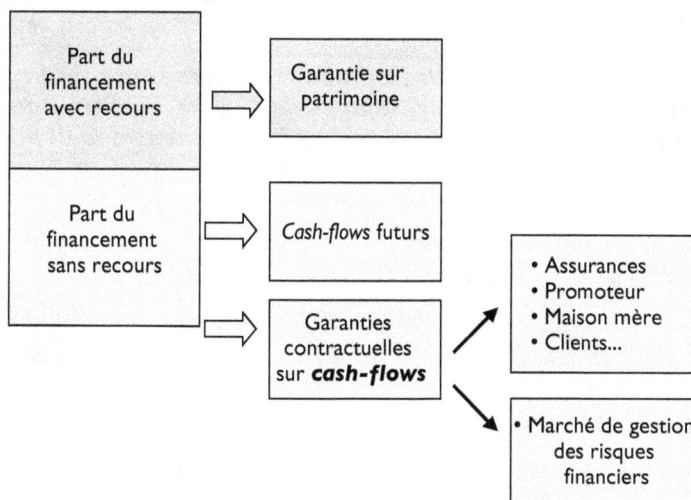

Fig. 16 : Financement mixte et garanties contractuelles sur les *cash-flows* futurs.

Pour se prémunir contre les risques de non-remboursement de la dette, les bailleurs de fonds souscrivent des contrats de garantie auprès de différents partenaires.

2. Élaboration du cas bancaire par la banque chef de file

Le cas bancaire est réalisé par la banque chef de file qui mobilise une équipe pluridisciplinaire. Dans un premier temps la banque étudie la viabilité du projet, puis si celui-ci est jugé viable, elle réalise le montage financier qui est un montage « sur mesure » spécialement mis au point pour le projet étudié.

2.1. Analyse de la viabilité du projet

Il s'agit de vérifier la viabilité technique, commerciale et financière du projet compte tenu des risques encourus. Les marges doivent être suffisamment importantes pour couvrir les aléas.

Cette étude détaillée est, à peu de choses près celle que nous avons décrite aux chapitres 2 et 3 en partie I : à savoir l'élaboration des grilles d'information, l'analyse des risques et la constitution du *Business plan*.

La seule différence est liée à la vision adoptée pour constituer le *Business plan* : **la vision financière s'impose** car, ce qui importe pour les bailleurs de fonds, c'est avant tout l'aptitude du projet à rembourser la dette et à rémunérer le capital (intérêt sur la dette et le cas échéant, dividendes pour les actionnaires).

> *Il convient de bien mettre en avant, la trésorerie de la société projet en considérant, en temps réels, tous les flux financiers, y compris les intérêts bancaires et le paiement des dividendes.*

2.2. Élaboration du plan de financement

L'élaboration du plan de financement d'un projet autonome comprend trois étapes principales qui sont réalisées de manière simultanée :

1. la recherche de partenaires financiers pour enrichir la courbe d'offre,
2. le partage des risques entre les différents partenaires et la recherche de garanties sur les *cash-flows* futurs,
3. la recherche d'un coût moyen pondéré du capital minimal.

Recherche de partenaires financiers pour enrichir la courbe d'offre

Nous listons les principaux partenaires financiers susceptibles d'apporter des ressources au projet. Certains d'entre eux, apportent en même temps au projet une garantie patrimoniale, notée GP (par exemple en devenant actionnaire de la société projet) :

– Banques,
– Entreprises d'investissement (GP),

- Particuliers *via* les marchés financiers (GP),
- Investisseurs étrangers (GP),
- Clients du projet en aval (GP),
- Fournisseurs du projet en amont (GP),
- Établissements de crédit à l'exportation,
- Sociétés de *leasing*,
- Institutions financières internationales (ex : Banque mondiale).

Partage des risques entre les différents partenaires et la recherche de garanties sur les cash-flows futurs

Pour ne pas supporter tous les risques, la banque chef de file fixe un seuil minimal de financement avec recours (40 % par exemple) et recherche des partenaires pour avoir des garanties contractuelles sur les *cash-flows* futurs.

Recherche d'un coût moyen pondéré du capital minimal

Il s'agit de minimiser le coût moyen pondéré du capital de la société projet, en choisissant le meilleur panachage entre les différentes sources de financement envisageables (ex : capitaux propres, obligations convertibles, prêts bancaires, *commercial paper*[1], crédit-bail, crédit à l'export).

L'optimisation est difficile et nécessite plusieurs itérations successives.

Comme nous l'avons déjà souligné, le montage financier doit être dynamique : il évolue au cours du temps en fonction du contexte et des risques encourus.

Le cas bancaire est élaboré par une équipe pluridisciplinaire et est réalisé une seule fois, sur mesure pour l'investissement à financer. L'analyse de la viabilité du projet est faite à partir des grilles d'information.

1. *Cf.* chapitre 12.

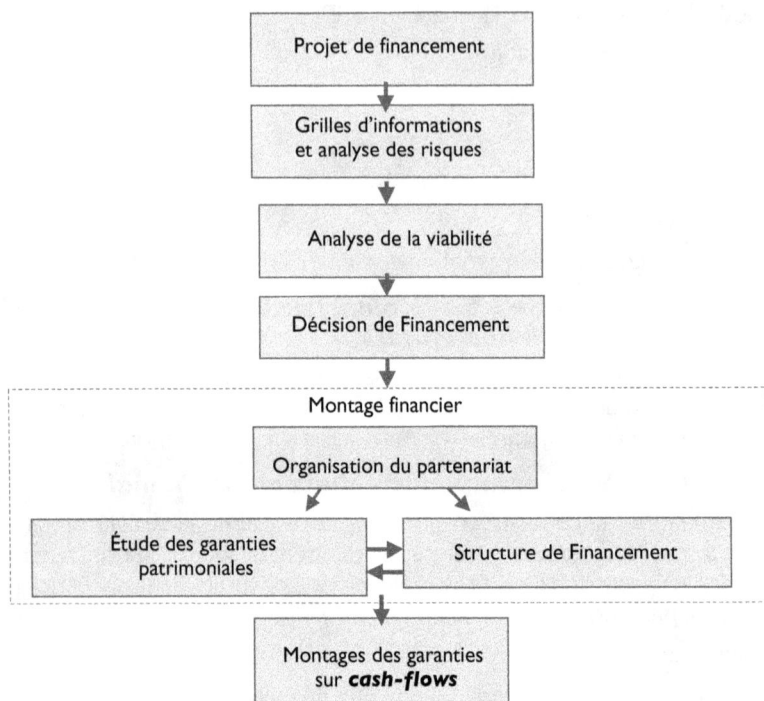

Fig. 17 : Cas bancaire.

3. Domaines d'application du Project Financing – Avantages pour l'État et les collectivités locales

3.1. Domaines d'application

Mobilisation de fonds importants

La logique du *Project Financing* est adaptée aux financements très lourds (pouvant dépasser un milliard de dollars).

Technique largement répandue

Apparue en Amérique du Nord, il y a une cinquantaine d'années, elle s'est largement diffusée dans le monde entier (Nouveaux pays industrialisés[1], Pays en

---

1. NPI.

développement[1], Europe) et touche de nombreux secteurs d'activités (ex : exploitation des ressources naturelles, développement d'infrastructures, transports maritime, aérien, lancement de satellites de télécommunications, construction de fermes éoliennes, de gazoduc, projets environnementaux) (*cf.* figure 18).

Elle a même été généralisée pour le financement de projets plus modestes comme ceux qui ont trait à l'électrification rurale décentralisée dans les PED[2]. Dans ce cas, les projets sont regroupés en programme.

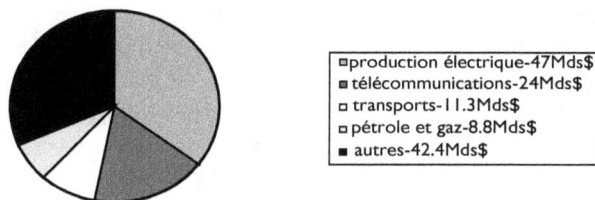

Fig. 18 : Répartition mondiale (2001 en Mds$) des principaux secteurs donnant lieu à la logique *Project Financing*[3].

3.2. Avantages pour l'État et les collectivités locales

Comme nous l'avons mentionné dans l'introduction de cette troisième partie, le *Project Financing* permet de financer des investissements publics que l'État (ou autre institution publique) ne pourrait pas assumer seul.

Dans ce cas, le *Project Financing* prend parfois la forme d'un *BOT (Build – Operate – Transfer)* permettant à des sociétés privées (ex : promoteur) d'obtenir la concession d'un service public (ex : réseau d'eau potable) ou d'une infrastructure (ex : pont à péage comme le Viaduc de Millau).

Accordée par une instance publique, la concession permet à des investisseurs privés de construire (*Build*) et d'exploiter (*Operate*) pendant une période déterminée (durée de la concession), un service public ou une grosse infrastructure à condition de transférer (*Transfer*) le projet à l'instance publique sans indemnisation.

4. Exemples de montage financier du type Project Financing

Nous illustrons la technique du *Project Financing* avec deux cas, l'un dans un secteur de haute technologie (les satellites de communications), l'autre dans le secteur de l'énergie (financement d'un programme de développement de fermes éoliennes).

---

1. PED.
2. *cf.* O. de Gouvelloo et Y. Maigne (2000).
3. D'après les données figurant dans Y. Simon et D. Lautier (2005).

4.1. Sociétés projets pour les satellites de communications

Les investissements nécessaires au lancement de satellites de communications et à l'infrastructure permettant de les exploiter sont très lourds, et entrent difficilement dans une logique de *Corporate Financing*. Chaque projet comportant un ou plusieurs satellite(s) est traité de manière autonome. Au vu de l'investissement à réaliser, le risque financier est très élevé, ce qui entraîne des logiques de recours fort ou des logiques de retour sur investissement rapide (ex : situation de monopole, demande très importante).

Les trois exemples illustrés dans le tableau ci-après montrent différentes logiques :

- Pour Eutelsat, initialement il s'agit d'une logique de décideurs publics créant une organisation intergouvernementale avec financements publics (recours fort). Ensuite, nous assistons à un *swap* vers une logique de décideurs privés avec recours faible par la transformation en société anonyme en 2001. Depuis 2001, chaque projet est analysé sous forme de *Project Financing*, les investisseurs se basant sur les flux financiers futurs (marge d'*EBITDA*[1] de 77 %). Cette logique se concrétise par le désengagement progressif des partenaires publics qui sont remplacés par des investisseurs privés comme des grands fonds de pension et d'investissement anglo-saxons.

- Pour SES[2], la logique a toujours été une logique de décideurs privés avec recours moyen car la société est possédée au tiers par l'État luxembourgeois. Ici aussi, les flux financiers sont très importants puisque la marge d'*EBITDA* est de 72 %.

- Un troisième exemple montre la notion de PPP (Partenariat public privé)[3]. C'est le projet Galileo, le futur concurrent du *GPS* (*Global Positioning System*) américain. Les fonds publics (en l'occurrence l'Europe) financent partiellement et ont octroyé une concession à un consortium privé, principalement représenté par la société Galileo Industries, afin de mettre en place et d'exploiter le système. Le consortium espère se rémunérer dans le futur grâce aux flux financiers extrêmement importants que générera l'exploitation du système et surtout grâce à toutes les applications dérivées (comme la géolocalisation des terminaux mobiles par exemple). Nous sommes donc dans une logique de décideurs publics avec recours moyen car seul un tiers de l'investissement sera couvert par des fonds publics.

---

1. Marge d'*EBITDA* = *EBITDA*/CA.
2. Société européenne de satellites.
3. Voir A. M. Toledo et P. Lignières (2002) pour la définition juridique du PPP.

© Groupe Eyrolles

Tableau 15 – Les différentes logiques de financement des projets de satellites de communications

Nom de la société	Fonction principale des satellites	Nombre approximatif de satellites	Date fondation	Logique	Partenaires	Investissement (CAPEX en M€)	CA annuel (M€)	EBIDTA annuel (M€)
Eutelsat[1]	Location de bande passante	22	1977	Initialement organisation intergouvernementale. Depuis 2001, société privée.	Initialement : Etats européens à travers de leurs opérateurs Télécom historiques (France Telecom, Deutsche Telekom, British Telecom, Telefonica...). Maintenant, seuls British Telecom, Belgacom et Telekom Polska restent actionnaires (BT veut vendre), l'actionnariat principal est constitué par des fonds d'investissement (l'américain TPG) ou de pension anglo-saxons.	150 en moyenne/an	750	580
SES[2]	Diffusion TV	10	1985	Logique privée (même si SES est possédée à hauteur de 33 % par l'État luxembourgeois)	Fonds d'investissement (ex : General Electric Capital), Entreprises de Télécom (ex : Loral) État du Luxembourg (en direct ou via des banques contrôlées par l'État)	350 en moyenne/an	1250	900
Galileo Industries[3]	Système de localisation géographique	27 (lancement entre 2006 et 2012)	2005	Concession via un Partenariat public privé	Investissements portés au 1/3 par l'Europe et au 2/3 par le consortium commun aux 2 groupements : - EADS[4]/Thalès/Inmarsat et - Alcatel/Finmeccanica Regroupés principalement dans Galileo Industries	3500 entre 2006 et 2012		

1. Consulter http://www.eutelsat-communications.com
2. Voir http://www.ses-global.com
3. Cf. http://www.galileo-industries.net
4. *European Aeronautic Defence and Space Company*

4.2. Montage financier pour un programme éolien[1]

Dans le cadre de sa politique de développement des énergies renouvelables, le Portugal favorise l'installation de parcs éoliens en obligeant la société d'électricité nationale (Électricité du Portugal) à acheter l'électricité éolienne produite à un prix fixé de manière institutionnelle.

La société Generg détenue à 57,5 % par la société Lusenerg et à 42,5 % par la société Tractebel (Groupe Suez) a été créée dans l'objectif de construire et d'exploiter des installations de production d'électricité à base de ressources renouvelables.

Sur la période allant de 2004 à 2007, elle a lancé un programme de développement d'un portefeuille de projets éoliens. Il s'agit de vingt-deux parcs d'une capacité totale de 442 Mégawatt (MW) principalement localisés dans le centre du pays.

Aujourd'hui (mai 2006), 185 MW sont en production. La mise en service de l'ensemble du projet est prévue pour 2007.

Le montant de l'investissement total s'élève à environ 480 millions d'euros. Il est entièrement financé selon la logique de *Project Financing*, ce qui n'aurait pas été possible pour le financement des projets pris séparément puisqu'un montage de ce type coûte cher et prend beaucoup de temps (1 an pour le montage du financement du programme).

La banque chef de file est la Banque européenne d'investissement (BEI). Elle est associée à un consortium de banques espagnoles et portugaise qu'elle finance (*Banco Bilbao Vizcaya Argentaria, Caja Madrid et Banco BPI*).

Le montage financier est principalement assuré par les quatre banques (452 millions d'euros), le reste étant financé par fonds propres (dont 11 millions d'euros de la part d'Electrabel).

Notons que la revue *Project Finance Magazine* a décerné à ce montage financier le prix du meilleur financement de projet dans la catégorie des énergies renouvelables (mars 2006).

1. *Cf.* http://www.suez.com/finance/french/actualites/

Conclusion

Que ce soit dans la logique *Corporate Financing* ou bien *Project Financing*, l'élaboration d'un plan de financement est toujours basé sur la technique du *capital budgeting* consistant à minimiser le coût en capital. Cela a un impact direct sur la rentabilité des investissements puisque c'est le coût en capital qui fixe la valeur du taux d'actualisation de l'entreprise ou de la société projet.

Politique d'investissement et politique de financement sont donc intimement liées, comme le résume la figure ci-dessous.

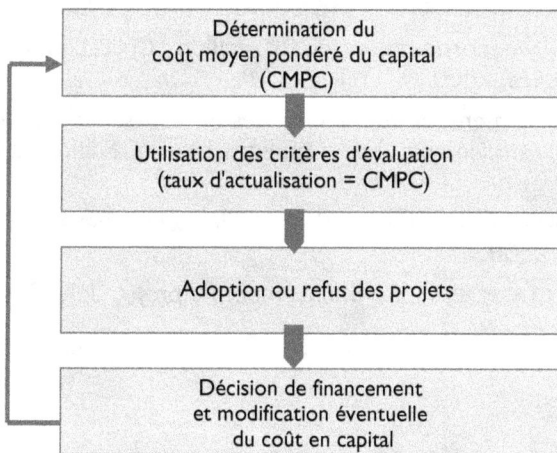

Fig. 19 : Schéma d'investissement – Élaboration d'un plan de financement.

Bibliographie de référence

BATSCH L., « Le tableau de financement à consommer sans modération », *Alternatives économiques*, n° 243, janvier 2006.

COHEN E., *Analyse financière*, 5e édition, Gestion, Économica, 2004.

DE GOUVELLOO Ch., MAIGNE Y., Ouvrage collectif (sous la direction de), *L'électrification rurale décentralisée : une chance pour les hommes, des techniques pour la planète* – Guide technique – Systèmes solaires, décembre 2000.

MARGERIN J. et AUSSET G., *Choix des investissements – Présélection, choix, contrôle*, 3e édition, Éditions SEDIFOR, 1987.

371

PLUCHARD J.-J., *L'ingénierie financière de projet*, Éditions d'Organisation, 2000.

POIX M., *Cours du Magistère Banque finance assurance (BFA)*, Université Paris-Dauphine, 2005.

Pour en savoir plus

ALBOUY M., *Décisions Financières et Création de Valeur*, 2e édition, Économica, 2003.

BATSCH L., *Le diagnostic financier*, 3e édition, Collection Gestion Poche, Éditions Économica, 2000.

FORGET G. *Financement et rentabilité des investissements, Maximiser les revenus des investissements*, Les mémentos finance, Éditions d'Organisation, 2005.

NEVITT P.K., FRANK J. et FABOZZI, *Project Financing*, Seventh Edition, Euromoney Books,, 2000.

TOLEDO A.-M. et LIGNIERES P., *Le financement de projet*, Joly, 2002

Sites Internet

http://www.eutelsat-communications.com

http://www.ses-global.com

http://www.galileo-industries.net

http://www.suez.com/finance/french/actualites/

Chapitre 12

Internationalisation de l'offre de financement et conditions d'accès

« Penser international, penser futur, penser avant les autres. Et agir de même. »

Robert Maxwell

Nous terminons cet ouvrage en ouvrant les frontières pour montrer quelles sont les possibilités de financement sur les marchés internationaux de capitaux. Nous étudions le cas du financement d'un investissement dans une firme multinationale française constituée d'une maison mère située sur le territoire national et de plusieurs filiales implantées à l'étranger. La firme profite de sa présence au niveau mondial pour accéder aux marchés étrangers et aux marchés internationaux de capitaux. Ainsi, pour financer un investissement, elle bénéficie d'une palette beaucoup plus large de sources de financement et peut choisir la place d'émission ainsi que la devise[1] pour libeller chacun de ses titres, de manière à optimiser le coût du capital.

---

1. Devise *(Currency)* : Nom d'une monnaie nationale lorsqu'elle est échangée dans d'autres pays ; d'une façon générale, monnaie étrangère.

Avant de dresser la liste de toutes les sources de financement disponibles pour cette firme, nous faisons une description succincte et simplifiée des marchés internationaux de capitaux. Pour approfondir la question de la finance internationale, nous invitons le lecteur à se référer à l'ouvrage très complet de Y. Simon et D. Lautier (2005).

Plan du chapitre

1 Comment définir les marchés internationaux de capitaux ?
2 Financement direct *via* les marchés financiers internationaux
3 Financement indirect par le marché bancaire international
4 Offre de financement pour la firme multinationale

I. Comment définir les marchés internationaux de capitaux ?

1. Des marchés de moins en moins cloisonnés

La naissance des marchés internationaux de capitaux est liée essentiellement à l'internationalisation de la production et à l'émergence des firmes multinationales. Ces marchés ont pris un essor considérable en se développant de manière auto-régulée, en dehors de toute réglementation étatique. Aujourd'hui, ils ont atteint une complexité telle qu'ils ne sont pas aisés à définir et à délimiter.

1.1. Décloisonnement géographique

Avec la globalisation financière, les marchés domestiques sont en partie décloisonnés avec une composante internationale de plus en plus marquée. En particulier, avec l'arrivée de la monnaie unique en Europe, il n'est pas aisé de distinguer le marché financier français du marché européen : qu'est-ce qui est national, qu'est-ce qui ne l'est pas ?

1.2. Décloisonnement fonctionnel

En matière de placements, d'emprunts et de gestion des risques, on pourrait parler sur le plan concret d'un marché international de capitaux unifié puisque les opérateurs se livrent en permanence à des opérations d'arbitrage entre les différents marchés. Cependant, pour des raisons surtout d'ordre méthodologique, il paraît nécessaire de distinguer plusieurs compartiments qui, bien qu'ayant la même finalité, ont des modalités de fonctionnement différentes.

2. Compartiments des marchés internationaux de capitaux

Deux catégories de marchés doivent être distinguées[1] : les marchés de financement et les marchés de gestion des risques (*cf.* figure 1).

2.1. Marchés de financement

Au niveau des marchés de financement, on considère :

- d'une part le marché des obligations internationales : marché des euro-obligations et marché des obligations étrangères,
- d'autre part les marchés associés au marché bancaire international : marché des euro-devises, marché des euro-crédits et composante internationale des marchés domestiques bancaires.

Notons que le marché des euro-devises est lié à celui des euro-obligations dans la mesure où celles-ci sont payées en euro-devises. La même remarque s'applique aussi au marché des euro-crédits.

L'ensemble de ces marchés est défini plus loin.

2.2. Marchés de gestion des risques

En ce qui concerne, les marchés de gestion des risques, ils englobent l'ensemble des **marchés dérivés** dans lesquels les opérateurs trouvent des instruments pour se couvrir contre les risques financiers dont les principaux sont :

- les risques de prix des matières premières,
- la fluctuation des taux d'intérêt,
- la variation des cours et des indices boursiers,
- les risques de crédit,
- et de plus en plus les risques climatiques.

Les marchés des produits dérivés sont « *des marchés sur des marchés, des contrats sur des contrats* » (cf. P. Vernimmen, 2005). Leur composante internationale est devenue très importante. Il existe les marchés dérivés organisés (avec une chambre de compensation fonctionnant comme une bourse) et les marchés de gré à gré où l'acheteur et le vendeur se font directement face à face.

Parmi les produits proposés sur ces marchés de gestion des risques, on trouve :

- les contrats à terme qui sont des engagements de livraison ou de réception à des conditions bien spécifiées (ex : livraison d'une quantité définie

---

1. *Cf.* Y. Simon et D. Lautier (2005).

de titres financiers à revenu fixe pour un prix déterminé le jour de la négociation du contrat),

- les options qui, contrairement aux contrats à terme, ne sont pas des engagements fermes mais une protection contre une évolution défavorable des
prix, des taux ou des cours tout en permettant un dénouement favorable
si la conjoncture s'y prête (les options sont des **actifs asymétriques** que
l'on peut associer à des contrats à terme).

- et les instruments dérivés négociés sur les marchés de gré à gré qui sont des
instruments personnalisés, « sur mesure » parmi lesquels le *swap* est le plus
courant (*cf.* encadré). Nous citons aussi sans les définir, les instruments
comme le *forward-forward*, le *forward rate agreement*, les *warrants*...

Le swap[1]

Le *swap* peut avoir pour actif sous-jacent des devises, des taux d'intérêt, des
indices boursiers et des matières premières. Sa logique économique est celle
du troc. Dans sa modalité la plus simple, l'un des opérateurs s'engage à verser
un taux flottant et à recevoir un taux fixe pendant que l'autre s'engage sur
l'inverse. Quand les opérateurs interviennent dans la même devise, il s'agit
d'un *swap* **de taux d'intérêt** ; quand ils opèrent dans des devises différentes,
il s'agit d'un *swap* **de devises** et différentes modalités sont envisageables en
combinant taux fixe, taux variable et choix de la devise.

Le succès des *swaps* de taux a conduit à étendre leur utilisation aux indices
boursiers, aux matières premières, aux risques de crédit et aux risques
climatiques.

Nous avons aussi employé cette terminologie pour évoquer les changements
dans les montages financiers des projets d'investissement (notamment en
introduction de cette partie).

---

1. *Cf.* Y. Simon et D. Lautier (2005).

Pour que ces marchés internationaux puissent fonctionner, il convient d'ajouter le **marché des changes**.

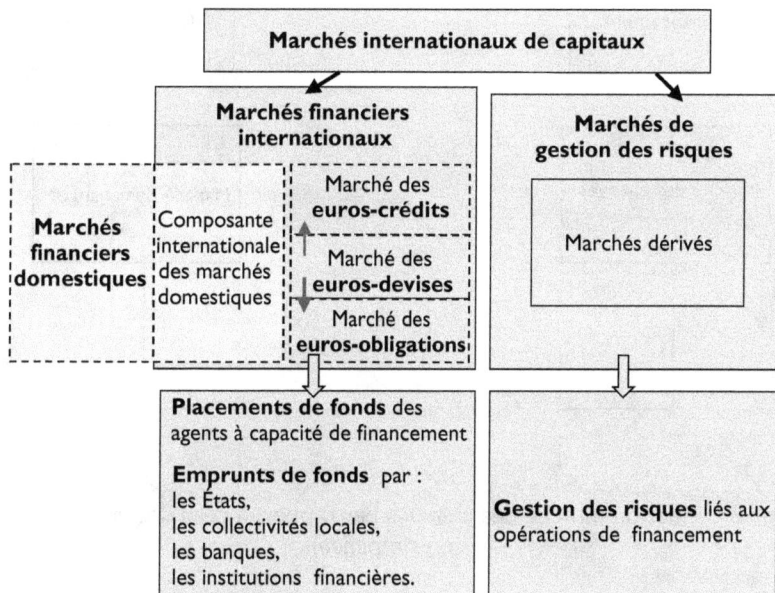

Fig. 1 : Les marchés internationaux de capitaux.

3. Marché des changes

Le marché des changes est un marché véritablement global qui permet d'assurer la confrontation des offres et des demandes de devises. Il accompagne le marché des euro-devises comme le montre la figure simplifiée ci-après (*cf.* figure 2).

Le marché des changes permet :

- de révéler les cours (ou cotes) en terme de monnaie nationale (ex : à une date précise, l'euro cote 1 dollar 19 ou la livre sterling perd 1 point face au dollar),

- de donner aux opérateurs la possibilité d'acheter et de vendre des devises,

- aux entreprises et aux institutions financières de se couvrir contre le risque de change.

377

```
┌─────────────────┐                    ┌─────────────────┐
│ Agents disposant│                    │ Agents éprouvant│
│ d'une capacité  │                    │   un besoin     │
│ de financement  │                    │ de financement  │
└─────────────────┘                    └─────────────────┘
         │                                      │
┌─────────────────┐                    ┌─────────────────┐
│ Marché des changes│                  │ Marché des changes│
└─────────────────┘                    └─────────────────┘
         │                                      │
         │        ┌───────────────────┐         │
         └───────▶│ Marchés des euro-devises │◀──┘
                  └───────────────────┘
```

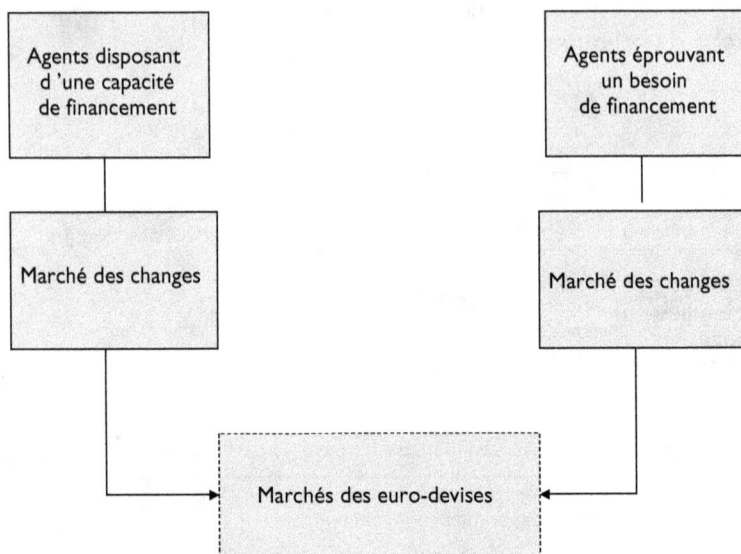

Fig. 2 : Place du marché des changes par rapport à celui des euro-devises (vision simplifiée).

Après cette présentation sommaire de l'organisation globale des marchés de capitaux internationaux, nous répertorions l'offre de financement sur les marchés financiers en distinguant finance directe et finance indirecte. La description qui est faite est simplifiée sans considération historique (ou très peu). Les marchés de gestion des risques ne sont pas détaillés.

II. Financement direct via les marchés financiers internationaux

Au niveau du financement direct, nous distinguons le financement à long terme par émission d'actions, le financement à long terme par emprunt obligataire et les instruments de financement à court terme.

1. Financement direct à long terme sur le marché international des actions

1.1. Peut-on parler véritablement d'un marché international des actions ?

Le marché international des actions n'existe pas véritablement en tant que tel (le marché des euro-actions n'existe pas) car une action inscrite sur une bourse étrangère reste toujours cotée sur le marché boursier du pays de l'émetteur. Elle est donc soumise à une réglementation nationale très précise.

On parle cependant de marché international des actions parce que les grandes entreprises ont la possibilité de renforcer leurs fonds propres en s'adressant à des actionnaires étrangers (actionnaires non-résidents). Cette notion est d'ailleurs renforcée par le fait que des obligations internationales peuvent être converties en actions.

1.2. Comment accéder à ce marché ?

Le marché international des actions est réservé aux grandes entreprises et aux investisseurs institutionnels qui inscrivent leurs titres (actions ordinaires principalement) dans une (plusieurs) bourse(s) étrangère(s) afin de lever des fonds d'un montant important sans encombrer le marché domestique et de bénéficier d'une image internationale. Cette opération est réalisée avec l'aide d'un syndicat de banques internationales.

Lors des vagues de privatisation dans les pays développés (secteur des télécommunications notamment), un grand nombre de groupes privatisés ont ouvert leur capital aux actionnaires étrangers. Par exemple, France Télécom a été introduite en Bourse à Paris et à New York. *British Telecom* au Royaume-Uni et *Nippon Telegraph and Telephone* au Japon ont utilisé les placements internationaux, etc.

Londres est la place la plus importante pour l'émission publique d'actions internationales.

Une entreprise peut procéder à une émission d'actions privée auprès d'investisseurs institutionnels sans faire appel à l'épargne publique et sans publicité. Les coûts d'émission sont réduits. Les banques suisses jouent sur le marché des émissions privées un rôle important compte tenu de leur capacité de financement.

L'offre internationale d'actions est un placement de valeurs mobilières en dehors du marché domestique de l'émetteur, ce placement étant réalisé par un syndicat de banques internationales.

379

2. Financement direct à long terme sur le marché international des obligations

Le marché international des obligations regroupe deux compartiments : celui des obligations étrangères d'une part et celui des euro-obligations d'autre part.

2.1. Typologie des obligations internationales

La Banque des règlements internationaux (BRI) donne une typologie des obligations internationales en fonction de la monnaie utilisée pour libeller les titres et du lieu de la résidence de l'émetteur. Elle distingue ainsi les euro-obligations et les obligations étrangères comme le montre la figure ci-dessous.

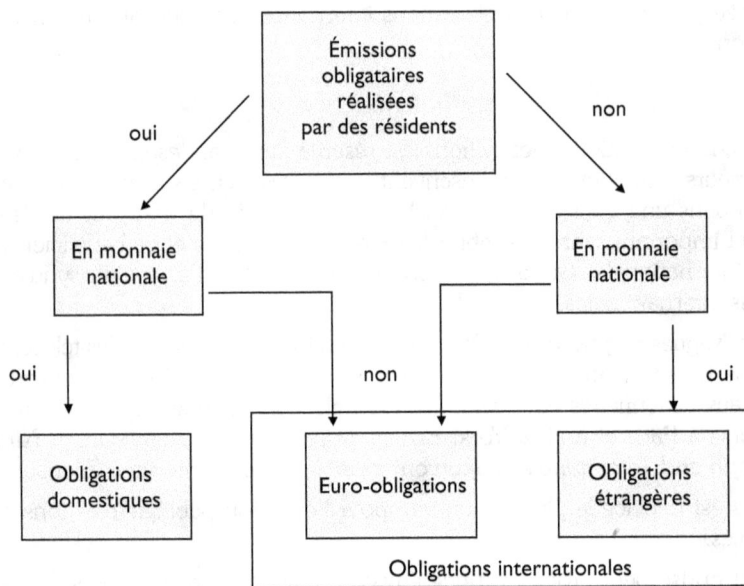

Fig. 3 : Typologie des émissions obligataires.

Les obligations internationales regroupent les euro-obligations et les obligations étrangères.

2.2. Définitions et caractéristiques des obligations internationales

Obligation étrangère

Une obligation étrangère est un titre de créance émis par un non-résident sur un marché financier national. L'emprunt est généralement libellé dans la monnaie de la place (ex : émission en dollar américain effectuée par une entreprise française sur le marché obligataire de New York ou émission en livre sterling d'une entreprise japonaise sur le marché obligataire de Londres). L'opération de montage est effectuée par les banques de la place en suivant la réglementation locale.

Comme les euro-obligations, les obligations étrangères bénéficient d'un statut fiscal dérogatoire ; l'exemption de la retenue à la source par le fisc du pays émetteur[1].

Pour distinguer les obligations étrangères des euro-obligations, on leur attribue un nom (*cf.* tableau).

Tableau 16 – **Exemples d'émission d'obligations étrangères.**

Place d'émission	Appellation
Londres	*Bulldog bonds*
New York	*Yankee bonds*
Tokyo	*Samurai bonds*
Zurich	*Chocolate bonds*

Euro-obligation

Une euro-obligation est un titre de créance émis (par un résident ou non) sur le marché des euro-devises.

L'emprunt peut être libellé dans la monnaie du pays de l'emprunteur ou dans une devise tierce (le dollar américain et l'euro sont les devises dominantes).

L'euro-obligation est caractérisée par les deux éléments suivants :

- son statut fiscal privilégié,

- la présence d'un syndicat de banques internationales pour réaliser l'émission.

Par définition, le marché des euro-obligations n'est pas localisé géographiquement (*cf.* encadré ; naissance du marché des euro-obligations).

1. On rappelle que le revenu des obligations nationales est taxé.

© Groupe Eyrolles

Naissance du marché des euro-obligations[1]

Le marché des obligations étrangères correspond à l'activité la plus ancienne des marchés internationaux de capitaux.

Historiquement, c'est la place de Londres qui jouait un rôle essentiel dans ce type d'émission. Elle fut relayée par la place de New York pendant la période entre les deux guerres. Mais en 1963 pour limiter les sorties de capitaux, les pouvoirs publics américains ont instauré une taxe de péréquation[1] sur le marché de New York pour les émissions d'obligations effectuées par les non-résidents. Cette décision incita les emprunteurs non-résidents à rechercher des fonds à l'extérieur du marché américain : c'est ainsi que le marché des euro-obligations est né. Depuis, et malgré la levée de la taxe en 1974, il n'a cessé de croître.

Toutes les monnaies internationales (excepté le Franc suisse en raison du refus des autorités helvétiques) ont été utilisées depuis sa création en 1963.

Aujourd'hui près de 90 % des émissions obligataires internationales sont des euro-obligations.

2.3. Qui sont les émetteurs ? Qui sont les investisseurs ?
Quels sont les actifs utilisés ?

Principaux émetteurs

Les principaux émetteurs du marché international des obligations sont les entreprises privées ou assimilées (ex : en France, France Télécom, EDF, GDF, Charbonnages de France), les firmes multinationales ainsi que les intermédiaires financiers (ex : banques, banques centrales, fonds d'investissement). Il y a aussi des emprunteurs supranationaux comme la Banque mondiale ou la Banque européenne d'investissement.

Cette technique de financement correspond à une volonté de diversification des sources de la part de l'emprunteur et donne une assise internationale. Elle permet en particulier de trouver les capitaux nécessaires pour financer avec la logique *Project Financing*, les grands projets d'investissement.

Il convient néanmoins de souligner qu'il existe des contraintes sur ce marché. Nous citons les deux principales :

---

1. Cf. Y. Simon et D. Lautier (2005) – M. Poix, Magistère BFA (2005).
2. *Interest Equalization Tax (I. E. T)*

- les possibilités offertes dépendent de la renommée de la signature de l'emprunteur : n'emprunte pas qui veut,
- les autorités de la place peuvent avoir recours à des mesures de contingentement qui dépendent des politiques monétaires et financières nationales.

Comme sur le marché des actions internationales, il existe un marché d'émissions privées pour les entreprises qui n'ont pas accès à l'épargne publique.

Principaux investisseurs

On retrouve à ce niveau :

- d'une part, les investisseurs individuels (grandes fortunes privées, sociétés privées) motivés notamment par le régime fiscal dérogatoire,
- et d'autre part, de nombreux institutionnels qui agissent pour leur propre compte ou pour leurs clients (ex : banques, banques centrales, fonds d'investissement, compagnies d'assurance-vie).

Si historiquement, les obligations étrangères étaient principalement placées auprès d'investisseurs individuels, on observe aujourd'hui que les institutionnels occupent une place importante[1].

Principaux actifs utilisés dans les émissions obligataires internationales

La majorité des émissions prend la forme d'obligations classiques à taux fixe ou à taux variable. Il y a aussi les obligations convertibles en actions et des obligations liées à des instruments de gestion des risques (ex : obligations avec option).

3. Financement direct à court et moyen terme sur le marché international des instruments de la dette

Le marché international des instruments de la dette à court et moyen terme comprend le marché des titres à court terme et le marché des notes à moyen terme.

Les titres à court terme (inférieur à 1 an) englobent les euro-billets de trésorerie et les titres à court terme ayant une vocation internationale (billets de trésorerie étrangers) :

---

1. La raison essentielle tient au fait que jusqu'en 1976, il s'agissait d'un marché peu liquide sur lequel l'épargne était immobilisée pendant une durée assez longue. L'instauration d'un marché secondaire organisé pallie cet inconvénient. Il n'y a pas de marché officiel pour la cotation qui se fait sur différentes places financières (ex : places de Luxembourg, de New York ou de Francfort).

- Les euro-billets sont émis à Paris sur le marché des titres de créances négociables, à New York sur le marché du *Commercial Paper*[1] ou à Londres sur le marché international (marché de l'*Euro-commercial Paper*[2]).
- Les notes à moyen terme (*Euro Medium Term Notes, EMTN*), sont des titres qui ont, à l'exception des échéances (pouvant aller jusqu'à 5 ans), les mêmes caractéristiques que les billets de trésorerie. Les modalités d'émission de ces notes sont comparables à celles des obligations internationales.

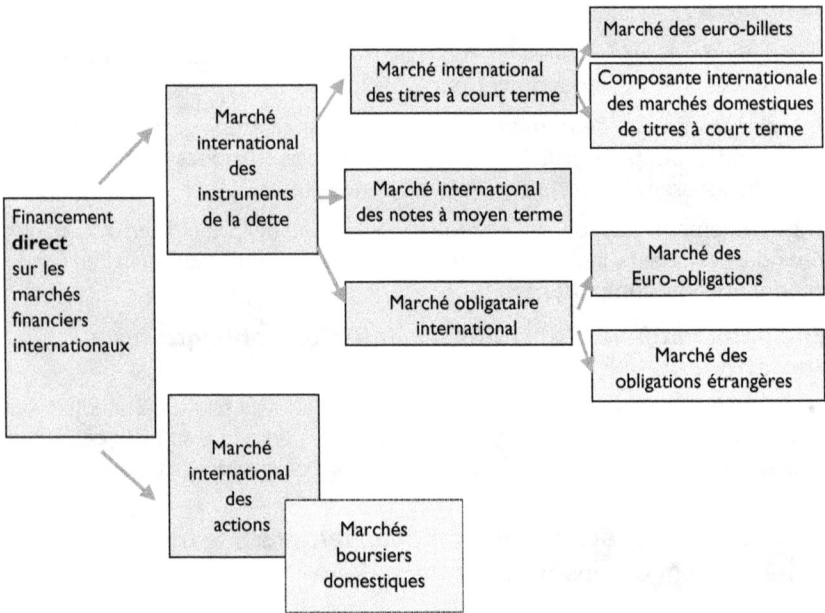

Fig. 4 : Le financement direct sur les marchés financiers internationaux.

Le marché des actions international est fortement lié aux marchés nationaux des actions.

Venons-en au financement intermédié.

---

1. Le marché américain du *Commercial Paper* est le plus ancien marché de titres à court terme destinés au financement des entreprises. Il a servi de modèle au marché français des billets de trésorerie.
2. Le marché de l'*Euro-commercial Paper* s'est développé à Londres sur le modèle du marché américain.

III. Financement indirect par le marché bancaire international

1. Typologie des opérations internationales

Comme pour les obligations internationales, la Banque des règlements internationaux (BRI) donne une typologie des opérations internationales en fonction de la monnaie utilisée dans la transaction et du lieu de la résidence de la contrepartie. Elle distingue ainsi les opérations en euro-devises et les opérations étrangères comme le montre la figure 5.

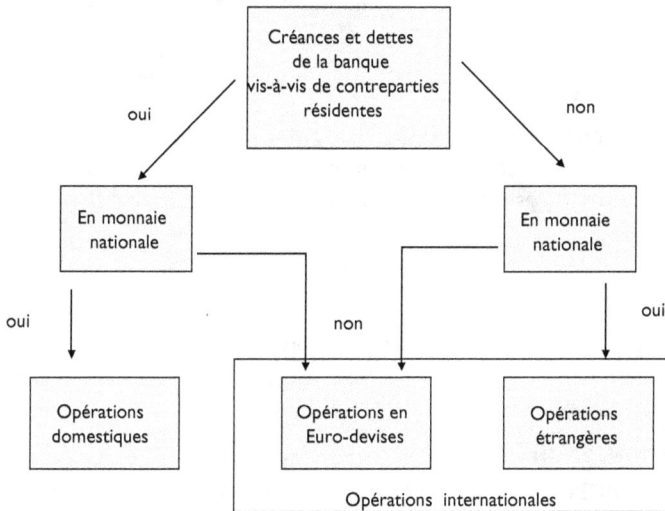

Fig. 5 : Typologie des opérations internationales.

2. Marché bancaire international

Le marché bancaire international est composé du marché des euro-devises, du marché des euro-crédits et du marché des crédits étrangers. Les banques y jouent un rôle d'intermédiation essentiel.

2.1. Définitions préalables

Crédit étranger

Un crédit étranger est un prêt accordé à un emprunteur non-résident par une banque ou un groupe de banques d'un pays donné (ex : une entreprise cana-

385

dienne souscrit un prêt auprès de la *Deutsche Bank* à Francfort). Ces crédits sont généralement libellés dans la devise du créancier (mais ce n'est pas obligatoire).

Euro-devises

Les euro-devises sont des capitaux liquides à court terme en devises convertibles enregistrées dans les comptes de banques localisées en dehors du pays d'origine de la devise (ex : Livres sterling inscrites à l'actif de la filiale à Paris d'une banque américaine).

Euro-crédits

Les euros-crédits sont des crédits internationaux réalisés à partir des euro-devises sur le marché bancaire international.

2.2. Rôle des banques dans le marché bancaire international

Les banques jouent un rôle d'intermédiaire entre investisseurs financiers internationaux et agents à besoin de financement. Elles collectent des ressources en devises et accordent des prêts internationaux en faisant appel à un syndicat bancaire.

Ressources

Les ressources proviennent des investisseurs internationaux sous forme de dépôts à terme ou de certificats de dépôt pouvant être assortis d'un taux fixe ou d'un taux flottant (*FRCDS : Floating Rate Certificat of Deposits*). L'échéance de ces opérations varie de quelques jours à 5 ans.

Prêts internationaux

Ceux-ci prennent la forme de crédits à taux fixe ou à taux variables pouvant apparaître sous la forme d'avances renouvelables (ou *roll-over*).

L'échéance des crédits internationaux est très variable. Elle va de 24 heures à 12 ans (en moyenne un peu plus de 5 ans).

Le marché international permet de lever des fonds importants. Il n'est pas facile de trouver l'équivalent sur le marché bancaire national.

S'il est pratiquement toujours possible pour un emprunteur d'obtenir la devise qui correspond à ses besoins, le dollar est cependant la principale monnaie utilisée. Notons qu'il existe des clauses dites multi-devises (*multicurrency*) permettant à l'emprunteur de changer de devise lors du renouvellement d'une échéance de prêt.

Compte des banques du marché international

Au passif de leur bilan, elles inscrivent les ressources qu'elles utilisent pour financer des prêts enregistrés à l'actif (*cf.* figure 6).

Bilan

Actif	Passif
Emplois Euro-crédits (prêts)	**Ressources** Principalement des Euro-devises (dépôts à terme, certificats de dépôt)

Fig. 6 : Compte d'une banque intervenant sur le marché international.

> *Les ressources des banques qui interviennent sur le marché bancaire international sont principalement des euro-devises. Les emplois sont les euro-crédits.*

2.3. Principales places du marché bancaire international

Plusieurs centaines d'institutions financières interviennent sur le marché des euro-devises. Cependant, la plus grande partie des transactions est effectuée par quelques dizaines de banques et Londres est la place financière la plus importante.

Les filiales de grandes banques américaines participent au marché bancaire international dans des zones *Off-shore* (ex : Iles Caïmans, Bahamas).

2.4. Un taux attractif pour les opérateurs

Les conditions des opérations sur le marché bancaire international sont intéressantes tant pour les investisseurs financiers que pour les agents à besoin de financement.

---

1. *Cf.* définition ci-après.

Cela est lié au fait que les marges (ou *Spreads*) sont faibles pour les banques internationales qui compensent par un volume de transactions très important.

Coût des crédits

Le coût d'un crédit octroyé comprend deux principaux éléments : le taux d'intérêt proprement dit et une marge ou *Spread*. Peuvent s'y s'ajouter diverses commissions destinées à rémunérer les agents ayant participés au montage du prêt.

Taux d'intérêt

Le taux d'intérêt sur lequel est indexé le coût d'un crédit est librement déterminé par confrontation de l'offre et de la demande. Il est en général plus faible que le taux national. À Londres, ce taux de référence s'appelle le Libor : *London Interbank Offered Rate*. En Europe, c'est l'Euribor, à Singapour, le Sibor.

Marge ou Spread

Le *Spread* représente le bénéfice brut des banques.

Il est censé couvrir les différents risques supportés par les syndicats bancaires.

Il peut être soit constant pendant la durée du contrat, soit modulé dans le temps.

La détermination du *Spread* est un processus complexe dans lequel rentre en compte : l'état du marché, le degré de risque du crédit et la qualité de l'emprunteur.

2.5. Qui sont les déposants ?

Parmi les agents qui déposent des devises sur le marché bancaire international, on peut citer :

- les banques centrales surtout celles des Pays en développement (PED), celles des Nouveaux pays industrialisés (NPI)[1] et celles des pays de l'Organisation des pays exportateurs de pétrole (OPEP),
- les banques,
- les grandes entreprises multinationales qui ont des trésoreries en monnaies étrangères,
- les fonds d'investissements,
- des particuliers (ex : émirs des pays pétroliers, gros propriétaires terriens d'Amérique latine).

---

1. Les dépôts des banques centrales des PED et des NPI correspondent à une volonté de diversification des réserves de change.

2.6. Qui sont les emprunteurs ?

On retrouve à ce niveau :

- les organismes publics et para-publics (ex : gouvernement et collectivités locales, Trésor public),

- les filiales de banques étrangères, qui réalisent des emprunts pour les entreprises de leur pays d'origine (ex : emprunts des banques américaines par l'intermédiaire de leur filiale en Europe),

- les entreprises multinationales et les grandes entreprises privées ou assimilées,

- les organismes internationaux (ex : Banque mondiale, Commission européenne).

En France, par exemple, EDF, GDF, SNCF ainsi que les grands établissements de crédit français (Crédit foncier, Crédit national) réalisent des emprunts sur le marché bancaire international.

2.7. Pour quels types de crédits ?

Nous citons des exemples de crédits sur le marché bancaire international :

- crédits financiers liés à l'exportation qui complètent les crédits locaux,

- crédits d'équipements, dit « crédits secs » non directement liés aux opérations d'exportation mais consentis à des états, à des organismes publics de financement ou à des industriels,

- crédits généraux aux entreprises multinationales pour des financements très divers (ex : investissements physiques, financiers, besoins de trésorerie, augmentation de fonds de roulement). Ils peuvent être montés sur plusieurs filiales d'un même groupe dans différents pays. On les appelle les « *General-purpose Credits* »,

- crédits aux entreprises pour des besoins de développement,

- financement de grands projets (*Project Financing*) (ex : projets d'hydrocarbures en mer du Nord),

- crédits monétaires consentis à des états par l'intermédiaire de consortiums bancaires.

© Groupe Eyrolles

389

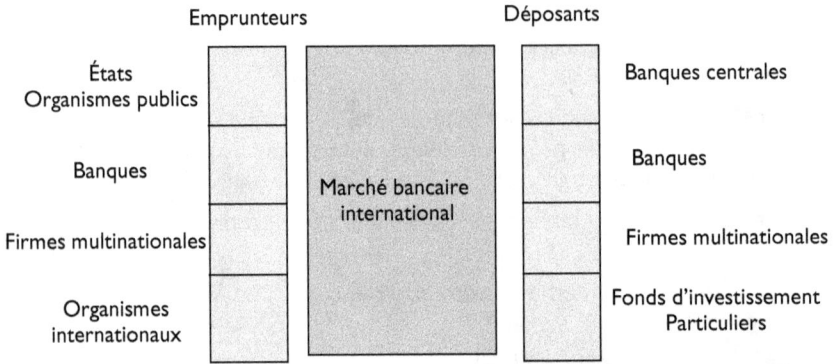

Fig. 7 : Emprunteurs et déposants du marché bancaire international.

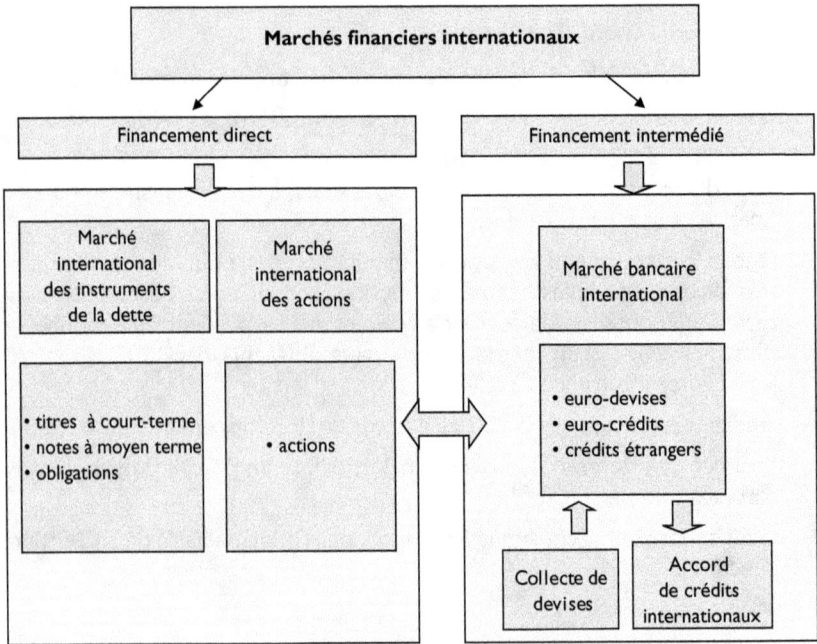

Fig. 8 : Les marchés financiers internationaux (résumé).

IV. Offre de financement pour la firme multinationale[1]

1. Cadre de l'analyse

Nous nous intéressons au cas d'une firme (ou groupe) multinationale composée d'une maison mère et de plusieurs filiales à l'étranger. La maison mère est implantée dans un pays de la zone euro, en France. C'est le pays émetteur.

Les filiales sont situées dans le monde entier. Notre regard porte sur une filiale particulière, la filiale X qui est implantée dans un pays étranger, non spécifié. C'est le pays récepteur.

L'objet de ce paragraphe est de répertorier l'ensemble des sources de financement auxquelles la firme a accès pour financer un projet d'investissement dans sa filiale X et pour l'aider à faire face aux besoins de financement à court terme associés. L'organisation juridique de la firme n'est pas précisée car elle n'a pas d'influence sur le recensement effectué.

L'analyse est simplifiée par rapport à la réalité pour faire ressortir les grandes lignes et se veut suffisamment générale pour traiter en même temps le financement direct à l'étranger (ex : création d'une filiale à l'étranger par une entreprise qui souhaite conquérir de nouveaux marchés) et le financement des échanges commerciaux d'une entreprise basée en France. Elle peut s'adapter aussi à la logique *Project Financing* pour le financement d'une société projet portant un grand projet international (ex : construction d'un barrage en Asie).

Les différents canaux de financement décrits sont représentés sur la figure 9. Nous distinguons d'une part le financement interne et d'autre part le financement externe avec les modalités particulières de financement.

2. Financement interne

Les sources de financement internes destinées à la filiale X peuvent prendre différentes formes :

- le transfert de ressources de la maison mère vers la filiale X (Canal 1),
- le transfert de ressources à partir des autres filiales (Canal 2),
- un financement particulier intra-groupe (Canal 1 et Canal 2).

2.1. CANAL 1 Transfert des ressources de la maison mère

Ce canal concerne principalement la souscription directe en capital.

---

1. *Cf.* M. Poix, Magistère BFA (2005).

Souscription directe en capital de la maison mère dans sa filiale

La souscription directe en capital de la maison mère dans sa filiale est un des moyens classiques de financement. En augmentant le niveau de ses capitaux propres, elle présente l'avantage d'augmenter l'autonomie financière de la filiale qui a ensuite davantage de facilités pour emprunter.

Autres formules

La maison mère peut procéder à un investissement en nature : par exemple transfert des machines qu'elle fabrique, transfert des technologies qu'elle possède par cession de brevet, de licence ou de marque de fabrique. Elle a aussi la possibilité de faire une avance de trésorerie. Assez couramment utilisée, l'avance de trésorerie présente néanmoins le risque d'une sous-capitalisation de la filiale ayant pour conséquences de rendre difficile la collecte de fonds et d'entraîner une hausse du coût en capital.

2.2. CANAL 2 Financement à partir de la CAF des autres filiales

La capacité d'autofinancement dégagée par une filiale peut être récupérée par la filiale X. Il convient néanmoins de regarder la réglementation fiscale en vigueur dans le pays récepteur car il existe parfois une pénalisation de l'autofinancement par rapport à la distribution de dividendes. Il peut aussi y avoir une législation particulière en matière de rapatriement de capitaux.

2.3. CANAL 1 et/ou CANAL 2 Financement intra-groupe

Le financement intra-groupe concerne notamment l'assouplissement des délais de paiement pour les ventes internes, la sous-facturation en faveur de la filiale et les prêts intra-groupes.

Assouplissement des délais de paiement

La filiale bénéficie de conditions de crédit particulièrement favorables sur les produits qui lui sont vendus au sein du groupe multinational.

Sous-facturation en faveur de la filiale

Normalement prohibée par la législation fiscale, elle est exceptionnellement pratiquée dans des cas extrêmes.

Prêts intra-groupes

Ce sont des prêts à court ou moyen terme, octroyés par la maison mère à sa filiale.

3. Financement externe et modalités particulières de financement

Pour répertorier les ressources externes et les modalités particulières de finance-ment, nous adoptons un plan qui suit l'implantation géographique des différents marchés[1] (pays émetteur, pays récepteur puis « zone » internationale) et non pas l'ordre suivi par une entreprise qui cherche à internationaliser son capital.

Comme les sources nationales ont été évoquées au chapitre 9, nous parlons uniquement de celles qui présentent un caractère international.

3.1. CANAL 3 Financement direct par émission d'actions sur le marché financier du pays émetteur (France)

Nous nous intéressons uniquement à la composante internationale de ce marché : le marché des actions internationales.

La maison mère procède à une augmentation de capital en ouvrant son capital à l'actionnariat étranger grâce à un syndicat de banques internationales.

Cette opération présente l'avantage de diversifier l'actionnariat de la firme et de lui faciliter les opérations financières internationales importantes comme l'accès au marché des euro-obligations ou le montage d'un emprunt à l'étranger.

En revanche, l'émission sur le marché international des actions nécessite, comme nous l'avons vu, des informations financières et comptables très détaillées avec la norme internationale (*IAS/IFRS*).

Notons aussi que les possibilités sont limitées en raison de la mauvaise connais-sance qu'ont les étrangers de la place de Paris.

3.2. CANAL 4 Financement au niveau du pays émetteur par des organismes spécialisés et par les entreprises « domestiques »

Financement au niveau du pays émetteur par des organismes spécialisés

Les exigences de rentabilité des filiales à l'étranger ainsi que la nécessité de se prémunir contre le risque de change, conduit la maison mère à doter la filiale d'une part importante de capitaux propres. Si elle ne dispose pas suffisamment de capitaux, elle peut, outre les prêts bancaires traditionnels, solliciter dans son pays, le concours d'organismes spécialisés offrant, pour les investissements internationaux, des avances en devises ou des prêts avec des conditions avanta-

---

1. Rappelons cependant que les marchés sont de moins en moins cloisonnés.

geuses. En France, ces organismes spécialisés sont essentiellement des filiales de groupes bancaires comme :

- Natexis Private Equity qui a racheté la Sofinindex (Société pour le financement des industries exportatrices),
- Calyon filiale du Crédit agricole Indosuez.

Par ailleurs si l'investissement s'inscrit dans une politique de développement durable, la firme peut solliciter le concours d'organismes publics dont la plupart sont regroupés au sein de l'AFD (Agence française de développement). Citons par exemple :

- le FFEM (Fonds français pour l'environnement mondial),
- la Proparco (Société de promotion et de participation pour la coopération).

Au-delà de l'octroi de prêts et d'apport de fonds propres, certains organismes semi-publics ont pour vocation de garantir l'implantation des entreprises françaises à l'étranger en apportant une couverture contre certains risques (risque politique, risque de change notamment). Il s'agit essentiellement des procédures de la COFACE (Compagnie française d'assurance pour le commerce extérieur), filiale du groupe Natexis Banques populaires.

Des assureurs privés peuvent aussi offrir de telles garanties.

Financement par des entreprises domestiques

Crédits fournisseurs

Le fournisseur français accorde un crédit à l'acheteur étranger et une banque lui accorde un crédit en compensation. Le fournisseur assume les risques du crédit. Cette forme de crédit a l'avantage d'être souple au niveau contractuel.

Crédits acheteurs

Ce sont des financements accordés directement à l'acheteur étranger par une banque française ou un pool bancaire.

3.3. CANAL 5 Financement direct par le marché financier du pays récepteur

Ce canal concerne l'introduction des titres de la maison mère ou des filiales étrangères sur le marché financier du pays récepteur.

Les possibilités de recours aux marchés locaux sont très variables selon le pays récepteur de la filiale. Si les possibilités locales sont très développées dans les pays industrialisés notamment dans l'Union européenne et aux Etats-Unis, elles sont en revanche beaucoup plus limitées dans les autres pays comme les pays d'Amérique latine ou d'Afrique.

L'introduction se fait avec la monnaie locale (c'est-à-dire celle du pays récepteur).

Les problèmes sont surtout d'ordre technique dans la mesure où il convient d'établir les documents comptables en conformité avec ceux qui sont requis par la place sollicitée.

Il est nécessaire d'avoir recours à des sociétés de conseil spécialisées et de faire certifier les comptes par des « auditeurs » habilités, le rapport des commissaires au compte français étant insuffisant.

3.4. CANAL 6 Financement indirect par les organismes financiers et les organismes publics du pays récepteur

À ce niveau, on retrouve toutes les techniques de financement d'origine bancaire. Les modalités de paiements variant de manière importante d'un pays à l'autre, une étude préalable des structures financières et des conditions de crédits est indispensable avant d'avoir recours à ce type de sources de financement.

Ex : Dans les pays anglo-saxons le moyen terme est souvent financé par découvert renouvelable (crédits *roll-over*), alors que ce n'est pas le cas en France.

Pour les investissements de développement en Afrique, on peut citer par exemple la BAD (Banque africaine de développement) qui est la première institution de financement du développement du continent africain.

3.5. CANAL 7 Financement par les entreprises du pays récepteur

Les fournisseurs locaux accordent des prêts directement à la filiale.

3.6. CANAL 8 Financement sur les marchés internationaux de capitaux

Nous retrouvons ici l'ensemble des moyens de financement internationaux :

- Emprunts obligataires : euro-obligations et obligations étrangères. Les obligations peuvent prendre la forme d'obligations classiques (*Straight Bonds*) ou d'obligations convertibles. Dans ce cas, l'emprunt obligataire convertible a la particularité de pouvoir être échangé contre des actions de la maison mère.
- Émissions internationales publiques ou privées de nouvelles actions.
- Recours aux banques internationales : euro-crédits ; crédits étrangers.

3.7. CANAL 9 Crédit-bail international (Cross border Leasing)

Le crédit-bail est qualifié d'international si la société de *leasing* et le preneur sont localisés dans deux pays différents.

Les opérations de crédit-bail international peuvent être effectuées directement par la maison mère ou par l'une de ses filiales financières mais elles sont plus généralement réalisées par des sociétés financières spécialisées.

Pour bénéficier de certains avantages fiscaux, de nombreuses opérations de crédit-bail sont effectuées à partir de sociétés *off-shores* situées dans des paradis fiscaux.

3.8. CANAL 10 Mécanismes internationaux de financement

Pour financer des projets répondant à certains critères (ex : R & D, développement, lutte contre la pollution), la firme peut solliciter des subventions, des prêts bonifiés ou des conseils sur le montage financier tant au niveau européen qu'au niveau international. Nous citons sans exhaustivité des organismes importants.

Organismes de financement au niveau européen

Banque européenne d'investissement (BEI)
Ex : financement des investissements conformes aux objectifs de l'Union.

Fonds européen de développement (FED)
Ex : financement des investissements qui s'inscrivent dans le cadre des politiques européennes de développement.

6ᵉ Programme cadre de recherche-développement (PCRD)
Ex : financement des investissements de R & D.

Organismes de financement au niveau mondial

Banque mondiale
Pour l'aide aux investissements permettant de combattre la pauvreté et d'améliorer le niveau de vie de la population dans les pays en développement.

Programme des nations unies pour le développement (PNUD)
Ex : financement de programmes d'électrification rurale.

Fonds mondial pour l'environnement (FEM)
Ex : financement de projets de lutte anti-pollution.

S'il s'agit d'un investissement visant à diminuer les émissions de gaz à effet de serre, la firme peut obtenir des financements grâce à des mécanismes spécifiques : les mécanismes de financement d'investissements propres (*cf.* encadré).

4. Les techniques internationales de financement

Nous avons décrit les différents canaux de financement pour la firme multinationale et montré toute la diversité des acteurs concernés. Pour se couvrir contre les risques financiers, la firme multinationale fait appel aux techniques internationales de financement qui sont associées aux marchés dérivés :

- contrats à terme de devises, de taux d'intérêt, sur les indices boursiers, sur les actions,
- options de change, de taux d'intérêt, sur actions et sur indices boursiers,
- instruments dérivés négociés sur les marchés de gré à gré (ex : *forward-forward, forward rate agreement, swap*),
- etc.

Mécanismes de financement d'investissements propres[1]

Les engagements souscrits par les pays développés concernant la diminution de leurs émissions de gaz à effet de serre sont ambitieux. Pour faciliter leur réalisation, le protocole de Kyoto prévoit, pour ces pays, la possibilité de recourir à des mécanismes spécifiques en complément des politiques et mesures qu'ils doivent mettre en œuvre au niveau national.

Ces mécanismes sont au nombre de trois : les permis d'émission, la mise en œuvre conjointe, le mécanisme de développement propre.

Permis d'émission

Cette disposition permet de vendre ou d'acheter des droits à émettre entre pays industrialisés. Le marché européen des droits d'émission est ouvert depuis le 1er janvier 2005.

Mise en œuvre conjointe (MOC)

Elle permet, entre pays développés de procéder à des investissements visant à réduire les émissions de gaz à effet de serre en dehors de leur territoire national et de bénéficier des crédits d'émission générés par les réductions ainsi obtenues.

Mécanisme de développement propre (MDP)

Ce mécanisme est proche du dispositif précédent, à la différence que les investissements sont effectués par un pays développé, dans un pays en développement.

Conclusion

Dans sa collecte de sources de financement, la firme internationale cherche à optimiser le coût moyen de son capital. Par exemple, s'il existe des excédents de capacité d'autofinancement dans l'une de ses filiales, il peut paraître efficace que cet excédent vienne combler un déficit dans une autre filiale. Mais cette solution n'est pas toujours optimale. La filiale excédentaire a peut-être intérêt à placer ses fonds sur le marché des euro-obligations et la filiale déficitaire à emprunter sur le marché local. Cette seconde solution permet à la fois de minimiser le coût de financement de l'entreprise et de la faire apparaître sur les marchés internationaux de capitaux.

On voit ainsi qu'il existe un grand nombre de combinaisons possibles, entre lesquelles il convient de choisir celle qui minimise le coût moyen du capital de la firme internationale. Pour cela, il faut apporter une bonne réponse aux questions suivantes :

– quelle devise et quelle durée pour chaque emprunt ?

– faut-il choisir un taux fixe ou un taux variable ?

– sur quel marché faut-il émettre les obligations : le marché domestique ou le marché international ?

– sur quelle place financière faut-il ouvrir son capital ?

– etc.

---

1. *Cf.* La mise en œuvre du Protocole de Kyoto DGEMP-DIDEME, juillet 2005, http://www.industrie.gouv.fr/energie/developp/serre/textes/se_kyoto.htm

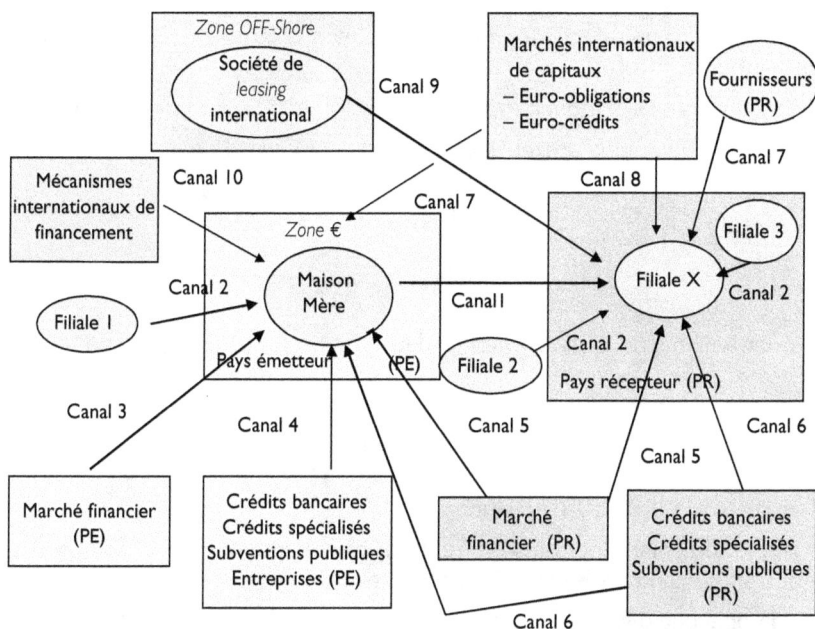

Fig. 9 : Les différents canaux de financement d'un investissement
dans une filiale située à l'étranger.
PE = Pays émetteur
PR = Pays récepteur

Bibliographie de référence

POIX M., *Cours du Magistère Banque finance assurance (BFA)*, Université Paris-Dauphine, 2005.

SIMON Y., LAUTIER D., *Finance Internationale*, 9e édition, Économica, 2005.

VERNIMMEN P., *Finance d'entreprise*, 6e édition par QUIRY P. et LE FUR Y., Dalloz, 2005.

Site Internet

http://www.industrie.gouv.fr/energie/developp/serre/textes/se_kyoto.htm

Conclusion de la partie III

On se référera à la figure 10 ci-après.

Parmi les éléments importants qui rentrent en compte dans la définition d'une décision stratégique, trois éléments sont déterminants pour l'entreprise :

- la politique d'investissement,
- la politique de distribution aux actionnaires,
- et la politique de financement.

Ces trois éléments correspondent à des objectifs précis dans le cadre d'une entreprise, qu'elle soit nationale ou internationale.

Selon les cas, il s'agit de :

- maximiser les flux nets de trésorerie actualisés,
- maximiser le rendement attendu des actions,
- minimiser le coût moyen pondéré du capital (CMPC).

Cependant, nous avons vu qu'il s'avère difficile de raisonner de manière indépendante sur chacun de ces éléments. La décision d'investissement a des implications sur le financement et les modalités de collecte des ressources une influence sur la politique de distribution des dividendes.

Or, optimiser l'ensemble de ces objectifs implique de tenir compte de toutes les options possibles, et, en particulier celles qui ont un caractère international.

On peut dire à cet égard, que l'internationalisation de la production et du financement ouvre des possibilités complémentaires mais crée parallèlement un certain nombre de contraintes par rapport au comportement de l'entreprise dans un contexte uniquement national.

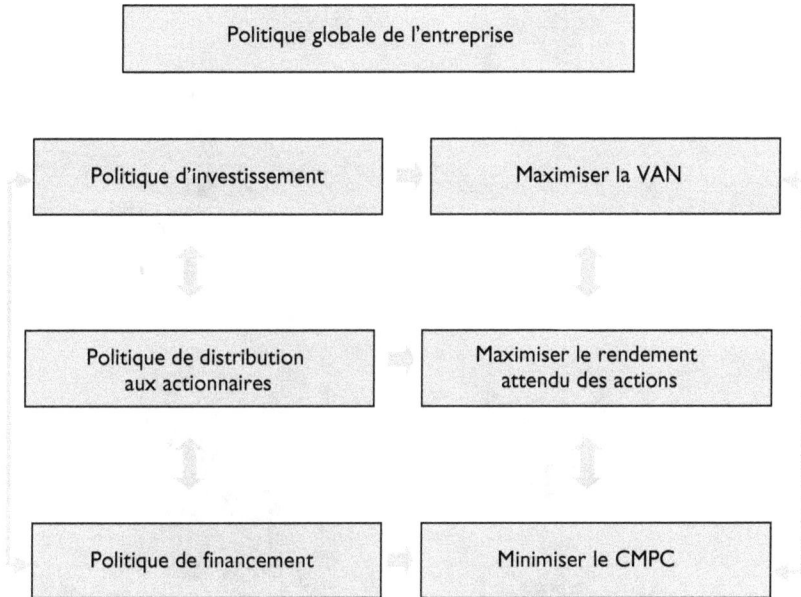

Fig. 10 : Interdépendance des politiques de l'entreprise.

Politiques d'investissement, de distribution aux actionnaires et de financement sont intimement liées et constituent la politique générale de l'entreprise.

Conclusion générale

Qui y a-t-il de commun entre l'achat d'une voiture de fonction par le dirigeant d'une PME, le lancement de satellites de communications par un consortium européen, l'installation d'un chauffage dans une piscine municipale, la mise au point d'un nouveau médicament par un laboratoire pharmaceutique, le lancement d'une campagne de publicité, la souscription à un portefeuille d'actions ou encore la construction d'un barrage en Asie ?

Ces exemples aussi différents les uns que les autres se retrouvent sur un point : une dépense initiale réalisée dans l'espoir d'en obtenir des avantages (uniquement économiques ou bien globaux) dans le futur. Ce sont tous des investissements qu'il faut préparer, sélectionner et financer.

Dans cet ouvrage, nous nous sommes focalisés sur ces trois étapes qui sont communes à n'importe quel investissement et avons essayé de dégager une méthodologie qui convienne à des situations extrêmement variées.

La multiplicité des investissements provient de la nature même du projet (ex : finalité, montant à engager) et bien entendu du contexte dans lequel il est plongé, celui-ci ayant un impact sur les risques encourus.

Mais il ne faut pas oublier qu'il dépend aussi de son promoteur qui vise une stratégie plus large que celle qui consiste à réaliser le projet étudié et qui en même temps doit gérer un certain nombre de contraintes, concernant notamment la collecte des sources de financement.

La méthodologie proposée met l'accent d'une part sur la vision privilégiée par l'investisseur compte tenu de ses objectifs et d'autres part sur les contraintes de financement.

403

En résumé, on peut dire qu'elle s'appuie sur 6 éléments principaux :

1. une bonne organisation de l'investissement en projet avec la mise en avant des objectifs visés compte tenu de la stratégie globale du porteur de projet ;

2. une analyse systémique approfondie pour repérer les éléments qui ont une influence non négligeable sur la réussite du projet ;

3. une analyse prospective basée sur l'identification des risques compte tenu du jeu des acteurs concernés ;

Cette analyse vise à construire des scénarios d'évolution envisageables.

4. la collecte de données dans le cadre de ces scénarios ;

5. l'utilisation d'un modèle d'aide à la décision pour attribuer une note à chaque projet envisageable ;

Le choix du modèle dépend de la situation et en particulier de la logique de l'investisseur. Toute une panoplie de modèles est proposée avec en quelque sorte le guide d'utilisation permettant de prendre en compte le mieux possible la logique sous-jacente à l'investissement.

Les modèles décrits restent suffisamment simples pour être mis en pratique, l'objectif n'étant pas de présenter des modèles théoriques.

6. l'utilisation de la méthode du *capital budgeting* pour rechercher au niveau national ou international les capitaux permettant de financer le projet.

On insiste sur le fait que cette méthode doit s'appliquer en tenant compte de la logique de financement associé au projet :

– logique *Corporate Financing* qui est basée sur l'analyse des ratios financiers de l'entreprise et qui s'inscrit dans sa politique financière globale,

– ou bien logique *Project Financing* qui nécessite de trouver des partenaires et de convaincre les bailleurs de fonds sur l'intérêt financier du projet malgré les risques encourus.

On montre que les montages financiers peuvent avoir une logique mixte qui est évolutive dans le temps.

Pour finir, il convient de souligner que la méthodologie proposée est un guide pour l'investisseur mais qu'en aucun cas, elle ne se substitue à lui. Cela signifie que le décideur (éventuellement en comité) reste maître du processus d'investissement car lui seul est à même, en définitive, de juger la pertinence des modèles utilisés compte tenu du contexte et des hypothèses simplificatrices effectuées. En particulier, c'est lui pallie le manque d'informations puisqu'il est impossible, en sciences sociales, de détenir une information parfaite sur l'objet de l'étude.

www.ingramcontent.com/pod-product-compliance
Lightning Source LLC
Chambersburg PA
CBHW061002220326
41599CB00023B/3798